LUCREZIA FLORIANI

NOTICE

Je n'ai point à dire ici sous l'empire de quelles idées littéraires j'ai écrit ce roman, puisqu'il est accompagné d'une préface qui résume mes opinions d'alors, et que ces opinions n'ont pas changé. Mais je tiens à bien dire ce que j'ai seulement indiqué dans cette préface à l'égard des productions contemporaines dont j'ai critiqué la forme et rejeté l'exemple.

Ce n'est point par fausse modestie, encore moins par pusillanimité de caractère, que je déclare aimer beaucoup les événements romanesques, l'imprévu, l'intrigue, l'*action* dans le roman. Pour le roman comme pour le théâtre, je voudrais que l'on trouvât le moyen d'allier le mouvement dramatique à l'analyse vraie des caractères et des sentiments humains. Sans vouloir faire ici la critique ni l'éloge de personne, je dis que ce problème n'est encore résolu d'une manière générale et absolue, ni pour le roman, ni pour le théâtre. Depuis vingt ans, on flotte entre les deux extrêmes, et, pour ma part, aimant les émotions fortes dans la fiction, j'ai marché cependant dans l'extrême opposé, non point tant par goût que par conscience, parce que je voyais ce côté négligé et abandonné par la mode. J'ai fait tous mes efforts, sans m'exagérer leur faiblesse ni leur importance, pour retenir la littérature de mon temps dans un chemin praticable entre le lac paisible et le torrent fougueux. Mon instinct m'eût poussé vers les abîmes, je le sens encore à l'intérêt et à l'avidité irréfléchie avec lesquels mes yeux et mes oreilles cherchent le drame ; mais quand je me retrouve avec ma pensée apaisée et rassasiée, je fais comme tous les spectateurs, tous les spectateurs, je reviens sur ce que j'ai vu et entendu, et je me demande le pourquoi et le comment de l'action qui m'a ému et emporté. Je m'aperçois alors des brusques invraisemblances ou des mauvaises raisons de ces faits que le torrent de l'imagination a poussés devant lui, au mépris des obstacles de la raison ou de la vérité morale, et de là le mouvement rétrograde qui me repousse, comme tant d'autres, vers le lac uni et monotone de l'analyse.

Pourtant, je ne voudrais pas voir la génération à laquelle j'appartiens s'oublier trop longtemps sur ces eaux dormantes et méconnaître le progrès qui l'appelle sans cesse vers des horizons nouveaux. *Lucrezia Floriani*, ce livre tout d'analyse et de méditation, n'est donc qu'une protestation relative contre l'abus de ces formes à la mode d'alors, véritables machines à surprises, dont il me semblait voir le public confondre avec peu de discernement les qualités et les défauts.

Dirai-je maintenant un mot sur mon œuvre même, non pas quant à la forme, qui a tous les défauts (acceptés d'avance) que mon plan comportait, mais quant au fond, cette inaliénable question de liberté intellectuelle que chaque lecteur s'est toujours arrogé et s'arrogera toujours le droit de contester? Je ne demande pas mieux. Victor Hugo, déniant au public, dans la préface des *Orientales*, le droit d'adresser au poëte son insolent *pourquoi*, et décrétant qu'en fait de choix dans le sujet, l'auteur ne relevait que de lui-même, avait certainement raison devant la puissance surhumaine qui envoie au poëte l'inspiration, sans consulter le goût, les habitudes ou les opinions du siècle. Mais le public ne se rend pas à de si hautes considérations; il va son train, et continue à dire aux grands comme aux petits : Pourquoi nous servez-vous ce mets? De quoi se compose-t-il? Où l'avez-vous pris? Avec quoi est-il assaisonné? etc., etc.

De telles questions sont assez oiseuses, et surtout elles sont embarrassantes; car cet instinct qui porte un écrivain à choisir aujourd'hui tel ou tel sujet qui ne l'eût peut-être pas frappé hier, est insaisissable de sa nature. Et si l'on y répondait ingénument, le public serait-il beaucoup plus avancé?

Si je vous disais, par exemple, ce qu'un très-grand poëte me disait un jour, sans aucune affectation, et même avec une naïveté enjouée : à toute heure, mille sujets flottent et se succèdent dans ma cervelle : tous me plaisent un instant, mais je ne m'y arrête point, sachant que celui que je suis capable de traiter m'*empoignera* d'une manière toute particulière et me fera sentir son autorité sur ma volonté par des signes irrécusables? — Quels sont-ils? lui demandai-je, vivement intéressé. — Une sorte d'éblouissement, me répondit-il, et un battement de cœur comme si j'allais m'évanouir. Quand une pensée, une image, un fait quelconque, traversent mon esprit en agitant ainsi mon être physique, quelque vague qu'ils soient, je me sens averti par cette sorte de vertige, d'avoir à m'y arrêter afin d'y chercher mon poëme.

Eh bien, qu'auriez-vous à répondre à ce poëte? Eût-il mieux fait de vous consulter, que d'écouter cette voix intérieure qui le sommait de lui obéir?

Dans un ordre d'idées et de productions moins élevées, il y a un attrait mystérieux que je n'aurai pas, quant à moi, l'orgueil d'appeler *l'inspiration*, mais que je subis sans vouloir m'en défendre quand il se présente. Les gens qui ne font pas d'ouvrages d'imagination croient que cela ne se fait qu'avec des souvenirs, et vous demandent toujours : « Qui donc avez-vous voulu peindre ? » Ils se trompent beaucoup s'ils croient qu'il soit possible de faire d'un personnage réel un type de roman, même dans un roman aussi peu romanesque que celui de Lucrezia Floriani. Il faudrait toujours tellement aider à la réalité de cet être, pour le rendre logique et soutenu, dans un fait fictif, ne fût-ce que pendant vingt pages, qu'à la vingt et unième vous seriez déjà sorti de la ressemblance, et à la trentième, le type que vous auriez prétendu retracer aurait entièrement disparu. Ce qui est possible à faire, c'est l'analyse d'un sentiment. Pour qu'il ait un sens à l'intelligence, en passant à travers le prisme des imaginations, il faut donc créer les personnages pour le sentiment qu'on veut décrire, et non le sentiment pour les personnages.

Du moins c'est là mon procédé, et je n'en ai jamais pu trouver d'autre. Cent fois, on m'a proposé des *sujets* à traiter. On me racontait une histoire intéressante, on me décrivait les héros, on me les montrait même. Jamais il ne m'a été possible de faire usage de ces précieux matériaux. J'étais de suite frappé d'une chose que tous, vous avez dû observer plus d'une fois. C'est qu'il y a un désaccord apparent, inexplicable, mais complet, entre la conduite des personnes dans les circonstances romanesques de la vie, et le caractère, les habitudes, l'extérieur de ces personnes mêmes. De là, ce premier mouvement qui nous fait dire à tous, à l'aspect d'une personne dont les œuvres ou les actions ont frappé notre esprit : *Je ne me la figurais pas comme cela!*

D'où vient? Je ne sais, ni vous non plus, lecteurs amis. Mais, c'est ainsi, et nous pourrons le chercher ensemble quand nous en aurons le temps. Quant à présent, pour abréger cet avant-propos déjà trop long, je n'ai qu'un mot à répondre à vos questions accoutumées. Examinez si la peinture de la passion qui fait le sujet de ce livre a quelque vérité, quelque profondeur, je ne dirai pas quelque enseignement, c'est à vous de trouver les conclusions, et tout l'office de l'écrivain consiste à vous faire réfléchir. Quant aux deux types sacrifiés (tous deux) à cette passion terrible, refaites-les mieux en vous-mêmes si la fantaisie de l'auteur les a mal appropriés au genre d'exemple qu'ils devaient fournir.

GEORGE SAND.

Nohant, 16 janvier 1853.

AVANT-PROPOS.

Mon cher lecteur (c'est la vieille formule et c'est la seule bonne), je viens t'apporter un nouvel essai dont la forme est renouvelée des Grecs tout au moins, et qui te plaira peut-être médiocrement. Le temps n'est plus où

...A genoux dans une humble posture,
Un auteur au public semblait demander grâce.

On s'est beaucoup corrigé de cette fausse modestie depuis que Boileau l'a signalée au mépris des grands hommes. Aujourd'hui, on procède tout à fait cavalièrement, et si l'on fait une préface, on y prouve au lecteur consterné qu'il doit lire chapeau bas, admirer et se taire.

On fait fort bien d'agir ainsi avec toi, lecteur bénévole, puisque cela réussit. Tu n'en es pas moins satisfait, parce que tu sais fort bien que l'auteur n'est pas si mauvaise tête qu'il veut bien le paraître, que c'est un genre, une mode, une manière de porter le costume de son rôle, et qu'au fond, il va te donner ce qu'il a de plus fort et te servir selon ton goût.

Or, tu as souvent fort mauvais goût, mon bon lecteur. Depuis que tu n'es plus Français, tu aimes tout ce qui est contraire à l'esprit français, à la logique française, aux vieilles habitudes de la langue et de la déduction claire et simple des faits et des caractères. Il faut, pour te plaire, qu'un auteur soit à la fois aussi dramatique que Shakspeare, aussi romantique que Byron, aussi fantastique qu'Hoffmann, aussi effrayant que Lewis et Anne Radcliffe, aussi héroïque que Calderon et tout le théâtre espagnol; et, s'il se contente d'imiter seulement un de ces modèles, tu trouves que c'est bien pauvre de couleur.

Il est résulté de tes appétits désordonnés, que l'école du roman s'est précipitée dans un tissu d'horreurs, de meurtres, de trahisons, de surprises, de terreurs, de passions bizarres, d'événements stupéfiants; enfin, dans un mouvement à donner le vertige aux bonnes gens qui n'ont pas le pied assez sûr ni le coup d'œil assez prompt pour marcher de ce train-là.

Voilà donc ce que l'on fait pour te plaire, et si tu as reçu quelques soufflets pour la forme, c'était une manière de fixer ton attention, afin de te combler ensuite des satisfactions auxquelles tu aspires. Ainsi, je dis que jamais public ne fut plus caressé, plus adulé, plus gâté que tu ne l'es, par le temps qui court et les œuvres qui pleuvent.

Tu as pardonné tant d'impertinences que tu m'en passeras bien une petite; c'est de te dire que tu détériores ton estomac à manger tant d'épices, que tu uses tes émotions et que tu épuises tes romanciers. Tu les forces à un abus de moyens et à des fatigues d'imagination après lesquelles rien ne sera plus possible, à moins qu'on n'invente une nouvelle langue et qu'on ne découvre une nouvelle race d'hommes. Tu ne permets plus au talent de se ménager, et il se prodigue. Un de ces matins, il aura tout dit et sera forcé de se répéter. Cela t'ennuiera, et, ingrat envers tes amis comme tu l'as toujours été, et comme tu le seras toujours, tu oublieras les prodiges d'imagination et de fécondité qu'ils ont faits pour toi et les plaisirs qu'ils t'ont donnés.

Puisqu'il en est ainsi, sauve qui peut! Demain, le mouvement rétrograde va se faire, la réaction va commencer. Mes confrères sont sur les dents, je parie, et vont se coaliser pour demander un autre genre de travail, et des salaires moins péniblement achetés. Je sens venir cet orage dans l'air qui se plombe et s'alourdit, et je commence prudemment par tourner le dos au mouvement de rotation délirante qu'il t'a plu d'imprimer à la littérature. Je m'assieds au bord du chemin et je regarde passer les brigands, les traîtres, les fossoyeurs, les étrangleurs, les écorcheurs, les empoisonneurs, les cavaliers armés jusqu'aux dents, les femmes échevelées, toute la troupe sanglante et furibonde du drame moderne. Je les vois, emportant leurs poignards, leurs couronnes, leurs guenilles de mendiants, leurs manteaux de pourpre, t'envoyant des malédictions et cherchant d'autres emplois dans le monde que ceux de chevaux de course.

Mais comment vais-je m'y prendre, moi, pauvre diable, qui n'avais jamais cherché ni réussi à faire d'innovation dans la forme, pour ne pas être emporté dans ce tourbillon, et pour ne pas me trouver, cependant, trop en retard, quand la mode nouvelle, encore inconnue, mais imminente, va lever la tête?

Je vais me reposer d'abord et faire un petit travail tranquille, après quoi nous verrons bien. Si la nouvelle mode est bonne, nous la suivrons. Mais celle du jour est trop fantasque, trop riche; je suis trop vieux pour m'y mettre, et mes moyens ne me le permettent pas. Je vais continuer à porter les habits de mon grand-père; ils sont commodes, simples et solides.

Ainsi, lecteur, pour procéder à la française, comme nos bons aïeux, je te préviens que je retrancherai du récit que je vais avoir l'honneur de te présenter, l'élément principal, l'épice la plus forte qui ait cours sur la place : c'est-à-dire l'imprévu, la surprise. Au lieu de te conduire d'étonnements en étonnements, de te faire tomber à chaque chapitre de fièvre en chaud mal, je te mènerai pas à pas par un petit chemin tout droit, en te faisant regarder devant toi, derrière toi, à droite, à gauche, les buissons du fossé, les nuages de l'horizon, tout ce qui s'offrira à ta vue, dans les plaines tranquilles que nous aurons à parcourir. Si, par hasard, il se présente un ravin, je te dirai : « Prends garde, il y a ici un ravin; » si c'est un torrent, je t'aiderai à passer le torrent, je ne t'y pousserai pas la tête la première, pour me donner le plaisir de dire aux autres : « Voilà un lecteur bien attrapé, » et pour celui de l'entendre crier : « Ouf! je me suis cassé le cou, je ne m'y attendais guère; cet auteur-là m'a joué un bon tour. »

Enfin, je ne me moquerai pas de toi; je crois qu'il est impossible d'avoir de meilleurs procédés... Et pourtant, il est fort probable que tu m'accuseras d'être le plus insolent et le plus présomptueux de tous les romanciers, que tu te fâcheras à moitié chemin et que tu refuseras de me suivre.

A ton aise! Va où ton penchant te pousse. Je ne suis pas irrité contre ceux qui te captivent, en faisant le contraire de ce que je veux faire. Je n'ai pas de haine contre la mode. Toute mode est bonne, tant qu'elle dure et qu'elle est bien portée; il n'est possible de la juger que quand son règne est fini. Elle a le droit divin pour elle; elle est fille du génie des temps; mais le monde est si grand qu'il y a place pour tous, et les libertés dont nous jouissons s'étendent bien jusqu'à nous permettre de faire un mauvais roman.

Le jeune prince Karol de Roswald venait de perdre sa mère lorsqu'il fit connaissance avec la Floriani.

Il était plongé encore dans une tristesse profonde, et rien ne pouvait le distraire. La princesse de Roswald avait été pour lui une mère tendre et parfaite. Elle avait prodigué à son enfance débile et souffreteuse les soins les plus assidus et le dévouement le plus entier. Élevé sous les yeux de cette digne et noble femme, le jeune homme n'avait eu qu'une passion réelle dans toute sa vie : l'amour filial. Cet amour réciproque du fils et de la mère les avait rendus exclusifs, et peut-être un peu trop absolus dans leur manière de voir et de sentir. La princesse était d'un esprit supérieur et d'une grande instruction, il est vrai; son entretien et ses enseignements semblaient pouvoir tenir lieu de tout au jeune Karol. La frêle santé de celui-ci s'était opposée à ces études classiques, pénibles, sèchement tenaces, qui ne valent pas toujours par elles-mêmes les leçons d'une mère éclairée, mais qui ont cet avantage indispensable de nous apprendre à travailler, parce qu'elles sont comme la clef de la science de la vie. La princesse de Roswald ayant écarté les pédagogues et les livres, par ordonnance des médecins, s'était attachée à former l'esprit et le cœur de son fils, par sa conversation, par ses récits, par une sorte d'*insufflation* de son être moral, que le jeune homme avait aspirée avec délices. Il était donc arrivé à savoir beaucoup sans avoir rien appris.

Mais rien ne remplace l'expérience; et le soufflet que, dans mon enfance, on donnait encore aux marmots pour leur graver dans la mémoire le souvenir d'une grande émotion, d'un fait historique, d'un crime célèbre, ou de tout autre *exemple* à suivre ou à éviter, n'était pas chose si niaise que cela nous paraît aujourd'hui. Nous ne donnons plus ce soufflet à nos enfants; mais ils vont le chercher ailleurs, et la lourde main de l'expérience l'applique plus rudement que ne ferait la nôtre.

Le jeune Karol de Roswald connut donc le monde et la vie de bonne heure, de trop bonne heure peut-être, mais par la théorie et non par la pratique. Dans le louable dessein d'élever son âme, sa mère ne laissa approcher de lui que des personnes distinguées, dont les préceptes et l'exemple devaient lui être salutaires. Il sut bien que *dehors* il y avait des méchants et des fous, mais il n'apprit qu'à les éviter, nullement à les connaître. On lui enseigna bien à secourir les malheureux; les portes du palais où s'écoula son enfance étaient toujours ouvertes aux nécessiteux; mais, tout en les assistant, il s'habitua à mépriser la cause de leur détresse et à regarder cette plaie comme irrémédiable dans l'humanité. Le désordre, la paresse, l'ignorance ou le manque de jugement, sources fatales d'égarement et de misère, lui parurent, avec raison, incurables chez les individus. On lui apprit point à croire que les masses doivent et peuvent insensiblement s'en affranchir, et qu'en prenant l'humanité corps à corps, en discutant avec elle, en la gourmandant, et la caressant tour à tour, comme un enfant qu'on aime, en lui pardonnant beaucoup de rechutes pour en obtenir quelques progrès, on fait plus pour elle qu'en jetant à ses membres perclus ou gangrenés le secours restreint de la compassion.

Il n'en fut pas ainsi. Karol apprit que l'aumône était un devoir; et c'en est un à remplir sans doute, tant que, par l'arrangement social, l'aumône sera nécessaire. Mais ce n'est pas des devoirs que l'amour de notre immense famille humaine nous impose. Il y en a bien d'autres; et le principal n'est pas de plaindre, c'est d'aimer. Il embrassa avec ardeur la maxime qu'il fallait haïr le mal; mais il s'attacha à la lettre, qu'il faut plaindre ceux qui le font; et, encore une fois, *plaindre* n'est pas assez. Il faut *aimer*, surtout pour être juste et pour ne pas désespérer de l'avenir. Il faut n'être pas trop délicat pour soi-même, et ne pas s'endormir dans le sybaritisme d'une conscience pure et satisfaite d'elle-même. Il était assez généreux, ce bon jeune homme, pour ne pas jouir sans remords de son luxe, en songeant que la plupart des hommes manquent du nécessaire; mais il n'avait pas cette commisération à la misère morale de ses semblables. Il n'avait pas assez de lumière dans la pensée pour se dire que la perversité humaine rejaillit sur ceux qui en sont exempts, et que faire la guerre au mal général est le premier devoir de ceux qui n'en sont pas atteints.

Il voyait, d'un côté, l'aristocratie morale, la distinction de l'intelligence, la pureté des mœurs, la noblesse des instincts, et il se disait : « Soyons avec ceux-là. » De l'autre, il voyait l'abrutissement, la bassesse, la folie, la débauche, et il ne se disait pas : « Allons à ceux-ci pour les ramener, s'il est possible. » — Non! lui avait-on appris à dire, ils sont perdus! Donnons-leur du pain et des vêtements, mais ne compromettons pas notre âme au contact de la leur. Ils sont endurcis et souillés, abandonnons leur esprit à la clémence de Dieu. »

Cette habitude de se préserver devient, à la longue, une sorte d'égoïsme, et il y avait un peu de cette sécheresse au fond du cœur de la princesse. Il y en avait chez elle pour son fils encore plus que pour elle-même. Elle l'isolait avec art des jeunes gens de son âge, dès qu'elle les soupçonnait de folie ou seulement de légèreté. Elle craignait pour lui ce frottement avec des natures différentes de la sienne ; et c'est pourtant ce contact qui nous rend hommes, qui nous donne de la force, et qui fait qu'au lieu d'être entraînés à la première occasion, nous pouvons résister à l'exemple du mal et garder de l'influence pour faire prévaloir celui du bien.

Sans être d'une dévotion étroite et farouche, la princesse avait une piété assez rigide. Catholique sincère et fidèle, elle voyait bien les abus, mais elle n'y savait pas d'autre remède que de les tolérer en faveur de la grande cause de l'Église. « Le pape peut s'égarer, disait-elle, c'est un homme ; mais la papauté ne peut faillir : c'est une institution divine. » Dès lors, les idées de progrès n'entraient point facilement dans sa tête, et son esprit de bonne heure à les révoquer en doute et à ne point espérer que le salut du genre humain pût s'accomplir sur la terre. Sans être aussi régulier que sa mère dans les pratiques religieuses (car en dépit de tout, au temps où nous sommes, la jeunesse se dégage vite de tels liens), il resta dans cette doctrine qui sauve les hommes de bonne volonté et ne sait pas briser la mauvaise volonté des autres ; qui se contente de quelques *élus* et se résigne à voir les nombreux *appelés* tomber dans la géhenne du mal éternel : triste et lugubre croyance qui s'accorde parfaitement avec les idées de la noblesse et les priviléges de la fortune. Au ciel comme sur la terre, le paradis pour quelques-uns, l'enfer pour le plus grand nombre. La gloire, le bonheur et les récompenses pour les exceptions : la honte, l'abjection et le châtiment pour presque tous.

Les âmes naturellement bonnes et généreuses, qui tombent dans cette erreur, en sont punies par une éternelle tristesse. Il n'appartient qu'aux insensibles ou aux stupides d'en prendre leur parti. La princesse de Roswald souffrait de ce fatalisme catholique, dont elle ne pouvait secouer les arrêts farouches. Elle avait pris une habitude de gravité solennelle et sentencieuse qu'elle communiqua peu à peu à son fils, pour le fond sinon pour la forme. Le jeune Karol ne connut donc point la gaieté, l'abandon, la confiance aveugle et salutaire de l'enfance. A vrai dire, il n'eut point d'enfance : ses pensées tournèrent à la mélancolie, et lors même que vint l'âge d'être romanesque, ce ne furent que des romans sombres et douloureux qui remplirent son imagination.

Et malgré cette route que suivait l'esprit de Karol, c'était une adorable nature d'esprit que la sienne. Doux, sensible, exquis en toutes choses, il avait à quinze ans toutes les grâces de l'adolescence réunies à la gravité de l'âge mûr. Il resta délicat de corps comme d'esprit. Mais cette absence de développement musculaire lui valut de conserver une beauté charmante, une physionomie exceptionnelle qui n'avait, pour ainsi dire, ni âge ni sexe. Ce n'était point l'air mâle et hardi d'un descendant de cette race d'antiques magnats, qui ne savaient que boire, chasser et guerroyer ; ce n'était point non plus la gentillesse efféminée d'un chérubin couleur de rose. C'était quelque chose comme ces créatures idéales, que la poésie du moyen âge faisait servir à l'ornement des temples chrétiens ; un ange, beau de visage, comme une grande femme triste, pur et svelte de forme comme un jeune dieu de l'Olympe, et pour couronner cet assemblage, une expression à la fois tendre et sévère, chaste et passionnée.

C'était là le fond de son être. Rien n'était plus pur et plus exalté en même temps que ses pensées ; rien n'était plus tenace, plus exclusif et plus minutieusement dévoué que ses affections. Si l'on eût pu oublier l'existence du genre humain, et croire qu'il s'était concentré et personnifié dans un seul être, c'est lui qu'on aurait adoré sur les ruines du monde. Mais cet être n'avait pas assez de relations avec ses semblables. Il ne comprenait que ce qui était identique à lui-même, sa mère, dont il était un reflet pur et brillant ; Dieu, dont il se faisait une idée étrange, appropriée à sa nature d'esprit ; et enfin une chimère de femme qu'il créait à son image, et qu'il aimait dans l'avenir sans la connaître.

Le reste n'existait pour lui que comme une sorte de rêve fâcheux auquel il essayait de se soustraire en vivant seul au milieu du monde. Toujours perdu dans ses rêveries, il n'avait point le sens de la réalité. Enfant, il ne pouvait toucher à un instrument tranchant sans se blesser ; homme, il ne pouvait se trouver en face d'un homme différent de lui, sans se heurter douloureusement contre cette contradiction vivante.

Ce qui le préservait pourtant d'un antagonisme perpétuel, c'était l'habitude volontaire et bientôt invétérée de ne point voir et de ne pas entendre ce qui lui déplaisait en général, sans toucher à ses affections personnelles. Les êtres qui ne pensaient pas comme lui devenaient à ses yeux comme des espèces de fantômes, et, comme il était d'une politesse charmante, on pouvait prendre pour une bienveillance courtoise ce qui n'était chez lui qu'un froid dédain, voire une aversion insurmontable.

Il est fort étrange qu'avec un semblable caractère le jeune prince pût avoir des amis. Il en avait pourtant, non-seulement ceux de sa mère, qui estimaient en lui le digne fils d'une noble femme, mais encore des jeunes gens de son âge, qui l'aimaient ardemment, et qui se croyaient aimés de lui. Lui-même pensait les aimer beaucoup, mais c'était avec l'imagination plutôt qu'avec le cœur. Il se faisait une haute idée de l'amitié, et, dans l'âge des premières illusions, il croyait volontiers que ses amis et lui, élevés à peu près de la même manière et dans les mêmes principes, ne changeraient jamais d'opinion et ne viendraient point à se trouver en désaccord formel.

Cela arriva pourtant, et, à vingt-quatre ans, qu'il avait lorsque sa mère mourut, il s'était détaché déjà de presque tous. Un seul lui resta très-fidèle. C'était un jeune Italien, un peu plus âgé que lui, d'une noble figure et d'un grand cœur ; ardent, enthousiaste ; fort différent, à tous autres égards, de Karol, il avait du moins avec lui ce rapport qu'il aimait avec passion la beauté dans les arts, et qu'il professait le culte de la loyauté chevaleresque. Ce fut lui qui l'arracha de la tombe de sa mère, et qui, l'entraînant sous le ciel vivifiant de l'Italie, le conduisit pour la première fois chez la Floriani.

II.

Mais qu'est-ce donc que la Floriani, deux fois nommée au chapitre précédent, sans que nous ayons fait un pas vers elle?

Patience, ami lecteur. Je m'aperçois, au moment de frapper à la porte de mon héroïne, que je ne vous ai pas assez fait connaître mon héros, et qu'il me reste encore certaines longueurs à vous faire agréer.

Il n'y a rien de plus impérieux et de plus pressé qu'un lecteur de romans ; mais je ne m'en soucie guère. J'ai à vous révéler un homme tout entier, c'est-à-dire un monde, un océan sans bornes de contradictions, de diversités, de misères et de grandeurs, de logique et d'inconséquences, et vous voulez qu'un petit chapitre me suffise ! Oh! non pas, je ne saurais m'en tirer sans entrer dans quelques détails, et je prendrai mon temps. Si cela vous fatigue, passez, et si, plus tard, vous ne comprenez rien à sa conduite, ce sera votre faute et non la mienne.

L'homme que je vous présente est *lui* et non un autre. Je ne puis vous le faire comprendre en vous disant qu'il était jeune, beau, bien fait et de belles manières. Tous les jeunes premiers de romans sont ainsi, et le mien est un être que je connais dans ma pensée, puisque, réel ou fictif, j'essaie de le peindre. Il a un caractère très-déterminé, et l'on ne peut pas appliquer aux instincts d'un homme les mots sacramentels qu'emploient les naturalistes pour désigner le parfum d'une plante ou d'un minéral, en disant que ce corps exhale une odeur *sui generis*.

Ce *sui generis* n'explique rien, et je prétends que le prince Karol de Roswald avait un caractère *sui generis* qu'il est possible d'expliquer.

Il était extérieurement si affectueux, par suite de sa bonne éducation et de sa grâce naturelle, qu'il avait le don de plaire, même à ceux qui ne le connaissaient pas. Sa ravissante figure prévenait en sa faveur ; la faiblesse de sa constitution le rendait intéressant aux yeux des femmes ; la culture abondante et facile de son esprit, l'originalité douce et flatteuse de sa conversation lui gagnaient l'attention des hommes éclairés. Quant à ceux d'une trempe moins fine, ils aimaient son exquise politesse, et ils y étaient d'autant plus sensibles, qu'ils ne concevaient pas, dans leur franche bonhomie, que ce fût l'exercice d'un devoir, et que la sympathie y entrât pour rien.

Ceux-là, s'ils eussent pu le pénétrer, auraient dit qu'il était plus aimable qu'aimant ; et, en ce qui les concernait, c'eût été vrai. Mais comment eussent-ils deviné cela, lorsque ses rares attachements étaient si vifs, si profonds et si peu récusables?

Ainsi donc, on l'aimait toujours, sinon avec la certitude, du moins avec l'espoir d'être payé de quelque retour. Ses jeunes compagnons, le voyant faible et paresseux dans les exercices du corps, ne songeaient pas à dédaigner cette nature un peu infirme, parce que Karol ne s'en faisait point accroire sous ce rapport. Lorsque, s'asseyant doucement sur l'herbe, au milieu de leurs jeux, il leur disait avec un triste sourire : « Amusez-vous, chers compagnons ; je ne puis lui lutter, ni courir ; vous viendrez vous reposer près de moi. » Comme la force est naturellement protectrice de la faiblesse, il arrivait que, parfois, les plus robustes renonçaient généreusement à leur ardente gymnastique, et venaient lui faire compagnie.

Parmi tous ceux qui étaient charmés et comme fascinés par la couleur poétique de ses pensées et la grâce de son esprit, Salvator Albani fut toujours le plus assidu. Ce bon jeune homme était la franchise même ; et, pourtant, Karol exerçait sur lui un tel empire qu'il n'osait jamais le contredire ouvertement, lors même qu'il remarquait de l'exagération dans ses principes et de la bizarrerie dans ses habitudes. Il craignait de lui déplaire et de le voir se refroidir à son égard, comme cela était arrivé pour tant d'autres. Il le soignait comme un enfant, lorsque Karol, plus nerveux et impressionnable que réellement malade, se retirait dans sa chambre pour dérober aux yeux de sa mère son malaise, dont elle se tourmentait trop. Salvator Albani était donc devenu nécessaire au jeune prince. Il le sentait, et lorsqu'une ardente jeunesse le sollicitait de se distraire ailleurs, il sacrifiait ses plaisirs ou il les cachait avec une généreuse hypocrisie, se disant à lui-même que si Karol venait à ne plus l'aimer, il ne souffrirait plus ses soins, et tomberait dans une solitude volontaire et funeste. Ainsi Salvator aimait Karol pour le besoin que ce dernier avait de lui, et il se faisait, par une étrange miséricorde, le complaisant de ses théories opiniâtres et sublimes. Il admirait avec lui le stoïcisme, et, au fond, il était ce qu'on appelle un épicurien. Fatigué d'une folie de la veille, il lisait à son chevet un livre ascétique. Il s'enthousiasmait naïvement à la peinture de l'amour unique, exclusif, sans défaillance et sans bornes, qui devait remplir la vie de son jeune ami.

Il trouvait réellement cela superbe, et pourtant il ne pouvait se passer d'intrigues amoureuses, et il lui cachait le chiffre de ses aventures.

Cette innocente dissimulation ne pouvait durer qu'un certain temps, et peu à peu Karol découvrit avec douleur que son ami n'était pas un saint. Mais lorsque arriva cette épreuve redoutable, Salvator lui était devenu si nécessaire, et il avait été forcé de lui reconnaître tant d'éminentes qualités de cœur et d'esprit, qu'il lui fallut bien continuer à l'aimer ; beaucoup moins, à la vérité, qu'auparavant, mais encore assez pour ne pouvoir se passer de lui. Néanmoins il ne put jamais prendre son parti sur ses escapades de jeunesse, et cette affection, au lieu d'être un adoucissement à sa tristesse habituelle, devint douloureuse comme une blessure.

Salvator, qui redoutait la sévérité de la princesse de Roswald encore plus que celle de Karol, lui cacha le plus longtemps possible ce que Karol avait découvert avec tant d'effroi. Une longue et douloureuse maladie à laquelle elle succomba, contribua aussi à la rendre moins clairvoyante dans ses dernières années ; et lorsque Karol la vit froide sur son lit de mort, il tomba dans un tel accablement de désespoir, que Salvator reprit sur lui tout son empire, et fut seul capable de le faire renoncer au dessein de se laisser mourir.

C'était la seconde fois que Karol voyait la mort frapper à ses côtés l'objet de ses affections. Il avait aimé une jeune personne qui lui était destinée. C'était l'unique roman de sa vie, et nous en parlerons en temps et lieu. Il n'avait plus rien à aimer sur la terre que Salvator. Il l'aima ; mais toujours avec des restrictions, de la souffrance, et une sorte d'amertume, en songeant que son ami n'était pas susceptible d'être aussi malheureux que lui.

Six mois après cette dernière catastrophe, la plus sensible et la plus réelle des deux, à coup sûr, le prince de Roswald parcourait l'Italie, en chaise de poste, emporté malgré lui, dans un tourbillon de poussière embrasée, par son courageux ami. Salvator avait besoin de plaisirs et de gaieté ; pourtant il sacrifia tout à celui qu'on appelait devant lui son enfant gâté. Quand on lui disait cela, « dites mon enfant chéri, répondait-il ; mais tout choyé que Roswald ait été par sa mère et par moi, son cœur ni son caractère ne sont gâtés. Il n'est devenu ni exigeant, ni despote, ni ingrat, ni maniaque. Il est sensible aux moindres attentions, et reconnaissant plus qu'il ne faut de mon dévouement. »

Cela était généreux à reconnaître, mais cela était vrai. Karol n'avait point de petits défauts. Il en avait un seul, grand, involontaire et funeste, l'intolérance de l'esprit. Il ne dépendait pas de lui d'ouvrir ses entrailles à un sentiment de charité générale pour élargir son jugement à l'endroit des choses humaines. Il était de ceux qui croient que la vertu est de s'abstenir du mal, et qui comprennent pas ce que l'Évangile, qu'ils professent strictement d'ailleurs, a de plus sublime, cet amour du pécheur repentant qui fait éclater plus de joie au ciel que la persévérance de cent justes, cette confiance au retour de la brebis égarée ; en un mot, cet esprit même de Jésus, qui ressort de toute sa doctrine et qui plane sur toutes ses paroles : à savoir que celui qui aime est plus grand, lors même qu'il s'égare, que celui qui va droit, par un chemin solitaire et froid.

Dans le détail de la vie, Karol était d'un commerce plein de charmes. Toutes les formes de la bienveillance prenaient chez lui une grâce inusitée, et quand il exprimait sa gratitude, c'était avec une émotion profonde qui payait l'amitié avec usure. Même dans sa douleur, qui semblait éternelle, et dont il ne voulait pas prévoir la fin, il portait un semblant de résignation, comme s'il eût cédé au désir que Salvator éprouvait de le conserver à la vie.

Par le fait, sa santé délicate n'était pas altérée profondément, et sa vie n'était menacée par aucune désorganisation sérieuse ; mais l'habitude de languir et de ne jamais essayer ses forces, lui avait donné la croyance qu'il ne survivrait pas longtemps à sa mère. Il s'imaginait volontiers qu'il se sentait mourir chaque jour, et, dans cette pensée, il acceptait les soins de Salvator et lui cachait le peu de temps qu'il jugeait devoir en profiter. Il avait un grand courage extérieur, et s'il n'acceptait pas, avec l'insouciance héroïque de la jeunesse, l'idée d'une mort prochaine, il en caressait du moins l'attente avec une sorte d'amère volupté.

Dans cette persuasion, il se détachait chaque jour de l'humanité, dont il croyait déjà ne plus faire partie. Tout le mal d'ici-bas lui devenait étranger. Apparemment, pensait-il, Dieu ne lui avait pas donné mission de s'en inquiéter et de le combattre, puisqu'il lui avait compté si peu de jours à passer sur la terre. Il regardait cela comme une faveur accordée aux vertus de sa mère, et, quand il voyait la souffrance attachée, comme un châtiment aux vices des hommes, il remerciait le ciel de lui avoir donné la souffrance sans la chute, comme une épreuve qui devait le purifier de toute la souillure du péché originel. Il s'élançait alors en imagination vers l'autre vie, et se perdait dans des rêves mystérieux. Au fond de tout cela, il y avait la synthèse du dogme catholique; mais, dans les détails, son cerveau de poète se donnait carrière. Car il faut bien le dire, si ses instincts et ses principes de conduite étaient absolus, ses croyances religieuses étaient fort vagues; et c'était là l'effet d'une éducation toute de sentiment et d'inspiration, où le travail aride de l'examen, les droits de la raison et le fil conducteur de la logique n'étaient entrés pour rien.

Comme il n'avait suivi et approfondi par lui-même aucune étude, il s'était fait dans son esprit de grandes lacunes, que sa mère avait comblées, comme elle l'avait pu, en invoquant la sagesse impénétrable de Dieu et l'insuffisance de la lumière accordée aux hommes. C'était encore là le catholicisme. Plus jeune et plus artiste que sa mère, Karol avait idéalisé sa propre ignorance; il avait meublé, pour ainsi dire, ce vide effrayant avec des idées romanesques; des anges, des étoiles, un vol sublime à travers l'espace, un lieu inconnu où son âme se reposerait à côté de celles de sa mère et de sa fiancée : voilà pour le paradis. Quant à l'enfer, il n'y pouvait pas croire; mais, ne voulant pas le nier, il n'y songeait pas. Il se sentait pur et plein de confiance pour son propre compte. S'il lui avait fallu absolument dire où il reléguait les âmes coupables, il eût placé leurs tourments dans les flots agités de la mer, dans la tourmente des hautes régions, dans les bruits sinistres des nuits d'automne, dans l'inquiétude éternelle. La poésie nuageuse et séduisante d'Ossian avait passé par là, à côté du dogme romain.

La main ferme et franche de Salvator n'osait interroger toutes les cordes de cet instrument subtil et compliqué. Il ne se rendait donc pas bien compte de tout ce qu'il y avait de fort et de faible, d'immense et d'incomplet, de terrible et d'exquis, de tenace et de mobile dans cette organisation exceptionnelle. Si, pour l'aimer, il lui eût fallu le connaître à fond, il y eût renoncé bien vite; car il faut toute la vie pour comprendre de tels êtres : et encore n'arrive-t-on qu'à constater, à force d'examen et de patience, le mécanisme de leur vie intime. La cause de leurs contradictions nous échappe toujours.

Un jour qu'ils allaient de Milan à Venise, ils se trouvèrent non loin d'un lac qui brillait au soleil couchant comme un diamant dans la verdure.

— N'allons pas plus loin aujourd'hui, dit Salvator, qui remarquait sur le visage de son jeune ami une fatigue profonde. Nous faisons de trop longues journées, et nous nous sommes épuisés hier, de corps et d'esprit, à admirer le grand lac de Côme.

— Ah! je ne le regrette pas, répondit Karol, c'est le plus beau spectacle que j'aie vu de ma vie. Mais couchons où tu voudras, peu m'importe.

— Cela dépend de l'état où tu te trouves. Pousserons-nous jusqu'au prochain relais, ou ferons-nous un petit détour pour aller jusqu'à Iseo, au bord du petit lac? Comment te sens-tu?

— Vraiment, je n'en sais rien !

— Tu n'en sais jamais rien ! C'est désespérant ! Voyons, souffres-tu?

— Je ne crois pas.

— Mais, tu es fatigué?

— Oui, mais pas plus que je ne le suis toujours.

— Alors, gagnons Iseo; l'air y sera plus doux que sur ces hauteurs.

Ils se dirigèrent donc vers le petit port d'Iseo. Il y avait eu une fête aux environs. Des charrettes, attelées de petits chevaux maigres et vigoureux, ramenaient les jeunes filles endimanchées; avec leur jolie coiffure de statues antiques, le chignon traversé par de longues épingles d'argent, et des fleurs naturelles dans les cheveux. Les hommes venaient à cheval, à âne ou à pied. Toute la route était couverte de cette population enjouée, de ces filles triomphantes, de ces hommes un peu excités par le vin et l'amour, qui échangeaient à pleine voix avec elles des rires et des propos fort joyeux, trop joyeux certainement pour les chastes oreilles du prince Karol.

En tout pays, le paysan qui ne se contraint pas et ne change pas sa manière naïve de dire, a de l'esprit et de l'originalité. Salvator, qui ne perdait pas un jeu de mots du dialecte, ne pouvait s'empêcher de sourire aux brusques saillies qui s'entre-croisaient sur le chemin, autour de lui, tandis que la chaise de poste descendait au pas une pente rapide inclinée vers le lac. Ces belles filles, dans leurs carrioles enrubanées, ces yeux noirs, ces fichus flottants, ces parfums de fleurs, les feux du couchant sur tout cela, et les paroles hardies prononcées avec des voix fraîches et retentissantes, le mettaient en belle humeur italienne. S'il eût été seul, il ne lui eût pas fallu beaucoup de temps pour prendre la bride d'un de ces petits chevaux, et pour se glisser dans la carriole la mieux garnie de jolies femmes. Mais la présence de son ami le forçait d'être grave, et, pour se distraire de ses tentations, il se mit à chantonner entre ses dents. Cet expédient ne lui réussit point, car il s'aperçut bientôt qu'il répétait, malgré lui, un air de danse qu'il avait saisi au vol d'un essaim de villageoises qui le fredonnaient en souvenir de la fête.

III.

Salvator avait réussi à garder son sang-froid, jusqu'à ce qu'une grande brune, passant à cheval, non loin de la calèche, jambe de çà, jambe de là, lui montra avec un peu de confiance un mollet rebondi surmonté d'une jarretière élégante. Il lui fut impossible de retenir une exclamation et de ne pas pencher la tête hors de la voiture, pour suivre de l'œil cette jambe nerveuse et bien tournée.

— Est-elle donc tombée? lui dit le prince, apercevant sa préoccupation.

— Tombée, quoi? répondit le jeune fou; la jarretière?

— Quelle jarretière? Je parle de la femme qui passait à cheval. Que regardes-tu?

— Rien, rien, répliqua Salvator, qui n'avait pu s'empêcher de soulever son bonnet de voyage pour saluer cette jambe. Dans ce pays de courtoisie, il faudrait toujours avoir la tête nue. Et il ajouta, en se rejetant au fond de la voiture : « C'est fort coquet, une jarretière rose vif bordée de bleu-lapis. »

Karol n'était point pédant en paroles; il ne fit aucune réflexion, et regarda le lac étincelant où brillaient, certes, de plus splendides couleurs que celles des jarretières de la villageoise.

Salvator comprit son silence et lui demanda, comme pour s'excuser à ses yeux, s'il n'était pas frappé de la beauté de cette race humaine dans cette contrée.

— Oui, répondit Karol avec une intention complaisante : j'ai remarqué qu'il y avait par ici beaucoup de statuaire dans les formes. Mais tu sais que je ne m'y connais pas beaucoup.

— Je le nie; tu comprends admirablement le beau, et je t'ai vu en extase devant des échantillons de la statuaire antique.

— Un instant! il y a antique et antique; j'aime le bel

art pur, élégant, idéal du Parthénon. Mais je n'aime pas, ou du moins je ne comprends pas la lourde musculature de l'art romain et les formes accusées de la décadence. Ce pays-ci est tourné au matérialisme, la race s'en ressent. Cela ne m'intéresse point.

— Quoi! franchement, la vue d'une belle femme ne charme pas tes regards, ne fût-ce qu'un instant... quand elle passe?

— Tu sais bien que non. Pourquoi t'en étonner? Moi, j'ai accepté ton admiration facile et banale pour toutes les femmes tant soit peu belles qui passent devant toi. Tu es pressé d'aimer, et cependant, celle qui doit s'emparer de ton être ne s'est pas encore présentée à tes regards. Elle existe, sans doute, celle que Dieu a créée pour toi; elle t'attend, et toi tu la cherches. C'est ainsi que je m'explique tes amours insensés, tes brusques dégoûts, et toutes ces tortures de l'âme que tu appelles tes plaisirs. Mais, quant à moi, tu sais bien que j'avais rencontré la compagne de ma vie. Tu sais bien que je l'ai connue, tu sais bien que je l'aimerai toujours dans la tombe, comme je l'ai aimée sur la terre. Comme rien ne peut lui ressembler, comme personne ne me la rappellerait, je ne regarde pas, je ne cherche pas : je n'ai pas besoin d'admirer ce qui existe en dehors du type que je porte éternellement parfait, éternellement vivant dans ma pensée.

Salvator eut envie de contredire son ami; mais il craignit de le voir s'animer sur un pareil sujet, et retrouver, pour la discussion, une force fébrile qu'il redoutait plus pour lui que la langueur de la fatigue. Il se contenta de lui demander s'il était bien sûr de ne jamais aimer une autre femme.

— Comme Dieu lui-même ne saurait créer un second être aussi parfait que celui qu'il m'avait destiné dans sa miséricorde infinie, il ne permettra pas que je m'égare jusqu'à tenter d'aimer une seconde fois.

— La vie est longue, pourtant! dit Salvator d'un ton de doute involontaire, et ce n'est pas à vingt-quatre ans qu'on peut faire un pareil serment.

— On n'est pas toujours jeune à vingt-quatre ans! répondit Karol. Puis il soupira et tomba dans le silence de la méditation. Salvator vit qu'il avait réveillé cette idée d'une mort prématurée, dont son ami se nourrissait comme d'un poison. Il feignit de ne pas le deviner sur ce point, et il essaya de le distraire en lui montrant la jolie vallée dont le lac occupe le fond.

Le petit lac d'Iseo n'a rien de grandiose dans son aspect, et ses abords sont doux et frais comme une églogue de Virgile. Entre les montagnes qui forment ses horizons et les rides molles et lentes que la brise trace sur ses bords, il y a une zone de charmantes prairies, littéralement émaillées des plus belles fleurs champêtres que produise la Lombardie. Des tapis de safran d'un rose pur jonchent ses rives, où l'orage ne pousse jamais avec fracas la vague irritée. De légères et rustiques embarcations glissent sur des ondes paisibles, où s'effeuillent les fleurs du pêcher et de l'amandier.

Au moment où les deux jeunes voyageurs descendirent de voiture, plusieurs bateaux levaient leurs amarres, et les habitants des paroisses riveraines, que leurs chevaux et leurs charrettes avaient ramenés de la fête, s'élançaient, en riant et en chantant, sur ces esquifs qui devaient faire le tour du lac et descendre chaque groupe à son domicile. On poussait les charrettes toutes chargées d'enfants et de jeunes filles bruyantes sur les grosses barques; de jeunes couples sautaient sur les nacelles et se défiaient *alla regata*. Suivant l'habitude de la localité, pour empêcher les chevaux, fumants de sueur, de s'enrhumer durant la traversée, on les plongeait préalablement dans les eaux glaciales de la plage, et ces animaux courageux paraissaient prendre grand plaisir à cette immersion.

Karol s'assit sur une souche au bord de l'eau, pour contempler, non cette scène animée et pittoresque, mais les vagues horizons bleuâtres de la chaîne Alpestre. Salvator était entré dans la *locanda* pour choisir les chambres.

Mais il revint bientôt avec une figure contrariée : le gîte était abominable, brûlant, infect, encombré d'ivrognes et d'animaux qui se querellaient. Il n'y avait pas moyen de se reposer là des fatigues d'une journée de voyage.

Le prince, quoiqu'il souffrît plus que personne de l'angoisse d'une mauvaise nuit, prenait ordinairement ces sortes de contrariétés avec une insouciance stoïque. Cependant, cette fois, il dit à son jeune ami, avec un air d'inquiétude étrange : « J'avais un pressentiment que nous ferions mieux de ne pas venir coucher ici. »

— Un pressentiment à propos d'une mauvaise auberge? s'écria Salvator, que le fâcheux succès de son idée irritait un peu contre lui-même et par conséquent contre le prochain : ma foi, quand il s'agit d'éviter la vermine d'une sale locanda et la puanteur d'une laide cuisine, j'avoue que je n'ai point de ces subtiles perceptions et de ces avertissements mystérieux.

— Ne te moque pas de moi, Salvator, reprit le prince avec douceur. Il ne s'agit point de ces puérilités-là, et tu sais fort bien que j'en prends mon parti mieux que toi-même.

— Eh! c'est peut-être à cause de toi que je n'en prends pas mon parti!

— Je le sais, mon bon Salvator; ne te tourmente donc pas, et partons!

— Comment, partons! nous avons faim, et il y a là du moins des truites superbes qui sautent dans la friture. Je ne me laisse pas décourager si vite, soupons d'abord, faisons-nous servir là, en plein air, sous ces caroubiers. Et puis je courrai tout le village et je trouverai bien une maison un peu plus propre que l'auberge, une chambre pour toi, au moins; fût-ce chez le médecin ou l'avocat de la contrée! Il y a bien un curé, ici!

— Ami, tu ne veux pas me comprendre, tu t'occupes d'enfantillages... Tu sais que je n'ai pas de caprices, n'est-il pas vrai? Eh bien! une seule fois, pardonne-m'en un bizarre... Je me sens mal ici; cet air m'inquiète, ce lac m'éblouit. Il y a croît peut-être quelque herbe vénéneuse mortelle pour moi... Allons coucher ailleurs. J'ai un pressentiment sérieux que je ne devais pas venir ici. Quand les chevaux ont quitté la route de Venise et pris sur la gauche, il m'a semblé qu'ils résistaient : ne l'as-tu pas remarqué? — Enfin, ne me crois pas atteint de folie, ne me regarde pas d'un air effrayé; je suis calme, je suis résigné, si tu le veux, à de nouveaux malheurs... mais à quoi bon les braver, quand il est temps encore de les fuir?

Salvator Albany était effrayé, en effet, du ton sérieux et pénétré avec lequel Karol disait ces paroles étranges. Comme il le croyait plus faible qu'il ne l'était réellement, il s'imagina qu'il allait tomber gravement malade, et que le lieu y fût pour quelque chose, lorsque la nature, la race humaine, le ciel et la végétation étaient luxuriants autour de lui. Il ne voulait pourtant pas heurter son caprice, mais il se demandait si un nouveau relais, fourni à jeun et après une longue journée, ne hâterait pas l'explosion du mal.

Le prince vit son hésitation et se rappela ce que le bon Salvator avait déjà oublié, c'est qu'il mourait de faim. Dès lors, sacrifiant toute sa répugnance, et imposant silence à son imagination, il prétendit qu'il avait faim lui-même, et qu'avant de quitter Iseo, il fallait pourtant souper.

Cet accommodement rassura un peu Salvator. « S'il a faim, pensa-t-il, il n'est pas sous le coup d'une maladie imminente, et peut-être que cette pensée de détresse qui s'est emparée de lui est le résultat d'une faim excessive dont il ne se rendait pas compte, une sorte de défaillance morale et physique. Mangeons, et puis nous verrons! »

Le souper était meilleur que l'auberge ne semblait l'annoncer, et on le servit dans le jardin de l'hôtelier, sous une fraîche tonnelle, qui masquait un peu l'éclat du lac, et où Karol se sentit réellement plus calme. Grâce à la mobilité de son tempérament et de son humeur, il man-

Il y avait eu une fête aux environs. (Page 6.)

gea avec plaisir et oublia l'inexplicable effroi qui l'avait saisi quelques instants auparavant.

Pendant que l'hôte leur servait le café, Salvator l'interrogea sur les habitants de la ville, et reconnut avec chagrin qu'il n'en connaissait pas un seul, et qu'il n'y avait guère moyen d'aller demander l'hospitalité dans une maison plus propre et plus paisible que la locanda.

— Ah! dit-il, en soupirant, j'ai eu une bien bonne amie, qui était de ce pays-ci, et qui m'en avait tant parlé que cela m'a peut-être influencé à mon insu, lorsque la fantaisie d'y venir coucher m'est venue. Mais je vois bien que ma pauvre Floriani en avait gardé un souvenir poétique tout à fait dénué de réalité. Il en est ainsi de tous nos souvenirs d'enfance.

— Sans doute que Votre Excellence, dit l'hôte, qui avait écouté les paroles de Salvator, veut parler de la fameuse Floriani, celle qui, de pauvre paysanne qu'elle était, est devenue riche et célèbre dans toute l'Italie?

— Vraiment oui, s'écria Salvator; vous l'avez peut-être connue autrefois ici, car je ne sache pas qu'elle soit revenue dans son pays depuis qu'elle l'a quitté toute jeune?

— Pardon, seigneurie. Elle est revenue il y a environ un an et elle y est à cette heure. Sa famille lui a tout pardonné, et ils vivent très-bien ensemble maintenant... Tenez, là-bas, sur l'autre rive du lac, vous pouvez voir d'ici la chaumière où elle a été élevée, et la jolie villa qu'elle a achetée tout à côté. Cela ne fait plus qu'une seule dépendance avec le parc et les prairies. Oh! c'est une bonne propriété, et elle l'a payée à beaux deniers comptants, au vieux Ranieri, vous savez... l'avare? le père de celui qui l'avait enlevée, de son premier amant?

— Vous en savez ou vous en supposez plus long que moi sur les aventures de sa jeunesse, répondit Salvator; moi je ne sais d'elle qu'une chose : c'est qu'elle est la femme la plus intelligente, la meilleure et la plus digne que j'ai rencontrée. Vive Dieu! elle est donc ici? Ah! la bonne nouvelle! Nous sommes sauvés, Karol; nous allons lui demander asile, et si tu veux être aimable pour moi, tu feras connaissance, de bonne grâce, avec ma chère Floriani. Mais on ne sait pas à Milan qu'elle habite ce pays-ci! On m'a dit que je la trouverais à Venise ou aux environs...

Il était assis à sa porte... (Page 14.)

— Oh! elle vit comme cachée, dit l'hôte, c'est sa fantaisie du moment. Cependant, on la connaît bien ici, car elle fait du bien; elle est très-bonne, la signora!
— Eh vite, eh vite, une barque! s'écria Salvator, sautant de joie. Ah! l'agréable surprise! Et moi qui n'avais pas l'heureux pressentiment de la retrouver ici!

Ce mot fit tressaillir Karol. — Les pressentiments, dit-il, agissent sur nous à notre insu, et nous poussent où ils veulent.

Mais le pétulant Albani ne l'écoutait pas. Il s'agitait, il criait, il faisait approcher une barque, il y jetait une valise, il recommandait la voiture et les paquets à son domestique, qui devait rester à l'auberge d'Iseo, et il entraînait le jeune prince sur le plancher vacillant de la nacelle.

Il était si pressé d'arriver, et la vivacité de son caractère dominait si fort, en cet instant, la contrainte qu'il s'imposait souvent pour ne pas froisser la tristesse de son ami, qu'il prit un aviron et rama lui-même avec le batelier, chantant comme un oiseau, et menaçant, par le déchaînement de sa gaîté impétueuse, de faire chavirer le bateau.

IV.

Ce ne fut qu'à la moitié du lac qu'il remarqua un redoublement de pâleur sur le visage de Karol. Il quitta le gouvernail, et s'asseyant auprès de lui : — Cher prince, lui dit-il, tu es mécontent de moi, je le crains! Tu n'aurais pas voulu faire cette nouvelle connaissance... mais que veux-tu? en voyage, il faut bien un peu déroger à ses habitudes. Je t'avais promis de ne pas te tourmenter à cet égard... J'ai tout oublié... j'étais si content!
— Je te pardonne tout, j'accepte tout, répondit le prince avec calme. L'amitié vit de sacrifices. Tu m'en as tant fait, que je t'en dois bien quelques-uns... Quoique pourtant... J'espérais que tu ne me mènerais jamais chez une femme de mauvaise vie!
— Tais-toi, tais-toi, s'écria Salvator en lui saisissant la main avec force; ne te sers pas de ces mots qui froissent et qui blessent! Si un autre que toi parlait d'elle ainsi...
— Pardonne-moi, reprit Karol; je ne songeais pas qu'elle était..... qu'elle avait dû être ta maîtresse!
— Ma maîtresse, à moi ! repartit Salvator avec viva-

cité; ah! je l'aurais bien voulu! mais elle en aimait un autre alors, et qui sait, d'ailleurs, si je lui aurais plu, quand même je l'aurais connue libre? Non, Karol, je n'ai pas été son amant; et, comme j'étais l'ami de celui q 'elle avait quand nous nous sommes connus (c'était un Foscari, un brave jeune homme!), comme je la savais loyale et fidèle, je n'ai jamais songé à la désirer. Oh! si elle vivait seule aujourd'hui, comme on me l'a dit à Milan... et si elle voulait m'aimer!... Mais non! Tiens, ne fronce pas le sourcil : je ne crois pas qu'il m'arrive de m'enflammer pour elle. Il y a bien longtemps que je ne l'ai vue. Elle n'est peut-être plus belle... Et d'ailleurs mon cœur et mes sens avaient pris l'habitude d'être calmes auprès d'elle. Mon imagination aurait un grand effort à faire pour passer de l'estime et du respect... Pourtant je ne suis pas hypocrite, je n'en voudrais pas jurer!... Quand l'amitié est immense, d'un homme à une femme... Mais probablement si elle vit seule, elle aime un absent. Il est impossible que cette généreuse créature vive sans amour; et, alors, je n'aurai pas une mauvaise pensée auprès d'elle. Je ne voudrais pour rien au monde perdre son amitié!...

— D'après toutes ces tergiversations, dit le prince avec un sourire mélancolique, je vois que je risque de te perdre, et que mon pressentiment de malheur pourrait bien n'être pas un rêve.

— Ton pressentiment! ah! tu y reviens! je l'avais oublié. Eh bien! s'il t'annonce que je vais m'arrêter chez une enchanteresse et que je te laisserai partir seul, il ment avec impudence. Non, non, Karol, ta santé, ton désir, notre voyage avant tout! Si ton pressentiment avait une figure, je lui donnerais un soufflet!

Les deux amis s'entretinrent encore quelques instants de la Floriani. Le prince, venant en Italie pour la première fois, ne l'avait jamais vue, et ne connaissait d'elle que la renommée de ses aventures. Salvator parlait d'elle avec enthousiasme; mais comme il ne faut pas toujours s'en rapporter aux amis, nous dirons nous-même au lecteur ce qu'il doit savoir, pour le moment, de notre héroïne.

Lucrezia Floriani était une actrice d'un talent pur, élevé, suffisamment tragique, toujours émouvant et sympathique quand elle jouait un rôle bien fait, exquis, admirable, dans tous les détails de pantomime, créations ingénieuses à l'aide desquelles l'acteur fait souvent valoir le vrai poète, et trouve grâce pour le faux. Elle avait eu de grands succès, non-seulement comme actrice, mais encore comme auteur; car elle avait porté la passion de son art jusqu'à oser faire des pièces de théâtre; d'abord en collaboration avec quelques amis lettrés, et enfin seule et sous sa propre inspiration. Ses pièces avaient réussi, non qu'elles fussent des chefs-d'œuvre, mais parce qu'elles étaient simples, d'un sentiment vrai, bien dialoguées, et qu'elle les jouait elle-même. Elle ne s'était jamais fait nommer après les représentations; mais son secret, pour le coup, était celui de la comédie, et le public la nommait lui-même au milieu des couronnes et des applaudissements qu'il lui prodiguait.

A cette époque, et dans ce pays-là, la critique des journaux n'avait pas un grand développement. La Floriani avait beaucoup d'amis, on était indulgent pour elle. Le parterre des villes d'Italie lui décernait de bruyantes ovations de famille. On l'aimait; et s'il est probable que sa gloire d'auteur lui ait été très-bénévolement accordée, il est certain du moins que, par son caractère, elle méritait cette indulgence et cette affection. Il n'y eut jamais de personne plus désintéressée, plus sincère, plus modeste et plus libérale. Je ne sais plus si c'est à Vérone ou à Pavie qu'elle eut la direction d'un théâtre et forma une troupe. Elle se fit estimer de tous ceux qui traitèrent avec elle, adorer de ceux qui eurent besoin de son assistance, et le public l'en récompensa. Elle fit là d'assez bonnes affaires, et dès qu'elle se vit en possession d'une aisance assurée, elle quitta le théâtre, quoique dans tout l'éclat de son talent et de ses charmes. Elle vécut quelques années à Milan, dans un monde d'artistes et de littérateurs. Sa maison était agréable, et sa conduite tellement honorable et digne (ce qui ne veut pas dire qu'elle fût très-régulière), que des femmes du monde la fréquentèrent avec sympathie et même avec un certain sentiment de déférence.

Mais tout à coup elle quitta le monde et la ville, et se retira au bord du lac d'Iseo, où nous la retrouvons maintenant.

Au fond des motifs qui la poussèrent dans ces directions diverses, vers cet épanouissement de talent dramatique et littéraire, et vers ce dégoût subit du monde et du bruit, vers cette activité d'administration théâtrale, et vers cette paresse d'une vie champêtre; il y avait, n'en doutez pas, une succession ininterrompue d'histoires d'amour. Je ne vous les raconterai pas maintenant, ce serait trop long et sans intérêt direct. Je ne perdrai pas de temps non plus à vous faire saisir les nuances d'un caractère aussi clair et aussi aisé à connaître que celui du prince Karol était chatoyant et indéfinissable. Vous apprécierez, comme vous l'entendrez, ce naturel élémentaire, limpide dans ses travers comme dans ses qualités. Il est certain que je ne vous cacherai rien de la Floriani, par pruderie et crainte de vous déplaire. Ce qu'elle avait été, ce qu'elle était, elle le disait à qui le lui demandait avec amitié. Et, si quelqu'un l'interrogeait par curiosité pure, avec des ménagements ironiques, pour se venger de cette impertinente bienveillance, elle prenait plaisir à le scandaliser par sa franchise.

Nous ne saurions la mieux définir qu'elle ne le fit elle-même un jour, en répondant en bon français à un vieux marquis :

— « Vous êtes un peu embarrassé, lui disait-elle, pour savoir de quel terme, reçu dans votre langue, vous pourriez qualifier une femme comme moi. Diriez-vous que je suis une *courtisane*? Je ne crois pas, puisque j'ai toujours donné à mes amants, et que je n'ai jamais rien reçu, même de mes amis. Je ne dois mon aisance qu'à mon travail, et la vanité ne m'a pas plus éblouie que la cupidité ne m'a égarée. Je n'ai eu que des amants, non-seulement pauvres, mais encore obscurs.

« Diriez-vous que je suis une *femme galante*? Les sens ne m'ont jamais emportée avant le cœur, et je ne comprends seulement pas le plaisir sans une affection enthousiaste.

« Enfin, suis-je une femme de *mauvaise vie*, de *mœurs relâchées*? Il faut savoir ce que vous entendez par là. Je n'ai jamais cherché le scandale. J'en ai peut-être fait sans le vouloir et sans le savoir. Je n'ai jamais aimé deux hommes à la fois; je n'ai jamais appartenu de fait et d'intention qu'à un seul pendant un temps donné, suivant la durée de ma passion. Quand je ne l'aimais plus, je ne le trompais pas. Je rompais avec lui d'une manière absolue. Je lui avais juré, il est vrai, dans mon enthousiasme, de l'aimer toujours; j'étais de la meilleure foi du monde en le jurant. Toutes les fois que j'ai aimé, ça a été de si grand cœur, que j'ai cru que c'était la première et la dernière fois de ma vie.

« Vous ne pouvez pas dire pourtant que je sois une femme honnête. Moi, j'ai la certitude de l'être. Je prétends même, devant Dieu, être une femme vertueuse; mais je sais que, dans vos idées et devant l'opinion, c'est un blasphème de ma part. Je ne m'en soucie point; j'abandonne ma vie au jugement du monde, sans me révolter contre lui, sans trouver qu'il ait tort dans ses lois générales, mais sans reconnaître qu'il ait raison contre moi.

« Vous trouvez sans doute que je me traite fort bien, et que j'ai une belle dose d'orgueil? D'accord. J'ai un grand orgueil pour moi-même, mais je n'ai point de vanité; et on peut dire de moi tout le mal possible, sans m'offenser, sans m'affliger le moins du monde. Je n'ai pas combattu mes passions. Si j'ai bien ou mal fait, j'en ai été, et punie, et récompensée, par ces passions même. J'y devais perdre ma réputation, je m'y attendais, j'en ai fait le sacrifice à l'amour, cela ne regarde que moi. De quel droit les gens qui condamnent disent-ils que l'exemple est dangereux? Du moment que le coupable est condamné, il est exécuté. Il ne peut donc plus nuire, et ceux qui seraient tentés de l'imiter, sont suffisamment avertis par sa punition. »

Karol de Roswald et Salvator Albani débarquèrent à l'entrée du parc, auprès de la chaumière que l'aubergiste d'Iseo leur avait montrée. C'est dans cette cabane que la Floriani était née, et son père, un vieux pêcheur à cheveux blancs, l'occupait encore. Rien n'avait pu le décider à quitter cette pauvre demeure, où il avait passé sa vie et où l'habitude le retenait; mais il avait consenti à ce qu'elle fût réparée, assainie, solidifiée et mise à l'abri du flot par une jolie terrasse rustique tout ornée de fleurs et d'arbustes. Il était assis à sa porte parmi les iris et les glaïeuls, et occupait les derniers instants du jour à raccommoder ses filets; car, bien que son existence fût désormais assurée, et que sa fille veillât pieusement, non-seulement à tous ses besoins, mais encore à surprendre les rares fantaisies de superflu qu'il pouvait avoir, il gardait les habitudes et les goûts parcimonieux du paysan, et ne réformait aucun instrument de son travail, tant qu'il pouvait en faire encore le moindre usage.

V.

Karol remarqua la belle figure un peu dure de ce vieillard, et, ne songeant point que ce pût être le père de *la signora*, il le salua et se disposa à passer outre. Mais Salvator s'était arrêté à contempler la pittoresque chaumière et le vieux pêcheur qui, avec sa barbe blanche un peu jaunie par le soleil, ressemblait à une divinité limoneuse des rivages. Les souvenirs que, maintes fois, la Floriani lui avait retracés, les larmes aux yeux, et avec l'éloquence du repentir, repassèrent confusément dans son esprit; les traits austères du vieillard lui semblaient aussi conserver quelque ressemblance avec ceux de la belle jeune femme; il le salua par deux fois et alla essayer d'ouvrir la grille du parc, située à dix pas de là, non sans tourner plusieurs fois la tête vers le pêcheur, qui le suivait des yeux avec un air d'attention et de méfiance.

Quand celui-ci vit que les deux jeunes seigneurs tentaient réellement de pénétrer dans la demeure de la Floriani, il se leva et leur cria, d'un ton peu accueillant, qu'on n'entrait point là, et que ce n'était pas une promenade publique.

— Je le sais fort bien, mon brave, répondit Salvator; mais je suis un ami intime de la signora Floriani, et je viens pour la voir.

Le vieillard approcha et le regarda avec attention. Puis il reprit : — Je ne vous connais pas. Vous n'êtes pas du pays?

— Je suis de Milan, et je vous dis que j'ai l'honneur d'être lié avec la signora. Voyons, par où faut-il entrer?

— Vous n'entrerez pas comme cela ! Vous attend-on? Savez-vous si on voudra vous recevoir? Comment vous nommez-vous?

— Le comte Albani. Et vous, mon brave, voulez-vous me dire votre nom? Ne seriez-vous pas, par hasard, un certain honnête homme, qu'on appelle Renzo..., ou Beppo..., ou Checco Menapace?

— Renzo Menapace, oui, c'est moi, en vérité, dit le vieillard en se découvrant, par suite de l'habitude qu'ont les gens du peuple de s'incliner, en Italie, devant les titres. D'où me connaissez-vous, signor? Je ne vous ai jamais vu.

— Ni moi non plus; mais votre fille vous ressemble, et je savais bien son véritable nom.

— Un meilleur nom que celui qu'ils lui donnent maintenant ! Mais enfin le pli en est pris, et ils l'appellent tous d'un nom de guerre ! Ah çà ! vous voulez donc la voir? Vous venez exprès?

— Mais, sans aucun doute, avec votre permission. J'espère qu'elle voudra bien nous recommander à vous, et que vous ne vous repentirez pas de nous avoir ouvert la porte. Je présume que vous en avez la clef?

— Oui, j'en ai la clef, et pourtant, Seigneuries, je ne peux vous ouvrir. Ce jeune seigneur est avec vous?...

— Oui, c'est le prince de Roswald, dit Salvator, qui n'ignorait pas l'ascendant des titres.

Le vieux Menapace salua plus profondément encore, quoique sa figure restât froide et triste. — Seigneurs, dit-il, ayez la bonté de venir chez moi et d'y attendre que j'aie envoyé mon serviteur prévenir ma fille, car je ne peux pas vous promettre qu'elle soit disposée à vous voir.

— Allons, dit Salvator au prince, il faut nous résigner à attendre. Il paraît que la Floriani a maintenant la manie de se cloîtrer; mais, comme je ne doute pas que nous ne soyons bien reçus, allons un peu voir sa chaumière natale. Ce doit être assez curieux.

— Il est fort curieux, en effet, qu'elle habite un palais, aujourd'hui, et qu'elle laisse son père sous le chaume, répondit Karol.

— Plaît-il, seigneur prince? dit le vieillard, qui se retourna, d'un air mécontent, à la grande surprise des deux jeunes gens; car ils avaient l'habitude de parler allemand ensemble, et Karol s'était exprimé dans cette langue.

— Pardonnez-moi, reprit Menapace, si je vous ai entendu; j'ai toujours eu l'oreille fine, et c'est pour cela que j'étais le meilleur pêcheur du lac, sans parler de la vue, qui était excellente, et qui n'est pas encore trop mauvaise.

— Vous entendez donc l'allemand? dit le prince.

— J'ai servi longtemps comme soldat, et j'ai passé des années dans votre pays. Je ne pourrais pas bien parler votre langue, mais je l'entends encore un peu, et vous me permettrez de vous répondre dans la mienne. Si je n'habite pas le palais de ma fille, c'est que j'aime ma chaumière, et si elle n'habite pas ma chaumière avec moi, c'est que le local est trop petit, et que nous nous gênerions l'un l'autre. D'ailleurs, j'ai l'habitude de demeurer seul, et c'est à mon corps défendant que je souffre auprès de moi le serviteur qu'elle a voulu me donner, sous prétexte qu'à mon âge, on peut avoir besoin d'un aide. Heureusement c'est un bon garçon; je l'ai choisi moi-même, et je lui apprends l'état de pêcheur. Allons, Biffi, quitte un moment ton souper, mon enfant, et va dire à la signora que deux seigneurs étrangers demandent à la voir. — Vos noms encore une fois, s'il vous plaît, Seigneuries?

— Le mien suffira, répondit Albani, qui avait suivi avec Karol le vieux Menapace jusqu'à l'entrée de sa cabane. Il tira de son portefeuille une carte de visite qu'il remit au jeune gars, chargé du service du pêcheur. Biffi partit à toutes jambes, après que son maître lui eut remis une clef qu'il tenait cachée dans sa ceinture.

— Voyez-vous, Seigneuries, dit Menapace à ses hôtes en leur présentant des chaises rustiques qu'il avait garnies et tressées lui-même avec des herbes aquatiques du rivage, il ne faut pas croire que je ne sois pas bien traité par ma fille. Sous le rapport de l'assistance, de l'amitié et des soins, je n'ai qu'à me louer d'elle. Seulement, vous comprenez? je ne peux pas changer de manière de vivre à mon âge, et tout l'argent qu'elle m'envoyait, lorsqu'elle était au théâtre, je l'ai employé un peu plus utilement qu'à me bien loger, à me bien habiller et à me bien nourrir. Ces choses-là ne sont pas dans mes goûts. J'ai acheté de la terre, parce que cela est bon; cela reste, et cela lui reviendra quand je n'y serai plus. Je n'ai pas d'autre enfant qu'elle. Elle n'aura donc pas à se repentir de tout ce qu'elle a fait pour moi. Son devoir était de me faire part de sa richesse; elle l'a toujours rempli ; le mien est de faire prospérer cet argent-là, de le bien placer et de le lui restituer en mourant. J'ai toujours été l'esclave du devoir.

Cette façon étroite et intéressée du vieillard d'envisager ses rapports avec sa fille, fit sourire Salvator.

— Je suis bien sûr, dit-il, que votre fille ne compte pas de cette sorte avec vous, et qu'elle ne comprend rien à votre système d'économie.

— Il n'est que trop vrai qu'elle n'y comprend rien, la

pauvre tête, répondit Menapace avec un soupir; et si je l'écoutais, je mangerais tout, je mènerais une vie de prince, comme elle, avec elle, et avec tous ceux à qui elle jette l'argent à pleines mains. Que voulez-vous? nous ne pouvons pas nous entendre là-dessus. Elle est bonne, elle m'aime, elle vient me voir dix fois le jour, elle m'apporte tout ce qu'elle peut imaginer pour me faire plaisir. Si je tousse ou si j'ai mal à la tête, elle passe les nuits auprès de moi. Mais tout cela n'empêche pas qu'elle n'ait un grand défaut et qu'elle ne soit pas bonne mère, comme je le voudrais!

— Comment! elle n'est pas bonne mère? s'écria Salvator, qui avait bien de la peine à garder son sérieux devant la morale parcimonieuse du paysan. Je l'ai vue au sein de sa famille, et je pense que vous vous trompez, signor Menapace!

— Oh! si vous trouvez qu'une bonne mère de famille doive caresser, soigner, amuser, gâter ses enfants, et pas davantage, soit; mais je ne suis pas content de voir qu'on ne leur refuse jamais rien, qu'on habille les petites filles comme des princesses, avec des robes de soie, qu'on permette au garçon d'avoir déjà des chiens, des chevaux, une barque, un fusil, comme à un homme! Ce sont de bons enfants, j'en conviens, et très-jolis; mais ce n'est pas une raison pour leur donner tout ce qu'ils veulent, comme si cela ne coûtait rien! Je vois bien qu'on va manger au moins trente mille francs par an dans la maison, tant en plaisirs et en maîtres aux enfants qu'en livres, en musique, en promenades, en cadeaux, en folies de tout genre. Et les aumônes donc! C'est scandaleux! Tous les estropiés, tous les vagabonds du pays ont appris le chemin de la maison, qu'ils ne connaissaient guère, certes, du temps du vieux Ranieri, l'ancien propriétaire! Voilà un homme qui entendait bien ses intérêts, et qui faisait des économies dans sa terre, tandis que ma fille s'y ruinera si elle ne m'écoute!

L'avarice du vieillard causait un profond dégoût au prince; mais Salvator s'en amusait plus qu'il n'en était indigné. Il connaissait bien la nature du paysan, cette âpreté à conserver, cette dureté envers soi-même, cette soif d'acquérir des fonds sans jamais jouir des revenus, cette crainte de l'avenir qui s'étend pour les vieillards laborieux et pauvres au delà du tombeau. Il ne put cependant se défendre d'un peu de mécontentement en entendant Menapace invoquer le souvenir du vieux Ranieri, qui avait joué un si vilain rôle dans l'histoire de la Floriani.

— Ce Ranieri, si je me souviens bien de ce que m'a raconté Lucrezia, dit-il, était un ignoble ladre. Il avait maudit, et voulait déshériter son fils, parce que celui-ci voulait épouser votre fille!

— Il nous a causé du chagrin, c'est vrai, reprit le vieillard sans s'émouvoir; mais à qui la faute? A ce jeune fou, qui voulait épouser une pauvre paysanne. Dans ce temps-là, la Lucrezia n'avait rien; elle avait appris de sa marraine, madame Ranieri, bien des choses inutiles, la musique, les langues, la déclamation....

— .... Choses qui lui ont assez bien servi depuis, pourtant! dit Salvator en l'interrompant.

— Choses qui l'ont perdue! reprit l'inflexible vieillard. Il eût mieux valu que la vieille Ranieri, qui ne pouvait rien lui donner pour l'établir, ne l'eût pas prise en si grande amitié, et qu'elle l'eût laissée paysanne, raccommodeuse de filets, fille de pêcheur, comme elle l'était, et femme de pêcheur, comme elle pouvait le devenir. Car j'en savais un bon, qui avait une bonne maison, deux grandes barques, un joli pré, des vaches.. Oui! oui! un excellent parti, Pietro Mangiafoco, qui l'aurait épousée si elle avait voulu entendre raison. Au lieu qu'en l'instruisant et en la rendant si belle et si savante, sa marraine a été cause de tout le mal qui s'en est suivi. Memmo Ranieri, son fils, est devenu fou de Lucrezia, et, ne pouvant l'épouser, il l'a enlevée. C'est comme cela que ma fille a été séparée de moi, et c'est pour cela que, pendant douze ans, je n'ai pas voulu entendre parler d'elle.

— Si ce n'est pour recevoir l'argent qu'elle lui envoyait! dit Salvator à Karol, oubliant que le pêcheur entendait l'allemand.

Mais cette réflexion ne blessa nullement le vieillard.

— Sans doute, je le recevais, je le plaçais et je le faisais valoir, reprit-il. Je savais qu'elle menait grand train et qu'elle serait peut-être un jour, fort aise, de trouver de quoi vivre, après avoir mangé tout ce qu'elle gagnait. Car, que n'a-t-elle pas gagné? Des millions, à ce qu'on dit! Et que n'a-t-elle pas donné, gaspillé? Ah! c'est une malédiction d'avoir un pareil caractère!

— Oui, oui, c'est un monstre! s'écria Salvator en riant : mais, en attendant, il me semble que le vieux Ranieri a été fort mal avisé de ne pas vouloir la marier avec son fils; il aurait fait s'il eût pu deviner que cette petite paysanne gagnerait des millions avec son talent!

— Oui! il l'eût fait, dit Menapace avec le plus grand calme, mais il ne pouvait le deviner; et, en se refusant à un mariage si disproportionné, il était dans son droit : il avait raison, tout autre eût fait comme lui, et moi-même à sa place!

— De sorte que vous ne le blâmez pas, et que peut-être vous êtes resté en fort bons termes avec lui, tandis que son fils séduisait votre fille, faute de pouvoir arracher le consentement du vieux ladre?

— Le vieux ladre, l'*avarone*, comme on l'appelait, était dur, j'en conviens; mais enfin il était juste, et ce n'était pas un mauvais voisin. Il ne m'a jamais fait de bien ni de mal. En voyant que je ne pardonnais point à ma fille, il m'avait pardonné d'être son père. Et, quant à son fils, il lui a pardonné aussi, quand il a abandonné Lucrezia pour faire un bon mariage.

— Et vous, lui avez-vous pardonné, à ce fils, digne de son père?

— Je ne devais pas lui pardonner, quoique, après tout, il fût dans son droit; il n'avait rien promis par écrit à ma fille; c'est elle qui eut tort de se fier à son amour, et quand il l'a quittée, ils avaient des dettes; elle avait fait de mauvaises affaires dans son entreprise de théâtre, au commencement... D'ailleurs, il est mort, et Dieu est son juge! Mais, pardon! Excellences, j'ai laissé mes filets au bord de l'eau, et s'il venait de l'orage, cette nuit, ils pourraient bien s'en aller. Il faut que je les retire. Ce sont encore de bons filets, et qui prennent du poisson. J'en fournis la table de ma fille, mais elle le paie, da! je ne donne rien pour rien! et je lui dis... « Mange, mange... fais manger les enfants; heureusement pour eux, ils retrouveront ce poisson-là dans ma bourse! »

VI.

— Quelle ignoble nature! dit Karol quand Menapace se fut éloigné.

— C'est la nature humaine dans sa nudité, répondit Salvator. C'est le vrai type de l'homme de peine. Prévoyance sans lumière, probité sans délicatesse, bon sens dépourvu d'idéal, cupidité honnête, manies laide et triste.

— C'est trop peu dire, reprit le prince. Il y a là une immoralité odieuse, et je ne comprends pas que la signora Floriani puisse vivre avec ce spectacle sous les yeux.

— Je présume que lorsqu'elle est venue le chercher, elle ne s'attendait pas à y trouver tant de vile prose. La noble femme, dans son souvenir poétique du vieux père et de la cabane de roseaux, aspirait sans doute à la vie champêtre, au retour de l'innocence patriarcale, à une touchante réconciliation avec le vieillard qui l'avait maudite, et qu'elle ne nommait qu'en pleurant. Mais il y a peut-être plus de vertu encore à rester ici qu'à y être venue, et, sans doute, elle comprend, elle tolère et elle aime quand même.

— Comprendre et tolérer, cela n'est pas d'une âme délicate; à sa place, je comblerais bien ce vieil avare de bienfaits, mais je ne saurais vivre à ses côtés sans une mortelle souffrance; l'idée seule d'un tel malheur me révolte et me navre.

— Et où vois-tu donc tant de perversité? Cet homme

ne comprend pas le luxe, et la libéralité qui vient avec l'aisance dans les bonnes âmes. Il est trop vieux pour sentir que posséder et donner vont ensemble. Il amasse ce qu'il reçoit de sa fille pour le conserver à ses petits-enfants.

— Elle a donc des enfants?

— Elle en avait deux, peut-être en a-t-elle davantage maintenant.

— Et son mari?... dit Karol avec hésitation, où est-il?

— Elle n'a jamais été mariée que je sache, répondit tranquillement Salvator.

Le prince garda le silence, et Salvator, devinant ce qu'il pensait, ne sut que dire pour l'en distraire. Certes, il n'y avait pas de bonnes excuses à donner pour ce fait.

— Ce qui explique une conduite abandonnée aux hasards de la vie, reprit Karol au bout d'un instant, c'est l'absence de notions honnêtes dans la première jeunesse. Pouvait-elle en recevoir d'un père qui n'a pas même le sentiment du point d'honneur, et qui, dans tous les désordres de sa fille, n'a vu que l'argent qu'elle gagnait et qu'elle dépensait?

— Tels sont les hommes vus de près, telle est la vie dépouillée de prestige! répondit philosophiquement Salvator. Quand la bonne Floriani me parlait de sa première faute, elle s'accusait seule, et ne se souvenait pas des travers, probablement insupportables, de son père, qui eussent pu cependant lui servir d'excuse. Quand elle parlait de lui, elle vantait, en la déplorant, l'obstination de son courroux. Elle l'attribuait à une vertu antique, à des préjugés respectables. Elle disait, je m'en souviens, que lorsqu'elle serait dégagée de tous les liens du siècle et de toutes les chaînes de l'amour, elle irait se jeter à ses pieds et se purifier auprès de lui. Eh bien! la pauvre pécheresse! elle aura trouvé un sauveur bien indigne d'un si beau repentir, et cette déception n'a pas été une des moindres de sa vie. Les grands cœurs voient toujours en beau. Ils sont condamnés à se tromper sans cesse.

— Les grands cœurs peuvent-ils résister à beaucoup d'expériences fâcheuses? dit Karol.

— Le plus ou moins de dommage qu'ils y reçoivent prouve leur plus ou moins de grandeur.

— La nature humaine est faible. Je crois donc que les âmes véritablement attachées aux principes ne devraient pas chercher le péril. Es-tu bien décidé, Salvator, à passer quelques jours ici?

— Je n'ai point parlé de cela; nous n'y resterons qu'une heure, si tu veux.

En cédant toujours, Salvator gouvernait Karol, du moins quant aux choses extérieures, car le prince était généreux et immolait ses répugnances par un principe de savoir-vivre qu'il portait jusque dans l'intimité la plus étroite.

— Je veux ne te contrarier en rien, répondit-il, et t'imposer une privation, te causer un regret me serait insupportable; mais promets-moi du moins, Salvator, de faire un effort sur toi-même pour ne pas devenir amoureux de cette femme?

— Je te le promets, répondit Albani en riant; mais autant en emportera le vent, si ma destinée est de devenir son amant après avoir été son ami.

— Tu invoques la destinée, reprit Karol, lorsqu'elle est entre tes mains! Ici ta conscience et ta volonté doivent seules te préserver.

— Tu parles des couleurs comme un aveugle, Karol. L'amour rompt tous les obstacles qu'on lui présente, comme la mer rompt ses digues. Je puis te jurer de ne pas rester ici plus d'une nuit, mais je ne puis être certain de n'y pas laisser mon cœur et ma pensée.

— Voilà donc pourquoi je me sens si faible et si abattu, ce soir! dit le prince. Oui, ami, j'en reviens toujours à cette terreur superstitieuse qui s'est emparée de moi lorsque j'ai jeté les yeux sur ce lac, même de loin! Quand nous sommes descendus dans le bateau qui vient de nous transporter ici, il m'a semblé que nous allions nous noyer, et tu sais pourtant que je n'ai pas la faiblesse de craindre les dangers physiques, que je n'ai pas de répugnance pour l'eau et que j'ai vogué tranquillement hier avec toi pendant tout le jour, et même par un bel orage, sur le lac de Côme. Eh bien! je me suis aventuré sur la surface tranquille de celui-ci avec la timidité d'une femme nerveuse. Je ne suis que rarement sujet à ces sortes de superstitions, je ne m'y abandonne pas, et la preuve que je sais y résister, c'est que je ne t'en ai rien dit; mais la même inquiétude vague d'un danger inconnu, d'un malheur imminent pour toi ou pour moi me poursuit jusqu'à cette heure. J'ai cru voir passer dans ces flots des fantômes bien connus, qui me faisaient signe de rétrograder. Les reflets d'or du couchant prenaient, dans le sillage de la barque, tantôt la forme de ma mère, tantôt les traits de Lucie. Les spectres de toutes mes affections perdues se plaçaient obstinément entre nous et ce rivage. Je ne me sens pas malade, je me méfie de mon imagination... et, pourtant, je ne suis pas tranquille; cela n'est pas naturel.

Salvator allait essayer de prouver que cette inquiétude était un phénomène tout nerveux, résultant de l'agitation du voyage, lorsqu'une voix forte et vibrante fit entendre ces mots derrière la chaumière: « Où est-il, où est-il, Biffi? »

Salvator fit un cri de joie, s'élança sur la terrasse, et Karol le vit recevoir dans ses bras une femme qui lui rendait avec effusion une embrassade toute fraternelle.

Ils se parlèrent en s'interrogeant et en se répondant avec vivacité dans ce dialecte lombard que Karol n'entendait pas aussi rapidement que l'italien véritable. Le résultat de cet échange de paroles serrées et contractées fut que la Floriani se retourna vers le prince, lui tendit la main, et, sans s'apercevoir qu'il ne s'y prêtait pas de bien bonne grâce, elle lui pressa cordialement, en lui disant qu'il était le bienvenu, et qu'elle se ferait un grand plaisir de le recevoir.

— Je te demande pardon, mon bon Salvator, dit-elle en riant, de t'avoir laissé faire antichambre dans le manoir de mes ancêtres; mais je suis exposée ici à la curiosité des oisifs, et, comme j'ai toujours quelque grand projet de travail en tête, je suis forcée de m'enfermer comme une nonne.

— Mais c'est qu'on dit que vous avez presque pris le voile et prononcé des vœux depuis quelque temps, dit Salvator en baisant à plusieurs reprises la main qu'elle lui abandonnait. Ce n'est qu'en tremblant que j'ai osé venir vous relancer dans votre ermitage.

— Bien, bien, reprit-elle, tu te moques de moi et de mes beaux projets. C'est parce que je ne veux pas recevoir de mauvais conseils que je me cache, et que j'ai fui tous mes amis. Mais puisque la fortune t'amène auprès de moi, je n'ai pas encore assez de vertu pour te renvoyer. Viens, et amène ton ami. J'aurai au moins le plaisir de vous offrir un gîte plus confortable que la locanda d'Iseo.

— Est-ce que tu ne reconnais pas mon fils, que tu ne l'embrasses pas?

— Eh non! je n'osais pas le reconnaître, dit Salvator en se retournant vers un bel enfant de douze ans qui gambadait autour de lui avec un chien de chasse. Comme il a grandi, comme il est beau! Et il pressa dans ses bras l'enfant qui ne savait plus son nom. Et l'autre? ajouta Salvator, la petite fille?

— Vous la verrez tout à l'heure, ainsi que sa petite sœur et son petit frère.

— Quatre enfants! s'écria Salvator.

— Oui, quatre beaux enfants, et tous avec moi, malgré ce qu'on peut en dire. Vous avez fait connaissance avec mon père pendant qu'on venait m'appeler? Vous voyez, c'est lui qui est mon gardien de ce côté. Personne n'entre sans sa permission. Bonsoir, père, pour la seconde fois. Venez-vous déjeuner demain avec nous?

— Je n'en sais rien, je n'en sais rien, dit le vieillard. Vous serez assez de monde sans moi.

La Floriani insista, mais son père ne s'engagea à rien, et la tira à l'écart pour lui demander s'il lui fallait du poisson. Comme elle savait que c'était sa monomanie de lui vendre le produit de sa pêche, et même de le lui vendre cher, elle lui fit une belle commande et le laissa enchanté. Salvator les observait à la dérobée; il vit que la Floriani prenait très philosophiquement son parti et même gaiement, de ces travers prosaïques.

La nuit était venue, et Karol, ni même son ami (à qui les traits de la Floriani étaient cependant assez connus), ne pouvaient bien distinguer son visage. Elle ne parut au prince ni majestueuse dans sa taille, ni élégante dans ses manières, comme on eût pu l'attendre d'une femme qui avait représenté si bien les grandes dames et les reines de théâtre. Elle était plutôt petite et un peu grasse. Sa voix avait beaucoup de sonorité, mais c'était une voix trop vibrante pour les oreilles du prince. Si une femme eût parlé ainsi dans un salon, tous les yeux se fussent portés sur elle, et c'eût été de fort mauvais goût.

Ils traversèrent le parc et le jardin avec Biffi, qui portait la valise, et ils pénétrèrent dans une grande salle d'un style simple et noble, soutenue par des colonnes doriques et revêtue de stuc blanc. Il y avait beaucoup de lumières et de fleurs aux quatre angles, d'où s'élançaient de brillants filets d'eau, amenés à peu de frais du lac voisin.

— Vous êtes étonnés peut-être de tant de clarté inutile, dit la Floriani en voyant l'agréable surprise que ce beau salon causait à Salvator : mais c'est la seule fantaisie que j'aie gardée du théâtre. Même dans la solitude, j'aime un local vaste et brillant de lumières. J'aime aussi la clarté des étoiles ; mais un appartement sombre m'attriste.

La Floriani, à qui cette maison rappelait des souvenirs à la fois doux et cruels, y avait fait beaucoup de changements et d'embellissements. Elle n'y avait laissé intacts que la chambre habitée jadis par sa marraine, madame Ranieri, et un parterre réservé, où cette excellente femme cultivait des fleurs et lui avait enseigné à les aimer. La Ranieri avait tendrement aimé Lucrezia ; elle avait fait son possible pour obtenir que le vieux procureur avare, dont elle avait le malheur d'être la femme et l'esclave, unît son fils à la jeune paysanne instruite. Mais elle avait échoué ; toute cette famille avait disparu. La Floriani chérissait la mémoire des uns, pardonnait à celle des autres, et, après beaucoup d'émotion, s'était habituée à vivre là, sans trop se rappeler le passé. C'est parce qu'elle avait fait plusieurs améliorations de nécessité et de goût à cette résidence, d'ailleurs fort simple, que le vieux Menapace, qui ne concevait pas ses besoins d'élégance, d'harmonie et de propreté, l'accusait de s'y ruiner. L'aspect de ce salon plut aussi à Karol. Cette sorte de luxe italien qui s'attache à la satisfaction des yeux, à la beauté des lignes et à l'élégance monumentale plus qu'à la profusion, à la commodité et à la richesse des meubles, était précisément dans ses goûts et répondait à l'idée qu'il se faisait d'une existence à la fois fière et simple. Suivant son habitude de ne pas vouloir sonder trop avant l'âme d'autrui, et de regarder le cadre plutôt que d'étudier l'image, il chercha, dans les habitudes extérieures de la Floriani, de quoi se consoler de ce qu'il jugeait devoir être scandaleux et coupable dans ses mœurs intimes. Mais tandis qu'il admirait les murailles claires et brillantes, les fontaines limpides et les fleurs exotiques, Salvator avait une bien autre préoccupation. Il regardait la Floriani avec inquiétude et avec avidité. Il craignait de ne plus la trouver belle, et peut-être aussi, en songeant au serment qu'il avait fait de partir le lendemain, le désirait-il un peu.

Dès qu'il la vit suffisamment éclairée, il s'aperçut, en effet, d'une notable altération dans sa fraîcheur et dans sa beauté. Elle avait pris quelque embonpoint ; le coloris délicat de ses joues avait fait place à une pâleur unie ; ses yeux avaient perdu une partie de leur éclat, ses traits avaient changé d'expression ; en un mot, elle était moins vivante, moins animée, quoiqu'elle parût plus active et mieux portante que jamais. Elle n'aimait plus : c'était une autre femme, et il fallait quelques instants pour refaire connaissance avec elle.

La Floriani avait alors trente ans : il y en avait quatre ou cinq que Salvator ne l'avait pas vue. Il l'avait laissée au milieu des émotions du travail, de la passion et de la gloire. Il la retrouvait mère de famille, campagnarde, génie retraité, étoile pâlie.

Elle s'aperçut vite de l'impression que ce changement faisait sur lui ; car ils s'étaient pris par la main et se regardaient attentivement, elle, avec un sourire calme et radieux, lui, avec un sourire inquiet et mélancolique.

— Eh bien, lui dit-elle d'un ton de franchise et de résolution sans arrière-pensée, nous sommes changés tous les deux, n'est-ce pas ? et nous avons quelque chose à corriger dans nos souvenirs ? Ce changement est tout à ton avantage, cher comte. Tu as beaucoup gagné. Tu étais un aimable et intéressant jeune homme : te voilà jeune homme encore, mais homme fait ; plus brun, plus fort, avec une belle barbe noire, des yeux superbes, une chevelure de lion, un air de puissance et de triomphe. Tu es dans le plus beau moment d'épanouissement de la vie, et tu en jouis grandement, cela se voit dans ton regard plus assuré et plus sûr de lui qu'il ne l'était autrefois. Tu t'étonnes d'être plus beau que moi aujourd'hui ; tu te rappelles le temps où tu croyais que c'était le contraire. Il y a deux raisons à cela : c'est que tu es moins enthousiaste, et que je suis moins jeune. Je vais descendre la pente que tu n'as pas fini de gravir. Tu levais la tête pour me regarder ; et, à présent, tu te courbes pour me chercher au-dessous de toi, sur le revers de la vie. Ne me plains pas pourtant ! je crois que je suis plus heureuse dans mon nuage que tu ne l'es dans ton soleil.

VII.

La Floriani avait dans la voix un charme particulier. C'était, à la vérité, une voix trop forte pour une femme du monde, mais parfaitement fraîche encore, et on ne sentait rien, dans le timbre, de l'abus de la parole en public. Il y avait surtout, dans son accent, une franchise qui ne laissait jamais l'ombre du doute sur la sincérité du sentiment qu'elle exprimait, et dans sa diction, qui avait toujours été aussi naturelle sur la scène que dans l'intimité, rien ne rappelait la déclamation et l'emphase des planches. Pourtant, cela était accentué et empreint d'une forte vitalité. A la justesse des intonations, Karol sentit qu'elle avait dû être une actrice parfaite et d'un sympathique irrésistible. Ce fut dans ce sens qu'il exerça son approbation, bien décidé qu'il était à ne voir d'intéressant en elle que l'artiste.

Salvator la savait trop sincère par nature pour affecter le détachement d'elle-même. Il pensa seulement qu'elle se faisait illusion, et il chercha ce qu'il pourrait lui dire d'aimable sur l'effet un peu cruel de son premier regard. Mais, dans ces cas-là, on ne peut rien trouver d'assez délicat pour consoler une femme de sa défaite, et il ne sut que faire de mieux que de l'embrasser, en lui disant qu'elle aurait encore des amants à cent ans, s'il lui plaisait d'en avoir.

— Non, dit-elle en riant ; je ne recommencerai pas Ninon de Lenclos. Pour ne pas vieillir, il faut être oisive et froide. L'amour et le travail ne permettent pas de se conserver ainsi. J'espère garder mes amis, voilà tout. C'est bien assez.

En ce moment, deux petites filles charmantes s'élancèrent dans le salon, en criant que le souper était servi. Les deux voyageurs, ayant pris le leur à Iseo, exigèrent que la Floriani se mît à table avec ses enfants. Salvator prit dans ses bras la petite fille qu'il connaissait et celle qu'il ne connaissait pas, et les porta dans la salle à manger. Karol, qui craignait d'être gênant, resta dans le salon. Mais ces deux pièces étaient contiguës ; la porte resta ouverte, et les murs de stuc étaient sonores. Quoiqu'il désirât rester, plongé dans son monde intérieur, et ne prendre aucune part à ce qui se passerait autour de lui dans cette maison, il voyait et entendait tout, et même il écoutait, quoiqu'il en eût une sorte de dépit contre lui-même.

— Ah çà ! disait Salvator en s'asseyant à table à côté des enfants (et Karol remarqua que, lorsqu'il n'était pas dans sa présence immédiate, il ne se gênait plus pour tutoyer la Floriani), permets-moi de servir tes enfants et toi ; voilà déjà que je les adore, ces marmots, comme autrefois, et même cette charmante petite fée blonde qui n'était pas née de mon temps. Il n'y a que toi, Lucrezia, pour faire tout mieux que tout le monde, même les enfants !

— Tu pourrais bien dire *surtout* les enfants ! répondit-elle ; Dieu m'a bénie sous ce rapport : ils sont aussi bons et aimables et faciles à élever qu'ils sont frais et bien portants. Ah ! tiens, en voici encore un qui vient nous dire bonsoir. Encore une connaissance à faire, Salvator !

Karol qui, après avoir essayé de parcourir une gazette, s'était mis à marcher dans le salon, jeta involontairement les yeux vers la salle à manger, et y vit entrer une belle villageoise qui portait dans ses bras un enfant endormi.

— Voilà une superbe nourrice ! s'écria Salvator ingénument.

— Tu la calomnies, dit la Floriani ; dis plutôt une vierge du Corrége portant *il divino bambino*. Mes enfants n'ont pas eu d'autre nourrice que moi, et les deux premiers ont souvent pressé mon sein dans la coulisse, entre deux scènes. Je me souviens qu'une fois le public me rappelait avec tant de despotisme après la première pièce, que j'ai été forcée de venir le saluer avec mon enfant sous mon châle. Les deux derniers ont été élevés plus paisiblement. Ce petit-là est sevré depuis longtemps. Vois ! c'est un enfant de deux ans.

— Ma foi, c'est le dernier je vois me semble toujours le plus beau, dit Salvator en prenant le *bambino* des mains de la servante. C'est un vrai chérubin ! j'ai bien envie de l'embrasser, mais j'ai peur de le réveiller.

— Ne crains rien : les enfants qui se portent bien et qui jouent toute la journée au grand air ont le sommeil dur. Il ne faut pas les priver d'une bonne caresse ; quand cela ne leur fait pas plaisir, cela leur porte bonheur.

— Ah ! oui, c'est ta superstition, à toi ! dit Salvator. Je m'en souviens ! Elle est tendre, je l'aime, cette idée-là. Tu l'étends jusqu'aux morts, et je me rappelle ce pauvre machiniste que la chute d'un décor avait tué pendant une de tes représentations...

— Ah ! oui, le pauvre homme ! Tu étais là... C'est du temps de ma direction.

— Et toi, courageuse, excellente, tu l'avais fait porter dans ta loge, où il rendit le dernier soupir. Quelle scène !

— Oui, certes, plus terrible que celle que je venais de jouer devant le public. Mon costume fut couvert du sang de ce malheureux !

— Quelle vie que la tienne ! Tu n'eus pas le temps de changer, la pièce marchait, tu reparus sur le théâtre, et on crut que ce sang faisait partie du drame.

— C'était un pauvre père de famille. Sa femme était là, et la scène je l'entendais crier et gémir dans ma loge. Il faut être de fer pour résister à la vie de comédienne.

— Tu es de fer, en apparence, mais je ne connais pas d'entrailles plus humaines et plus compatissantes que les tiennes. Je me souviens qu'après la représentation, lorsqu'on emporta ce cadavre, tu t'approchas de lui et tu lui donnas un baiser au front, disant que cela aiderait son âme à entrer dans le repos. Les autres actrices, entraînées par ton exemple, en firent autant, et moi-même, pour te plaire, j'eus ce courage, bien que les hommes n'aient moins en pareil cas que les femmes. Eh bien ! cela était bizarre et ressemblait à une folie ; mais les choses du cœur vont au cœur. Sa femme, à qui tu assuraias une pension, fut encore plus sensible à ce baiser de toi, belle reine, donné au cadavre sanglant d'un affreux ouvrier... (car il était affreux !) qu'à tous les bienfaits ; elle embrassa tes genoux, elle sentit que tu venais d'illustrer son mari, et qu'il ne pouvait pas aller en enfer avec un baiser de toi sur le front.

Les yeux du fils aîné de la Floriani brillèrent comme des escarboucles pendant ce récit.

— Oui, oui, s'écria ce bel enfant, qui avait les traits purs et la physionomie intelligente de sa mère, j'étais là aussi, moi, et je n'ai rien oublié. Cela s'est passé comme tu le dis, Signor ; et moi aussi, j'ai embrassé le pauvre Giannantoni !

— C'est bien, Célio, dit la Floriani en embrassant son fils, il ne faut pas trop se rappeler ces émotions-là ; elles étaient bien fortes pour ton âge ; mais il ne faut pas non plus les oublier. Dieu nous défend d'éviter le malheur et la souffrance des autres ; il faut toujours être tout prêt à y courir, et ne jamais croire qu'il n'y ait rien à faire. Tu vois, quand ce ne serait que bénir les morts et consoler un peu ceux qui pleurent ! C'est ta manière de voir, n'est-ce pas, Célio ?

— Oui ! dit l'enfant avec l'accent de franchise et de fermeté qu'il tenait de sa mère ; et il l'embrassa si fort et si grand cœur, qu'il laissa un instant, sur son cou rond et puissant, la marque de ses vigoureuses petites mains.

La Floriani ne fit pas attention à la rudesse de cette étreinte, et ne lui en sut pas mauvais gré. Elle continua de souper avec grand appétit ; mais toujours occupée de ses enfants, tout en parlant avec animation à Salvator, elle veillait à ce qu'il mesurât avec sagesse les mets et le vin à chacun, suivant son âge et son tempérament.

C'était une nature active dans le calme, distraite pour elle-même, attentive et vigilante pour les autres ; ardente dans ses affections, mais sans puérile inquiétude, toujours occupée de faire réfléchir ses enfants sans entraver leur gaieté, selon la portée de leur âge et la disposition de leur naturel ; jouant avec eux, et, en ce point, extrêmement enfant elle-même, gaie par instinct et par habitude, et surprenante par un sérieux de jugement et une fermeté d'opinions qui n'empêchaient pas une tolérance maternelle, étendue encore au delà du cercle de la famille. Elle avait un esprit net, profond et enjoué. Elle disait les choses plaisantes d'un air tranquille, et faisait rire sans rire elle-même. Elle avait pour système d'entretenir la bonne humeur, et de prendre le côté plaisant des contrariétés, le côté acceptable des souffrances, le côté salutaire des malheurs. Sa manière d'être, sa vie entière, son être lui-même, étaient une éducation incessante pour les enfants, les amis, les serviteurs et les pauvres. Elle existait, elle pensait, elle respirait en quelque sorte pour le bien-être moral et physique d'autrui, et ne paraissait pas se souvenir, au milieu de ce travail, facile en apparence, qu'il y eût pour elle des regrets ou des désirs quelconques.

Cependant, aucune femme n'avait autant souffert, et Salvator le savait bien.

Vers la fin du souper, les petites filles se disposèrent à aller rejoindre leur petit frère, déjà endormi, dans la chambre de leur mère. Le beau Célio qui, en raison de ses douze ans, avait le privilège de ne se coucher qu'à dix heures, alla courir avec son chien sur la terrasse qui dominait la vue du lac.

Ce fut un beau spectacle que de voir la Floriani recevoir au dessert les dernières caresses de ses enfants, en même temps que ces superbes marmots se disaient bonsoir et s'embrassaient les uns les autres avec un cérémonial pétulant, et des accolades moitié tendresse, moitié combat. Avec son profil de camée antique, ses cheveux roulés sans art et sans coquetterie autour de sa tête puissante, sa robe lâche et sans luxe, sous laquelle on avait peine à deviner une statue d'impératrice romaine, sa pâleur calme, marbrée par les baisers violents de ses marmots, ses yeux fatigués, mais sereins, ses beaux bras, dont les muscles tendus et fermes se dessinaient gracieusement lorsqu'elle y enfermait toute sa couvée ; elle devint tout à coup plus belle et plus vivante que Salvator ne l'avait encore vue. A peine les enfants furent-ils sortis, qu'oubliant le spectre de Karol qui passait avec agitation sur le fond de la muraille, il laissa déborder son cœur.

— Lucrezia ! s'écria-t-il en couvrant de baisers ses bras fatigués par tant de jeux et d'étreintes maternelles, je ne sais pas où j'avais l'esprit, le cœur et les yeux, quand je me suis imaginé que tu avais vieilli et enlaidi. Jamais tu n'as été plus jeune, plus fraîche, plus suave, plus capable de rendre fou. Si tu veux que je le sois, tu n'as qu'un mot à dire, et peut-être que tu serais obligée d'en dire beaucoup pour m'en empêcher. Tiens, je t'ai toujours aimée d'amitié, d'amour, de respect, d'estime, d'admiration, de passion... et à présent...

— Et à présent, mon ami, tu te moques ou tu dérai-

Voilà une superbe nourrice, s'écria Salvator. (Page 15.)

sonnes, dit la Floriani avec la tranquille modestie que donne l'habitude de régner. Ne parlons pas légèrement de choses sérieuses, je t'en prie.

— Mais rien n'est plus sérieux que ce que je dis...... Voyons! dit-il en baissant un peu la voix par instinct plus que par véritable prudence, car le prince ne perdit pas un mot; dis-moi, à cette heure, es-tu libre?

— Pas le moins du monde, et moins que jamais! J'appartiens désormais tout entière à ma famille et à mes enfants. Ce sont là des chaînes plus sacrées que toutes les autres, et je ne les romprai plus.

— Bien! bien! qui voudrait te les faire rompre? Mais l'amour, dis? Est-il vrai que, depuis un an, tu y aies renoncé?

— C'est très-vrai.

— Quoi! pas d'amant? Le père de Célio et de Stella?

— Il est mort. C'était Memmo Ranieri.

— Ah! c'est vrai; mais celui de la petite?...

— De ma Béatrice? Il m'a quittée avant qu'elle fût née.

— Celui-là n'est donc pas le père du dernier?

— De Salvator? non.

— Ton dernier enfant s'appelle Salvator?

— En mémoire de toi, et par reconnaissance de ce que tu ne m'avais jamais fait la cour.

— Divine et méchante femme! Mais enfin, où est le père de mon filleul?

— Je l'ai quitté l'année dernière.

— Quitté! Toi, quitter la première?

— Oui, en vérité! j'étais lasse de l'amour. Je n'y avais trouvé que tourments et injustices. Il fallait, ou mourir de chagrin sous le joug, ou vivre pour mes enfants en leur sacrifiant un homme qui ne pouvait pas les aimer tous également. J'ai pris ce dernier parti. J'ai souffert, mais je ne m'en repens pas.

— Mais on m'avait dit que tu avais eu une liaison avec un de mes amis, un Français, un homme de quelque talent, un peintre...

— Saint-Gély? Nous nous sommes aimés huit jours.

— Votre aventure a fait du bruit.

— Peut-être! Il fut impertinent avec moi, je le priai de ne plus revenir dans ma maison.

— Est-ce lui le père de Salvator?

— Non, le père de Salvator est Vandoni, un pauvre comédien, le meilleur, le plus honnête peut-être de tous

Tu ne dors pas, mon bon Karol? (Page 21.)

les hommes. Mais une jalousie puérile, misérable, le dévorait. Une jalousie rétroactive, le croirais-tu? Ne pouvant me soupçonner dans le présent, il m'accablait dans le passé. C'était facile : ma vie donne prise au rigorisme ; aussi n'était-ce pas généreux. Je n'ai pu supporter ses querelles, ses reproches, ses emportements, qui menaçaient d'éclater bientôt devant mes enfants. J'ai fui, je me suis tenue cachée ici pendant quelque temps, et quand j'ai su qu'il avait pris son parti, j'ai acheté cette maison et je m'y suis établie. Cependant, je suis encore un peu sur le qui-vive, car il m'aimait beaucoup, et si sa nouvelle maîtresse n'a pas le talent de le retenir, il est capable de me retomber sur les bras ; c'est ce que je ne veux à aucun prix.

— Eh bien, dit Salvator en riant et en lui prenant encore les mains, garde-moi ici pour ton chevalier ; je le pourfendrai s'il se présente.

— Merci, je me garderai bien sans toi.

— Tu ne veux donc pas que je reste? dit Salvator qui s'était un peu animé avec quelques verres de marasquin de Zara, et qui avait complétement oublié son ami et ses serments.

— Si fait, tant que tu voudras! répondit la Floriani en lui donnant une petite tape sur la joue, mais sur l'ancien pied.

— Permets que ce soit le pied de guerre, et que je m'insurge.

— Prends garde, dit-elle en se dégageant de ses bras. Si tu n'es plus mon ami comme autrefois, je te renverrai. Allons retrouver ton compagnon de voyage qui doit s'ennuyer là, tout seul, au salon!

Karol qui, appuyé contre une colonne, entendait tout ce dialogue, sortit comme d'un rêve, et s'éloigna pour n'être pas surpris aux écoutes, où il s'était oublié. Il passa sa main sur son front comme pour en chasser l'impression d'un cauchemar. L'effort involontaire qu'il avait fait pour pénétrer dans la pensée d'une existence si orageuse, si désordonnée, si mêlée de choses superbes et déplorables, avait brisé son âme. Il ne concevait pas que Salvator s'enflammât, à mesure que cette femme lui dévoilait audacieusement ses erreurs successives, et que ce qui l'eût repoussé, lui, attirât ce jeune homme insensé comme la lumière attire le papillon de nuit.

Il ne se sentit point capable d'affronter leur présence.

Il craignait de ne pouvoir cacher son mécontentement à Salvator, sa pitié à la Floriani. Il sortit précipitamment par une autre porte, et, rencontrant le jeune Célio, il lui demanda où était la chambre qu'on avait bien voulu lui destiner. L'enfant le conduisit à l'étage supérieur, dans un bel appartement où deux lits, d'une fraîcheur et d'un moelleux recherchés, avaient été déjà préparés pour Salvator et pour lui. Le prince pria l'enfant de dire à sa mère que, se sentant fatigué, il s'était retiré, et qu'il la priait d'agréer ses respects et ses excuses.

Demeuré seul, il essaya de se recueillir et de se calmer. Mais il ne put retrouver la placidité de ses pensées habituelles. Il semblait qu'une influence brutale en eût profondément troublé la source. Il résolut de se coucher et de s'endormir; mais il soupira et s'agita en vain dans ce lit délicieux. Le sommeil ne vint pas, et il entendit sonner minuit sans avoir fermé l'œil. Salvator ne venait pas non plus.

VIII.

Salvator Albani était cependant un grand dormeur. Comme tous les hommes dispos, robustes, actifs et insouciants, il mangeait comme quatre, se fatiguait tout le jour, et ne se faisait pas prier pour s'endormir aussi vite que le prince, à qui des habitudes régulières et une petite santé imposaient l'obligation de ne pas veiller.

Si par hasard pourtant, depuis qu'ils étaient en voyage tête à tête, Salvator prolongeait un peu sa soirée, il ne manquait point d'aller deux ou trois fois s'assurer que *son enfant* (comme il l'appelait) dormait tranquillement. Il avait l'instinct paternel, et quoiqu'il n'eût que quatre ou cinq ans de plus que Karol, il le soignait comme il eût fait pour un fils, tant il avait besoin de servir et d'aider aux êtres plus faibles que lui. En cela, il avait quelque ressemblance avec la Floriani, et pouvait apprécier mieux que personne l'amour profond qu'elle portait à sa progéniture.

Malgré tout, Salvator oublia, cette fois, sa sollicitude accoutumée, et la Floriani, qui ne savait pas à quels ménagements et à quels soins le prince était habitué de sa part, ne lui fit pas songer à le rejoindre.

— Ton ami nous a déjà quittés, lui dit-elle après que Célio eut rempli son message. Il paraît souffrant. Comment l'appelles-tu? Depuis quand voyagez-vous ensemble? On dirait qu'il a du chagrin?...

Quand Salvator eut répondu à toutes ces questions :
— Pauvre enfant! reprit la Floriani, il m'intéresse. C'est beau d'aimer ainsi sa mère et de la pleurer si longtemps! Sa figure et ses manières m'ont été au cœur. Ah! si mon pauvre Célio me perdait, il serait bien à plaindre! Qui l'aimerait comme moi?

— Il faut adorer ses enfants et vivre pour eux comme tu le fais, dit Salvator ; mais il ne faut pas trop les habituer à vivre pour eux-mêmes ou pour la tendre mère qui se consacre à eux. Il y a des dangers et des inconvénients graves à ne pas donner à leur esprit tout le développement dont il est susceptible, et mon ami en est un exemple : c'est un être adorable, mais malheureux.

— Comment cela? pourquoi? explique-moi cela? Quand il s'agit d'enfants, de caractères, d'éducation, je suis toujours prête à écouter et à réfléchir.

— Oh! mon ami est un étrange caractère, et je ne saurais te le définir ; mais, en deux mots, je te dirai qu'il prend tout avec excès, l'affection et l'éloignement, le bonheur et la peine.

— Eh bien, c'est une nature d'artiste.

— Tu l'as dit; mais on ne l'a pas assez développé dans ce sens ; il a une passion vive, mais trop générale pour l'art. Il est exclusif dans ses goûts, mais il n'est pas dominé par une spécialité qui l'occupe et le contraigne à se distraire de la vie réelle.

— Eh bien, c'est une nature de femme.

— Oui ; mais pas comme la tienne, ma Floriani. Quoiqu'il soit capable d'autant de passion, de dévouement, de délicatesse, d'enthousiasme, que la femme la plus tendre...

— En ce cas, il est bien à plaindre, car il cherchera toute sa vie sans trouver un cœur qui lui réponde parfaitement.

— Ah! c'est que tu n'as pas bien cherché, Lucrezia ; si tu voulais, tu trouverais sans aller bien loin!

— Parle-moi de ton ami...

— Non, ce n'est pas de lui, c'est de moi que je te parle.

— J'entends bien, je te répondrai tout à l'heure ; mais je n'aime pas à changer de propos à chaque instant. Réponds-moi d'abord : pourquoi dis-tu qu'il est si différent de moi, ton ami, malgré les rapports que tu prétends établir?

— C'est qu'il y a mille nuances dans ton esprit et qu'il n'y en a pas dans le sien. Le travail, les enfants, l'amitié, la campagne, les fleurs, la musique, tout ce qui est bon et beau, tu le sens si vivement que tu peux toujours te distraire et te consoler.

— C'est vrai. Et lui?

— Il aime tout cela par rapport à l'être qu'il aime, mais rien de tout cela par soi-même. L'objet de son amour mort ou absent, rien n'existe plus pour lui. Le désespoir et l'ennui l'accablent, et son âme n'a pas assez de vigueur pour recommencer la vie à cause d'un nouvel amour.

— C'est beau, cela! dit la Floriani saisie d'une naïve admiration. Si j'avais rencontré une âme pareille quand j'ai aimé pour la première fois, je n'aurais eu qu'un amour dans ma vie.

— Tu me fais peur, Lucrezia. Est-ce que tu vas aimer mon petit prince?

— Je n'aime pas les princes, répondit-elle d'un air ingénu. Je n'ai jamais pu aimer que de pauvres diables. D'ailleurs, ton petit prince serait mon fils!

— Folle que tu es! tu as trente ans, et il en a vingt-quatre!

— Ah! j'aurais cru qu'il n'en avait que seize ou dix-huit ; il a l'air d'un adolescent! Et quant à moi, je me sens si vieille et si sage, que je me figure que j'en ai cinquante.

— C'est égal, je ne suis pas tranquille ; il faut que j'emmène mon prince demain.

— Tu peux être fort tranquille, Salvator, je n'aurai plus d'amour. Tiens, dit-elle en lui prenant la main et en la plaçant sur son cœur, il y a là une pierre brisée. Mais non, ajouta-t-elle en plaçant la main de Salvator sur son front, l'amour des enfants et la charité habitent encore dans le cœur ; mais le principal siége de l'amour est là, vois-tu, dans la tête, et ma tête est pétrifiée. Je sais qu'on le place dans les sens ; ce n'est pas vrai pour les femmes intelligentes. Il suit chez elles une marche progressive ; il s'empare du cerveau d'abord, il frappe à la porte de l'imagination. Sans cette clef d'or, il n'entre point. Quand il s'en est rendu maître, il descend dans les entrailles, il s'insinue dans toutes nos facultés, et nous aimons alors l'homme qui nous domine comme un Dieu, comme un enfant, comme un frère, comme un mari, comme tout ce que la femme peut aimer. Il excite et subjugue toutes nos fibres vitales, j'en conviens, et les sens y jouent un grand rôle à leur tour. Mais la femme qui peut connaître le plaisir sans l'enthousiasme est une brute, et je te déclare que l'enthousiasme est mort en moi. J'ai eu trop de déceptions, j'ai trop d'expérience, et par-dessus tout cela, je suis trop fatiguée. Tu sais comme je me suis dégoûtée du théâtre tout à coup, par lassitude, quoique je fusse dans toute ma force physique. Mon imagination était rassasiée, épuisée. Je ne trouvais plus dans le répertoire universel un seul rôle qui me parût vrai, et quand j'essayais d'en faire un à mon gré, je m'apercevais, après avoir joué une seule fois, que je n'avais pas rendu mon sentiment en l'écrivant. Je me le disais bien, parce qu'il n'était pas bon, ce rôle, et je n'étais pas dupe de moi-même quand le public essayait de me tromper en applaudissant. Eh bien, je suis arrivée au même point pour l'amour ; j'ai usé trop vite les cordes de l'illusion.

« L'amour est un prisme, continua la Floriani. C'est

un soleil que nous portons au front et par lequel notre être intérieur s'illumine. Qu'il s'éteigne, et tout retombe dans la nuit! Maintenant, je vois la vie et les hommes tels qu'ils sont. Je ne peux plus aimer que par charité; c'est ce que j'ai fait pour Vandoni, mon dernier amant. Je n'avais plus d'enthousiasme, j'étais reconnaissante de son affection, touchée de sa souffrance, je me dévouais; je n'étais pas heureuse, je n'avais pas même d'ivresse. C'était une immolation perpétuelle, insensée, contre nature. Tout à coup, cette situation me fit horreur, je me trouvai avilie. Je ne pus supporter le reproche de mes amours passés, parce que, de tous ces amours où je m'étais jetée naïvement et aveuglément, aucun ne me paraissait aussi coupable que celui que j'essayais de faire durer en dépit de moi-même... Oh! que de choses j'aurais à vous dire là-dessus, mon ami! mais vous êtes encore trop jeune, vous ne me comprendriez pas.

— Parle! parle! s'écria Salvator, qui était devenu pensif; et, retenant fortement la main de Lucrezia dans la sienne : Fais que je te connaisse bien, lui dit-il, afin que je continue à t'aimer comme ma sœur, ou que j'aie le courage de t'aimer autrement. Vois, je suis calme, parce que je suis attentif.

— Aime-moi comme ta sœur, et non autrement, reprit-elle; car moi je ne puis voir en toi qu'un frère. C'est ainsi que j'aimais Vandoni, et depuis des années. Je l'avais connu au théâtre, où il ne brillait pas par son talent, mais où il se rendait utile par son activité, son dévouement et sa bonté. Un soir... à la campagne, près de Milan, un beau soir d'été, comme celui-ci! il me faisait raconter l'histoire de ma rupture avec le chanteur Tealdo Soavi, le père de ma chère petite Béatrice. Celui-là, je l'avais aimé avec passion; mais c'était une âme lâche et perverse. Il prétendait vouloir m'épouser, et il était marié! Je ne tenais point au mariage; mais, à la vérité, je ne pus apprendre sans horreur qu'il savait mentir si longtemps et si habilement. Je fus amère et emportée dans mes reproches; il me quitta au moment où j'allais devenir mère. Je n'aurais pas eu le courage de le chasser, mais j'eus celui de ne pas le rappeler.

« Béatrice n'avait encore qu'un an lorsque le pauvre Vandoni, qui s'était fait mon serviteur, mon cavalier-servant, mon âme damnée, et qui m'aimait depuis bien longtemps sans oser me le dire, en écoutant le récit de mes chagrins, se jeta à mes pieds : — « Aime-moi, me « dit-il, et je te consolerai de tout. Je réparerai, j'effa- « cerai tout le mal qu'on t'a fait. Je sais bien que tu n'auras « pas de passion pour moi; mais cède à la mienne, et « peut-être que l'amour qui me consume se communi- « quera à ton cœur. D'ailleurs, avec ton amitié et ta con- « fiance, je serai encore le plus heureux, le plus recon- « naissant des hommes.»

« Je résistai longtemps. J'avais tant d'amitié pour lui, en effet, que l'amour m'était impossible. Je voulus l'éloigner; il voulut sérieusement se tuer. J'essayai de vivre chastement près de lui; il devint comme fou. Je cédai; je crus que je commettais un inceste, tant j'eus de honte, de douleur et de larmes, au lieu d'ivresse, dans ses bras.

« Ses transports pourtant m'attendrirent, et, pendant quelque temps, j'eus avec lui une existence assez douce. Mais il avait compté que son exaltation serait à la fin partagée. Quand il vit qu'il s'était trompé et que je n'étais pour lui qu'une compagne douce et dévouée, il n'eut pas la modestie de se dire que je le connaissais trop pour avoir de l'enthousiasme, et que, plus je le connaîtrais, moins l'enthousiasme pourrait venir. Il était jeune, beau, plein de cœur; il ne manquait ni d'esprit ni d'instruction; il ne concevait pas qu'il ne pût exercer sur moi aucun prestige... Ni toi non plus, peut-être, Salvator? Je vais te dire pourquoi il n'en exerçait point.

« Ce n'est pas au mérite de l'être aimé qu'il faut mesurer la puissance de l'amour que nous éprouvons. L'amour vit de sa propre flamme pendant un certain temps, et même il s'allume en nous sans consulter notre expérience et notre raison. Ce que je te dis là est banal dans l'exemple, et tous les jours on voit des êtres sublimes ne rencontrer qu'ingratitude et trahison, tandis que des âmes perverses ou misérables inspirent des passions violentes et tenaces.

« On le voit, on le constate et l'on s'en étonne toujours, parce qu'on n'en recherche pas la cause, parce que l'amour est un sentiment de nature mystérieuse, que tout le monde subit sans le comprendre. Ce sujet est si profond qu'il est effrayant d'y penser, et pourtant, ne pourrait-on essayer sérieusement ce qui n'a été qu'aperçu d'une manière vague? Ne pourrait-on l'étudier, l'analyser, le comprendre et le connaître jusqu'à un certain point, ce sentiment délicieux et terrible, le plus grand que l'espèce humaine ressente, celui auquel nul ne se soustrait, et qui, pourtant, prend autant de formes et d'aspects différents qu'il existe d'individualités sur la terre? Ne pourrait-on du moins saisir son essence métaphysique, découvrir la loi de son idéal, et savoir ensuite, en s'interrogeant soi-même, si c'est un amour noble et juste, ou bien un amour funeste et insensé qu'on porte en soi?

— Voilà de grandes préoccupations, Lucrezia! dit Salvator, et, puisque tu en es à ce point de méditation, je vois bien que tu n'es plus sous l'empire des passions.

— Ce ne serait pas une raison, reprit-elle. On peut éprouver de grandes émotions et s'en rendre compte. C'est peut-être un malheur; mais j'ai cette faculté, je l'ai toujours eue; et, au milieu des plus grands orages de ma jeunesse, ma pensée se dévorait elle-même pour voir clair dans la tempête qui la bouleversait; je ne conçois même pas que, dans la passion, on ait une autre contention d'esprit que celle-là. Je sais bien qu'elle n'aboutit pas; que, plus on cherche à voir clair en soi, plus la vue se trouble; mais cela vient, comme je te l'ai dit, de ce que la loi de l'amour n'est pas connue, et de ce que le catéchisme de nos affections est encore à faire.

— Ainsi, dit Salvator, tu as beaucoup cherché, toi, et tu n'as pas trouvé le mot de l'énigme!

— Non, mais je pressens quelque chose, c'est qu'il est dans l'Évangile.

— L'amour dont nous parlons ici n'est pas dans l'Évangile, ma pauvre amie. Jésus l'a proscrit, il l'a ignoré. Celui qu'il nous enseigne s'étend à l'humanité collective, et ne se concentre pas sur un seul être.

— Je n'en sais rien, répondit-elle; mais il me semble que tout ce que Jésus a dit et pensé n'est pas compris dans l'Évangile, et je jurerais qu'il n'était pas aussi ignorant sur l'amour qu'on veut bien le dire. Qu'il ait vécu vierge, je le veux bien, il n'en a que mieux saisi le côté métaphysique de l'amour. Qu'il soit Dieu, je le veux bien encore; je vois alors, dans son incarnation, un mariage avec la matière, une alliance avec la femme, qui ne me laisse pas de doutes sur la pensée divine. Ne te moque donc pas de moi quand je te dis que Jésus a mieux compris l'amour que que ce soit; remarque bien sa conduite avec la femme adultère, avec la Samaritaine, avec Marthe et Marie, avec Madeleine; sa parabole des ouvriers de la douzième heure, si sublime et si profonde! Tout ce qu'il fait, tout ce qu'il dit, tout ce qu'il pense, tend à nous montrer l'amour plus grand dans sa cause que dans son objet, faisant bon marché de l'imperfection des êtres, et s'excitant à être d'autant plus vaste et plus ardent que l'humanité est plus coupable, plus faible et moins digne de ce généreux amour.

— Oui, tu fais là la peinture de la charité chrétienne.

— Eh bien, l'amour, le grand, le véritable amour, n'est-il pas la charité chrétienne appliquée et comme concentrée sur un seul être?

— Utopie! l'amour est le plus égoïste des sentiments, le plus inconciliable avec la charité chrétienne.

— L'amour, tel que vous l'avez fait, misérables hommes! s'écria la Lucrezia avec feu; mais l'amour que Dieu nous aurait donné, celui qui, de son sein, aurait dû passer, pur et brûlant, dans le nôtre, celui que je comprends, moi, que j'ai rêvé, que j'ai cherché, que j'ai cru saisir et posséder quelquefois dans ma vie (hélas! le temps de faire un rêve et de s'éveiller en sursaut), celui pourtant auquel je crois comme à une religion, bien que j'en sois peut-être le seul adepte et que je sois morte à la peine de le poursuivre... celui-là est calqué sur l'amour que Jésus-Christ a ressenti et manifesté pour les hommes. C'est un reflet de la charité divine, il obéit aux mêmes lois; il est calme, doux, et juste avec les justes. Il n'est inquiet, ardent, impétueux, passionné en un mot, que pour les pécheurs. Quand tu verras deux époux, excellents l'un pour l'autre, s'aimer d'une manière paisible, tendre et fidèle, dis que c'est de l'amitié; mais quand tu te sentiras, toi, noble et honnête homme, violemment épris d'une misérable courtisane, sois certain que ce sera de l'amour, et n'en rougis pas! C'est ainsi que le Christ a chéri ceux qui l'ont sacrifié.

« C'est ainsi que, moi, j'ai aimé Tealdo Soavi. Je le savais bien égoïste, vaniteux, ambitieux, ingrat, mais j'en étais folle! Quand je le connus infâme, je le maudis, mais je l'aimais encore. Je l'ai pleuré avec une amertume si âcre que, depuis ce temps-là, j'ai perdu la faculté d'aimer un autre homme. J'ai paru vite consolée, et, maintenant, je le suis certainement; mais le coup a été si violent, la blessure si profonde, que je n'aimerai plus! »

La Floriani essuya une larme qui coulait lentement sur sa joue pâle et calme. Sa figure n'exprimait aucune irritation, mais sa tranquillité avait quelque chose d'effrayant.

IX.

— Ainsi, c'est à cause d'un scélérat que tu n'as pu aimer un honnête homme? dit Salvator ému : tu es une étrange femme, Lucrezia!

— Et quel besoin cet homme avait-il de mon amour? reprit-elle. N'était-il pas assez heureux par lui-même, de se sentir juste, bien organisé, sage, en paix avec sa conscience et avec les autres? Il demandait mon amitié pour récompense d'une bonne vie et d'un long dévouement. Il l'eut, et ne voulut pas s'en contenter. Il demanda de la passion; il lui fallait de l'inquiétude, des tourments. Il ne dépendait pas de moi d'être malheureuse à cause de lui. Il ne put me pardonner de vouloir le rendre heureux.

— Voilà bien des paradoxes, mon amie, j'en suis épouvanté! Tu dis de fort belles choses, mais si l'on voulait le résumer, ce serait difficile. L'amour, dis-tu, est généreux, sublime et divin. Le Christ lui-même nous l'a enseigné indirectement en nous enseignant la charité. C'est la compassion poussée jusqu'à l'emportement, le dévouement jusqu'au délire. Cela, par conséquent, n'entre que dans les grands cœurs. Alors les grands cœurs sont condamnés à l'enfer dès cette vie, puisqu'ils ne brûlent de ce feu sacré que pour les méchants et les ingrats.

— Mais cela est certain! s'écria la Floriani, l'énigme de la vie n'a pas d'autre mot : sacrifice, torture et lassitude. Voilà pour la jeunesse, pour la force de l'âge et pour la vieillesse.

— Et les justes ne connaîtront pas le bonheur d'être aimés, par conséquent?

— Non, tant que le monde ne changera pas, et avec lui le cœur humain. Si Jésus revient dans d'autres temps, comme il l'a promis, il donnera, j'espère, de plus douces lois à une nouvelle race d'hommes; mais aussi cette race vaudra mieux que nous.

— Ainsi, point d'amour partagé, point d'ivresse pure pour nos générations?

— Non, non, trois fois non !

— Tu me fais peur, âme désespérée !

— C'est que tu veux voir le bonheur dans l'amour : il n'y est point. Le bonheur, c'est le calme, c'est l'amitié; l'amour, c'est la tempête, c'est le combat.

— Eh bien! moi, je vais te définir un autre amour : l'amitié, par conséquent le calme, uni à la volupté; c'est-à-dire, la jouissance et le bonheur.

— Oui, c'est là l'idéal du mariage. Je ne le connais pas, bien que je l'aie rêvé et poursuivi.

— Et de ce que tu l'ignores, tu le nies?

— Salvator, as-tu jamais rencontré deux amants ou deux époux qui s'aimassent absolument de la même manière, avec autant de force ou de calme l'un que l'autre?

— Je ne sais pas... je ne crois pas !

— Moi, je suis bien sûre que non. Dès que la passion s'empare de l'un des deux (et c'est inévitable!) l'autre s'attiédit, la souffrance arrive, et le bonheur est troublé, sinon perdu. Dans la jeunesse, on cherche à s'aimer, dans l'âge fait, on s'aime en se torturant, dans l'âge mûr, on s'aime, mais l'amour est parti !

— Eh bien, dans l'âge mûr, tu te marieras, je le vois; tu feras un mariage de raison, de douce sympathie, et tu vivras heureuse par l'amitié conjugale. C'est là ton rêve, n'est-ce pas?

— Non, Salvator, l'âge mûr est venu pour moi. Mon cœur à cinquante ans, mon cerveau en a le double, et je ne crois pas que l'avenir me rajeunisse. Il aurait fallu n'aimer qu'un seul homme, traverser avec lui toutes les vicissitudes, souffrir avec lui, pour lui, et lui conserver le dévouement angélique que le Christ nous a enseigné. Cette vertu aurait pu alors compter sur sa récompense. La vieillesse serait venue tout guérir, et je me serais endormie doucement auprès du compagnon de ma vie, sûre d'avoir accompli mon devoir jusqu'au bout, et de lui avoir consacré un dévouement utile.

— Que ne l'as-tu fait? Tu avais tant pardonné à ton premier amant ! Quand je t'ai connue, tu semblais résolue à pardonner éternellement au second !

— J'ai manqué de patience, la foi m'a abandonnée; j'ai obéi à la faiblesse de la nature humaine, au découragement, à la folle espérance d'être heureuse par un autre. Je me suis trompée. Les hommes ne peuvent nous savoir gré de l'héroïsme que nous avons eu pour d'autres que pour eux; ils nous en font un crime et un reproche, au contraire, et plus nous nous sommes dévouées avant de les connaître, plus ils nous jugent incapables de nous dévouer pour eux.

— N'est-ce pas vrai?

— Cela devient vrai après un certain nombre d'erreurs et d'entraînements. L'âme s'épuise, l'imagination se glace, le courage s'en va, les forces nous abandonnent. C'est là où j'en suis ! Si je disais maintenant à un homme que je suis capable d'aimer, je mentirais effrontément.

— Ah ! tu n'as jamais été coquette, ma pauvre Floriani, et je vois que tu ne pourrais devenir galante !

— Tu me plains donc à cause de cela?

— Je me plains, moi ! car, malgré tout ce que tu me dis là, et peut-être à cause de cela même, je me sens éperdument amoureux de toi.

— En ce cas, bon soir, mon bon Salvator, tu partiras demain.

— Tu le veux? Ah ! si tu pouvais le vouloir !

— Qu'est-ce à dire?

— Que je resterais malgré toi, et que j'aurais de l'espoir.

— Tu t'imaginerais que je te crains? Tu n'étais pas fat, et tu l'es devenu.

— Non, je ne suis pas devenu fat; mais je ne sais pourquoi tu veux me faire croire que tu es devenue invulnérable. N'as-tu jamais eu de caprices?

— Jamais !

— Ah ! par exemple !

— Ecoute, j'ai eu des entraînements violents, aveugles, coupables ! je ne le nie pas; mais ce n'étaient pas des caprices. On appelle ainsi une intrigue de plaisir qui dure huit jours..... Mais il y a aussi des passions de huit jours !...

— Il y a même des passions d'une heure ! s'écria Salvator avec emportement.

— Oui, répondit-elle, des illusions si soudaines et si puissantes qu'elles font place à l'aversion et à l'épouvante en se dissipant. Les passions les plus courtes ont pu être les mieux senties; on les pleure et on en rougit toute la vie.

— Pourquoi donc en rougir si elles sont sincères? On peut être bien sûr au moins que celles-là sont partagées.

— On n'en est pas plus sûr que des autres.

— Ce qui est spontané, irrésistible, est légitime et de droit divin.

— Le droit du plus fort n'est pas le droit divin, répondit la Floriani en se dégageant des bras de Salvator. Mon ami, pourquoi viens-tu m'outrager dans ma demeure? Je n'ai pas d'enthousiasme pour toi.

— Lucrèce! Lucrèce! tu ne te tuerais pas demain matin?

— Lucrèce eut tort de se tuer. Sextus ne l'avait point possédée! Celui-là même qui a surpris les sens d'une femme n'a pas été son amant.

— Ah! tu as raison, ma chère Floriani, dit Salvator en se mettant à ses genoux. Veux-tu me pardonner?

— Oui, sans doute, dit-elle en souriant. Nous sommes seuls et il est minuit. Je n'ai pas d'amant, et je t'ai reçu. Ce qui se passe en toi n'est pas ta faute, mais la mienne. Il faudra donc que je renonce, pendant dix ans encore, à voir mes amis! c'est triste.

— Oh! ma chère Floriani, vous pleurez, je vous ai offensée!

— Non, pas offensée. Ma vie n'a pas été assez chaste pour que j'aie le droit de m'offenser d'un désir exprimé brutalement.

— Ne parle pas ainsi, je te respecte et je t'adore.

— C'est impossible. Tu es homme et tu es jeune, voilà tout.

— Foule-moi aux pieds, mais ne dis pas que je n'ai que des sens auprès de toi. Mon cœur est ému, ma tête exaltée, et ton refus, loin de m'irriter, augmente encore mon respect et mon affection. Oublie que je t'ai fait de la peine. Mon Dieu! comme te voilà pâle et triste! Malheureux fou que je suis, j'ai réveillé le souvenir de toutes tes douleurs! Ah! tu pleures, tu pleures amèrement! Tu me donnes envie de me tuer, tant je me méprise!

— Pardonne-toi, comme je te pardonne, dit la Floriani avec douceur, en se levant et en lui tendant la main. J'ai tort de m'affecter d'un hasard que j'aurais dû prévoir. J'en aurais ri autrefois! Si j'en pleure aujourd'hui, c'est parce que je croyais être déjà entrée pour toujours dans une vie de calme et de dignité. Mais il n'y a pas assez longtemps que j'ai rompu avec la faiblesse et la folie pour qu'on me croie sage et forte. Ces entretiens sur l'amour, ces épanchements, ces confidences entre un homme et une femme, la nuit, sont dangereux, et si tu as eu de mauvaises pensées, tout le tort en est à mon imprudence. Mais ne prenons pas cela trop au sérieux, dit-elle en essuyant ses yeux et en souriant à son ami avec une admirable mansuétude. Je dois accepter cette mortification en expiation de mes fautes passées, quoique je n'en aie jamais commis de ce genre. Peut-être aurais-je mieux fait d'être galante que d'être passionnée! J'aurais nui à moi-même, au lieu que ma passion a brisé d'autres cœurs que le mien. Mais que veux-tu, Salvator? Je n'étais pas née pour les mœurs *philosophiques*, comme on les appelait autrefois.... ni toi non plus, mon ami, tu vaux mieux que cela. Ah! par respect pour toi-même, ne demande pas aux femmes du plaisir sans amour! autrement, tu cesseras d'être jeune avant d'être vieux, et c'est la pire de toutes les existences morales.

— Lucrezia, tu es un ange, dit Salvator; je t'outragée, et tu me parles comme une mère à son fils... Laisse-moi embrasser tes pieds, je ne suis plus digne d'embrasser ton front. Je ne l'oserai plus jamais, je crois!

— Viens embrasser des fronts plus purs, lui dit-elle en passant son bras sous celui de Salvator. Viens dans ma chambre.

— Dans ta chambre! dit-il tout tremblant.

— Oui, dans ma chambre, reprit-elle avec un rire franc où il ne restait plus aucune amertume; et, lui faisant traverser un boudoir, elle l'entraîna dans une pièce tendue de blanc, où quatre petits lits couleur de rose entouraient une sorte de hamac piqué suspendu par des cordons de soie. Les quatre enfants de la Floriani reposaient dans ce sanctuaire et formaient comme un rempart autour de sa couche volante.

— J'étais très-voluptueuse pour mon sommeil autrefois, lui dit-elle, et j'avais de la peine à me réveiller dans la nuit pour soigner mes enfants après les fatigues du théâtre et du monde. Depuis que je goûte le bonheur de vivre pour eux et avec eux, à toutes les heures du jour et de la nuit, je me suis faite à des habitudes plus vigilantes; je perche comme un oiseau sur la branche à côté de son nid, et mes enfants ne font pas un mouvement que je n'entende et que je ne surveille. Tu vois! pour deux heures que je les ai quittés, j'ai été punie, j'ai eu du chagrin. Si je m'étais couchée à dix heures avec eux, comme de coutume, je ne me serais pas souvenue du passé..... Ah! le passé, c'est mon ennemi!

— Ton passé, ton présent, ton avenir sont adorables, Lucrezia, et je donnerais toute ma vie pour avoir été toi un seul jour. J'en serais fier, et ce jour ferait l'orgueil et le bonheur de ma mémoire. Adieu! nous partirons, mon ami et moi, à la pointe du jour. Permets que j'embrasse tous tes enfants, et donne-moi ta bénédiction. Elle me sanctifiera, et quand nous nous reverrons, je serai digne de toi.

Quand Salvator Albani entra dans sa chambre, il était près d'une heure du matin. Il y pénétra avec précaution, et s'approcha de son lit sur la pointe du pied, dans la crainte de réveiller son ami, dont le silence et l'immobilité lui faisaient croire qu'il dormait.

Cependant, avant d'éteindre sa lumière, le jeune comte alla doucement, selon son habitude, entr'ouvrir un peu le rideau du prince, afin de s'assurer qu'il dormait paisiblement. Il fut surpris de lui voir les yeux ouverts et fixés sur lui, comme s'il interrogeait tous ses mouvements.

— Tu ne dors pas, mon bon Karol? Je t'ai éveillé, lui dit-il.

— Je n'ai pas dormi, répondit le prince d'un ton où perçait une sorte de tristesse et de reproche. J'étais inquiet de toi.

— Inquiet! dit Salvator, feignant de ne pas comprendre: sommes-nous dans un repaire de brigands? Tu oublies que nous avons fait halte dans une bonne villa, chez des personnes amies.

— Nous avons fait *halte!* dit Karol avec un soupir étrange: c'est ce que je craignais!

— Oh! oh! ton pressentiment n'est pas dissipé? Eh bien, tu en seras bientôt délivré. La halte ne sera pas longue. Je vais me jeter pendant deux heures sur mon lit, et nous partirons encore avant le lever du soleil.

— Se retrouver et se quitter ainsi! reprit le prince en s'agitant sur son chevet avec angoisse: c'est étrange.... c'est affreux!

— Comment! comment! que dis-tu là? Tu désires que nous restions!

— Non, certes, pas pour moi; mais pour toi, je suis effrayé d'une telle facilité de séparation, après une telle facilité de rapprochement.

— Voyons, mon bon Karol, tu divagues, s'écria Salvator en s'efforçant de rire; je comprends tes soupçons et tes accusations un peu hasardées... un peu dures... Tu t'imagines que je sors d'un tête-à-tête enivrant, et que, satisfait d'une agréable et facile aventure, je m'apprête à partir sans saluer la compagnie, sans regrets, sans amour, en un mot? Grand merci!

— Salvator, je n'ai rien dit de tout cela; tu me fais parler pour me chercher querelle.

— Non, non, ne nous querellons pas; ce n'est pas le moment, dormons. Bonsoir!

Et en gagnant son lit, où il se jeta avec un peu d'humeur, Salvator murmura entre ses dents: Comme tu y vas, toi! Que ces gens vertueux sont donc charitables! Ah! ah! c'est très-plaisant, cela!

Mais il ne riait pas de bien bon cœur. Il sentait qu'il était coupable, et que si la Floriani eût voulu être aussi folle que lui, l'accusation du prince n'eût porté que trop juste.

X.

Karol était d'une finesse prodigieuse; les tempéraments délicats et concentrés ont une sorte de divination, qui les trompe souvent parce qu'elle va au delà de la vérité, mais qui ne reste jamais en deçà, et qui, par conséquent, semble magique quand elle tombe juste.

— Ami, lui dit-il en essayant de se remettre sur son oreiller sans agitation, ce qui ne lui était pas facile, vu qu'il tremblait comme un homme pris de fièvre ; tu es cruel ! Dieu sait pourtant que j'ai bien souffert pour toi depuis trois heures, et qu'on souffre en proportion de l'affection qu'on porte aux gens. Je ne puis supporter l'idée d'une faute de ta part. Elle m'est plus cruelle, elle me cause plus de honte et de regret que si je la commettais moi-même.

— Je n'en crois rien, reprit Salvator avec sécheresse. Tu te brûlerais la cervelle, si tu avais seulement une pensée légère. Aussi tu es implacable pour celles des autres !

— Je ne me suis donc pas trompé ! dit Karol, tu as fait commettre à cette malheureuse créature une erreur de plus, et toi....

— Moi, je suis un vaurien, un drôle, tout ce que tu voudras, s'écria Salvator en s'asseyant sur son lit, et en écartant son rideau pour parler en face à Karol ; mais cette femme, vois-tu, c'est un ange, et tant pis pour toi si tu n'as pas assez de cœur et d'esprit pour la comprendre.

C'était la première fois que Salvator disait une parole dure et outrageante à son ami. Il était vivement excité par les émotions de la soirée, et il ne pouvait supporter ce blâme, qu'il n'avait pas mérité d'une manière agréable.

Il n'eut pas plus tôt exhalé son dépit, qu'il s'en repentit amèrement ; car il vit la figure expressive de Karol pâlir, se décomposer, et trahir une douleur profonde.

— Écoute, Karol, dit-il en donnant un grand coup de pied à la muraille pour faire rouler son lit auprès de celui de son ami, ne te fâche pas, n'aie pas de chagrin ! c'est bien assez pour moi d'en avoir causé déjà, ce soir, à un être que j'aime presque autant que toi.... autant que toi, s'il est possible ! Plains-moi, gronde-moi, je le veux bien, je le mérite ; mais m'accuse pas cette excellente et admirable amie.... je vais tout te raconter.

Et Salvator, incapable de résister à la muette domination de son ami, lui rapporta de point en point, avec la plus grande véracité, et en entrant dans les moindres détails, tout ce qui s'était passé entre leur hôtesse et lui.

Karol l'écouta avec une grande émotion intérieure, que Salvator, troublé par sa propre confession, ne remarqua pas assez. Cette peinture des instincts sublimes et de la vie insensée de la Floriani lui porta le dernier coup, et son imagination en fut fortement impressionnée. Il crut la voir au bras du misérable Tealdo Soavi, puis la compagne d'un comédien vulgaire, complaisante par bonté, avilie par grandeur d'âme. Outragée bientôt par les désirs aveugles de son Salvator, qui, selon lui, aurait aussi bien courtisé la servante de l'auberge d'Iseo, s'il eût passé la nuit sur l'autre rive du lac. Puis il vit Lucrezia dans sa chambre, au milieu de ses enfants endormis. Il la vit partout grande par nature et dégradée par le fait. Il se sentit transir et brûler, bondir vers elle et défaillir à son approche. Quand Salvator eut cessé de parler, une sueur froide baignait le front de Karol.

Pourquoi t'en étonnerais-tu, lecteur perspicace ? Tu as bien déjà deviné que le prince de Roswald était tombé éperdument amoureux à la première vue et pour toute sa vie, de la Lucrezia Floriani !

Je t'ai promis, ou plutôt je t'ai menacé de n'avoir pas le plaisir de la plus petite surprise, dans tout le cours de ce récit. Il eût été assez facile de te dissimuler les angoisses de mon héros, avant l'explosion d'un sentiment de plus en plus invraisemblable et difficile à prévoir. Mais tu n'es pas si simple qu'on le croit, mon bon lecteur, et, connaissant le cœur humain tout aussi bien que ceux qui s'en font les historiens, sachant fort bien, d'après ta propre expérience, peut-être, que les amours réputés impossibles sont précisément ceux qui éclatent avec le plus de violence, tu n'aurais pas été la dupe de ce prétendu stratagème de romancier. A quoi bon, dès lors, t'impatienter par de savantes manœuvres et de perfides ménagements ? Tu lis tant de romans, que tu en connais bien toutes les *ficelles*, et, quant à moi, j'ai résolu de ne point me jouer de toi, dusses-tu me tenir pour un niais et m'en savoir mauvais gré.

Pourquoi cette femme, qui n'était plus ni très-jeune, ni très-belle, dont le caractère était précisément l'opposé du sien, dont les mœurs imprudentes, les dévouements effrénés, la faiblesse du cœur et l'audace d'esprit semblaient une violente protestation contre tous les principes du monde et de la religion officielle : pourquoi enfin la comédienne Floriani avait-elle, sans le vouloir, et sans même y songer, exercé un tel prestige sur le prince de Roswald ? Comment cet homme, si beau, si jeune, si chaste, si pieux, si poétique, si fervent et si recherché dans toutes ses pensées, dans toutes ses affections, dans toute sa conduite, tomba-t-il inopinément et presque sans combat, sous l'empire d'une femme usée par tant de passions, désabusée de tant de choses, sceptique et rebelle à l'égard de celles qu'il respectait le plus, crédule jusqu'au fanatisme à l'égard de celles qu'il avait toujours niées, et qu'il devait nier toujours ? Ceci, et je ne me charge point de vous le dire, c'est ce qu'il y a de plus inexplicable au moyen de la logique ; c'est ce qu'il y a de plus vraisemblable dans mon roman, puisque la vie de tous les pauvres cœurs humains offre pour chacun une page, sinon un volume, de cette expérience funeste.

Ne serait-ce point que la Floriani, au milieu de ses paradoxes, avait touché à vif quelque point de la vérité, lorsqu'en parlant de l'amour avec Salvator Albani, elle avait dit que les âmes généreuses ou tendres sont condamnées à n'aimer que ce qu'elles plaignent et redoutent ?

Il y a longtemps qu'on a dit que l'amour attirait les éléments les plus contraires, et lorsque Salvator rapporta à son jeune ami les théories un peu confuses, un peu folles, mais enthousiastes et peut-être sublimes de la Lucrezia, il est certain que Karol se sentit tombé sous la loi de cette épouvantable fatalité. L'effroi et l'horreur qu'il en ressentit furent si violents, et, en même temps, la fascination que son pressentiment lui avait vaguement annoncée livrèrent de tels combats à sa pauvre âme, qu'il n'eut pas la force de faire la moindre réflexion à son ami. — Nous partirons donc dans une heure, lui dit-il : repose-toi au moins un instant, Salvator ; je ne me sens point assoupi : je te réveillerai quand le jour sera venu.

Salvator, cédant à la puissance de la jeunesse, s'endormit profondément, soulagé, sans doute, d'avoir ouvert son cœur et résumé ses émotions. Il n'était point honteux d'avoir fait auprès de Lucrezia ce qu'un roué eût appelé un *pas de clerc*. Il s'en repentait sincèrement ; mais la sachant bonne et vraie, il comptait sur son pardon et ne prononçait pas le vœu téméraire de ne jamais recommencer la même tentative auprès des autres femmes.

Karol ne s'endormit pas : une fièvre réelle, assez forte, s'empara de lui, et, en se sentant malade de corps, il essaya de se rassurer un peu sur l'invasion de cette maladie morale qu'il regarda comme un symptôme de maladie physique. « Ce sont des hallucinations, se disait-il. La dernière figure nouvelle que j'ai rencontrée dans ce voyage s'est fixée dans mon cerveau, et elle m'assiège maintenant comme un fantôme de la fièvre. Ce pourrait être toute autre personne, dont l'image eût ainsi tourmenté mon insomnie. »

Le jour naissant blanchit l'horizon, et Karol se leva, afin de s'habiller lentement avant de réveiller son compagnon ; car il se sentait extrêmement faible, et, à diverses reprises, il fut forcé de s'asseoir. Lorsque Salvator, remarquant l'animation de ses joues et quelques frissons convulsifs, lui demanda s'il souffrait, il le nia, bien décidé qu'il était à ne point se laisser retenir. Au moment où ils sortaient de leur chambre, ils entendirent du bruit en bas. On était déjà éveillé dans la maison. Il fallait traverser l'étage inférieur pour gagner le jardin et le rivage, où ils comptaient profiter de quelque barque de pêcheur. Au moment où ils mettaient le pied dehors, ils se trouvèrent en face de la Floriani.

— Où allez-vous si vite? leur dit-elle en prenant la main à l'un et à l'autre; on met les chevaux à ma voiture, et Celio, qui mène à ravir, se fait grande fête d'être votre cocher jusqu'à Iseo. Je ne veux pas que vous traversiez le lac à cette heure; il y a encore une petite brume fraîche et très-malfaisante, non pas pour toi, Salvator, mais pour ton ami qui ne se porte pas très-bien. Non! vous n'êtes pas bien, monsieur de Roswald! ajouta-t-elle en reprenant la main de Karol, et en la retenant dans les siennes avec la candeur d'un instinct maternel. J'ai été frappée, tout à l'heure, de la chaleur de votre main, et je crains que vous n'ayez un peu de fièvre. Les nuits et les matinées sont froides, ici; rentrez, rentrez, je le veux! Pendant que vous prendrez le chocolat, la voiture sera prête, vous vous y renfermerez bien, et vous aurez, à Iseo, le premier rayon du soleil, qui dissipera la mauvaise influence du lac.

— Il est donc vrai que votre miroir, chère sirène, a une influence un peu perfide? dit Salvator en se laissant ramener dans l'intérieur de la maison. Mon ami prétendait, dès hier, s'en apercevoir, et moi je n'y croyais point.

— Si c'est le lac que tu appelles mon miroir, cher Ulysse, répondit Lucrezia en riant, je te dirai qu'il est comme tous les lacs du monde, et que quand on n'est pas né sur ses rives, il faut s'en méfier un peu. Mais je n'aime pas la sécheresse de cette main, dit-elle en interrogeant le pouls de Karol, de cette petite main, car c'est la main d'une femme... *Che manina!* ajouta-t-elle en se tournant vers Salvator avec naïveté: mais prends-y garde! ton ami n'est pas bien. Je m'y connais, moi, mes enfants n'ont jamais eu d'autre médecin que moi.

Salvator voulut à son tour tâter le pouls du prince: mais celui-ci affecta de prendre un peu d'humeur de cette inquiétude. Il retira brusquement des mains du comte, celle qu'il avait abandonnée en tremblant à la Floriani.

— Je t'en prie, mon bon Salvator, dit-il, n'essaie pas de me persuader que je suis malade, et ne me rappelle pas trop que je ne suis jamais en bonne santé. J'ai assez mal dormi; je suis un peu agité, et voilà tout. Le mouvement de la voiture me remettra. La signora est trop bonne, ajouta-t-il du bout des dents et d'un ton un peu sec, qui semblait dire : « Je vous serais fort obligé de me laisser partir au plus vite. »

La Floriani fut frappée de son accent: elle le regarda avec surprise, et crut voir dans la brièveté de sa parole un nouvel indice de fièvre. Il avait une forte fièvre, en effet, mais la bonne Lucrezia était à cent lieues de s'imaginer que le siège du mal était dans l'âme, et qu'elle en était la cause.

Une collation était servie. Pendant que Salvator se laissait aller à son bon appétit ordinaire, Karol prit du café à la dérobée. Rien ne lui était plus contraire dans ce moment-là, et il n'en prenait jamais. Mais il se sentait défaillir si rapidement qu'il voulait absolument se donner une force factice pour s'en aller sans laisser voir son profond malaise.

En effet, il crut se sentir mieux après avoir pris cet excitant, et, en voyant Salvator qui s'oubliait à dire une foule de tendresses à la Floriani, il éprouva une vive impatience; il eut bien de la peine, même, à ne pas l'interrompre par des paroles de dépit. Enfin, la voiture roula sur le sable devant la maison, et le bon Célio, bondissant de plaisir, prit les guides de deux jolis petits chevaux corses qui traînaient une calèche légère. Un domestique, attentif et dévoué, était assis à ses côtés, sur le siège.

Au moment de quitter Lucrezia, le comte Albani, qui l'aimait véritablement, éprouva un chagrin et un redoublement d'affection qui se manifestèrent en caresses expansives, suivant son habitude. Après lui avoir mille fois demandé pardon tout bas, il s'arracha avec émotion qui réveillait, malgré lui, la pensée de ses torts, car il prenait un singulier plaisir à embrasser les joues calmes, les douces mains et le cou velouté de sa belle amie. Elle, sans pruderie, comme sans coquetterie, souffrait ces adieux voluptueux et tendres, avec un peu trop d'obligeance ou de distraction au gré de Karol, et, en ce moment, il lui sembla qu'il la haïssait. Pour ne pas voir la dernière embrassade, qui fut presque passionnée de la part de son ami, il se jeta au fond de la voiture et détourna la tête. Mais, au moment où la voiture partait, il rencontra le visage de Lucrezia tout auprès de la portière. Elle lui adressait un adieu amical, et lui tendait une boîte de chocolat qu'il prit machinalement avec un profond salut glacé, et qu'il jeta ensuite avec humeur sur la banquette devant lui.

Salvator ne vit point ce mouvement. A moitié hors de la voiture, il envoyait encore des baisers à la Floriani et à ses petites-filles, qui, sortant de leurs lits, et à demi vêtues, lui faisaient de gracieux signes avec leurs jolis bras nus.

Quand il ne vit plus que les arbres et les murs de la villa, il sentit son bon cœur italien, volage mais sincère, se gonfler et se fendre. Il couvrit sa figure de son mouchoir et versa quelques larmes. Puis, honteux de cette faiblesse, et craignant qu'elle ne semblât ridicule au prince, il essuya ses yeux et se tourna vers lui avec un peu d'embarras, pour lui dire :

— N'est-ce pas, voyons, que la Floriani n'est pas ce que tu croyais?

Mais la parole expira sur ses lèvres, lorsqu'il vit la figure contractée et la pâleur livide de son ami. Karol avait les lèvres blanches comme ses joues, les yeux fixes et ternes, les dents serrées. Salvator l'appela et le secoua en vain; il ne sentait et n'entendait rien : il avait perdu connaissance. Pendant quelques instants, Salvator espéra le ranimer en lui frottant les mains. Mais, voyant qu'il était glacé et comme mort, il fut pris d'une grande terreur. Il appela Célio, fit arrêter la voiture, ouvrit toutes les portières pour donner de l'air. Tout fut inutile; Karol ne donnait d'autre signe de vie que des frissons étranges et des soupirs oppressés.

Le petit Célio, qui avait le courage et la présence d'esprit de sa mère, remonta sur le siège, fouetta les chevaux, et ramena le prince Karol dans cette maison où la fatalité avait décidé qu'il connaîtrait une existence nouvelle.

XI.

Vous avez bien prévu, à la fin du chapitre précédent, chers lecteurs, que le prince de Roswald allait faire une maladie qui le forcerait de rester à la villa Floriani. L'incident n'est pas neuf, j'espère, et c'est pour cela que je ne le passe point sous silence.

Et si je vous en faisais mystère, comment la suite de cette histoire serait-elle vraisemblable? Il est bien évident que, s'il y a quelque chose de fatal dans les grandes passions, l'accomplissement de cette fatalité s'explique et s'appuie toujours sur des circonstances très-naturelles. Si, par des symptômes précurseurs de la maladie, si, par l'accablement et le désordre de la maladie elle-même, Karol n'eût été prédisposé et contraint de subir l'influence de la passion, il est probable qu'il eût résisté aux atteintes de cette passion bizarre et insensée.

Il n'y résista pas, parce qu'il fut en effet très-malade, et que, pendant plusieurs semaines, la Floriani ne quitta presque pas son chevet. Cette excellente femme, autant par amitié pour Salvator Albani que par un sentiment de religieuse hospitalité, se fit un devoir de soigner le prince, comme elle l'eût fait pour son meilleur ami ou pour un de ses propres enfants.

La Providence envoyait réellement à Karol, dans cette épreuve, la personne la plus capable de l'assister et de le sauver. Lucrezia Floriani avait un instinct presque merveilleux pour juger de l'état des malades et des soins à leur donner. Cet instinct était peut-être seulement de la mémoire. Elle avait été, dans cette même maison dont elle était maintenant la châtelaine, servante, oui, simple servante, à dix ans, de sa marraine, madame Ranieri, femme débile et nerveuse qu'elle avait soignée avec un amour, un dévouement et une intelligence au-

Et ce petit-là? lui dit Lucrezia... (Page 26.)

dessus de son âge. C'était là la première cause de l'amitié que cette dame avait prise pour elle, jusqu'au point de lui faire donner une éducation en dehors de sa condition, et de vouloir ensuite la marier avec son fils.

Lucrezia avait donc appris de bonne heure à être garde-malade et quasi médecin dans l'occasion. Elle avait eu ensuite des amis, des enfants et des serviteurs malades, comme tout le monde peut en avoir, et elle les avait soignés elle-même comme tout le monde ne le fait pas. A force de chercher ardemment ce qui pouvait les soulager, et d'observer attentivement et délicatement dans les prescriptions des médecins, le bon ou le mauvais effet du traitement, elle avait acquis des notions assez justes sur ce qui convient aux organisations diverses, et une grande mémoire des moindres détails. Elle se rappela le mal que la médecine empirique des Italiens avait fait à sa chère Ranieri; elle était persuadée qu'ils l'avaient tuée, après qu'elle-même avait quitté le pays. Elle ne voulut donc pas les appeler auprès du prince, et elle se chargea de le traiter.

Salvator fut très-effrayé de la responsabilité qu'elle voulait prendre, et qui pesait également sur lui. Mais le caractère confiant et brave de la Floriani l'emporta. Elle fit sortir de la chambre du malade ce bon Salvator, qui la fatiguait par ses anxiétés et ses irrésolutions. « Va surveiller les enfants, lui dit-elle, amuse-les, promène-toi avec eux, oublie que ton ami est malade; car je te jure que tu n'es bon à rien avec ta sollicitude puérile et inquiète. Je me charge de lui et je t'en réponds. Je ne le quitterai pas d'un instant. »

Salvator eut bien de la peine à se tenir tranquille. La prostration de Karol était effrayante et semblait appeler des secours prompts et actifs. Mais la Floriani avait vu de ces phénomènes nerveux, et il lui suffisait de regarder les mains délicates du prince, sa peau blanche et transparente, ses cheveux fins et souples, un ensemble et des détails frappants, pour établir, entre lui et la maladie de madame Ranieri, des rapports qui ne trompent point le cœur d'une femme.

Elle s'attacha à le calmer sans l'affaiblir, et, certaine qu'il y a pour des organisations aussi exquises, des influences magnétiques d'un ordre élevé, qui échappent à l'observation vulgaire, elle appela souvent ses enfants autour du lit du prince, après s'être bien assurée que son

Elle tressaillait en se trouvant en face d'un spectre. (Page 29.)

état n'avait rien de contagieux. Elle pensait que la présence de ces êtres forts, jeunes et sains, aurait, au moral comme au physique, un pouvoir mystérieux et bienfaisant pour ranimer la flamme pâlissante de la vie chez le jeune malade...

Et qui pourrait assurer qu'elle se fît illusion à cet égard? Ne fût-ce que l'imagination qui joue un si grand rôle dans les maladies nerveuses, il est certain que Karol respirait plus à l'aise, lorsque les enfants étaient là, et que leur pure haleine, mêlée à celle de leur mère, rendait l'air plus souple et plus suave à sa poitrine ardente. On tient assez compte de la répugnance que doivent éprouver les malades à être approchés par des personnes qui leur inspirent du dégoût et de l'impatience : on en doit tenir aussi du bien-être physique que leur procure la satisfaction d'être soignés ou seulement entourés par des êtres sympathiques et d'un extérieur agréable. Si, à notre heure dernière, au lieu du sinistre appareil de la mort, on pouvait faire descendre des formes célestes autour de notre chevet, et nous bercer de la musique des séraphins, nous subirions sans effort et sans angoisse ce rude moment de l'agonie.

Karol, agité de rêves pénibles, se réveillait parfois sous le coup de la terreur et du désespoir. Alors il cherchait instinctivement un refuge contre les fantômes dont il était assiégé. Il trouvait alors les bras maternels de la Floriani pour l'entourer comme d'un rempart, et son sein pour y reposer sa tête brisée. Puis, en ouvrant les yeux, et en les promenant avec égarement autour de lui, il voyait les belles têtes intelligentes et affectueuses de Célio et de Stella qui lui souriaient. Il leur souriait aussi machinalement, comme par un effort de complaisance, mais son rêve était dissipé et son épouvante oubliée. Son cerveau, affaibli encore, entrait dans un autre ordre de divagations. Il regardait le petit Salvator dont on approchait le visage rose du sien, et il croyait lui voir des ailes ; il s'imaginait que ce beau chérubin voltigeait autour de sa tête pour la rafraîchir. La voix de Béatrice était d'une douceur incomparable, et, lorsqu'elle causait doucement avec ses frères, il croyait l'entendre chanter. Il attribuait à ce timbre frais et flatteur des intonations musicales qui n'étaient perceptibles que pour lui seul ; et un jour que la petite discutait à demi-voix pour un jouet avec sa sœur, la Floriani fut surprise d'entendre le prince lui dire que cet enfant chantait Mozart comme personne au monde n'était capable de le chanter. — C'est une belle nature, ajouta-t-il en faisant un grand effort pour rendre sa pensée. Elle a sans doute entendu beaucoup de musique; mais elle n'a de mémoire que pour Mozart. C'est toujours quelque phrase de Mozart qu'elle chante, et jamais rien d'un autre maître.

— Et Stella, ne chante-t-elle pas aussi? lui dit Lucrezia, qui cherchait à le comprendre.

— Elle chante quelquefois du Beethowen, dit-il, mais c'est moins constant, moins suivi, et il n'y a pas la même unité.

— Mais Celio ne chante jamais?

— Celio, je ne l'entends que quand il marche. Il y a tant de grâce et d'harmonie dans ses formes et dans ses mouvements, que la terre résonne sous ses pieds, et que la chambre se remplit de sons vibrants et prolongés.

— Et ce petit-là? lui dit la Lucrezia en lui présentant la joue de son *bambino*, c'est le plus bruyant; il crie quelquefois. Ne vous fait-il pas du mal?

— Il ne me fait jamais de mal, je ne l'entends pas. Je crois que je suis devenu sourd pour le bruit; mais ce qui est mélodie ou rhythme me pénètre encore. Quand le chérubin est devant moi, dit-il en désignant le petit Salvator, je vois comme une pluie de couleurs vives et douces qui danse autour de mon lit, sans prendre de formes, mais qui chasse les visions mauvaises. Ah! n'emmenez pas les enfants. Je ne souffrirai pas, tant que les enfants seront là!

Karol avait vécu, jusqu'à cette heure, de la pensée de la mort. Il s'était familiarisé tellement avec elle, qu'il en était arrivé, jusqu'à l'invasion de sa maladie, à croire qu'il lui appartenait, et que chaque jour de répit lui était accordé comme par hasard. On plaisantait volontiers; mais quand nous concevons cette idée au milieu de la santé, nous pouvons l'accepter avec un calme philosophique; tandis qu'il est rare qu'elle ne nous épouvante pas, lorsqu'elle s'empare d'un cerveau affaibli par la maladie. C'est la seule chose triste qu'il y ait dans la mort, selon nous; c'est qu'elle nous prend si accablés et tellement tombés au-dessous de nous-mêmes, que nous ne la voyons plus telle qu'elle est, et qu'elle fait pour alors à des âmes calmes et fortes par elles-mêmes. Il arriva donc au prince ce qui arrive à la plupart des malades; quand il lui fallut se mesurer de près avec cette idée de mourir à la fleur de l'âge, la douce mélancolie dont il s'était nourri jusqu'alors dégénéra en sombre tristesse.

Si sa mère eût été sa garde-malade en cette circonstance, elle eût relevé son courage d'une manière tout opposée à celle qu'employa la Floriani. Elle lui eût parlé de l'autre vie, elle l'eût entouré des austères secours extérieurs de la religion. Le prêtre lui fût venu en aide, et Karol, frappé de cet appareil solennel, eût accepté et subi son destin. Mais la Lucrezia procédait autrement. Elle écartait de lui l'idée de la mort, et lorsqu'il la laissait voir qu'il la croyait prochaine et inévitable, elle le plaisantait tendrement, et affectait une tranquillité d'esprit à cet égard qu'elle n'avait pas toujours.

Elle y mit tant de prudence et de calme apparent, qu'elle réussit à s'emparer de sa confiance. Elle le tranquillisa, non en lui apprenant ce qu'il est trop tard pour apprendre aux malades, à mépriser la vie (c'est un courage auquel il ne faut guère se fier de leur part, car ce courage les achève souvent); mais elle le ranima en lui faisant croire à la vie, et elle s'aperçut vite qu'il l'aimait encore, et avec acharnement, cette vie physique qu'il avait tant dédaignée lorsqu'elle n'était point menacée.

Salvator s'effrayait, parce qu'il croyait que son ami n'aurait pas la force morale de résister à son mal. — Comment espères-tu que tu le sauveras? disait-il à la Floriani, lorsque depuis si longtemps, depuis la mort de sa mère surtout, il est dégoûté de vivre et se laisse aller tout doucement à la consumption? L'espèce de plaisir qu'il trouvait à cette idée me faisait bien présager qu'il était déjà frappé, et que quand il tomberait, il ne se relèverait pas.

— Tu t'es trompé et tu te trompes encore, lui répondait la Lucrezia. Personne n'a le goût de mourir à moins d'être monomane, et ton ami ne l'est point. Il est bien organisé, et cet ébranlement nerveux, qui le rendait si sombre, va se dissiper avec la crise qui l'accable maintenant. Il veut vivre, je t'assure, et il vivra.

Karol voulut vivre en effet, il voulut vivre pour la Floriani. Certes, il ne s'en rendit pas compte, et, pendant quinze jours qu'il fut sous le coup du plus grand mal, il oublia la commotion qui l'avait causé. Mais cet amour continua, et augmenta sans qu'il en eût conscience, comme celui de l'enfant au berceau pour la femme qui l'allaite. Un attachement d'instinct, indissoluble et impérieux, s'empara de sa pauvre âme en détresse et l'arracha aux froides étreintes de la mort. Il tomba sous l'ascendant de cette femme qui ne voyait en lui qu'un malade à soigner, et sur laquelle se reporta tout l'amour qu'il avait eu pour sa mère, et tout celui qu'il avait cru avoir pour sa fiancée.

Dans les divagations de la fièvre, il commença par cette idée fixe que sa mère était sortie du tombeau, par un miracle de l'amour maternel, pour venir l'aider à mourir, et il ne cessa de prendre la Floriani pour elle. C'est à cette illusion qu'elle dut de le trouver soumis à toutes ses ordonnances, attentif à ses moindres paroles, oublieux de toutes les méfiances que son caractère lui avait inspirées d'abord. Lorsqu'il était oppressé au point de ne pouvoir respirer, il cherchait son épaule pour y reposer sa tête, et quelquefois, il sommeilla une heure, appuyé ainsi, sans se douter de son erreur.

Un jour enfin, il retrouva sa raison, et le sommeil ayant été plus complet et plus salutaire, il ouvrit les yeux et les fixa avec étonnement sur le visage de cette femme, pâlie par la fatigue des soins et des veilles qu'elle lui avait consacrées. Il sortit alors comme d'un long rêve et lui demanda s'il était malade depuis bien des jours, et si c'était elle qu'il avait toujours vue à ses côtés. — Mon Dieu! lui dit-il, lorsqu'elle lui eut répondu, vous ressemblez donc bien à ma mère? Salvator, dit-il, en reconnaissant aussi son ami, qui s'approchait de son lit, n'est-ce pas qu'elle ressemble à ma mère? J'en ai été bouleversé la première fois que je l'ai vue.

Salvator ne jugea pas à propos de le contredire, bien qu'il ne trouvât pas le moindre rapport entre la belle et forte Lucrezia, et la grande, maigre et austère princesse de Roswald.

Un autre jour, Karol, encore appuyé sur le bras de la Floriani, essaya de se soutenir seul. — Je me sens mieux, dit-il, j'ai plus de force : je vous ai trop fatiguée; je ne comprends pas que j'aie abusé ainsi de votre bonté!

— Non, non, appuie-toi, mon enfant, répondit gaiement la Floriani, qui prenait aisément l'habitude de tutoyer ceux auxquels elle s'intéressait, et qui, insensiblement, s'était persuadée que Karol était quelque chose comme son fils.

— Vous êtes donc ma mère? êtes-vous vraiment ma mère? reprit Karol, dont les idées recommençaient à se troubler.

— Oui, oui, je suis ta mère, répondit-elle, sans songer que, dans la pensée de Karol, c'était peut-être une profanation; sois certain que, dans ce moment-ci, c'est absolument la même chose.

Karol garda le silence : puis ses yeux se remplirent de larmes, et il se prit à pleurer comme un enfant, en pressant contre ses lèvres les mains de la Floriani.

— Mon cher fils, lui dit-elle en l'embrassant au front à plusieurs reprises, il ne faut pas pleurer, cela peut vous fatiguer beaucoup. Si vous pensez à votre mère, pensez donc que, du ciel, elle vous voit et bénit votre guérison prochaine.

— Vous vous trompez, reprit Karol; du haut des cieux, ma mère m'appelle depuis longtemps et me crie d'aller la rejoindre. Je l'entends bien; mais moi, ingrat, je n'ai pas le courage de quitter la vie.

— Comment pouvez-vous raisonner si mal, enfant que vous êtes? dit la Floriani avec le calme et le sérieux caressants qu'elle aurait eus en gourmandant Celio. Quand la volonté de Dieu est que nous vivions, nos parents ne peuvent nous rappeler à eux dans l'autre vie. Ils ne le veulent ni ne le doivent. Vous avez donc rêvé cela ; quand on est malade on fait beaucoup de rêves. Si votre mère pouvait se faire entendre de vous, elle vous dirait que vous n'avez pas assez vécu pour mériter d'aller la rejoindre.

Karol se retourna avec effort, surpris peut-être d'entendre la Floriani lui faire des sermons. Il la regarda encore ; puis, comme s'il n'eût pas entendu, ou point compris ce qu'elle venait de lui dire :

— Non ! s'écria-t-il, je n'ai pas la force de mourir. Tu me retiens si bien, toi! que je ne peux pas te quitter ! Que ma mère me le pardonne, je veux rester avec toi!

Et, comme épuisé par son émotion, il retomba dans les bras de la Floriani, et s'y assoupit encore.

XII.

Un soir que le prince, alors en pleine convalescence, s'était endormi très-paisiblement en apparence, et qu'après avoir couché ses enfants, la Floriani respirait le frais sur la terrasse avec Salvator : — Ma bonne Lucrezia, lui dit celui-ci, il faut que nous parlions enfin de la vie réelle; car depuis près de trois semaines nous traversons un cauchemar qui se dissipe enfin, grâce à Dieu! Je devrais dire grâce à toi, car tu as sauvé mon ami, et tu as ajouté à mon affection pour toi une reconnaissance qui ne peut s'exprimer. Mais, dis-moi, maintenant, qu'allons-nous faire, aussitôt que notre cher malade sera en état de voyager ?

— Nous n'y sommes point! répondit la Floriani. Ce n'est pas encore dans quinze jours qu'il pourra se remettre en route. C'est à peine s'il peut faire le tour du jardin maintenant, et tu sais bien que les forces reviennent moins vite qu'elles ne tombent.

— Supposons que cette convalescence dure encore un mois! il y a une fin à tout ; nous ne pouvons pas rester éternellement à ta charge, et il faudra bien se séparer !

— Sans aucun doute ; mais je désire que ce soit le plus tard possible. Vous ne m'êtes point à charge ; je suis bien payée des soins que j'ai donnés à ton ami par le bonheur que j'éprouve de le voir sauvé ; et, d'ailleurs, sa reconnaissance est si grande, si bonne, si tendre, que e me suis mise à l'aimer, presque autant que tu l'aimes toi-même. Il est naturel de soigner et de consoler ceux qu'on aime. Je ne vois donc pas que tu aies lieu de me tant remercier.

— Tu ne veux pas m'entendre, mon excellente amie ; l'avenir m'inquiète !

— Quoi ? la vie du prince ? elle n'est point du tout compromise par cette maladie. Je l'ai assez étudié ; il est parfaitement bien organisé. Il vivra plus que toi et moi, peut-être!

— J'en suis presque certain aussi ; j'ai bien vu, cette fois, quelles ressources il y a dans ces tempéraments nerveux ; mais son avenir moral, y songes-tu, Lucrezia ?

— Mais il me semble que je n'en suis pas chargée.... Pourquoi me demandes-tu cela ?

— Je ne devrais pas être surpris qu'une nature aussi loyale et aussi généreuse que la tienne portât la naïveté jusqu'à l'aveuglement ; pourtant il est bien étrange que tu ne me comprennes pas.

— Eh bien, non, je ne te comprends pas ; parle clairement, voyons.

— Parler clairement d'une chose aussi délicate, à quelqu'un qui ne vous aide pas du tout, c'est brutal ! Et pourtant, il le faut. Eh bien, Karol t'aime !

— Je l'espère ! Je l'aime aussi ; mais si tu veux me faire entendre qu'il m'aime d'amour, je ne pourrai pas prendre la crainte au sérieux.

— Oh ! ma chère Lucrezia, ne plaisante pas là-dessus ! Tout est sérieux avec une nature profonde et entière comme celle de mon pauvre ami ; cela est d'un sérieux effrayant, au contraire !

— Non, non, Salvator, tu divagues. Que ton ami ait pour moi une amitié sérieuse, une reconnaissance vive,

enthousiaste, si tu veux ; cela est possible de la part d'un être aussi tendre et aussi noble. Mais que cet enfant soit amoureux de ta vieille amie, c'est impossible ! Tu le vois ému outre mesure à chaque mot qu'il nous dit : c'est l'effet de sa faiblesse et d'un reste d'exaltation nerveuse. Tu l'entends me remercier dans des termes qui ne sont pas proportionnés aux services que je lui ai rendus : c'est l'effet du beau langage qui part d'une belle âme, d'une noble habitude de bien penser et de bien dire, qui lui est propre et à laquelle sa grande éducation et ses belles manières aident naturellement beaucoup. Mais de l'amour pour moi ? Quelle folie ! il ne me connaît pas, et s'il me connaissait, s'il savait ma vie, il aurait peur de moi, le pauvre enfant ! Le feu et l'eau, le ciel et la terre ne sont pas plus dissemblables.

— Le ciel et la terre, le feu et l'eau, sont des éléments opposés, mais toujours unis ou prêts à s'unir dans la nature. Les nuages et les rochers, les volcans et les mers s'étreignent en se rencontrant ; ils se brisent et se fondent ensemble dans les mêmes désastres éternels. Ta comparaison confirme mon assertion et doit t'expliquer mes craintes.

— Tu fais de la poésie bien gratuitement ! Je te dis qu'il me mépriserait et me haïrait, peut-être, s'il savait quelle pécheresse lui a servi de sœur de charité. Je connais ses principes et ses idées d'après ce que tu m'en dis tous les jours ; car, quant à lui, je dois avouer qu'il ne m'a jamais fait de morale. Mais enfin, toi qui sais si bien ses opinions et son caractère, comment peux-tu supposer des relations possibles entre nous dans l'avenir ? Va, je sais bien ce qu'il pensera de moi quand sa santé et la force de son jugement seront revenus. Je ne me fais point d'illusion ! Dans six mois d'ici, à Venise, ou à Naples, ou à Florence, quelqu'un racontera devant lui les tristes aventures qui me sont arrivées, et celles plus tristes encore qu'on m'attribue ; car, que ne prête-t-on pas aux riches ? Alors !... souviens-toi de ce que je te dis maintenant ! Tu verras ton ami me défendre un peu, soupirer beaucoup, et te dire ensuite : « Quel malheur qu'une si bonne femme, pour laquelle j'ai tant d'amitié et de gratitude, soit décriée à ce point ! » Voilà tout le souvenir que la Floriani aura de ce cher jeune homme. Ce sera un souvenir doux, mais triste, et je ne prétends pas à autre chose. Qu'ai-je besoin d'autre chose que de la vérité ? Tu sais bien, Salvator, que je suis de force à accepter toutes les conséquences de mon passé, qu'elles ne me troublent ni ne m'offensent, et que tout cela n'a rien à faire avec la sérénité dont je sais jouir au fond de ma conscience.

— Tout ce que tu dis là m'accable de tristesse, ma chère Lucrezia, répondit Salvator en lui prenant la main avec attendrissement ; car tout cela est vrai, sauf un point ! Oui, mon ami te quittera, il te fuira dès qu'il en aura la force et qu'il aura vu clair en lui-même ; oui, il entendra ces sots raconter ta vie sans la comprendre, et ces lâches la calomnier ; oui, il en souffrira et en soupirera amèrement ! Mais que ce soit tout, que sa douleur se dissipe avec quelques paroles, et que son souvenir s'efface par un effort de sa raison et de sa volonté, voilà ce que je nie. Karol est, dès à présent, plus malheureux qu'il ne l'a jamais été, et malheureux pour toujours, quoiqu'il ne s'en aperçoive pas encore et qu'il s'endorme dans l'ivresse d'un premier amour !

— Je t'arrête à ce mot, dit Lucrezia qui l'écoutait attentivement : un premier amour ! C'est parce que je suis par toi-même que je ne serais pas son premier amour, que je ne peux pas m'effrayer de celui-ci, en supposant, avec toi, qu'il existe. Ne m'as-tu pas dit qu'il avait été fiancé avec une belle jeune fille de sa condition, qu'il avait été inconsolable de sa mort, et qu'il l'aimerait peut-être jamais une autre femme ?... Voilà ce que tu m'as raconté dans les premiers jours ; et si cela est vrai, il ne m'aime pas ; ou s'il peut m'aimer, il n'est pas impossible qu'une autre m'efface de sa pensée.

— Et si cela doit durer cinq ou six ans encore ! Car il avait dix-huit ans lorsque Lucie mourut, et, jusqu'à toi, il n'avait pas même regardé une autre femme.

— Il n'y a pas de comparaison possible entre deux amours si différents! Il a pu regretter six ans une créature angélique toute semblable à lui, que le devoir et l'inclination lui prescrivaient de préférer à tout! Mais pour une pauvre vieille fille de théâtre comme moi.... veuve de... plusieurs amants (je n'ai jamais eu la pensée d'en revoir le compte!...) Bah! il ne faudra pas six semaines pour qu'il rentre en lui-même, si tant est qu'il en soit sorti. Tiens, Salvator, ne parlons pas davantage de cela! Ton idée me chagrine et me blesse un peu. Pourquoi faut-il que la pauvre Floriani, à laquelle tu témoignes pourtant, depuis trois semaines, la confiance et l'affection précieuse d'un frère, soit nécessairement, pour tout le monde, l'objet de désirs grossiers, même pour le plus chaste et le plus malade de tes amis? Ne puis-je, après toutes mes fautes, quand je les ai expiées par tant de souffrances et réparées peut-être par quelques bonnes actions, être traitée comme une maternelle amie par les jeunes gens de bonnes mœurs? Faut-il absolument que je fasse auprès d'eux le rôle de Satan, quand j'y mets aussi peu de malice que Stella ou Béatrice? Suis-je coquette? suis-je encore belle seulement? *Corpo di Dio!* comme dit mon vieux père, je fais tout mon possible pour ne faire peur ni envie à personne, tant je souhaite qu'on me laisse en paix. Le repos, l'oubli, mon Dieu! voilà ce que je demande, ce après quoi je soupire et brame quelquefois comme le cerf après la fountaine. Quand donc n'entendrai-je plus le mot d'amour sonner à mon oreille comme une note fausse?

— Ma pauvre sœur chérie, dit Salvator, tu te débats en vain, tu auras encore longtemps à résister, sinon à toi-même, du moins aux hommes qui te verront; j'ai beau faire pour être absolument calme auprès de toi; je ne le suis pas toujours, moi, pourtant...

— Allons! s'écria la Floriani avec un désespoir naïf et presque comique; toi aussi, tu vas recommencer! *Et tu, Brute?* Tue-moi tout de suite, j'aime mieux cela. Au moins, je serai délivrée de cet éternel refrain!

— Non! non!... moi, c'est fini, dit Salvator, qui craignait de voir la tristesse succéder à cet éclair d'enjouement. Je ne te dirai jamais rien; je ne parlerai jamais de moi, quand même j'en devrais mourir. Je te l'ai promis, je te le jure. Mais il n'en sera pas ainsi de tous les hommes; tu auras beau dire que tu es vieille, on te regardera, et on verra le feu de la vie circuler dans tes veines généreuses. Tu auras beau relever tes cheveux avec cette négligence, et te cacher dans cette éternelle robe de chambre, qui ressemble à un sac de pénitent plus qu'à un vêtement de femme, tu seras encore belle malgré toi, et plus qu'aucune femme au monde! Quelle autre que toi pourrait se montrer au grand jour sans toilette, se brunir le cou et les bras au grand soleil, se fatiguer le teint et les yeux à veiller un malade, après avoir nourri une demi-douzaine d'enfants, travaillé, pleuré, souffert... (oh! que n'as-tu pas supporté!), et enflammer encore l'imagination des hommes, qu'ils soient vierges comme mon ami Karol ou expérimentés comme ton ami Salvator?

— Tiens, s'écria la Floriani impatientée, si tu continues sur ce ton, et si tu arrives à me persuader que je vais encore faire une passion, je suis capable de me mettre sur la figure, ce soir, un acide, un corrosif quelconque pour être affreuse demain matin.

— Vraiment, dit Salvator stupéfait, aurais-tu cette férocité envers toi-même?

— Non, c'est une manière de dire, répondit-elle ingénument. J'ai assez souffert pour n'avoir nulle envie de chercher des souffrances nouvelles.

— Mais, en supposant qu'on pût se défigurer sans se rendre aveugle, sans se faire aucun mal... tu ne le ferais pas?

— Je ne le ferais pas de gaieté de cœur, car je suis artiste, j'aime le beau, et je tâche de préserver les yeux de mes enfants du spectacle de la laideur. Je m'effrairais moi-même si je devenais un objet d'horreur et de dégoût. Et cependant, je t'assure que si l'on mettait pour moi, dans une balance, les tourments d'une passion nouvelle et le désagrément de devenir affreuse, je n'hésiterais pas.

— Tu dis cela d'un ton de sincérité qui m'effraie. Un être tel que toi est capable de tout! Ne va pas t'aviser d'une pareille folie, Lucrezia! comme une certaine princesse de Prusse, sœur de Frédéric le Grand, qui se défigura de la sorte, à ce qu'on dit, pour n'être pas recherchée en mariage et se conserver à son amant.

— C'est sublime, cela, dit la Floriani, car c'est le plus grand sacrifice qu'une femme puisse faire.

— Oui, mais l'histoire ajoute qu'en détruisant sa beauté, elle détruisit sa santé, et qu'elle devint bizarre et méchante. Reste donc belle, puisque tu risquerais de perdre ta bonté, qui n'est pas un moindre trésor.

— Ami, dit la Floriani, le temps mettra ordre à tout. Peu à peu je deviendrai laide sans y songer, sans m'en apercevoir peut-être, et alors je crois que je serai enfin heureuse; car, si j'ai acquis la funeste expérience qu'il n'est point de bonheur dans la passion, j'ai encore la chimère d'un certain état de calme et d'innocence que je crois ressentir dès à présent, et qui me semble plein de délices. Ne me dis donc pas que ton ami viendra le troubler par sa souffrance. Je ferai en sorte qu'il ne m'aime pas.

— Et comment t'y prendras-tu?

— En lui disant la vérité sur mon compte. Aide-moi, ne la lui épargne pas!... Mais quoi! je suis bien folle de te croire! Il ne peut pas m'aimer! Ne porte-t-il pas toujours sur son sein le portrait de sa fiancée?

— Crois-tu donc réellement qu'il l'ait aimée? dit Salvator après un moment de silence.

— Tu me l'as dit, répondit Lucrezia.

— Oui, je l'ai cru, reprit-il, parce qu'il le croyait lui-même, et qu'il le disait avec éloquence. Mais, voyons, entre nous, mon amie, on n'aime que fort incomplètement la femme qu'on n'a point possédée. L'amour véritable ne se nourrit pas éternellement de désirs et de regrets. Et, quand je me rappelle maintenant les rapports qui existaient entre le prince Karol et la princesse Lucie, je me confirme dans l'idée que cet amour n'a jamais existé que dans leurs imaginations. Ils s'étaient vus cinq ou six fois peut-être, et, encore, sous les yeux de leurs parents!

— Pas davantage?

— Non, Karol me l'a dit lui-même. Ils se connaissaient à peine, lorsqu'ils furent fiancés, et elle mourut si peu de temps après, qu'ils n'eurent pas le temps de se connaître.

— L'as-tu vue, toi, cette princesse Lucie?

— Je l'ai vue une fois. C'était une jolie personne, fluette, pâle, phthisique.... Je m'en suis aperçu tout de suite, quoique personne n'y songeât. Elle avait beaucoup d'élégance, de grâce; une toilette exquise, de grands airs un peu trop précieux, à mon sens; des yeux bleus, des cheveux comme un nuage, un teint de clair de lune, une réputation d'ange, une manière poétique de se poser. Elle ne me plaisait pas. Elle était trop romanesque et trop dédaigneuse; c'était un de ces êtres auxquels j'ai toujours envie de dire: « Ouvre donc la bouche quand tu parles, pose donc les pieds quand tu marches, mange donc avec les dents, pleure donc avec les yeux, joue donc du piano avec les doigts, ris donc de la poitrine et non des sourcils, salue donc avec le corps et non avec le bout du menton. Si tu es un papillon ou une fleur, envole-toi au vent, et ne viens pas nous chatouiller l'œil ou l'oreille. Si tu es morte, dis-le tout de suite! » Enfin elle m'impatientait comme quelque chose qui ressemble à une femme, mais qui n'en est que l'ombre. Elle avait la manie de se couvrir de fleurs et de parfums, qui me donnèrent la migraine le jour que j'eus l'honneur de dîner auprès d'elle. Elle était embaumée comme un cadavre, et j'aurais mieux aimé un sachet dans mon armoire qu'une telle femme à mes côtés; je n'aurais pas été forcé de le respirer toujours.

— Je ne peux pas m'empêcher de rire de ce portrait, dit la Floriani, et pourtant je sens qu'il est exagéré et que tu y portes un peu de dépit. Tu n'as pas plu à cette princesse, je le vois bien. Tu lui auras fait quelque compliment trop peu recherché. Laissons les morts en paix et respectons ce souvenir dans l'âme pure du prince Karol. Je veux, au contraire, le faire parler d'elle et raviver en lui cet amour qui lui est salutaire pour le moment. Bonsoir, ami! Sois tranquille, Karol n'aimera jamais qu'une sylphide!

XIII.

La Lucrezia se persuadait de très-bonne foi que Salvator se trompait. Elle sentait bien qu'il avait, lui-même, pour elle un gros amour bon enfant, si l'on peut parler ainsi, amour bien sincère, mais bien positif, qui n'eût imposé aucune chaîne et qui n'en eût pas accepté non plus ; en un mot, une solide et généreuse amitié, avec quelques plaisirs en passant, et autant d'infidélités qu'on pourrait ou qu'on voudrait s'en permettre de part et d'autre.

La Floriani ne voulait plus de chaînes, et se croyait à l'abri de toute passion; mais elle s'était fait une trop grande idée de l'amour, elle l'avait ressenti avec trop d'énergie, enfin c'était une nature trop franche et trop passionnée pour qu'un pareil contrat ne lui parût pas révoltant. Elle ne savait être à demi, et si, à son insu, elle avait encore des sens, elle aimait mieux les vaincre et leur imposer silence que de les satisfaire sans enthousiasme, sans la conviction, peut-être illusoire chez elle, mais sincère, d'une vie commune et d'une fidélité éternelle. C'est ainsi qu'elle avait longtemps aimé, et quand elle avait eu des passions de huit jours, ou peut-être même d'une heure, comme disait Salvator, c'avait été avec la ferme croyance qu'elle y mettait toute sa vie. Une grande facilité d'illusions, une aveugle bienveillance de jugement, une tendresse de cœur inépuisable, par conséquent beaucoup de précipitation, d'erreurs et de faiblesse, des dévouements héroïques pour d'indignes objets, une force inouïe appliquée à un but misérable dans le fait, sublime dans sa pensée ; telle était l'œuvre généreuse, insensée et déplorable de toute son existence.

Aussi prompte et aussi absolue dans le renoncement que dans le désir, elle croyait, depuis un an, qu'elle était délivrée de l'amour, que rien ne pourrait l'y ramener. Elle se persuadait même, tant son esprit embrassait vite une résolution et s'habituait à une manière d'être, que la victoire était à jamais remportée, et si elle eût mesuré la durée du temps à l'intensité de sa conviction, elle eût fait serment que vingt ans s'étaient déjà écoulés depuis qu'elle n'aimait plus.

Et pourtant, la dernière blessure était à peine cicatrisée, et, comme un brave soldat qui se remet en campagne lorsque ses jambes peuvent à peine le soutenir sur le seuil de l'ambulance, la Floriani affrontait courageusement le contact journalier de deux hommes épris d'elle, chacun à sa manière. Elle se rassurait en se disant qu'elle n'avait jamais eu d'amour pour l'un, qu'elle n'en pourrait jamais avoir pour l'autre, et que, la Providence ayant voulu qu'elle leur fût nécessaire, il n'y avait point à se tourmenter des dangers possibles de cette situation.

Puis, en songeant à tout ce que Salvator Albani venait de lui dire, elle s'assit dans son boudoir avant d'entrer dans sa chambre, et se mit à dérouler ses cheveux et à les arranger pour la nuit avec une admirable insouciance. « Peut-être, se disait-elle, est-ce une ruse naïve de Salvator pour savoir ce que je pense de son ami, et si c'est par l'impertinence ou par le sentiment qu'il faut m'attaquer? Il invente cet amour de Karol pour ramener des épanchements que je lui ai interdits! »

Bien des mots échappés au prince, de simples exclamations, certains regards eussent dû pourtant éclairer une femme de l'âge et de l'expérience de la Floriani. Mais elle avait conservé une modestie et une candeur d'enfant, en dépit de tout ce qui eût dû la lui faire perdre, et cette particularité de son caractère n'en était pas un des moindres charmes. C'est peut-être là ce qui la faisait paraître toujours jeune, et ce qui la faisait plaire si soudainement.

En arrangeant ses cheveux devant une glace, à la clarté d'une seule bougie, elle se regarda un instant avec attention, comme elle ne s'était pas regardée depuis un an; mais elle avait si peu l'instinct de vivre pour elle-même, qu'elle ne vit dans sa propre figure que le souvenir des hommes qui l'avaient aimée. « Bah! se dit-elle, ceux-là ne m'aimeraient plus s'ils me voyaient maintenant. Comment donc pourrais-je plaire réellement à d'autres, quand ceux qui avaient, pour m'être attachés, tant d'autres motifs plus importants que ma jeunesse et ma beauté, ne se soucient plus de moi? » Elle n'avait pas été heureuse en amour, et pourtant elle avait allumé des passions si violentes, qu'elle ne pouvait pas être flattée d'inspirer des caprices, et, après avoir été une idole, de devenir un amusement.

Elle se sentit donc bien forte lorsqu'elle rabattit les rideaux de gaze sur la glace de sa toilette, en se disant que personne n'aurait plus de droit sur elle; mais, comme elle reprenait sa bougie pour retourner auprès de ses enfants, elle tressaillit en se trouvant en face d'un spectre.

— Quoi! mon cher prince, dit-elle après un instant d'effroi involontaire, vous voilà relevé quand on vous croyait si bien endormi! Qu'y a-t-il? vous êtes donc souffrant? vous étiez seul! Salvator vient de me quitter, et il n'est pas retourné auprès de vous? Parlez donc, vous m'inquiétez beaucoup!

Le prince était si pâle, si tremblant, si agité, qu'il y avait de quoi s'inquiéter en effet. Il eut de la peine à répondre ; enfin il s'y décida.

— N'ayez pas peur de moi, ni pour moi, dit-il, je suis bien, très-bien.... Seulement, je ne dormais pas, je me suis mis à la fenêtre. J'ai entendu parler... j'étais bien tenté de descendre et de me mêler à votre conversation. Je ne l'osais pas... j'ai longtemps hésité! Enfin, n'entendant plus rien, et voyant Salvator errer seul dans le fond du jardin, j'ai pris une grande résolution... je suis venu vous trouver... Pardonnez-moi, je suis si troublé que je ne sais pas ce que je fais, ni où je suis, ni comment j'ai eu l'audace de pénétrer jusque dans votre appartement...

— Rassurez-vous, dit la Floriani en le faisant asseoir sur son divan, je ne suis pas offensée, je vois bien que vous êtes souffrant, vous vous soutenez à peine. Voyons, mon cher prince, vous avez eu quelque mauvais rêve. J'avais laissé Antonia auprès de vous. Pourquoi cette jeune étourdie vous a-t-elle quitté?

— C'est moi qui l'ai priée de me laisser seul. Je m'en vais... Pardon encore, je suis fou, ce soir, je le crains!

— Non, non, restez ici et remettez-vous. Je vais chercher Salvator; à nous deux, nous vous distrairons, vous oublierez votre malaise en causant avec nous, et quand vous vous sentirez bien, Salvator vous emmènera. Vous dormirez tranquille quand il sera près de vous.

— N'allez pas chercher Salvator, dit le prince en saisissant d'un mouvement impétueux les deux mains de la Floriani. Il ne peut rien pour moi, vous seule pouvez tout. Écoutez, écoutez-moi, il le faut, et que je meure après, si le peu de force que j'ai recouvrée s'exhale dans l'effort suprême qu'il me faut faire pour vous parler. J'ai entendu tout ce que Salvator vous a dit ce soir et tout ce que vous lui avez répondu. Ma fenêtre était ouverte, vous étiez au-dessous : la nuit, la voix porte dans ce silence solennel. Je sais donc tout, vous ne m'aimez pas, vous ne me croyez seulement pas que je vous aime!

Nous y voici donc, pensa la Floriani saisie de chagrin et fatiguée d'avance de tout ce qu'il lui faudrait dire pour se défendre sans blesser ce triste cœur. — Mon cher enfant, dit-elle, écoutez...

— Non, non, s'écria-t-il avec une énergie dont il ne semblait pas capable, je n'ai rien à écouter. Je sais tout ce que vous me direz, je n'ai pas besoin de l'entendre, et il n'est pas certain que j'en eusse la force. C'est moi qui dois parler. Je ne vous demande rien. Vous ai-je jamais rien demandé? Connaîtriez-vous ma pensée, si Salvator ne l'eût devinée et trahie? Mais il y a quelque chose, dans tout cela, qui m'est insupportable, quelque chose qui m'a percé le cœur, parce que c'est vous qui l'avez dit. Vous prétendez que je ne peux pas aimer une femme comme vous. Vous dites du mal de vous-même pour prouver que j'en dois penser. Vous croyez enfin que je vous oublierai, et que, quand on dira du mal de vous en ma présence, je soupirerai lâchement en regrettant d'être lié à vous par la reconnaissance... Ces pensées-là sont affreuses, elles me tuent! Dites-moi que vous les abjurez, ou je ne sais ce que je ferai dans mon désespoir.

— Ne vous affectez pas ainsi pour quelques paroles irréfléchies, et dont je ne me souviens même pas, dit Lucrezia effrayée de l'émotion croissante du prince; je ne songe pas à vous accuser de morgue, et je vous sais incapable d'ingratitude. Quoi! n'ai-je pas dit plutôt que votre reconnaissance pour moi était bien plus grande que les services si naturels que je vous ai rendus? Oubliez les mots qui vous ont blessé, je vous en supplie; je les rétracte et je suis prête à vous en demander pardon. Calmez-vous, et prouvez-moi la sincérité de votre amitié en ne vous faisant pas gratuitement souffrir vous-même!

— Oui, oui, vous êtes bonne, parfaitement bonne, reprit Karol en s'attachant convulsivement à elle; car il voyait qu'elle avait hâte de rompre ce tête à tête; mais une seule fois, la première et la dernière fois de ma vie, sans doute, il faut que je parle... Sachez bien que si quelqu'un... que ce soit Salvator lui-même ou tout autre!.., si quelqu'un vous dit jamais que je n'ai pas pour vous du respect, de l'adoration... un culte!... le même culte que je rendis à la mémoire de ma mère... celui-là aura menti lâchement, ce sera mon ennemi, je le tuerai si je le rencontre... Moi qui suis doux, faible, réservé, je deviendrai haineux, violent, implacable, et plus fort pour le punir que tous ces hommes robustes et batailleurs. Je sais bien que j'ai l'apparence d'un enfant, les traits d'une femme; mais ils ne savent pas ce qu'il y a en moi. Ils ne peuvent le savoir, je ne parle jamais de moi!... je ne prétends pas être remarqué, je ne sais pas chercher à me faire aimer. Je ne le suis pas, je ne le serai jamais. Je ne demande même pas qu'on me croie capable d'aimer beaucoup... que m'importe? Mais *vous*? mais *vous*?... Ah! vous, du moins, il faut que vous sachiez que ce moribond vous appartient, comme l'esclave appartient à son maître, comme le sang au cœur, comme le corps à l'âme. Ce que que je ne peux pas accepter, c'est que vous ne soyez pas sûre de cela, c'est que vous disiez que je peux aimer un être semblable à moi. Je ne suis donc pas un homme? Tous les hommes aiment Dieu, et moi, je vous aime comme l'idéal, comme la perfection; je vous crains comme je crains Dieu, je vous vénère au point que je mourrais à vos pieds plutôt que de vous exprimer un désir outrageant.

Et ce n'est pas que je voie en vous un fantôme comme celui que j'ai porté en moi si longtemps. Je sais fort bien que vous êtes une femme, que vous avez aimé, que vous pouvez aimer encore... tout autre que moi? Eh bien! soit! j'accepte tout cela, et je n'ai pas besoin de comprendre les mystères de votre cœur et de votre vie pour vous adorer. Soyez tout ce que vous voudrez, abandonnez vos enfants, reniez Dieu, chassez-moi, aimez l'homme qui vous en semblera digne... Si Salvator vous plaît, s'il peut vous donner un instant de bonheur, écoutez-le, rendez-le heureux; j'en mourrai certainement, mais sans qu'une pensée de blâme puisse entrer dans mon esprit, sans qu'un sentiment de vengeance puisse approcher de mon cœur. Je mourrai en vous bénissant, en proclamant que vous avez le droit de faire tout ce qui est défendu aux autres, que ce qui est crime et reproche chez eux, est vertu et gloire chez vous. Tenez, je suis tellement malheureux en ce monde, et l'amour que je vous porte me ronge tellement les entrailles, que j'ai, en ce moment, un désir, un besoin effréné de mourir. Mais si vous voulez que je m'en aille demain, que je ne vous revoie jamais et que je vive, je vivrai et je serai content de vivre dans les tourments que vous voudrez m'imposer. Vous croyez que j'ai aimé quelqu'un plus que vous? c'est faux! je n'ai jamais aimé personne. Je le sens maintenant, j'avais rêvé l'amour; car, comme vous l'a dit Salvator, il était dans mon cerveau, je ne l'avais pas senti dévorer mon cœur.

C'était une femme pure, et je respecte tellement son souvenir, que je ne veux plus lui faire un mensonge en portant son image sur ma poitrine. Prenez-le, cachez-le, gardez-le, ce portrait que je ne comprends plus, et où je vois toujours vos traits maintenant à la place des siens! je vous le donne et vous prie de l'accepter, parce qu'il ne doit pas être profané, et qu'il n'y a que deux endroits où il puisse être sanctifié désormais. Votre main, ou la tombe de ma mère... Ne croyez pas que je parle dans le délire. Si j'étais calme, je n'aurais pas le courage de parler; mais ce courage trahit la vérité et proclame ce que je pense à toute heure depuis que je vous connais. Et je le dirais à la face du monde, j'en ferais le serment sur la tête de vos enfants... je le dirai à Salvator lui-même : qu'il m'entende, qu'il le sache, et qu'il n'ait jamais la folie de le nier. Je vous aime, ô vous! ô toi, qui n'as pas de nom pour moi, et que je ne pourrais qualifier dans aucune langue... je t'aime!... j'ai du feu dans la poitrine... je meurs!

Et Karol, épuisé par cette ardente protestation, tomba aux pieds de la Floriani et s'y roula en tordant ses mains avec tant de violence qu'il les déchira et en fit jaillir le sang.

— Aime-le! aime-le! prends pitié de lui! s'écria Salvator qui, après avoir cherché vainement le prince dans sa chambre et dans toute la maison, venait d'entrer, effrayé, et d'entendre ses dernières paroles. Aime-le, Floriani, ou tu n'es plus toi-même, ou un affreux égoïsme a desséché ton sein généreux. Il se meurt, sauve-le! Il n'a jamais aimé, fais-le vivre, ou je te maudis!

Et cet homme étrangement généreux et enthousiaste, au milieu de son âpreté personnelle des jouissances de la vie, cet inappréciable ami, qui préférait Karol à tout, à la Floriani et à lui-même, lui releva du parquet où il se tordait dans une sorte d'agonie, et le jetant, pour ainsi dire, dans les bras de la Lucrezia, il s'élança vers la porte, comme pour ne pas entendre la réponse et ne pas assister à un bonheur auquel il ne renonçait pas sans effort.

La Floriani, éperdue, reçut Karol contre son cœur et l'y pressa avec tendresse; mais, plus effrayée encore que vaincue, elle fit à Salvator un geste absolu pour qu'il eût à rester. — Je l'aimerai, dit-elle, en couvrant d'un long et puissant baiser le front pâle du jeune prince, mais ce sera comme sa mère l'aimait! aussi ardemment, aussi constamment qu'elle, je le jure! Je vois bien qu'il a besoin d'être aimé ainsi, et je sais qu'il le mérite. Cette tendresse maternelle, dont je m'étais prise pour lui, d'instinct, et sans songer à la prolonger au delà de sa guérison, je la lui voue pour toujours, et à l'exclusion de tout autre femme. Je renouvelle pour toi, mon fils, le vœu de chasteté et de dévouement que j'ai fait pour Célio et pour mes autres enfants. Je garderai saintement et respectueusement le portrait de ta fiancée, et quand tu voudras le voir, nous parlerons d'elle ensemble. Nous pleurerons ensemble ta mère chérie, et tu ne l'oublieras pas en retrouvant son cœur dans le mien. J'accepte ton amour à ce prix, et j'y crois, quelque désabusée que je sois de tout le reste. Voilà la plus grande preuve d'affection que je puisse te donner!

Cet engagement parut à Salvator un remède bien incomplet, et plus dangereux qu'utile. Il allait demander davantage, lorsque le prince, retrouvant sa force avec la parole, s'écria, fondant en larmes :

— Bénie sois-tu, femme adorée! je ne te demanderai jamais rien de plus, et mon bonheur est si grand que je n'ai pas de parole pour t'en remercier.

Il se prosterna devant elle et embrassa ses genoux avec transport. Puis, s'arrachant de ses bras, il suivit Salvator et alla dormir avec un calme dont il n'avait jamais joui jusqu'à cette heure.

— Étranges et impossibles amours! se disait Salvator en essayant de dormir aussi.

XIV.

J'espère, lecteur, que tu sais d'avance ce qui va se

passer dans ce chapitre, et que rien de tout ce qui est arrivé jusqu'ici, dans le cours monotone de cette histoire, ne t'a causé le plus léger étonnement. Je voudrais être auprès de toi quand tu approches du dénouement de chaque phase d'un roman quelconque, et, d'après tes prévisions, je saurais si l'œuvre est dans le chemin de la logique et de la vérité; je me méfie beaucoup d'un dénouement impossible à prévoir pour tout autre que pour l'auteur, parce qu'il n'y a pas plusieurs partis à prendre pour des caractères donnés. Il n'y en a qu'un, et si personne ne s'en doute, c'est que les caractères sont faux et impossibles.

Tu me diras peut-être que voilà le prince Karol se livrant à une explosion de sentiment et à un abandon de passion bien en dehors des habitudes que je t'ai révélées de lui jusqu'ici. Mais non, tu ne me feras pas une observation aussi niaise; car je te renverrais encore à toi-même, et je te demanderais si, en matière d'amour, ce qui nous semble le plus opposé à nos goûts et à nos facultés n'est pas précisément ce que nous embrassons avec le plus d'ardeur; et si, dans ces cas-là, l'impossible n'est pas justement l'inévitable.

Vraiment, la vie, telle qu'elle se passe sous nos yeux, est bien assez folle et assez fantasque, le cœur humain, tel que Dieu l'a fait, est bien assez mobile et assez inconséquent; il y a, dans le cours naturel des choses, bien assez de désordres, de cataclysmes, d'orages, de désastres et d'imprévu, pour qu'il soit inutile de s'y torturer la cervelle à inventer des faits étranges et des caractères d'exception. Il suffirait de raconter. Et puis, qu'est-ce que les caractères exceptionnels que le roman va toujours chercher pour surprendre et intéresser le public? Est-ce que nous ne sommes pas tous des exceptions par rapport aux autres, dans le détail infini de nos organisations? Si certaines lois communes font de l'humanité un seul être, n'y a-t-il pas, dans l'analyse de cette grande synthèse, autant d'êtres distincts et dissemblables que nous sommes d'individualités? La Genèse nous dit que Dieu fit l'homme d'un peu de terre et d'eau, pour nous montrer que la même matière élémentaire servit à notre formation. Mais, dans la combinaison des parties constituantes de cette matière, reste la diversité éternelle et infinie, et de là, ces deux feuilles identiques impossibles à rencontrer dans le règne végétal, ces deux cœurs identiques inutiles à rêver dans la race humaine. Sachons donc bien ce lieu commun: que chacun de nous est un monde inconnu à ses semblables, et pourrait raconter de soi une histoire ressemblante à celle de tout le monde, semblable à celle de personne.

Le roman n'a pas autre chose à faire que de raconter fidèlement une de ces histoires personnelles, et de la rendre aussi claire que possible; qu'on y ajoute beaucoup de faits extérieurs, qu'on y mêle beaucoup d'individualités diverses, je le veux bien : mais c'est compliquer beaucoup la besogne sans beaucoup de profit pour notre instruction morale. Et puis, c'est très-fatigant pour le lecteur, qui est paresseux! Réjouis-toi donc, paresseux de lecteur, de trouver aujourd'hui un auteur plus paresseux que toi.

Tu pressens déjà que la Floriani, en faisant la transaction, s'engageait plus qu'elle ne le pensait, et qu'un amour maternel platonique, et pourtant passionné, ne pouvait durer éternellement entre un homme de vingt-quatre ans et une femme de trente, beaux tous les deux, et tous deux enthousiastes et avides de tendresse. Cela dura six semaines, peut-être deux mois, avec une sérénité angélique de part et d'autre, et ce fut, il faut bien le dire, le plus beau temps de leur amour. Puis vint l'oragé, et c'est dans l'âme du jeune homme qu'il s'alluma d'abord; puis vinrent quelques heures d'ivresse, où, pour tous deux, le ciel sembla descendre sur la terre. Mais quand la félicité humaine est arrivée à son apogée, elle touche à sa fin. L'inexorable loi qui préside à notre destinée l'a réglé ainsi, et la plus folle des sagesses serait celle qui exhorterait l'homme à se développer pour le bonheur absolu, sans lui dire que ce bonheur doit être dans sa vie le passage d'un éclair, et qu'il faut s'arranger pour végéter le reste du temps, assez satisfait d'une espérance ou d'un souvenir. Il en est de la vie comme du roman : pour qu'elle fût complète, il faudrait mourir le lendemain de certains jours. Pour que le roman flatte l'imagination, on le termine ordinairement le jour de l'hyménée; c'est-à-dire qu'on aspire, pendant un nombre plus ou moins savant de volumes, à voir luire un rayon, dont aucun art ne peut exprimer l'éclat et la beauté, et que le lecteur colore à sa guise, car c'est là que l'auteur renonce à peindre et lui souhaite le bonsoir.

Eh bien! pour essayer un peu de sortir du chemin tracé, nous ne fermerons pas le livre à cette page fatale. Nous nous arrêterons un instant au sommet de cette pente que nous avons vu gravir, et nous la redescendrons dans un second volume, que le lecteur est dispensé de lire s'il n'aime pas les histoires tristes et les vérités chagrines.

Te voilà bien averti, cher lecteur, tu sais tout ce qui doit arriver désormais. Je poursuis, arrête-toi là si tu veux. Tu connais la synthèse de ces deux existences qui se sont rapprochées des deux bouts opposés de l'horizon social. Le détail me regarde, et si tu ne t'en soucies point, laisse-moi l'écrire en paix. Crois-tu donc que l'on soit toujours forcé de penser à toi, et que l'on n'écrive jamais pour soi-même, en se donnant le plaisir de l'oublier? Tu n'es guère embarrassé de le rendre, et alors nous sommes quittes.

En renonçant à l'amour, en cherchant la retraite, la Floriani s'était trompée de date dans sa vie. Il est bien certain qu'elle s'était persuadé, dans ce moment-là, que le calme de la vieillesse, auquel elle aspirait, était venu, par miracle, lui apporter ses bienfaits avant le temps. Les quinze années de passion et de tourments qu'elle venait de fournir lui semblaient si lourdes et si cruelles qu'elle se flattait de se les faire compter doubles par le Dispensateur suprême de nos épreuves. Mais l'implacable destinée n'était pas satisfaite. Pour s'être trompée dans ses choix, pour avoir donné une affection sublime à des êtres qui lui plaisaient sans le mériter, pour n'avoir pas su aimer ceux qui le méritaient sans lui plaire, pour avoir trop aimé ceux que Jésus-Christ a voulu racheter, et n'avoir pas cherché la quiétude, la sécurité et le triomphe paisible des élus, de ces insupportables *justes*, qui du haut de leurs chaises d'or, narguent les misères et les souffrances de l'humanité, la pauvre pécheresse devait expier encore les malheurs passés par de nouveaux malheurs. Faites-vous sœur de charité, allez ramasser les membres épars sur le champ de bataille, et chasser les mouches immondes des plaies du moribond abandonné; vous serez emportée par un boulet, ou traitée comme une vivandière par le vainqueur brutal. Mais vivez avec les parfaits, n'aimez que les beaux, les riches, les sages, les heureux de ce monde, parfumez votre âme délicate dans une atmosphère éthérée; soyez comme une fleur dans son jardin, comme la princesse Lucie dans son nuage, et vous serez canonisée.

La Floriani se faisait donc de grandes illusions, en s'imaginant qu'elle en serait quitte à si bon marché, et que, désormais, elle pourrait vivre pour ses enfants, pour son vieux père, et pour elle-même. Un cœur qui a passé par d'aussi terribles maladies que celles dont il sortait à peine n'est pas guéri par quelques mois de repos et de solitude. Cette solitude même et cette inaction ne sont peut-être pas ce qui lui convient. La transition s'était faite trop brusquement, et, en acceptant sa guérison comme un fait accompli, la bonne Lucrezia n'avait pas assez veillé sur elle-même. Lorsqu'au lieu de cet amour exigeant et personnel qui avait fait tout le mal de sa vie, le noble et romanesque prince de Roswald lui offrit un dévouement absolu, un respect digne d'une sainte, et qu'il accepta même avec transport le vœu d'une amitié chaste de sa part, elle se crut sauvée. Était-il permis à une femme chargée de tant de fautes de s'abuser à ce point, et de s'imaginer bonnement que la Providence allait la récompenser de ses erreurs au lieu de l'en punir? Non, cela n'était point permis, et pourtant la Lucrezia s'en accommoda avec sa naïveté habituelle.

Le prince Karol de Roswald

Elle y trouva d'abord un bonheur extrême, des joies sans mélange. Karol était si dominé, si soumis, il s'était abjuré si complétement, il subissait une telle fascination, qu'un mot, un regard, une innocente caresse, le jetaient dans une ivresse inappréciable. Il y avait à la surface de son être une pureté angélique, et les âcres passions qui fermentaient inconnues et oisives encore au fond de son âme, ne s'éveillèrent pas tout de suite. Il n'avait jamais brûlé du feu de l'amour, il n'avait jamais senti battre contre son cœur le cœur d'une femme, et les premières émotions de ce genre furent pour lui plus vives et plus profondes qu'elles ne le sont chez un adolescent aux prises avec le premier éveil des sens.

Il y avait longtemps déjà que ces désirs germaient en lui sans qu'il voulût s'en rendre compte. Il les avait trompés à l'aide de la poésie et de ce religieux sentiment pour une fiancée, dont il avait à peine senti la main effleurer la sienne. Ses rêves arrivaient donc tout frais, tout craintifs et tout palpitants à la réalité. Il avait encore les terreurs d'un enfant et déjà l'énergie d'un homme. Ce mélange de pudeur et d'emportement lui donnait un charme irrésistible que la Floriani n'avait encore jamais rencontré. Aussi, chaque jour l'enflamma-t-il d'une sympathie, d'une admiration, et enfin d'un enthousiasme dont elle ne mesura pas les progrès.

Toujours téméraire par bravoure, et insouciante pour elle-même à cause de ceux qu'elle aimait, elle ne vit pas venir l'orage. Pouvait-elle croire autre chose que ce qu'il lui disait, et s'inquiéter d'un avenir qui semblait devoir être la continuation indéfinie de cet amour céleste?

Il se trompait lui-même en trompant sa maîtresse, ce doux et terrible enfant, qui, tout vaincu et tout dévoré par la passion, n'y croyait pas encore, qui avait vécu d'illusions et se fiait à la puissance des mots sans apprécier les nuances d'idées et de faits qu'ils représentent. Quand il avait appelé la Floriani *ma mère*, quand il avait pressé le bord de son vêtement contre ses lèvres ardentes, quand il avait dit en s'endormant : « plutôt mourir que de la profaner dans ma pensée, » il se jugeait plus fort que la nature humaine, et méprisait encore la tempête qui grondait dans son sein.

Et elle, l'aveugle enfant, car c'était un enfant encore plus ingénu et plus crédule que Karol, cette femme que,

C'était la Floriani. (Page 38.)

dans la langue reçue, on aurait bien pu appeler une femme perdue; elle croyait à ce calme qui lui semblait si beau, si neuf, si salutaire. Elle l'éprouvait en elle-même, parce que la lassitude et le dégoût avaient calmé son sang, et la préservaient d'un entraînement subit.

Et, dans cette confiance réciproque, si absolue et si sincère, que la présence de Salvator ne les gênait point, et que leurs chastes baisers craignaient à peine les regards des enfants, chaque jour pourtant creusait un abîme. Karol n'existait plus par lui-même. Sa race, sa croyance, sa mère, sa fiancée, ses instincts, ses goûts et ses relations, il avait tout perdu de vue. Il ne respirait que par le souffle de la Floriani, il ne respirait pas et ne voyait pas, il ne comprenait ni ne pensait, quand elle ne se mettait pas entre lui et le monde extérieur. L'ivresse était si complète qu'il ne pouvait plus faire un pas de lui-même dans la vie. L'avenir ne lui pesait pas plus que le passé. L'idée de se séparer d'elle n'avait aucun sens pour lui. Il semblait que cet être diaphane et fragile se fût consumé et absorbé dans le foyer de l'amour.

Peu à peu pourtant la flamme se dégagea des nuages de parfums qui la voilaient. L'éclair traversa le ciel, la voix de la passion retentit comme un cri de détresse, comme une question de vie ou de mort. Un insensible abandon de toute crainte et de toute prudence avait amené jour par jour l'imminente défaite de cette suprême raison dont se piquait la Floriani. Un invincible attrait, une progression de voluptés délicates et dévorantes, les délices d'une ivresse inconnue et souveraine avaient endormi et anéanti une à une les saintes terreurs de Karol, et cette victoire des sens, qu'il avait cru devoir être avilissante pour tous deux, donna à son amour une exaltation et une intensité nouvelles.

Il avait passé sa vie à se battre en duel au nom de l'esprit contre la matière. Il avait vu dans la sanctification du mariage et dans l'union bénie de deux virginités, la seule réhabilitation possible de cet acte qui n'était divin selon lui que parce qu'il était nécessaire. Il avait cru longtemps que demander la révélation de l'amour à une femme prodigue de ce bienfait, ou seulement à une femme qui ne lui en apporterait pas les prémices, serait pour lui une chute sans remède et sans pardon à ses propres yeux. Il fut fort surpris de se sentir inondé de tant de joie que sa conscience était muette; et quand il interrogea cette conscience, il la trouva ivre. Elle lui répondit qu'elle n'avait rien eu à démêler avec son péché, qu'elle se sentait légère, qu'elle ne savait pourquoi il avait toujours voulu l'empêcher de faire cause commune avec son cœur, enfin qu'elle avait soif de voluptés nouvelles, et qu'elle lui parlerait morale et sagesse quand elle serait rassasiée.

La Floriani, qui n'avait jamais fait ces distinctions métaphysiques entre ses penchants et ses intérêts personnels, et qui n'avait renoncé à l'amour que parce que le sien avait causé le malheur d'autrui, se sentit très-calme et très-fière lorsque, l'illusion de son amant se communiquant à elle, elle crut qu'il était pour toujours le plus heureux des hommes. Elle ne regretta pas seulement son beau rêve de force et de vieillesse anticipée; son orgueil ne lui fit pas de reproches, et elle ne pleura point sur sa chute. Toujours naïve et confiante, elle ne répondit aux craintes de Salvator qu'en lui demandant si Karol se repentait et se trouvait à plaindre. Et comme la félicité de Karol touchait aux nues en ce moment, comme Salvator lui-même en était stupéfait d'étonnement, de jalousie et d'admiration, il ne trouva rien à répondre.

Il souffrit passablement de l'aventure, lui, ce brave comte Albani, qui n'eût pas senti ce bonheur avec la même puissance que son jeune ami, mais qui ne l'eût pas fait expier si cruellement par la suite. Il en fut si agité qu'il en perdit le sommeil, et presque l'appétit et la gaieté. Mais son âme était si belle et son amitié si loyale, qu'il remporta la victoire. Il remercia la Floriani avec effusion, d'avoir, sinon guéri à jamais l'esprit et le cœur de Karol (ce qu'il ne croyait pas possible dans de telles conditions), du moins de l'avoir initié à un bonheur que nulle autre femme ne lui eût jamais fait connaître. Puis, prétextant des affaires indispensables à Venise, il partit sans vouloir faire avec eux aucun plan d'avenir. « Je reviendrai dans quinze jours, leur dit-il, et vous me direz alors ce que vous aurez résolu. »

Le fait est qu'il ne pouvait supporter plus longtemps le spectacle d'un bonheur qu'il approuvait et qu'il encourageait cependant de toute son âme. Il se mit en route sans leur dire qu'il allait chercher des distractions philosophiques auprès d'une certaine danseuse, qui lui avait fait un signe à Milan, dans la coulisse du théâtre de la Scala.

« Je n'aurais jamais cru, se disait-il, chemin faisant, que mon jeune puritain mordrait au fruit défendu avec cette violence et cet oubli du passé. Cette Floriani est donc ici une plus enchanteur que le serpent, car Adam pleura aussitôt sa faute, et Karol fait gloire de la sienne, au contraire!... Allons! veuille le ciel que cela dure, et qu'à mon retour je ne le trouve pas honteux et désespéré! »

Tu sauras bientôt ce qu'il en advint, lecteur, si tu ne le sais déjà, et si tu ne préfères rester entre la porte du ciel et celle de l'enfer.

XV.

Malgré l'affection que le prince portait au comte, malgré la reconnaissance que lui inspiraient son dévouement, ses tendres soins, et l'espèce de sanction qu'il venait de donner à son bonheur, le bonheur est si égoïste, que Karol vit partir Albani avec une sorte de joie. La présence d'un ami gêne toujours ou est les continuels épanchements d'une âme enivrée, et bien que le prince eût mis beaucoup d'abandon à proclamer devant Salvator la force de sa passion, il n'en est pas moins vrai qu'il était un peu mécontent quand il ne le voyait pas accueillir avec une confiance absolue la conviction où il était que ce bonheur devait durer toujours et n'être troublé par aucun nuage.

Une âme moins pure et moins loyale que la sienne eût été humiliée, peut-être, de se montrer si différente d'ellemême devant un ami qui pouvait comparer le présent avec le passé, et l'accuser d'inconséquence, ou seulement sourire de son entraînement subit, comme il avait souri auparavant de sa réserve exagérée. Mais si Karol avait certaines petitesses d'esprit, ce n'étaient jamais des petitesses mesquines, et l'on eût pu dire que c'étaient plutôt des puérilités charmantes. Lui aussi avait ses naïvetés moins frappantes, moins complètes que celles de la Floriani; mais plus fines et réellement intéressantes par leur contraste avec le fond de son caractère. Ainsi, il ne niait pas qu'il eût été rigoriste dans le passé, et qu'il fût aveuglé dans le présent; mais il lui était impossible de l'avouer. Il ne s'en souvenait pas, et ne se rendait presque pas compte de sa transformation. Il persistait à croire qu'il haïssait les emportements d'un esprit sans règle et sans retenue, et que, s'il lui eût parlé d'une autre femme, toute semblable à la Floriani par sa conduite et ses aventures, mais n'ayant pas en elle ce charme mystérieux qu'il subissait, il en eût détourné ses regards avec effroi et aversion. Enfin, il avait littéralement sur les yeux ce bandeau que les poètes antiques, ces maîtres dans l'art de symboliser les passions, ont placé sur ceux de Cupidon. Son esprit n'avait point changé, mais son cœur et son imagination paraient l'idole de toutes les vertus qu'il souhaitait d'adorer.

La Floriani s'habitua facilement, comme on peut croire, à recevoir un culte dont elle n'avait jamais eu l'idée. Certes, elle avait été aimée, et elle avait aimé aussi très-ardemment. Mais les organisations aussi exquises que celle de Karol sont bien rares, et elle n'en avait point rencontré. Ainsi qu'elle l'avait dit à Salvator, elle n'avait aimé que de pauvres diables, c'est-à-dire des hommes sans nom, sans fortune et sans gloire. Une fierté craintive lui avait toujours fait repousser l'hommage des gens haut placés dans le monde. Tout ce qui eût pu ressembler à une liaison fondée sur un intérêt personnel de fortune, de succès ou de vanité, l'avait toujours trouvée défiante et presque hautaine. Avec l'excessive bienveillance de son caractère, ce soin de fuir et de repousser les grands seigneurs ou les grands artistes avait été bizarre en apparence; mais c'était, en effet, une conséquence de son caractère indépendant et brave, peut-être aussi de cet instinct maternel qu'elle portait dans tout. L'idée d'être protégée lui eût été insupportable; elle préférait être dominée par les travers d'un amant sans délicatesse que de subir la discipline majestueuse d'un pédagogue parfumé. Au fond, c'était toujours elle qui avait protégé et réhabilité, sauvé ou tenté de sauver les hommes qu'elle avait chéris. Gourmandant leurs vices avec tendresse, réparant leurs fautes avec dévouement, elle avait failli faire des dieux de ces simples mortels. Mais elle s'était sacrifiée trop complétement pour réussir. Depuis le Christ, mis en croix pour avoir trop aimé, jusqu'à nos jours, c'est l'histoire de tous les dévouements. Celui qui ne se les impose en est l'inévitable victime, et comme la Lucrezia n'était, après tout, qu'une femme, elle n'avait pas poussé la patience jusqu'à mourir. D'ailleurs, elle avait logé trop d'amours à la fois dans son âme, c'est-à-dire qu'elle avait voulu être la mère de ses amants sans cesser d'être celle de ses enfants, et ces deux affections, toujours aux prises l'une contre l'autre, avaient dû résoudre leur combat par l'extinction de la moins obstinée. Les enfants l'avaient emporté toujours, et, pour parler par métaphore, les amants, pris aux *Enfants-Trouvés* de la civilisation, avaient dû y retourner tôt ou tard.

Il en résulta qu'elle fut haïe et maudite souvent; par ces hommes qui lui devaient tout, et qui, après avoir été gâtés par elle, ne purent comprendre qu'elle se reprenait, lorsqu'elle était lasse et découragée. Ils l'accusèrent d'être capricieuse, impitoyable, folle dans sa précipitation à se livrer et à se retirer, et ce dernier grief était un peu fondé. La Floriani ne doit donc pas te sembler bien parfaite, cher lecteur, et mon intention n'a jamais été de te la montrer en elle l'être divin que rêvait Karol. C'est un personnage humain que j'analyse ici sous tes yeux, avec ses grands instincts et sa faiblesse d'exécution, ses vastes entreprises et ses moyens bornés ou erronés.

Beaucoup d'hommes charmants pensèrent que la Floriani était une impertinente, une personne distraite, fantasque et sans jugement, parce qu'elle n'accueillait pas leurs fadeurs. Avait-elle le droit de se faire respecter de ces gens-là, elle qui choisissait si mal les objets de sa préférence, et qui rompait bientôt avec eux pour choisir plus mal encore?

Elle eut donc des ennemis et ne s'en aperçut pas beaucoup, ayant plus d'amis encore, et comptant pour rien ce qu'on disait d'elle, quand son cœur était préoccupé par tant de vives affections. Mais elle ne s'en habitua pas moins à regarder les grands seigneurs et les personnages privilégiés comme ses ennemis naturels. Elle était restée fille du peuple jusqu'à la moelle des os, au milieu de sa carrière de reine de théâtre ; et, tout en acquérant l'usage du monde, elle conserva contre le monde un fond d'orgueil un peu sauvage. Elle savait y porter une grande distinction de manières, et quand elle jouait la comédie, ou quand elle écrivait pour le théâtre, on eût dit qu'elle était née sur le trône. Mais elle ne pouvait souffrir qu'on supposât qu'elle devait cet air noble et ce langage élevé à la fréquentation des gens titrés. Elle sentait bien qu'elle puisait sa noblesse dans son propre sentiment des hautes convenances de l'art, dans son instinct de la véritable élégance, et dans la fierté innée de son esprit. Elle riait aux éclats, lorsqu'un marquis à figure basse et à tournure absurde venait lui dire, dans sa loge, que ce qu'on admirait le plus en elle, c'est qu'elle eût deviné la bonne compagnie. Un jour qu'une grande dame (laquelle avait malheureusement la voix rauque, les mains violettes et le menton barbu), lui faisait compliment sur ses airs de duchesse, elle lui répondait d'un ton pénétré : « Quand on a des modèles comme Votre Seigneurie sous les yeux, on ne peut pas se tromper sur ce qui convient à un rôle noble. » Mais quand la grande dame fut sortie, la comédienne éclata de rire avec ses camarades. Pauvre duchesse, qui avait cru lui faire beaucoup de plaisir et d'honneur avec ses éloges !

Toutes ces digressions sont là pour vous dire qu'il ne fallait pas moins qu'un miracle pour que la railleuse et fière plébéienne se prît d'engouement et de tendresse pour un prince. On a vu comment ce miracle se fit par degrés, et se trouva accompli comme par surprise. Alors la Floriani, n'étant plus occupée à se défendre, mais à admirer, découvrit dans celui qu'elle aimait des charmes qu'elle n'avait jamais voulu apprécier dans ceux de sa caste. Fidèle à ses préventions, elle ne voulut point faire honneur de tant de grâces et de courtoisie délicate à l'éducation qu'il avait reçue et aux habitudes qu'il avait contractées. A ce point de vue, elle les eût plutôt critiquées ; mais, en supposant qu'il ne les devait qu'à la perfection de son caractère naturel, à la douceur de son âme et à la tendresse de ses sentiments pour elle, elle en fut enivrée. Il lui semblait que toutes ses amours avaient été des orgies, au prix de ce festin d'ambroisie et de miel que lui sortaient les chastes lèvres, les paroles suaves et les extases célestes de son jeune amant.

— « Je ne mérite point de telles adorations, lui disait-elle, mais je t'aime d'être capable de les ressentir et de les exprimer ainsi. Je ne m'aimais point, je ne me suis jamais aimée jusqu'ici. Mais il me semble que je commence à m'aimer en toi, et que je suis forcée de respecter l'être que tu vénères de la sorte.

« Non, non, tu n'avais jamais été aimée et tu es mon premier amour ! s'écriait-elle dans la sincérité de son cœur. Je cherchais, avec une soif ardente, ce que j'ai enfin trouvé aujourd'hui. Va, mon âme que je croyais épuisée, était aussi vierge que la tienne, j'en suis certaine à présent, et je puis le jurer devant Dieu ! »

L'amour est plein de ces blasphèmes de bonne foi. Le dernier semble toujours le premier chez les natures puissantes, et il est certain que si l'affection se mesure à l'enthousiasme, jamais la Floriani n'avait autant aimé. Cet enthousiasme qu'elle avait eu pour d'autres hommes avait été de courte durée. Ils n'avaient pas su l'entretenir ou le renouveler. L'affection avait survécu un certain temps au désenchantement ; puis étaient venus la générosité, la sollicitude, la compassion, le dévouement, le sentiment maternel, en un mot, et c'était merveille que des passions si follement conçues eussent pu vivre aussi longtemps, quoique le monde, ne jugeant que de l'apparence, se fût

étonné et scandalisé de les lui voir rompre si vite et si absolument. Dans toutes ces passions elle avait été heureuse et aveuglée huit jours à peine, et quand un ou deux ans de dévouement absolu suivit à un amour reconnu absurde et mal placé, n'est-ce pas une grande dépense d'héroïsme, plus coûteuse que ne le serait le sacrifice d'une vie entière pour un être qu'on en sentirait toujours digne ?

Oh ! dans ce cas-là, est-ce bien difficile et bien méritoire de se soumettre et de s'immoler ? Coriolan est plus grand en pardonnant à la patrie ingrate, que Régulus en souffrant le martyre pour la patrie reconnaissante.

Aussi la Floriani fut-elle étourdie, cette fois, de son bonheur. Elle avait bien commencé, cette fois encore, par le dévouement, puisqu'elle avait soigné, veillé et sauvé cet enfant malade, au prix d'une grande anxiété morale et d'une grande fatigue physique. Mais qu'était-ce que cela en comparaison de ce qu'elle avait souffert pour sauver des âmes perverses ou des esprits égarés ?

Rien, en vérité, moins que rien ! N'avait-elle pas prodigué des soins et des veilles à des pauvres, à des inconnus ? « Et pour ce peu qu'il me doit, se disait-elle, le voilà qui m'aime comme si je lui avais ouvert les cieux ! Maintenant je ne me dirai plus que je suis aimée parce que je suis nécessaire, ou bien parce qu'un peu d'éclat m'environne. Il m'aime pour moi-même, pour moi seule. Il est riche, il est prince, il est vertueux, il n'a pas de dettes à payer, il ne se sent pas faible d'esprit et entraîné par des passions nuisibles. Il n'est ni libertin, ni joueur, ni prodigue, ni vaniteux. Il n'a qu'une ambition, celle d'être aimé, et n'attend de moi aucun service, aucun appui, mais seulement le bonheur que l'amour peut donner. Il ne m'a point vue dans ma gloire. Ce n'est pas cette beauté artificielle que donnent les costumes, l'exercice des talents, le triomphe, l'engouement de la foule et la rivalité des hommages qui l'ont attiré vers moi. Il ne m'a vue que dans la retraite et dépouillée de tout prestige. C'est mon être, c'est moi, c'est bien moi qu'il aime ! »

Elle ne se disait pas ce qui, en effet, était plus difficile à concevoir et à expliquer, que ce jeune homme, dévoré du besoin d'une affection exclusive, et récemment privé de celle sa mère, était arrivé à l'heure de sa vie où il lui fallait s'attacher ou mourir ; que le hasard ou la *fatalité* (comme nous disons aujourd'hui dans les romans), lui ayant fait rencontrer des soins, de la tendresse et de la bonté pure une femme encore belle et très-aimante, sa vie intérieure, trop longtemps comprimée, avait fait explosion ; qu'enfin, il aimait passionnément, parce qu'il ne pouvait pas aimer autrement.

L'absence de Salvator, qui ne devait durer que quinze jours, dura plus d'un mois. Qui le retint aussi longtemps loin de ses amis ? C'est peut-être quelqu'un qui ne veut point la peine qu'on en parle ; aussi je n'en parlerai pas. Il en jugea de même, car il n'en parla jamais à Karol ni à la Lucrezia. Il vint les rejoindre quand il se fut bien convaincu qu'il eût mieux fait de ne pas les quitter.

Pendant ce tête-à-tête d'un mois, le paradis demeura clair, serein, inondé de soleil et prodigue de richesses pour nos deux amants. La possession absolue et continuelle de l'être qu'il aimait était la seule existence que Karol pût supporter. Plus il était aimé, plus il voulait l'être ; plus son bonheur le possédait, plus il s'acharnait à posséder son bonheur.

Mais il ne pouvait le posséder qu'à une condition : c'est que rien ne se placerait jamais entre lui et l'objet de sa passion, et ce miracle eut lieu en faveur pendant plus d'un mois, grâce à un concours de circonstances tout à fait exceptionnelles dans la vie. Les quatre enfants de la Floriani furent en parfaite santé, et pas un seul n'éprouva la plus légère indisposition pendant cinq semaines. Si Célio avait eu un coup de soleil ou que le petit Salvator eût percé quelque grosse dent, la Floriani eût été nécessairement absorbée par les soins à leur donner, et distraite, quelques jours, de son cher prince ; mais, comme les deux garçons et les deux filles se portèrent à merveille, il n'y eut ni colères, ni larmes, ni querelles entre eux ; du moins, s'il y en eut, Karol ne s'en aperçut pas, car il ne s'apercevait point encore des petits détails, des rares interruptions de sa félicité, et Lucrezia n'eut que de très-courts instants à consacrer à ses actes de répression ou d'intervention maternelle. Elle exerça paisiblement sur eux sa police assidue et clairvoyante ; mais ils la lui rendirent si facile et si douce, que le prince ne vit que le côté adorable de ces fonctions sacrées.

Le père Menapace prit beaucoup de poisson et le vendit fort bien, tant à sa fille qu'à l'aubergiste d'Iseo ; ce qui le mit de bonne humeur et l'empêcha de venir faire aucune réprimande fâcheuse à la Lucrezia. Elle alla le voir plusieurs fois par jour, comme à l'ordinaire, mais sans que Karol songeât à l'accompagner ; de sorte qu'il oublia l'éloignement et le dégoût que ce sordide vieillard lui avait inspirés d'abord. Enfin, il ne vint personne à la villa Floriani, et rien ne troubla le divin tête-à-tête.

XVI.

Il faut dire aussi que le prince aida la destinée par l'heureuse disposition de son esprit, et qu'il ne fit rien pour s'apercevoir de l'étrangeté de sa situation. Habile à se torturer, dans l'habitude de ses sombres et taciturnes rêveries, il laissa le facile caractère et l'aimable sérénité de la Floriani chasser ses tristes pensées et entretenir son bien-être intellectuel.

Ils ne causèrent presque point ensemble : admirable et unique moyen de s'entendre toujours et sur tous les points ! leur amour étant à son zénith, ne s'exprima guère qu'en brûlantes divagations, en caresses échangées, en contemplations muettes ou en apostrophes passionnées, en regards extatiques, en douces rêveries à deux.

Si l'on eût pu lire dans ces deux âmes ainsi plongées dans les rêves de l'idéal, on eût pourtant signalé une grande absence de similitude et d'unité entre elles. Tandis que la Floriani, éprise de la nature, associait à son ivresse le ciel et la terre, la lune et le lac, les fleurs et la brise, ses enfants surtout, et souvent aussi le souvenir de ses douleurs passées, Karol, insensible à la beauté extérieure des choses et aux réalités de sa propre vie, noyait son imagination plus exquise ou plus libre dans un monologue exalté avec Dieu même. Il n'était plus sur la terre, il était dans un empyrée de nuages d'or et de parfums, aux pieds de l'Éternel, entre sa mère chérie et sa maîtresse adorée. Si un rayon embrasait la campagne, si un parfum de plantes traversait les airs, il ne le voyait, n'en fît la remarque, il voyait cette splendeur et respirait ces délices dans son rêve ; mais il n'avait, en réalité, rien vu et rien senti. Quelquefois, quand elle lui disait : « Vois comme la terre est belle ! » il lui répondait : « Je ne vois pas la terre, je ne vois que le ciel. » Et elle admirait la profondeur passionnée de cette réponse sans la bien comprendre. Elle regardait les nuages de pourpre du couchant, et ne songeait pas que l'âme de Karol voyait, bien au-dessus des nuages, un Éden fantastique où il croyait se promener avec elle, mais où il était véritablement seul. Enfin, on peut dire que la Floriani voyait la réalité avec le sentiment poétique de l'auteur de *Waverley*, tandis que son amant, idéalisant la poésie même, peuplait l'infini de ses propres créations, à la manière de Manfred.

Malgré ces différences, leur vol s'était élevé aussi haut que possible, et les choses d'ici-bas ne trouvaient point de place dans leurs épanchements. Ceci était tout à fait opposé aux instincts actifs, secourables, et pour ainsi dire militants de Lucrezia ; elle voyageait dans ces espaces comme un aveugle-né qui recouvrerait tout à coup la vue, et qui s'essaierait en vain à comprendre tous ces objets nouveaux et inconnus. Le prince ne pouvait lui donner qu'un aperçu vague de sa propre vision. Il eût cru lui faire injure en pensant qu'elle n'avait pas la vue plus longue que lui, et qu'elle ne s'expliquait pas le prodige à elle-même mille fois mieux qu'il n'eût pu le lui expliquer. Quant à elle, perdue dans cette immensité, mais ravie de cette course aventureuse à travers un nouveau monde, elle ne songeait guère à l'interroger sur ce qu'il éprouvait. Elle sentait l'insuffisance de la parole humaine pour la première fois, elle qui l'avait tant étudiée et qui s'en était si bien servie ! Mais, humble comme on l'est quand on idolâtre un autre que soi-même, elle croyait que tout ce qu'elle eût pu dire ou entendre n'était rien auprès de ce que pensait et sentait son amant.

Elle n'avait pas encore éprouvé la fatigue attachée à cette tension de l'âme au-dessus de la région qu'elle habite naturellement, lorsque Salvator vint rompre le tête-à-tête, et, cependant, elle le vit arriver avec une satisfaction instinctive, et le reçut à bras ouverts. Il tombait à l'improviste, il n'avait point écrit depuis huit jours ; on était un peu inquiet de lui, la Floriani plus que Karol pourtant, bien qu'elle ne l'aimât pas autant que le prince devait l'aimer, mais par suite de cette sollicitude naturelle qui trouvait moins de place dans le ravissement surhumain du jeune prince.

Ce dernier avait paru et cru désirer sans doute le retour de son fidèle ami ; mais quand il entendit les grelots des chevaux de poste s'arrêter à la grille de la villa, sans qu'il sût de quoi il s'agissait, son cœur se serra. L'ancien pressentiment effacé et oublié se réveilla tout à coup. « Mon Dieu ! s'écria-t-il en pressant convulsivement le bras de la Lucrezia, nous ne sommes plus seuls ; je suis perdu ! Ah ! je voudrais mourir maintenant !

— Mais non ! répondit-elle ; si c'est un étranger, je ne le reçois pas ; mais ce ne peut être que Salvator, mon cœur me l'annonce, et c'est le complément de notre bonheur. »

Le cœur de Karol ne l'avertissait pas, et, malgré lui, il souhaitait que ce fût un étranger, afin qu'on le renvoyât. Il reçut pourtant son ami avec un profond attendrissement ; mais une tristesse involontaire s'était déjà emparée de lui. C'était un changement dans cette existence qu'il savourait si complète, et qui ne pouvait que perdre à une modification quelconque.

Salvator lui sembla plus bruyant, plus vivant que jamais, dans le sens matériel du mot. Il ne s'était point trouvé heureux loin d'eux, mais il s'était distrait et amusé, en dépit des contrariétés et des mécomptes que l'on trouve dans la vie de plaisir. Il raconta tout ce qu'il pouvait raconter de son séjour à Venise. Il parla de bals dans les vieux palais, de promenades sur les lagunes, de musique dans les églises, et de processions autour de la place Saint-Marc ; puis de rencontres fortuites et agréables, d'un ami Français, d'une belle Anglaise de sa connaissance, de hauts personnages allemands et slaves, parents de Karol ; enfin, il fit passer, sur le prisme radieux où Karol s'était oublié, la petite lanterne magique du monde.

Dans tout ce qu'il disait, il n'y avait rien de désagréable ni d'émouvant en aucune sorte. Mais Karol sentit pourtant un affreux malaise, comme si, au milieu d'un concert sublime, une vielle criarde venait mêler des sons aigus et un motif musical vulgaire, aux pensées divines des grands maîtres. On ne pouvait lui parler de personne qui l'intéressât désormais, ni de rien qui ne lui semblât au-dessous de sa situation morale et indigne d'être mentionné. Il essaya de ne pas écouter ; mais, malgré lui, il entendit Salvator dire à la Floriani : « Ah çà, que je te donne donc des nouvelles qui t'intéressent à ton tour ! J'ai rencontré beaucoup de tes amis, je devrais dire tout le monde, car tout le monde t'adore, et aucun de ceux qui t'ont vue, ne fût-ce qu'un soir et sur le théâtre, ne peut t'oublier. J'ai vu Lamberti, ton ancien associé de direction, qui pleure ta retraite et dit que le théâtre est maintenant perdu en Italie. J'ai vu le comte Montanari, de Bergame, qui ne parlera jusqu'à son dernier soupir, que de la journée que tu as bien voulu passer dans sa villa ; et le petit Santorelli qui est toujours amoureux de toi !... et la comtesse Corsini qui t'a connue à Rome, et chez laquelle tu as bien voulu lire, un soir, un drame de son ami l'abbé Varini ! une mauvaise pièce, à ce qu'il paraît, mais que tu as si bien dite, que tout le monde l'a crue bonne et que tous les yeux en ont été baignés de pleurs.

— Ne me rappelle pas mes vieux péchés, répondit la Lucrezia. C'en est un mortel, peut-être, que de déclamer avec soin et conscience une platitude. C'est tromper l'auteur et l'auditoire. Dieu merci, je ne suis plus exposée à commettre de pareilles fautes ! Et dis-moi, qui as-tu rencontré encore ?

Le prince soupira. Il ne concevait pas que tout cela pût intéresser sa maîtresse. Salvator nomma encore une demi-douzaine de personnes, et la Floriani, qui n'y mettait réellement aucun intérêt marqué, l'écouta cependant avec cette obligeance qu'on doit à ses amis. Mais il y eut un nom qu'elle recueillit pourtant avec une certaine sollicitude. C'était celui de Boccaferri, un pauvre artiste qu'elle avait sauvé plusieurs fois des désastres de la misère, quoiqu'elle n'eût jamais eu pour lui le moindre amour, ni la plus légère velléité d'engouement,

— Quoi ! encore une fois endetté à ce point ? dit-elle, lorsque Salvator lui eut donné de ses nouvelles avec un certain détail ; il est donc impossible de le sauver de son désordre et de son imprévoyance, ce malheureux !

— Je le crains.

— C'est égal, il faudra l'essayer encore.

— J'ai prévenu ton désir, je lui ai donné quelques secours.

— Oh ! je t'en remercie, c'est bien de ta part ! Je te restituerai cela, Salvator.

— Quelle folie ! tu veux m'empêcher de faire la charité ?

— Non, mais celle-ci n'est peut-être pas très-bien placée, et c'est à ma considération que tu l'as faite, car tu connaissais très-peu Boccaferri, et je suis sûre qu'il s'est servi de mon nom pour t'intéresser à son sort.

— Qu'importe ! Il ne pouvait invoquer une patronne plus puissante. D'ailleurs, je l'aime, ce drôle-là, il m'amuse : il a tant d'esprit !

— Et tant de talent ! ajouta la Floriani, s'il voulait et s'il savait en faire usage ! Pauvre Boccaferri !...

Karol n'en entendit pas davantage ; il était resté un peu en arrière, dans l'allée du parc où l'on se promenait en causant ainsi. Puis, il s'arrêta, et regarda si, au détour de cette allée, Lucrezia se retournerait pour le regarder. Mais elle ne se retourna pas ; elle était occupée à chercher avec Salvator un moyen d'employer le savoir-faire de Boccaferri, comme peintre de décorations à tout autre théâtre que Milan, Naples, Florence, Rome, Venise, etc., tous lieux d'où son inconduite et son humeur fantasque l'avaient fait chasser successivement.

— Tu dis que trois cents francs de plus le décideraient peut-être à entreprendre le voyage de Sinigaglia où il trouverait de l'occupation, du moins pendant le temps des fêtes ? Eh bien ! je vais les lui envoyer, car je comprends bien le dégoût qu'il éprouve à arriver, pressé d'argent, et forcé de se mettre à la discrétion de ceux qui l'emploient. C'est ainsi que la misère engendre et décuple la misère !

En parlant ainsi, la Lucrezia ne songeait qu'à remplir un devoir de pitié et de charité ; et même, par un de ces instincts de pudeur qui sont propres à la bienfaisance, elle avait baissé la voix, et hâté un peu le pas pour n'être point entendue de Karol, peut-être aussi parce qu'elle pressentait que c'était là un sujet trop vulgaire pour l'intéresser.

Mais, par malheur, elle se trompa, pour la première fois, dans ce qui convenait à la disposition de son esprit. Il ne s'intéressait que trop à ce qu'elle disait ; il eût voulu n'en pas perdre un mot, et cependant il eût rougi d'essayer de l'entendre malgré elle. Il s'arrêta, hésita un instant, et quand il l'eut perdue de vue un vertige le saisit, et il s'imagina qu'un abîme venait de se creuser entre eux.

Que s'était-il donc passé, et qu'y avait-il là qui dût le faire souffrir ? Rien ! mais il faut moins que rien pour faire tomber, du sommet de l'empyrée au fond des gouffres de l'enfer, celui qui aspire à la gloire des dieux. Ces vieux classiques, dont nous nous sommes si sottement moqués, imaginèrent qu'une mouche avait suffi pour précipiter dans les abîmes de l'espace l'audacieux mortel qui voulait guider le char de Phœbus dans sa route céleste. Trouvons donc aujourd'hui une métaphore plus juste et plus ingénieuse pour exprimer le peu que nous sommes, et le peu qu'il faut pour troubler nos ravissements sublimes ! mais je ne m'en charge pas ; je ne puis que dire en vile prose : le prince Karol avait pris trop haut son essor pour redescendre peu à peu. Il fallut tomber tout à coup et sans cause apparente. Ils étaient sans doute bien fougueux et bien robustes, les coursiers-géants du soleil ; et le taon qui leur fit prendre le mors aux dents est un bien pauvre et bien petit insecte !

Karol quitta le jardin, courut s'enfermer dans sa chambre, et s'y promena, poursuivi par les Furies. Cette âme, tout à l'heure si magnanime et si forte, n'était plus que le jouet des plus misérables illusions. Qu'était-ce donc que ce Boccaferri si intéressant aux yeux de Lucrezia ? Quelque ancien amant peut-être ! Il se rappelait ce que, depuis le premier jour de leur rencontre, il avait totalement oublié, à savoir qu'elle avait eu beaucoup d'amants.

— Et pourquoi revenait-elle avec tant de sollicitude à un souvenir indigne d'elle, lorsque lui, le fiancé de Lucie, il avait sacrifié jusqu'au portrait de cette chaste vierge, pour n'avoir pas seulement l'image d'une autre que Lucrezia en sa possession ?

Plus il s'efforçait d'expliquer naturellement un fait si simple, plus il y trouvait de mystère et de complications désespérantes. Elle avait baissé la voix, elle avait doublé le pas en parlant avec Salvator. Cela était bien certain. Elle ne s'était pas retournée au bout de l'allée pour voir s'il la suivait ; elle qui, depuis un mois, n'avait pas perdu une seconde du temps qu'elle pouvait lui consacrer sans négliger ses devoirs de famille ! Et maintenant elle marchait encore, appuyée sur le bras du comte, parlant avec chaleur sans doute de ce terrible souvenir, de ce mystérieux personnage dont elle ne lui avait jamais dit un mot ! Il s'étonnait de cela, comme si la Floriani ne lui avait jamais rien raconté de sa vie, comme si elle ne l'avait pas toute conjurée, au contraire, de ne jamais s'accuser devant lui, et d'oublier en masse toutes les émotions du passé, pour se concentrer dans la jouissance du présent.

Enfin elle ne revenait pas, elle ne se demandait pas où il pouvait être, pourquoi il l'avait quittée. Les minutes duraient des heures, des années ! Et Salvator, cet ami sans délicatesse, qui venait la distraire par de pareils soucis et par des noms empoisonnés dans la coupe de leur bonheur ! Karol souffrit tant dans l'espace d'un quart d'heure, qu'il lui sembla avoir vieilli d'un siècle, quand il l'entendit, en frissonnant, les voix de la Floriani et du comte passer sous sa fenêtre. Elle riait ! Salvator lui rappelait des bons mots, des traits d'originalité de Boccaferri. Vraiment elle en riait, et son amant subissait la torture sans qu'elle daignât s'en douter !

Certainement, elle était bien loin de s'en douter, la pauvre Lucrezia ! elle n'était guère inquiète de ne pas le voir à ses côtés, et se disait seulement que, ce sujet de conversation lui étant étranger, il avait préféré s'ensevelir dans ses rêveries accoutumées. Combien de fois, lorsqu'elle approchait de la chaumière de Menapace, ne l'avait-il pas dit qu'il aimait mieux ne pas y entrer, et attendre sous les acacias roses, au bord du lac, pour continuer à s'entretenir avec elle en imagination !

Cependant l'instinct du cœur la ramenait vers lui plus vite que Salvator ne l'eût souhaité. Il eût voulu la retenir dans le parc et la faire parler de son amour. Mais elle avait fait assez de pas dans la voie d'exclusion que Karol lui avait ouverte, pour n'être pas aussi pressée qu'elle l'était ordinairement de s'abandonner avec franchise à la confiance et à l'amitié. Elle craignait, cette fois, de mal exprimer l'immensité de son bonheur, ou de n'être pas assez complètement comprise. Elle répondit en peu de mots ; et, avec plus de finesse qu'elle n'en avait de son propre mouvement, elle ramena la conversation sur Boccaferri et la promenade vers la maison, car elle cherchait en vain Karol dans le jardin. Ses regards ne l'y découvraient point.

A peine rentrée au salon, elle prit le premier prétexte, et monta à l'appartement du prince. Il était dans un état si violent, que sa figure en était bouleversée. Il sentait, d'ailleurs, une sourde fureur gronder au fond de sa poitrine. Craignant de ne pouvoir feindre, ne voulant pas se montrer ainsi et perdant la tête, dès qu'il entendit marcher dans la galerie, il se précipita dans l'escalier par une autre porte, et, laissant la Floriani le chercher et l'appeler, il s'enfuit sur la grève du lac.

Mais bientôt, voyant sortir des bosquets voisins le nuage de tabac que Salvator promenait toujours comme une auréole autour de sa tête, il pensa que son ami allait le rejoindre, et, craignant ses regards encore plus que ceux de Lucrezia, il se jeta dans la cabane de roseaux du vieux Menapace, certain qu'on ne viendrait pas le chercher là où il ne pénétrait jamais. Il venait de voir le vieillard quitter le rivage sur sa barque, avec Biffi, et Karol se flattait de pouvoir rester seul encore le temps nécessaire pour retrouver l'empire de sa volonté et l'apparence du calme.

XVII.

Il ne tarda pas à se tranquilliser, en effet, et à se reprocher d'avoir fait un rêve monstrueux. L'aspect de cette chaumière dans laquelle il n'était jamais entré encore depuis le jour de son arrivée, et qu'à ce moment-là il n'avait nullement examinée, le remplit d'une émotion étrange lorsqu'il s'y trouva seul et sous l'empire de la passion.

L'intérieur de cette maison rustique, entretenu avec la propreté dont Biffi était doué, n'avait subi aucun changement depuis l'enfance de la Floriani, et si le vieux pêcheur avait consenti à grand'peine à des réparations nécessaires concernant la solidité et l'assainissement, il n'avait pas voulu permettre qu'on renouvelât ses meubles, et qu'on rajeunît l'étoffe grossière de ses rideaux. Le seul objet qui sentît la civilisation, c'était une grande gravure encadrée de palissandre et placée dans le fond du lit du vieillard. Karol se pencha pour la regarder; c'était la Floriani, dans toute sa beauté, dans toute sa gloire, en costume de Melpomène, avec le diadème antique, l'épaule nue, le sceptre à la main. Une belle vignette encadrait cette noble figure, et portait dans ses ornements les divers attributs de plusieurs muses : le masque de Thalie, le brodequin à côté du cothurne, la trompette, les livres, les perles, les myrtes de Calliope, d'Érato et de Polymnie. Un distique, en vers italiens d'un goût académique, exprimait l'idée que, comme tragédienne, comédienne, poëte héroïque et historique, *letterata*, etc., etc., Lucrezia Floriani réunissait en elle tous les talents et toutes les sciences qui font la gloire du théâtre et des lettres.

Cette gravure était un hommage des dilettanti de Rome, que la Floriani n'avait pas voulu placer dans sa villa, et dont son père s'était emparé, parce qu'il avait ouï dire à un domestique qu'une aussi belle épreuve valait deux cents francs.

Il l'avait placée au-dessus d'un petit pastel qui intéressa Karol bien davantage et qui représentait une petite fille de dix à douze ans, en costume de paysanne, avec une rose sur l'oreille, une grande épingle d'argent dans les cheveux, une fine chemisette blanche et un corset rouge-brique. Ce portrait, sans être d'une exécution habile, était d'une naïveté charmante. C'était bien là l'air franc et candide d'un enfant, intelligent par la pensée, simple par le cœur et l'éducation. Au-dessous, on lisait : *Antonietta Menapace, dessinée d'après nature à l'âge de dix ans par sa marraine Lucrezia Ranieri.*

En voyant ces deux portraits qui présentaient là, sous le chaume natal, un si étrange contraste, la petite fille des champs et la grande artiste, l'enfant obscur et heureux, et la femme célèbre et infortunée, la première si jolie, si paisible, avec son sourire d'innocence et d'abandon enjoué, sa forte poitrine de garçon chastement couverte d'une épaisse et rude chemise; la seconde, si belle, si sévère, avec son regard expressif, son attitude superbe, son sein de déesse à peine voilé par la draperie classique, Karol eut un sentiment d'effroi et de douleur. Il ne pouvait nier que les deux portraits ne fussent ressemblants, et que Lucrezia n'eût conservé ou recouvré

dans le calme de sa vie actuelle, beaucoup de l'expression suave et touchante de l'innocente Antonietta Menapace. Mais ce qu'elle avait acquis de noblesse, de grâce et de séduction en devenant la Floriani, avait laissé aussi une empreinte qui, pour la première fois, lui fit peur, lorsqu'il vit son image aussi ornée et *révélée* par l'admiration des artistes. Cette auréole lui brûlait les yeux, et il avait besoin de les reporter sur la rose des champs qui paraît le front de la petite fille. Il lui semblait que la muse échappait par le passé à sa jalouse possession, tandis que l'enfant, n'appartenant qu'à Dieu, ne lui était point disputée.

Il eut pourtant le courage d'examiner minutieusement la muse; mais quel fut son trouble lorsqu'il lut en petits caractères, au-dessous de la vignette, que cet ornement avait été composé et dessiné par *Jacopo Boccaferri*?

Il l'avait oublié, et il le retrouvait là, ce nom maudit, qui, bien à tort sans doute, bouleversait son imagination depuis une heure. Boccaferri n'était pas l'auteur du portrait; c'était la signature d'un artiste plus célèbre, mais enfin il avait travaillé à cet ouvrage; il avait peut-être vu la Floriani poser devant le peintre avec cette tunique transparente, et dans cet éclat de jeunesse, de force et de beauté, dont lui, Karol, ne possédait plus que le déclin. Enfin, il l'avait beaucoup connue, et bien intimement, ce Boccaferri, puisqu'il acceptait d'elle des secours sans rougir ! A quel point, à moins d'être un misérable, faut-il être ou avoir été une femme pour recevoir l'aumône de sa main? et si c'était, en effet, un artiste avili par le désordre et la débauche jusqu'à mendier, comment Lucrezia, cette sainte que Karol adorait, avait-elle de semblables amis?

« Quand on est la maîtresse du prince Karol, comment peut-on se rappeler de pareils camarades ! »

L'orgueil insensé, qui naît de l'amour et engendre la jalousie, ne formule pas clairement de pareilles sottises dans la conscience de l'homme qu'il possède. Mais il les lui souffle si bas à l'oreille, qu'il en est transporté de colère, sans pouvoir se rendre compte de ce qui produit en lui cette rage et cette douleur.

Karol prit sa tête à deux mains et fut tenté de se la frapper contre les murs. Si les actes de violence n'eussent été en dehors de ses habitudes et de ses principes d'éducation, il eût anéanti cette image fatale. Mais il se calma peu à peu en contemplant la fière sérénité de ce regard attaché sur lui. Le regard d'un portrait bien peint a en soi quelque chose d'effrayant par cette fixité rêveuse qui semble vous interroger sur ce que vous pensez de lui. Karol en subit le prestige. La tragédienne semblait lui dire : « De quel droit m'interroges-tu? Est-ce que je t'appartiens? Est-ce toi qui m'as donné mon sceptre et ma couronne? Baisse tes yeux curieux et insolents, car je ne baisse jamais les miens, et ma fierté brisera la tienne. »

Le cerveau de Karol, affaibli déjà par cette lutte violente contre lui-même, passa par diverses hallucinations. Il détourna ses yeux avec un sentiment de terreur puérile, et les reporta sur le charmant pastel. Il y découvrit des grâces nouvelles, et, vaincu peu à peu par la pureté de son regard doux et profond, il fondit en larmes, croyant presser sur son cœur la tête brune de l'angélique Antonietta.

La Lucrezia, qui l'avait cherché partout et qui venait demander à son père ou à Biffi, s'ils ne l'avaient point rencontré, entra en cet instant, et, tout effrayée de le voir pleurer ainsi, elle s'élança vers lui et le serra dans ses bras avec anxiété, en lui prodiguant les plus doux noms et les questions les plus inquiètes.

Il ne pouvait ni ne voulait répondre. Comment lui eût-il avoué et fait comprendre tout ce qui venait de se passer en lui? Il en rougissait, et, il faut dire, à la gloire de l'amour, que si Karol avait eu la précipitation et l'injustice d'un enfant gâté, il eut aussitôt l'effusion de reconnaissance et d'amour d'un enfant qu'on a bien sujet d'adorer. A peine eut-il senti l'étreinte de ces bras puissants, qui lui avaient servi de refuge contre les terreurs de la mort, à peine son cœur, paralysé par la souffrance, se fut-il ranimé au contact de ce cœur maternel, qu'il oublia sa folie et se sentit encore le plus heureux, le plus soumis, le plus confiant des mortels.

Il eût mieux aimé mourir en cet instant que d'outrager sa chère maîtresse par l'aveu d'un soupçon. Il avait sous la main un prétexte bien touchant et bien simple pour lui expliquer son émotion et ses larmes; ce fut de lui montrer le petit pastel, et la Floriani, attendrie de cette délicatesse de cœur, pressa contre ses lèvres avec enthousiasme les belles mains et les beaux cheveux de son jeune amant. Jamais elle ne s'était sentie si heureuse et si fière d'inspirer un grand amour. Elle ne se doutait guère, la pauvre femme, que, peu de minutes auparavant, elle lui était presque un objet d'horreur.

— Cher ange, lui dit-elle, je n'aurais jamais osé vaincre la répugnance que j'éprouvais à entrer ici. J'avais bien deviné, quoique tu ne m'en eusses jamais parlé, que les bizarreries de mon vieux père ne pouvaient te sembler aimables : mais, puisque le hasard, ou je ne sais quel instinct de cœur, t'a amené dans ma chaumière natale, et puisque nous sommes seuls, je veux te la montrer en détail. Viens !

Elle le prit par la main, et le conduisit au fond de la pièce où ils se trouvaient, et qui, avec celle où ils entrèrent et une sorte de cellier encombré de vieux meubles brisés et hors de service, dont Menapace ne voulait pas perdre les morceaux, composait tout ce local rustique.

La chambre que la Lucrezia ouvrait au prince était celle qu'elle avait habitée durant son enfance; c'était une espèce de soupente, éclairée d'une seule lucarne étroite, toute tapissée à l'extérieur de vignes sauvages et de folles clématites. Un grabat, avec une paillasse de roseaux, couverte d'indienne raccommodée en mille endroits, des figurines de saints en plâtre grossièrement coloriées, quelques dessins collés à la muraille et tellement noircis par le temps et l'humidité, qu'on n'y distinguait plus rien, un pavé raboteux et inégal, une chaise, un coffre et une petite table en bois de sapin, tel était l'intérieur misérable où la fille du pêcheur avait passé ses premières années et senti couver en elle les dons de la force et du génie.

— C'est là que mon enfance s'est écoulée, dit-elle au prince, et mon père, soit par esprit de conservation, soit par un reste de tendresse mal étouffée sous ses ressentiments austères, n'y a rien changé, rien dérangé pendant ma longue et dure pérégrination à travers le monde. Voilà mon lit de petite fille, où je me souviens d'avoir dormi, les jambes pliées et douloureuses à mesure que je devenais trop grande pour l'occuper. Voilà, à mon chevet, une branche de buis bénit qui tombe en poussière, et que j'y ai attachée le jour des Rameaux, la veille de mon départ... de ma fuite avec Ranieri ! Voilà le portrait de Joachim Murat, cette grossière statuette de plâtre, qu'un colporteur m'avait vendue pour l'effigie de mon patron saint Antoine, et devant laquelle j'ai fait si longtemps mes prières de la meilleure foi du monde. Tiens, voici encore un dévidoir, des moules et des navettes qui m'ont servi à faire des filets pour les poissons. Ah ! que de mailles j'ai sautées ou rompues, quand ma tête m'emportait loin de ce travail monotone, le seul que mon père me permît, en dehors des soins du ménage ! Comme j'ai souffert du froid, du chaud, des cousins, des scorpions, de la solitude et de l'ennui, dans cette chère petite prison ! comme je l'ai quittée avec joie, et sans même songer à lui dire un adieu, le jour où ma chère marraine m'a dit : « Tu deviendrais malade ou contrefaite si tu restais dans cette chambre et dans ce lit. Viens demeurer chez moi. Tu n'y seras pas aussi bien que je le voudrais et que tu pourrais l'être, car mon mari, pour être plus riche que ton père, n'est pas moins économe. Mais je veillerai à tes besoins en cachette, je t'apprendrai tout ce que tu as soif d'apprendre, tu me soigneras dans mes souffrances, tu me tiendras compagnie. Tu passeras pour ma servante, car M. Ranieri ne me permettrait pas de te prendre pour amie. Mais nous ne le serons pas moins dans cet échange de services. »

Admirable et excellente femme, qui devina mes facultés et me les fit découvrir à moi-même ! Hélas ! c'est elle aussi qui m'a fait cueillir le fruit du bien et du mal à l'arbre de la science !

« Et puis, quand son fils m'aima, et que le vieux Ranieri me chassa de sa maison, je revins habiter encore une fois ma petite chambre misérable, j'avais alors quinze ans. Mon père voulait me forcer à épouser un rustre de ses amis, trop vieux pour moi, dur, laborieux, avide de gain, violent, et bien surnommé *Mangiafoco*. J'en avais peur. Je me cachais dans les buissons du rivage pour l'éviter; et quand mon père allait pêcher, la nuit, aux flambeaux, je me barricadais dans cette pauvre soupente, dans la crainte de ce Mangiafoco que je voyais rôder autour de la maison. Mon jeune amant voulait le tuer. Je vivais dans des transes affreuses, car Mangiafoco était capable de l'assassiner le premier.

« Cette existence n'était pas supportable. Quand je suppliais mon père de me protéger contre ce bandit, il me répondait : « Il ne te veut pas de mal, il t'aime à la folie. Epouse-le, il est riche; ce sera ton bonheur. » Et, quand j'essayais de me révolter, il me reprochait mon amour insensé pour le fils de mes maîtres, et me menaçait de me livrer à la passion brutale de Mangiafoco, qui saurait bien ainsi me forcer à devenir sa femme. Mon père eût pas fait, je le savais bien, car je l'avais entendu dire à cet homme qu'il le tuerait s'il cherchait seulement à m'effrayer. Mais si mon père était capable de venger ainsi l'honneur de sa famille, il n'avait pas assez de délicatesse pour ne pas essayer de violenter mon penchant par la terreur. En outre, l'ennui me dévorait. Je m'étais fait, auprès de ma bienfaitrice, une douce habitude des occupations de l'intelligence. Le travail fastidieux du filet laissait trop libre carrière à mon imagination. J'étais dévorée du rêve et du désir d'une existence toute contraire à celle qu'on m'imposait. J'acceptai donc les offres longtemps repoussées de Ranieri. Notre amour était chaste encore : il me jurait qu'il le serait toujours, et qu'en le voyant fuir, son père consentirait à notre mariage. Enfin, il m'enleva, et c'est par cette petite fenêtre, qu'à l'aide d'une planche jetée sur l'eau qui en baigne le pied, je me sauvai au milieu de la nuit.

« Eh bien, cette fois, je ne quittai pas ma chaumière avec joie. Outre l'effroi et le remords de la faute que je commettais, j'éprouvais, à me séparer de tous ces vieux meubles, témoins paisibles et muets des jeux de mon enfance et des agitations de ma puberté, un regret incroyable, comme si j'avais eu la révélation soudaine des chagrins et des malheurs que j'allais chercher, ou bien plutôt par suite de cet attachement que nous contractons pour les lieux mêmes où nous avons le plus souffert. »

La Floriani avait tort de raconter ainsi une partie de sa vie au prince Karol. Elle se plaisait à lui ouvrir son cœur, et, comme il l'écoutait avec émotion, elle croyait accomplir un devoir envers lui et le trouver reconnaissant. Mais il n'avait pas assez de force en ce moment pour recevoir des confidences de ce genre et pour entendre seulement prononcer le nom d'un ancien amant. Il était trop oppressé pour l'interrompre par la moindre réflexion, mais une sueur froide lui venait au front, et son cerveau, s'emparant des images qu'elle lui présentait, en était assiégé de la manière la plus pénible.

Cependant, ce récit était une justification véridique de la Floriani et de cette première faute, source fatale de toutes les autres. Karol sentait qu'il n'avait pas le droit de se refuser à l'écouter, et qu'il y avait, dans ce lieu et dans ce moment, une sorte de solennité qu'il ne pouvait fuir.

— Je n'avais pas besoin d'entendre tout cela, lui dit-il enfin avec effort, pour savoir que vous n'avez jamais obéi à de mauvais instincts. Je vous l'ai dit une fois : ce qui serait mal de la part des autres est légitime pour vous. Une fille qui délaisse son vieux père est coupable; mais toi, Lucrezia, tu étais peut-être autorisée à te soustraire à sa loi brutale et impie ! Mon Dieu ! j'avais bien raison de ne pouvoir regarder ce vieillard sans un mortel déplaisir !

Je me cachais dans les buissons du rivage.. (Page 39.)

— Ne te hâte pas de le condamner pour atténuer mes torts, reprit la Floriani. Tu ne le juges pas bien et tu ne le connais pas. Laisse-moi, après l'avoir accusé devant toi, te montrer le beau côté de son caractère. C'est un devoir pour moi, n'est-il pas vrai?

Karol soupira en faisant un signe d'assentiment, ses principes lui commandant de respecter la piété filiale de Lucrezia; mais son instinct ne pouvait accepter l'avarice et le despotisme étroit d'un pareil père. Il était pourtant lui-même bien plus avare de Lucrezia, dans ses instincts de jalousie, que Menapace ne l'avait jamais été de son autorité paternelle et de son argent.

XVIII.

« Les hommes ne sont jamais logiques et complets dans leurs meilleures ni dans leurs plus mauvaises qualités, dit la Floriani; et, pour ne point passer, envers eux, d'un excès d'estime à un excès de blâme, pour conserver de l'affection et de la confiance à ceux que le devoir nous prescrit d'aimer, il faut se faire d'eux une juste idée, voir avec un certain calme le bien et le mal, et ne pas oublier surtout que, chez la plupart des hommes, un vice est parfois l'excès d'une vertu.

« Le vice de mon père, c'est la parcimonie; je veux le dire bien vite, puisqu'il le faut pour reconnaître que sa vertu, c'est l'esprit d'équité et le respect fanatique de la règle établie. Aimant l'argent avec passion, comme tous les paysans, il se distingue d'eux en ce que le vol d'un fétu lui paraît un crime. Sa petitesse, c'est l'éternelle crainte du gaspillage qui amène la misère. Sa grandeur, c'est ce même instinct d'avarice mis au service de ceux qu'il aime, au détriment de son bien-être, de sa santé, et presque de sa vie.

« Ainsi il amasse mesquinement et vilainement, je l'avoue, je ne sais quel misérable trésor enfoui, je gage, dans quelque recoin de cette chaumière. De temps en temps il achète de petits morceaux de terrain, croyant placer là l'honneur et la dignité future de ses petits-enfants. Essayer de lui persuader qu'une bonne éducation, un noble caractère et des talents sont un meilleur fonds à leur assurer, c'est chose fort inutile. Resté paysan de corps et d'âme, il ne comprend que ce qu'il voit. Il sait

A ton âge je gagnais déjà cela. (Page 42.)

comment l'herbe croît et comment le blé germe, et, ne se doutant pas qu'il y a là un plus grand miracle que dans toutes les œuvres humaines, il dit tranquillement que c'est un *fait naturel*. Parlez-lui de ces choses qui peuvent se démontrer et s'expliquer, d'un bateau à vapeur, par exemple, ou d'un chemin de fer, il sourit et ne répond pas. Il ne croit pas à l'existence de ce qu'il n'a pas vu, et si on lui disait d'aller à l'autre rive du lac pour s'en convaincre par ses yeux, il n'irait pas, dans la crainte d'une mystification.

« Ma vie ne lui a rien appris du monde, des arts, de la puissance des dons intellectuels, de l'échange des idées. Il n'a jamais fait de questions là-dessus, et n'entendrait pas parler sans déplaisir de ce qui lui est absolument étranger. Il pense que si j'ai fait fortune dans la carrière de l'art, c'est grâce à des circonstances fortuites qu'il ne me conseillerait pas de tenter une seconde fois. Et puis, il fait ce raisonnement très-spécieux et très-naïf à la fois : « Vous autres artistes, vous gagnez beaucoup d'argent, mais vous avez besoin d'en dépenser encore plus. Ce goût-là vous vient en vous fréquentant les uns les autres et en courant le monde. De sorte que vous travaillez à outrance pour arriver à vous amuser un peu. Moi, qui ne dépense rien, qui n'ai pas le goût du plaisir, je gagne moins, mais ce que j'ai acquis, je le conserve. Ma profession est donc plus agréable et plus lucrative que la vôtre; vous êtes pauvres, et je suis riche; vous êtes esclaves, et je suis libre. »

« De là son peu d'estime et d'admiration pour la gloire que j'ai acquise. Il n'en est point flatté, et si vous voulez que je vous le dise, cette sorte de dédain pour la fumée de mes triomphes me paraît un des côtés les plus intéressants et les plus respectables de son caractère. La carrière que j'ai fournie a trop contrarié ses idées d'ordre élémentaire pour qu'il m'ait conservé une grande tendresse; d'ailleurs, la tendresse proprement dite n'a jamais habité son cœur. Tout se traduit chez lui en principes d'équité rigide et froide. Quand ma mère mourut en me donnant le jour, il fit serment de ne jamais se remarier si je vivais, persuadé qu'une belle-mère ne pouvait aimer les enfants d'un premier lit. Et il tint son serment, non par amour pour la mémoire de sa femme, mais par sentiment de son devoir envers moi. Il m'a élevée avec toutes sortes de soins et une surveillance dont peu d'hommes sont capables envers un petit enfant : mais je ne crois pas qu'il m'ait jamais donné un baiser. Il n'y a jamais pensé. Il n'a jamais senti le besoin de me presser contre son cœur, et il trouve que je gâte mes enfants parce que je les caresse. Il demande quel bien cela leur fait, et quels avantages ils en retirent. Quand, après quinze ans d'absence, je suis venue me jeter à ses pieds, en me confessant à lui avec ferveur, et en tâchant de justifier ma conduite : « Tout cela ne me regarde pas, m'a-t-il répondu, je n'entends rien à ce qui est permis ou défendu dans le monde dont tu me parles. Tu as refusé le mari que je te destinais, tu m'as désobéi : voilà ce que j'ai à te reprocher. Tu as aimé le fils de ton maître, et tu l'as détourné de l'obéissance qu'il devait à son père, cela est mal et pouvait me faire du tort. Ces gens-là n'y sont plus, tu reviens, et tu m'as fait beaucoup de cadeaux. Je sais comment je dois me conduire avec toi. Ne parlons jamais du passé, il y a une fin à tout, et je te pardonne, à condition que tu élèveras tes enfants dans des idées d'ordre et de sagesse. » Là-dessus, il me donna une poignée de main, et tout fut dit.

« Eh bien, mon ami, j'ai vu, dans ma vie de théâtre, l'intérieur de bien des familles d'artistes, et je vais vous dire ce qui s'y passe dix fois sur douze. L'artiste, surtout l'artiste dramatique, est toujours sorti des rangs les plus pauvres et les plus obscurs de la société. Soit que ses parents l'aient destiné à leur servir de gagne-pain, soit que le hasard et des protections étrangères aient révélé et utilisé ses aptitudes, dès son premier succès, fût-il encore enfant, le voilà chargé de soutenir, de transporter, de vêtir, de nourrir et même d'amuser sa famille. C'est lui qui paiera les dettes de ses frères, c'est lui qui établira ses sœurs, c'est lui qui placera en rentes tout le fruit de son travail pour assurer une belle pension à ses père et mère, le jour où il voudra leur acheter sa liberté.

« Ce sont les femmes surtout qui subissent ces dures nécessités, et ce serait juste et bien, si on n'abusait pas indignement de leurs forces, de leur santé, et pis encore, hélas! de leur honneur, pour rendre le gain plus rapide, et les mettre, par la prostitution, à l'abri d'une chute devant le public. Le théâtre, dans ce cas-là, sert encore d'étalage de vente, et telle fille stupide et belle paie pour se montrer, ne fût-ce qu'un instant, sur les tréteaux, dans un costume équivoque, afin de se faire connaître et de trouver des chalands.

« Quand, par hasard, cette fille, cette dupe, cette victime a du caractère et de la fierté, soit qu'elle ait su préserver son innocence, soit qu'elle ait le juste ressentiment d'avoir cédé à d'infâmes suggestions, dès qu'elle menace de rompre avec sa famille, la famille plie, tremble, adule et rampe. Je les ai vus, ces pères éhontés, ces mères odieuses, tenir le cachemire et le vitchoura dans la coulisse, baiser presque les pieds qui avaient dansé à mille francs par soirée, remplir, à la maison, l'office de laquais, une nid d'ouate à la poule aux œufs d'or, enfin descendre à une servilité sans exemple, aux plus lâches complaisances, aux flatteries les plus viles, pour conserver l'honneur et le profit d'être attachés à la grande coquette, à la prima dona, ou seulement à la courtisane à la mode.

« Ces familles-là m'auraient fait pleurer de honte, et, quand je songeais à mon vieux père, le paysan, qui n'avait pas voulu quitter ses filets pour venir partager mon luxe, qui refusait de répondre à mes lettres, qui recevait mes envois d'argent pour faire une dot à mes filles, mais qui persistait à se lever devant le jour, à dormir sous le chaume et à vivre avec deux sous de riz par jour, il me semblait que j'étais d'une naissance illustre, et que je me sentais encore fière du sang plébéien qui coulait dans mes veines.

« Il est bien vrai que, comme dans toutes les choses humaines, il y a des misères et des ridicules mêlés à tout cela. Il est vrai que mon père refusait mes lettres, quand j'oubliais de les affranchir; il est vrai qu'aujourd'hui il déplore ce qu'il appelle ma prodigalité, et que, quand il a vendu son poisson, il montre une pièce d'argent à Célio d'un air de triomphe, en lui disant : « A ton « âge, je gagnais déjà cela, et, à l'âge que j'ai maintenant, je le gagne encore. Je te donnerai cela pour t'aider, quand tu commenceras à avoir un état et à vouloir gagner aussi. » Il est vrai encore que, s'il me voyait donner cent francs à un malheureux camarade sans ressources, il m'accablerait presque de sa malédiction. Je suis forcée de tolérer souvent ses travers, mais je suis toujours forcée aussi de respecter son orgueil et sa rustique opiniâtreté. S'il est dur aux autres, c'est qu'il est à lui-même encore plus. Il travaille avec l'ardeur d'un jeune homme, il n'est jamais indiscret ni importun, il vit dans son stoïcisme, sans jamais contrôler ce qu'il ne comprend pas. Combien d'autres, à sa place, eussent rempli mon existence de tracasseries, tout en s'enivrant à ma table et en me faisant rougir de leur grossièreté ou de leur bassesse ! La situation de mon père vis-à-vis de moi était bien délicate, et, sans rien raisonner ni calculer à cet égard, il l'a conservée digne, indépendante, et généreuse à son sens. Comblé de mes dons, il peut encore se considérer comme chef de famille et protecteur, puisqu'il travaille et amasse pour faire le bonheur de ses enfants. Je souris de ses moyens, mais non de ses intentions. Et maintenant, Karol, ne comprends-tu pas que j'aime et bénisse encore mon vieux père? N'as-tu pas remarqué que je lui ressemble de figure, et crois-tu que je n'aie rien de son caractère? »

— Vous? s'écria Karol : oh ciel ! rien !

— Oui, moi. Je dois quelque chose à la fierté du sang qu'il m'a transmis, reprit Lucrezia. Je me suis trouvée dans des situations difficiles ; j'ai été aimée par des hommes riches ; j'ai eu des amis dont j'aurais pu accepter l'aide sans manquer à l'honneur. Mais l'idée d'imposer aux autres des privations ou un surcroît de travail, lorsque je me sentais jeune, forte et laborieuse, m'eût été insupportable. On m'a accusée de bien des fautes, on a exagéré cruellement celles que j'ai commises ; mais jamais l'ombre d'un soupçon pour mon indépendance et ma probité n'a pu se présenter à l'esprit des gens les plus malveillants pour moi. J'ai été directrice de théâtre, j'ai manié des intérêts matériels, et fait ce qu'on appelle des affaires. Elles étaient même compliquées, difficiles et délicates. Aux prises avec tant de prétentions, de vanités et d'exigences, j'ai toujours eu pour principe de donner plutôt le double de ce que je devais, que de contester dans un cas douteux ; sans être économe, j'ai eu de l'ordre, et, en faisant beaucoup de bien, je ne me suis pas ruinée ni compromise. C'est que je n'ai point fait de folies par complaisance pour moi-même. Elle est plus rangée et plus sage, la femme qui donne aux malheureux ce qu'elle a, que celle qui engage ce qu'elle n'a pas pour se procurer des bijoux et des équipages. Je n'ai jamais eu le goût d'un vain luxe. La possession d'un petit objet sans valeur, où se révèlent l'intelligence et le goût de l'ouvrier, m'est plus chère que celle d'une parure de diamants. J'aime ce qui est bon et vrai plus que ce qui est éclatant et envié. Sans m'astreindre à vivre aussi frugalement que mon père, j'ai porté de la sobriété dans tous mes instincts. Il n'y a que l'affection que je ne gouverne pas par la tempérance de l'esprit, et, en cela seulement, je diffère de lui : mais si je n'ai pas été une fille entretenue, si les présents de la corruption m'ont pas tentée, lorsque, à seize ans, je me suis trouvée aux prises avec les difficultés de l'existence, si je peux commander encore le respect à ceux qui me blâment, c'est, sois-en bien sûr, parce que je suis la fille du vieux Menapace. Conviens donc que l'apparence trompe, et que la nature établit des liens solides et des rapports profonds entre les êtres qui diffèrent le plus au premier coup d'œil.

— Tout ce que vous dites est admirable, répondit le prince, accablé de tristesse, et vous devez avoir raison en tout. Mais allons rejoindre Salvator qui nous cherche sans doute.

— Non, non ! dit la Floriani ; il était fatigué de son voyage, il s'est endormi à l'ombre des myrtes du jardin. Allons rejoindre les enfants, que je n'ai pas vus depuis une heure. »

Elle avait beaucoup parlé à Karol de choses réelles pour la première fois, et elle se flattait d'avoir profité d'une bonne occasion pour réhabiliter dans son esprit ce père qu'elle aimait sincèrement. Mais il est des thèses que l'esprit accepte sans qu'elles s'emparent du cœur. Karol sentait que la Floriani venait de faire un sage plaidoyer en faveur de la tolérance et en vue de la réhabilitation de la nature humaine. Il n'en était pas moins révolté de la réalité, et incapable d'accepter les travers humains avec un autre sentiment que celui de la politesse, cette générosité perfide qui laisse le cœur froid et les répugnances victorieuses.

Il eût fallu à la Floriani, selon lui, un milieu plus digne d'elle, c'est-à-dire un milieu tel qu'il n'en existe pour personne; un lac plus vaste sans cesser d'être aussi paisible, une demeure plus pittoresque sans cesser d'être aussi commode et aussi saine, une gloire moins chèrement acquise sans cesser d'être aussi brillante, et surtout un père plus distingué, plus poétique, sans cesser d'être un pêcheur de truites. Il n'avait point le sens aristocratique étroit: il aimait cette origine rustique, cette chaumière natale, ces filets suspendus aux saules du rivage; mais un paysan de poëme ou de théâtre, un montagnard de Schiller ou de Byron, lui eût été nécessaire pour mettre à cet égard son esprit à l'aise. Il n'aimait pas Shakspeare sans de fortes restrictions: il trouvait ses caractères trop étudiés sur le vif, et parlant un langage trop vrai. Il aimait mieux les synthèses épiques et lyriques, qui laissent dans l'ombre les pauvres détails de l'humanité: c'est pourquoi il parlait peu et n'écoutait guère, ne voulant formuler ses pensées ou recueillir celles des autres que quand elles étaient arrivées à une certaine élévation. Fouiller le sein de la terre pour analyser les sucs généreux et malfaisants qu'elle contient, afin de planter à propos et de tirer parti de ce qu'elle peut produire, eût été pour lui œuvre vile et révoltante. Mais cueillir de belles fleurs, admirer leur éclat et leur parfum, sans se soucier de la peine et de la science du jardinier, tel était le doux emploi qu'il se réservait dans la vie.

La Floriani avait donc parlé dans le désert en croyant le convaincre. Il l'avait écoutée avec recueillement, et, dans tout ce qu'elle avait dit, il avait admiré la rédaction, la partie ingénieuse de son système de tolérance, la bonté de son instinct. Mais il ne trouvait pas qu'elle eût raison d'accepter le mal pour ne pas méconnaître le bien. C'était l'antipode de sa manière de sentir les rapports humains. Il avait pourtant une haute idée du devoir filial; mais il savait faire, entre le devoir et le sentiment, entre les actions et les sympathies, une distinction qui était tout à fait inconnue à la Floriani. Ainsi, à sa place, il n'eût pas cherché à justifier l'avarice de Menapace, parce que, pour trouver à ce vice un côté estimable, il fallait commencer par avouer qu'il existait en lui. Il l'eût nié, au contraire, ou il eût gardé un profond silence, ce qui est bien plus facile, il faut en convenir.

Et puis, la Floriani, en parlant d'elle-même, lui avait fait encore beaucoup de mal. Elle avait prononcé des mots qui l'avaient brûlé comme un fer rouge. Elle avait dit qu'elle n'avait jamais été une *fille entretenue*, elle avait peint les mœurs de ses pareilles avec une terrible vérité. Elle avait raconté ses premières amours et nommé elle-même son premier amant. Karol aurait voulu qu'elle n'en eût pas seulement l'idée, qu'elle ignorât que le mal existe ici-bas, ou qu'elle ne s'en souvînt pas en lui parlant. Enfin, il aurait voulu, pour compléter la somme de ses exigences fantastiques, que, sans cesser d'être la bonne, la tendre, la dévouée, la voluptueuse et la maternelle Lucrezia, elle fût la pâle, l'innocente, la sévère et la virginale Lucie. Il n'eût demandé que cela, ce pauvre amant de l'impossible!

XIX.

Salvator, endormi sous l'ombrage, venait de se réveiller plein de bien-être et de gaieté. Quand nous nous sentons dispos et pleins d'exubérance, nous n'avons pas le sens aussi délicat que de coutume pour observer ou deviner les peines d'autrui. La pâleur et l'abattement de Karol échappèrent donc au regard de son ami; et la Floriani, les attribuant à la fatigue des larmes que l'amour et l'attendrissement lui avaient fait verser à la vue de son portrait, ne songea pas à s'en inquiéter.

Lorsque, dans l'enfance, nous souffrons d'une secrète douleur, nous voudrions que tout ce que nous faisons pour la cacher devînt inutile devant la pénétration subtile et bienfaisante des êtres qui nous aiment; et comme, en même temps, nous nous taisons avec fierté, nous avons l'injustice de croire qu'ils sont indifférents, parce qu'ils ne sont pas importuns. Beaucoup d'hommes restent enfants en ce point, et Karol l'était resté particulièrement. La gaieté active et bruyante de Salvator le rendit donc de plus en plus chagrin, et la sérénité de la Lucrezia, qui, jusque-là, s'était communiquée à lui par attraction, perdit pour la première fois sa bénigne influence.

Pour la première fois aussi, le bruit et le mouvement perpétuel des enfants le fatiguèrent. Ils étaient habituellement calmes sous l'œil de leur mère; mais, pendant le dîner, ils furent tellement excités par les taquineries amicales, les caresses et les rires de Salvator, qu'ils menèrent grand tapage, répandirent leurs verres sur la nappe et chantèrent à tue-tête, répétant toujours le même refrain, comme ces pinsons que les Hollandais font lutter, et pour lesquels ils engagent des paris. Célio cassa son assiette, et son chien se mit à aboyer si fort qu'on ne s'entendait plus.

La Floriani ne s'interposait pas bien sévèrement; elle riait malgré elle des enfantillages de Salvator et des plaisantes reparties de ses marmots ivres de plaisir, et hors d'eux-mêmes, comme le deviennent si aisément ces petits êtres nerveux quand on les excite.

Karol admirait chaque jour, depuis deux mois, les grâces et les gentillesses de cette couvée d'anges, et il les aimait tendrement à cause de celle qui leur avait donné le jour. Il ne se rappelait pas qu'ils eussent des pères, et quels pères, peut-être! Il les croyait nés du Saint-Esprit, tant ils lui semblaient parés des dons célestes de leur mère. La Floriani lui savait un gré infini de cette tendresse qu'il exprimait avec tant d'effusion, et qui se traduisait en observations si fines et si poétiques sur leurs divers genres de beauté et d'aptitude.

Pourtant, les enfants ne l'aimaient point.

Ils avaient comme peur de lui, et il était difficile de s'expliquer pourquoi ses doux sourires et ses délicates complaisances les trouvaient irrésolus et timides. Le chien de Célio lui-même couchait les oreilles et ne remuait point la queue quand le prince le nommait en le regardant. Cet animal savait bien qu'il parlait de lui avec bienveillance, mais qu'il ne le touchait jamais, et qu'une secrète aversion physique lui faisait craindre d'effleurer seulement un animal quelconque. Si les chiens ont un merveilleux instinct pour se méfier des gens qui se méfient d'eux, il ne faut pas s'étonner que les enfants aient le même avertissement intérieur à l'approche de ceux qui ne les aiment pas. Karol n'aimait pas les enfants en général, quoiqu'il ne l'eût jamais dit, quoiqu'il ne se le dît pas à lui-même. Au contraire, il croyait les aimer beaucoup, parce que la vue d'un bel enfant le jetait dans un attendrissement de poète et dans un ravissement d'artiste. Mais il avait peur d'un enfant laid ou contrefait. La pitié qu'il ressentait à son approche était si douloureuse, qu'il en était réellement malade. Il ne pouvait accepter dans l'enfant le moindre défaut physique, pas plus que chez l'homme il ne pouvait tolérer une difformité morale.

Les enfants de la Floriani étant parfaitement beaux et sains, charmaient ses regards; mais si l'un d'eux fût devenu estropié, outre la douleur qu'il en eût ressenti dans son âme, il eût été saisi d'un malaise insurmontable. Il n'eût jamais osé le prendre, le porter dans ses bras, le caresser. Un enfant stupide ou méchant, sous ses yeux, lui eût été un fléau à le dégoûter de la vie; et, loin d'entreprendre de l'amender, il se fût enfermé dans sa chambre pour ne pas le voir ou l'entendre. Enfin, il aimait les enfants avec son imagination, et non avec ses entrailles; et, tandis que Salvator disait qu'il subirait l'ennui du mariage rien que pour avoir les joies de la paternité, Karol ne pensait pas sans frissonner aux conséquences possibles de sa liaison avec la Floriani.

Au dessert, la gaieté de Célio étant arrivée à son paroxysme, il se blessa assez profondément en coupant un fruit. En voyant son sang jaillir avec abondance, l'enfant eut peur et grande envie de pleurer; mais sa mère, avec beaucoup de présence d'esprit et de sang-froid, lui prit la main, l'enveloppa dans sa serviette, et lui dit en souriant : « Eh bien ! ce n'est rien du tout ; ce n'est pas la première ni la dernière de tes blessures; continue la belle histoire que tu nous racontais; je te panserai quand tu auras fini. »

Une si bonne leçon de fermeté ne fut pas perdue pour Célio, qui se prit à rire; mais Karol qui, à la vue du sang, avait failli s'évanouir, ne comprit pas que la mère eût le courage de ne point vouloir s'en inquiéter.

Ce fut bien pis quand, au sortir de table, la Floriani lava les chairs, rapprocha les lèvres de la blessure, et fit une ligature solide, le tout d'une main qui ne tremblait pas. Il ne concevait pas qu'une femme pût être le chirurgien de son enfant, et il fut effrayé d'une énergie dont il ne se sentait pas capable. Tandis que Salvator aidait Lucrezia dans cette petite opération, Karol s'était éloigné et se tenait sur le perron, ne voulant pas regarder, et voyant, malgré lui, cette scène si simple et si vulgaire, qui prenait à ses yeux les proportions d'un drame.

C'est bien là, comme partout, dans les petites choses comme dans les grandes, il ne voulait point prendre la vie corps à corps; et tandis que la Floriani, prompte et vaillante, étreignait le monstre sans terreur et sans dégoût, il ne pouvait se résoudre, lui, à le toucher du bout des doigts.

Célio était fort calmé par cette petite saignée fortuite, mais les autres enfants ne l'étaient guère. Les petites filles, Béatrice surtout, étaient encore comme folles, et le petit Salvator, passant rapidement de la joie à la colère, puis à la douleur, se montra si volontaire, et jeta de tels cris de domination et de désespoir, que Lucrezia fut forcée d'intervenir, de le menacer, et enfin de le prendre dans ses bras pour le coucher malgré lui. C'était la première fois qu'il criait de la sorte aux oreilles de Karol, ou plutôt c'était la première fois que Karol se trouvait disposé à s'apercevoir qu'un marmot, quelque charmant qu'il soit, a toujours des instincts tyranniques, d'âpres volontés, des obstinations insensées, et, pour ressource ou manifestation, des cris aigus. La rage et le chagrin de Salvator, ses sanglots, ses larmes véritables qui ruisselaient comme une pluie d'orage sur ses joues roses, ses beaux petits bras qui se débattaient et s'en prenaient aux cheveux de sa mère, la lutte de Lucrezia avec lui, sa voix forte qui le gourmandait, ses mains souples et nerveuses qui le contenaient avec la puissance d'un étau, sans perdre ce moelleux qu'ont toujours les mains d'une mère pour ne pas froisser des membres délicats, c'était là un tableau qui avait sa couleur pour le comte Albani, et qu'il regardait avec un sourire, mais que Karol vit avec autant d'effroi et de souffrance que la blessure et le pansement de Célio.

— Mon Dieu! s'écria-t-il involontairement, que l'enfance est malheureuse, et qu'il est cruel d'avoir à réprimer les appétits violents de la faiblesse!

— Bah ! répondit Salvator Albani en riant, dans cinq minutes il sera profondément endormi, et, après lui avoir donné le fouet pour amener la réaction, sa mère le couvrira de baisers durant son sommeil.

— Tu crois qu'elle le frappera? reprit Karol épouvanté.

— Oh ! je n'en sais rien, je dis cela par induction, parce que ce serait le meilleur calmant.

— Ma mère ne m'a jamais frappé ni menacé, j'en suis certain.

— Tu ne t'en souviens pas, Karol. D'ailleurs, ce ne serait pas une raison pour prouver qu'il n'est pas nécessaire, parfois, d'employer les grands moyens. Je n'ai pas de théories sur l'éducation, moi, et dans celle qui convient au premier âge, tu vois que j'ai plutôt l'art de rendre les enfants terribles que de les réprimer. Je ne sais pas comment la Floriani s'y prend pour se faire craindre, mais je crois que la meilleure méthode doit être celle qui réussit. J'ignore s'il y a parfois nécessité de battre un peu les marmots, je saurai cela quand j'en aurai, mais je ne m'en chargerai pas. J'ai la main trop lourde, ce sera la fonction de leur mère.

— Et moi, si j'avais le malheur d'être père, reprit Karol avec une sorte de raideur douloureuse, je ne pourrais souffrir ce bruit discordant de révoltes et de menaces, ce combat avec l'enfance, ces larmes amères d'un pauvre être qui ne comprend pas la loi de l'impossible, ces emportements à froid de la pédagogie paternelle, ce bouleversement subit et affreux de la paix intérieure, ces tempêtes dans un verre d'eau, qui ne sont rien, je le sais, mais qui troubleraient mon âme comme des événements sérieux.

— En ce cas, cher ami, il ne faut pas perpétuer ta noble race, car ces orages-là sont inévitables. Crois-tu donc sérieusement que tu n'as jamais demandé la lune avec des rugissements de fureur, avant de comprendre que ta mère ne pouvait pas te la donner ?

— Non, je ne le crois pas, je n'ai aucune idée de cela.

— C'est une métaphore que j'emploie, mais je serais fort étonné que quelque chose d'équivalent ne te fût jamais arrivé, car il me semble que tu as conservé de ces prétentions à l'impossible, et que tu demandes encore à Dieu, quelquefois, de mettre les astres dans le creux de ta main.

Karol ne répondit rien, et la Floriani ayant réussi à apaiser son marmot, revint proposer une promenade en nacelle sur le lac. Le petit Salvator n'avait point subi la loi antique, la peine consacrée du fouet. Sa mère savait bien que la fraîcheur de sa chambre, l'obscurité et le moelleux de sa couchette, le tête-à-tête avec elle, et le son de sa voix lorsqu'elle lui chanterait l'air destiné à l'endormir, le calmeraient presque instantanément; elle devinait aussi, sans savoir quelle gravité ces misères prenaient aux yeux de Karol, que ce bruit avait dû le contrarier un peu.

Pour faire diversion, elle l'emmena sur le lac avec Salvator Albani, Célio, Stella et Béatrice. Mais, à quelques brasses de la rive, on rencontra le vieux Menapace qui partait pour aller tendre ses filets. Les enfants voulurent sauter dans sa barque, et, leur mère voyant que le vieux pêcheur désirait leur démontrer *ex professo* un art qui était, à ses yeux, le premier de tous, consentit à les lui confier.

Karol fut effrayé de voir ces trois enfants encore excités et fébriles, s'en aller avec un vieillard si égoïste, si froid, et qu'il jugeait si peu capable de les retirer de l'eau ou de les empêcher d'y tomber.

Il en fit l'observation à Lucrezia, qui ne partagea pas son inquiétude.

« Les enfants élevés au milieu d'un danger le connaissent fort bien, répondit-elle ; et quand il en tombe quelqu'un dans notre lac, c'est toujours un enfant étranger, qui y est venu en promenade, et qui ne sait pas se préserver. Célio nage comme un poisson, et Stella, toute folle qu'elle est ce soir, veillera comme une mère sur sa petite sœur. D'ailleurs, nous les suivrons et ne les perdrons pas de vue. »

Karol ne put venir à bout de se tranquilliser. Il ressentait l'angoisse des sollicitudes paternelles malgré lui, et, depuis qu'il avait vu Célio se faire une blessure, il avait l'âme remplie de catastrophes imprévues. Enfin, sa paix était troublée au moral et au physique, à partir de ce jour néfaste, où il ne s'était pourtant rien passé de marquant pour les autres, mais où l'habitude et le besoin de souffrir s'étaient réveillés en lui.

La promenade fut pourtant très-paisible. Le lac était superbe aux reflets du couchant; les enfants s'étaient calmés et prenaient un plaisir sérieux à voir tendre les filets du grand-père dans une petite anse fleurie et embaumée. Salvator ne parlait plus de Venise, et, par un heureux hasard, le nom de Boccaferri ne venait plus sur ses lèvres. La Floriani cueillit des nénuphars, et, sautant d'une barque dans l'autre, avec une légèreté et une adresse qu'on n'eût pas attendues d'une personne un peu lourde en apparence dans ses formes, mais qui rappelaient ses habitudes de jeunesse, elle orna de ces belles fleurs la tête de ses filles.

Karol commençait à se radoucir intérieurement. Le vieux Menapace guidait la barque avec un aplomb et une expérience consommés à travers les rochers et les troncs d'arbres entassés au rivage. Aucun enfant ne se noyait, et Karol s'habituait à les voir courir d'un bord à l'autre, diriger le gouvernail et se pencher sur l'eau, sans tressaillir à chacun de leurs mouvements.

La brise du soir s'élevait suave et charmante, apportant le parfum de la vigne en fleurs et de la fève à odeur de vanille.

Mais il était écrit que cette journée finirait l'extase tranquille de Karol et marquerait pour lui le commencement d'une série de petites souffrances inexprimables. Salvator trouva que les nénuphars étaient si beaux que la Floriani devait en mettre aussi dans ses cheveux noirs. Elle s'y refusa, disant qu'elle avait assez subi au théâtre le poids des coiffures et des ornements, et qu'elle était heureuse de ne plus sentir sur sa tête la gêne d'une seule épingle. Mais Karol partageait le désir de son ami, et elle consentit à ce qu'il passât quelques fleurs dans ses tresses splendides.

Tout allait bien, excepté la coiffure que Karol arrangeait sans art et sans adresse, tant il craignait de faire tomber un seul cheveu de cette tête chérie. Salvator eut la malheureuse idée de s'en mêler. Il défit l'ouvrage du prince, et, prenant à deux mains la riche chevelure de la Floriani, il la roula sans façon et l'entremêla de roseaux et de fleurs, selon son goût. Il réussit fort bien, car il avait de l'habileté pour ce qu'on appelle trivialement le *tripotage*, expression trop familière, mais difficile à remplacer. Il entendait bien la statuaire au point de vue de l'ornementation.

Il fit à la Floriani une coiffure digne d'une naïade antique, en lui disant : « Est-ce que tu ne te souviens pas qu'à Milan, quand je me trouvais dans ta loge pendant ta toilette, j'y mettais toujours la dernière main ?

— C'est vrai, répondit-elle, je l'avais oublié; tu avais un don particulier pour donner du caractère aux ornements, pour trouver l'assortiment heureux des couleurs, et je t'ai souvent consulté pour mes costumes.

— Tu n'y crois pas, Karol ? reprit Salvator en s'adressant à son ami, qui avait fait le mouvement d'un homme qui reçoit un coup d'épingle; regarde-la, comme elle est belle! Tu n'aurais jamais trouvé comme moi ce qui convenait à la ligne de son front, au volume de sa tête et à la puissance de sa nuque. Tu ne la dégageais pas assez. Elle avait l'air d'une madone avec ta coiffure, et ce n'est point là le caractère de sa beauté. Elle est déesse maintenant. Prosternons-nous, faibles mortels, et adorons la nymphe du lac ! »

En parlant ainsi, Salvator pressa d'un lourd baiser les genoux de la Floriani, et Karol tressaillit comme un homme qui reçoit un coup de poignard.

XX.

Le pauvre enfant avait oublié que Salvator était aussi amoureux que lui, dans un sens, de la Floriani; qu'il lui avait sacrifié de grand cœur ses prétentions, mais non sans effort et sans regret. Comme Karol ne comprenait rien à ce genre d'amour, il ne s'était pas rendu compte de ce que son ami avait pu souffrir en le voyant devenir maître des biens qu'il convoitait. Il s'était dit que la première belle femme que Salvator rencontrerait lui ferait oublier ce désir insensé.

Ou plutôt, il ne s'était rien dit du tout. Il n'aurait pas eu le courage d'examiner le côté scabreux d'une telle situation. Il avait écarté le souvenir de la première nuit passée à la villa Floriani, des tentations et des tentatives de Salvator, et même des embrassades du lendemain matin, lorsqu'il avait cru dire à Lucrezia un long adieu. La crise de la maladie et le miracle du bonheur avaient tout effacé de l'esprit du prince. Il s'était habitué en un jour, en un instant, à ne plus rien juger, à ne plus rien comprendre; et de même, en un jour, en un instant, il recommençait à trop juger, à trop comprendre, c'est-à-dire à tout commenter avec excès et à souffrir de tout.

Certes, Salvator Albani avait renoncé de bonne foi à voir la Floriani avec d'autres yeux que ceux d'un frère. Mais il y avait en lui un fonds de sensualité italienne qui l'empêchait d'arriver jusqu'à la chasteté d'un moine. S'il eût eu deux sœurs, une belle et une laide, il eût, sans nul doute, et sans se rendre compte de son propre instinct, préféré la belle, eût-elle été moins aimable et moins bonne que l'autre. Enfin, entre deux sœurs également belles, mais dont l'une aurait connu l'amour, et l'autre la vertu seulement, il aurait été bien plus l'ami de celle qui eût compris le mieux ses faiblesses et ses passions.

L'amour était son Dieu, et toute belle femme au cœur tendre en était la prêtresse. Il pouvait l'aimer avec désintéressement, mais non la voir sans émotion. L'amour de la Floriani pour son ami ne le dérangeait donc point dans son admiration et dans son plaisir, lorsqu'il la contemplait et respirait son haleine. Il aimait tout autant qu'auparavant à toucher ses bras, ses cheveux, et jusqu'à son vêtement, et l'on comprend bien que Karol était jaloux de ces choses-là, presque autant que du cœur de sa maîtresse.

La Floriani, qui le croirait? était d'une nature aussi chaste que l'âme d'un petit enfant. C'est fort étrange, j'en conviens, de la part d'une femme qui avait beaucoup aimé, et dont la spontanéité n'avait pas su faire plusieurs parts de son être pour les objets de sa passion. C'était probablement une organisation très-puissante par les sens, quoiqu'elle parût glacée aux regards des hommes qui ne lui plaisaient point. C'est qu'en dehors de son amour, où elle se plongeait tout entière, elle ne voyait pas, n'imaginait pas et ne sentait pas. Dans les rares intervalles où son cœur avait été calme, son cerveau avait été oisif; et si on l'eût séparée éternellement de la vue de l'autre sexe, elle eût été une excellente religieuse, tranquille et fraîche. C'est dire qu'il n'y avait rien de plus pur que ses pensées dans la solitude, et, quand elle aimait, tout ce qui n'était pas son amant était pour elle, sous le rapport des sens, la solitude, le vide, le néant.

Salvator pouvait bien l'embrasser, lui dire qu'elle était belle, et frémir en la pressant son bras contre le sien : elle s'en apercevait encore moins que le jour où, ne prévoyant pas que Karol l'aimait déjà, il avait été forcé de lui parler clairement et hardiment pour lui faire comprendre ses désirs.

Toute femme comprend pourtant bien le regard et l'inflexion de voix qui lui parlent d'amour d'une manière détournée. Les femmes du monde ont, à cet égard, une pénétration qui va souvent au delà de la vérité, et, souvent aussi, leur empressement à se défendre, avant qu'on les attaque sérieusement, est une provocation de leur part et un encouragement à l'audace. La Floriani, au contraire, dans son expressive bienveillance, mettait tout sur le compte de la sympathie qu'elle avait excitée comme artiste, ou de l'amitié qu'elle inspirait comme femme. Elle était brusque et ennuyée avec les hommes qui lui inspiraient de la défiance et de l'éloignement; mais, avec ceux qu'elle estimait, elle avait le cœur sur la main; elle eût cru manquer à la sainteté de l'amitié en se tenant trop sur ses gardes. Elle savait bien que quelque mauvaise pensée pouvait leur passer par la tête. Mais elle avait pour règle de ne pas paraître s'en apercevoir, et, tant qu'on ne la forçait point à se montrer sévère, elle était douce et abandonnée. Elle pensait que les hommes sont comme des enfants, avec lesquels il faut plus souvent détourner la conversation et distraire l'imagination que répondre et discuter sur des sujets délicats et dangereux.

Karol, qui aurait dû comprendre la solidité de ce caractère simple et droit, ne le connaissait pourtant pas.

Sa folie avait commis l'erreur gigantesque de se figurer qu'elle devait avoir l'austérité de manières et le maintien glacial d'une vierge, avec tout autre qu'avec lui. Il n'en voulut pas démordre, comprendre la réalité de cette nature, et l'aimer pour ce qu'elle était. Pour l'avoir placée trop haut dans les fantaisies de son cerveau, voilà qu'il était tout prêt à la placer trop bas, et à croire qu'entre le sensualisme invincible de Salvator et les instincts secrets de la Floriani, il y avait de funestes rapprochements à craindre.

Ils revenaient à la villa avec le lever de Vesper, qui montait blanc comme un gros diamant dans le ciel encore rose. Ils glissaient sur la surface limpide de ce lac que la Floriani aimait tant, et que Karol recommençait à détester. Il gardait le silence; Béatrice s'était endormie dans les bras de sa mère; Célio gouvernait la barque de Menapace, qui s'était assis, dans une muette contemplation ; Stella, svelte et blanche, rêvait aux étoiles, ses patronnes, et Salvator Albani chantait d'une belle voix fraîche, que la sonorité de l'onde portait au loin. Personne autre que Karol, le plus pur et le plus irréprochable de tous, peut-être, ne songeait à mal. Il leur tournait le dos, à tous, pour ne point voir ce qui n'existait pas, ce à quoi personne ne songeait; et, au lieu des Ondines du lac, il se sentait poussé par les Euménides.

Ne l'avait-on pas trompé? Salvator ne s'était-il pas grossièrement joué de lui en lui disant que jamais il n'avait été l'amant de la Floriani? Avec tous les beaux raisonnements spécieux qu'il lui avait maintes fois entendu faire sur l'amitié qu'on peut avoir pour les femmes, et dans laquelle il entrait toujours, selon Salvator, un peu d'amour, étouffé ou déguisé ; avec les ménagements dont il le supposait capable pour lui laisser goûter le bonheur sans se faire conscience d'un mensonge, il pouvait bien avoir été heureux la nuit de leur arrivée, et l'avoir nié avec aplomb l'instant d'après. La Floriani ne lui devait rien alors, et Karol s'imaginait être bien généreux en prenant la résolution de ne jamais l'interroger à cet égard.

Et puis, en supposant qu'elle eût résisté cette fois-là, était-il probable que, dans cette vie abandonnée à toutes les émotions, lorsque Salvator assistait à sa toilette dans sa loge, et portait même les mains sur sa parure, lorsque, toute palpitante des fatigues et des triomphes de la scène, elle venait se jeter près de lui sur un sofa, seule avec lui peut-être... était-il possible qu'il n'eût pas cherché à profiter d'un instant de désordre dans son esprit et d'excitation dans ses nerfs? Salvator était si ardent et si audacieux avec les femmes! N'avait-il pas encouru la disgrâce de la princesse Lucie pour avoir osé lui dire qu'elle avait une belle main? Et de quoi n'était pas capable, avec la Lucrezia, un homme qui n'était pas demeuré tremblant et muet auprès de Lucie?

Alors le terrible parallèle, si longtemps écarté, commença à s'établir dans l'esprit du prince : une princesse, une vierge, un ange! — Une comédienne, une femme sans mœurs, une mère qui pouvait compter trois pères à ses quatre enfants, sans jamais avoir été mariée, et sans savoir où étaient maintenant ces hommes-là!

L'horrible réalité se levait devant ses yeux effarés, comme une Gorgone prête à le dévorer. Un tremblement convulsif agitait ses membres, sa tête éclatait. Il croyait voir des serpents venimeux ramper à ses pieds, sur le plancher de la barque, et sa mère remonter vers les étoiles, en se détournant de lui avec horreur.

La Floriani sommeillait dans son rêve d'éternel bonheur; et quand elle lui prit la main pour descendre sur le rivage, sans réveiller sa fille, elle remarqua seulement qu'il avait froid, quoique la soirée fût tiède.

Elle s'inquiéta un peu de sa physionomie lorsqu'elle le revit aux lumières; mais il fit de grands efforts pour paraître gai. La Floriani ne l'avait jamais vu gai, elle ne savait même pas si, avec cette haute et poétique intelligence, il avait de l'esprit. Elle s'aperçut qu'il en avait prodigieusement; c'était une finesse subtile, moqueuse, point enjouée au fond; mais, comme il n'y avait place en elle que pour l'engouement, elle s'émerveilla de lui découvrir un charme de plus. Salvator savait bien que cette petite gaieté mignarde et persifleuse de son ami n'était pas le signe d'un grand contentement. Mais, dans cette circonstance, il ne savait que penser. Peut-être l'amour avait-il renouvelé entièrement le caractère du prince, peut-être prenait-il désormais la vie sous un aspect moins austère et moins sombre. Salvator profita de l'occasion pour être gai tout à son aise avec lui, et crut pourtant apercevoir de temps en temps quelque chose d'amer et de sec au fond de ses heureuses reparties.

Karol ne dormit pas; cependant il ne fut point malade. Il reconnut dans cette longue et cruelle insomnie, qu'il avait plus de forces pour souffrir qu'il ne s'en était jamais attribué. L'engourdissement d'une fièvre lente ne vint pas, comme autrefois, amortir l'inquiétude de ses pensées. Il se leva comme il s'était couché, en proie à une lucidité affreuse, sans éprouver aucun malaise physique, et obsédé de l'idée fixe que Salvator le trahissait, l'avait trahi, ou songeait à le trahir.

« Il faut pourtant prendre un parti, se dit-il. Il faut rompre, ou dominer, abandonner la partie ou chasser l'ennemi. Serai-je assez fort pour la lutte? Non, non, c'est horrible! Il vaut mieux fuir. »

Il sortit avec le jour, ne sachant où il allait, mais ne pouvant résister au besoin de marcher d'un pas rapide. Le sentier du parc le plus direct et le mieux battu, celui qu'il suivit machinalement, conduisait à la chaumière du pêcheur.

Il allait s'en détourner lorsqu'il entendit prononcer son nom. Il s'arrêta, on répéta le mot *prince* à plusieurs reprises. Karol s'approcha, perdu sous les branches éplorées des vieux saules, et il écouta.

— Bah! un prince! un prince! disait le vieux Menapace dans son dialecte, que le prince était arrivé à très-bien comprendre. Il n'en a pas la mine! J'ai vu le prince Murat dans ma jeunesse; il était gros, fort, de bonne mine, et portait des habits superbes, de l'or, des plumes. C'était là un prince! Mais celui-ci, il n'a l'air de rien du tout, et je n'en voudrais pas pour tenir mes avirons.

— Je vous assure que c'est un vrai prince, père Menapace, répondait Biffi. J'ai entendu son domestique qui l'appelait *mon prince*, sans voir que j'étais là tout auprès.

— Je te dis que c'est un prince comme ma fille était une princesse là-bas. Ils s'appellent tous comme cela au théâtre. L'autre, l'Albani, est celui qui faisait les comtes dans la comédie; mais c'est un chanteur, voilà tout!

— C'est vrai qu'il chante toute la journée, dit Biffi. Alors ce sont d'anciens camarades à la signora. Est-ce qu'ils vont rester longtemps ici?

— Voilà ce que je me demande. Il me semble que le prince, comme ils l'appellent, se trouve bien de la *locanda gratis*. Et si l'autre reste aussi deux mois à ne rien faire que manger, dormir et marcher tout doucement au bord de l'eau, nous ne sommes pas au bout !

— Bah, cela ne nous gêne pas. Qu'est-ce que cela nous fait?

— Cela me gêne, moi! dit Menapace en élevant la voix. Je n'aime pas à voir des paresseux et des indiscrets manger le bien de mes petits-enfants. Tu vois bien que ce sont des histrions sans cœur et sans ouvrage, qui sont venus là se refaire. Ma fille, qui est bonne, en a pitié; mais si elle recueille comme cela tous ses anciens amis, nous verrons de belles affaires! Ah! pauvre petit Célio! pauvres enfants! si je ne songeais pas à eux, ils auraient un jour le même sort que ces prétendus seigneurs-là! Allons, Biffi, es-tu prêt? Partons, va détacher la barque.

Si Salvator avait entendu cette ridicule conversation, il en eût ri aux éclats pendant huit jours. Il eût même imaginé quelque folle mystification pour aggraver les soupçons charitables du vieux pêcheur. Mais Karol fut navré. L'idée de rien de semblable ne lui eût paru possible dans sa vie. Être pris pour un histrion, pour un mendiant, et méprisé par ce vieil avare! lui qui ne trouvait que les nuages assez moelleux et assez purs pour le porter. Il faut être très-fort ou très-insouciant pour ne pas se trouver accablé d'un rôle absurde et pour n'en voir que le côté risible. D'ailleurs, on ne rit peut-être jamais de bien bon cœur de soi-même, et Karol fut si outré, qu'il sortit du parc, n'emportant pas même de l'argent sur lui, et fuyant au hasard dans la campagne, résolu, du moins il le croyait, à ne jamais remettre les pieds chez la Floriani.

Quoique sa santé eût pris, depuis sa maladie, un développement qu'elle n'avait jamais eu, il n'était pas encore très-bon marcheur, et au bout d'une demi-lieue, il fut forcé de ralentir le pas. Alors le poids de ses pensées l'accabla, et il ne se traîna plus qu'avec effort dans la direction sans but qu'il avait prise.

Si j'entendais le roman suivant les règles modernes, en coupant ici ce chapitre, je te laisserais jusqu'à demain, cher lecteur, dans l'incertitude, présumant que tu te demanderais toute la nuit prochaine, au lieu de dormir : « Le prince Karol partira-t-il ou ne partira-t-il pas ? » Mais la haute idée que j'ai toujours de ta pénétration m'interdit cette ruse savante, et t'épargnera ces tourments. Tu sais fort bien que mon roman n'est pas assez avancé pour que mon héros le tranche ici brusquement et malgré moi. D'ailleurs, sa fuite serait fort invraisemblable, et tu ne croirais point qu'on puisse rompre, du premier coup, les chaînes d'un violent amour.

Sois donc tranquille, vaque à tes occupations, et que le sommeil te verse ses pavots blancs et rouges. Nous ne sommes point encore au dénouement.

XXI.

Karol en était déjà à s'adresser la même question : « Partirai-je ? Est-ce que je pourrai partir ? Dans un quart d'heure, ne serai-je pas forcé de revenir sur mes pas ? S'il en doit être ainsi, pourquoi me fatiguer à faire ce chemin inutile ?

« Je partirai, s'écria-t-il en se jetant sur le gazon encore humide de rosée. » Là, son indignation se ralluma et ses forces revinrent. Il se remit en route, mais bientôt la fatigue ramena encore le doute et le découragement.

Des regrets amers remplissaient de larmes ses yeux fatigués de l'éclat du soleil levant, qui semblait venir à sa rencontre, et lui dire : « Nous marchons en sens inverse ; tu vas donc me fuir et entrer dans la nuit éternelle ? » Il se rappelait son bonheur de la veille, lorsqu'à pareille heure, il avait vu la Floriani entrer dans sa chambre, ouvrir elle-même sa fenêtre pour lui faire entendre le chant des oiseaux et respirer le parfum des chèvrefeuilles, s'arrêter près de son lit pour lui sourire, et, avant de lui donner le premier baiser, l'envelopper de cet ineffable regard d'amour et d'adoration plus éloquent que toutes les paroles, plus ardent que toutes les caresses. Oh ! qu'il était heureux encore, à ce moment-là ! Rien que le trajet du soleil autour des horizons, et tout était détruit ! Il ne verrait plus jamais cette femme si tendre l'enivrer de son regard profond, et mettre, à la place des visions de la nuit, son image tranquille et radieuse devant lui ! Cette main qui, en passant doucement à travers ses cheveux, semblait lui donner une vie nouvelle, ce cœur, où se ravivait le feu qui s'était presque épuisé en fécondant le sien, ce souffle, dont la puissance entretenait en lui une sérénité jusque-là inconnue, ces douces attentions de tous les instants, cette constante sollicitude, plus assidue et plus ingénieuse encore que ne l'avait été celle de sa mère ; cette maison claire et riante, où l'atmosphère semblait assouplie et réchauffée par une influence magnétique, ce silence du parc, ces fleurs du jardin, ces enfants à la voix mélodieuse qui chantaient avec les oiseaux, tout, jusqu'au chien de Célio, qui courait si gracieusement dans les herbes, poursuivant les papillons pour imiter son jeune ami : enfin, cet ensemble de choses qu'il se représentait et se détaillait pour la première fois, au moment de s'en séparer, tout cela était donc fini pour lui !

Et justement, comme il pensait au chien de Célio, ce bel animal s'élança vers lui, et, pour la première fois, le caressa avec tendresse. Il n'avait pourtant pas suivi Karol, et celui-ci crut d'abord que Célio n'était pas loin. Mais, ne le voyant pas paraître, il se rappela que la veille, Laërtes (c'était le nom du chien) avait fait une pointe sur la rive où les barques s'étaient arrêtées ; qu'on l'avait rappelé en vain, et qu'en rentrant à la maison, Célio s'était inquiété de ne pas l'y trouver. On l'avait sifflé et appelé encore, pensant qu'il aurait côtoyé le lac et serait revenu par les prés ; mais on s'était couché sans le retrouver ; Lucrezia avait consolé son fils en lui disant que le chien avait déjà passé plusieurs fois la nuit dehors, et qu'il était trop intelligent pour ne pas retrouver, dès qu'il le voudrait, le chemin de sa demeure.

Le jeune et beau Laërtes, entraîné par l'ardeur de la chasse, avait donc guetté et poursuivi quelque lièvre pour son propre compte, jusqu'au jour, et soit qu'il eût perdu sa piste, ou qu'il eût réussi à l'atteindre et à le dévorer, il songeait à ce moment à Célio, qui le faisait jouer, à la Floriani qui lui donnait elle-même sa nourriture, au petit Salvator qui lui tirait les oreilles, à son frais coussin et à son déjeuner. Il se rendait très-bien compte de l'heure et se disait qu'il fallait rentrer pour n'être point grondé de sa trop longue absence. Il est bien possible même qu'il poussât la finesse jusqu'à se flatter qu'on ne s'en serait pas aperçu.

En voyant Karol, il s'imagina que celui-ci n'était venu aussi loin que pour le chercher ; et, se sentant coupable, ne voulant pas aggraver ses torts, il vint à sa rencontre d'un air affectueux et modeste, balayant la terre de sa longue queue soyeuse, et se donnant toutes sortes de grâces, pour se faire pardonner son escapade.

Le prince ne put résister à ses avances, et se décida à le toucher un peu sur la tête : « Et toi aussi, pensait-il, tu as voulu rompre ta chaîne et essayer de ta liberté ! Et voilà que tu hésites entre la servitude d'hier et l'effroi d'aujourd'hui ! »

Karol ne pouvait plus envisager qu'avec terreur la solitude de son passé. Il se disait qu'il valait mieux souffrir les tortures d'un amour troublé par le doute et la honte, que de ne vivre d'aucune façon. Qu'allait-il retrouver, en se replongeant dans cet isolement ? L'image de sa mère et celle de Lucie ne viendraient plus le visiter que pour lui faire d'amers reproches. Il essaya de les évoquer, elles n'obéissaient plus à son appel. Il n'avait jamais pu se persuader que sa mère fût morte, il le sentait à présent, la tombe ne rendait plus sa proie. Les traits de Lucie étaient tellement effacés de sa mémoire, qu'il s'efforçait en vain de se les représenter. Ils étaient couverts d'un épais nuage. Maintenant que Karol avait bu à la coupe de la vie, la société de ces ombres l'épouvantait au lieu de le charmer. Vivre ! il faut donc vivre malgré soi, il faut donc aimer la vie en la méprisant, et s'y plonger en dépit de la peur et du dégoût qu'elle inspire ? pensait-il en se débattant contre lui-même. Est-ce la volonté de Dieu ? Est-ce la tentation d'un esprit de vertige et de ténèbres ?

« Mais trouverai-je la vie désormais auprès de Lucrezia ? Ne sera-ce point la mort, que cet attachement dont les circonstances me font rougir, et que le doute va empoisonner ? Néant pour néant, ne vaudrait-il pas mieux languir et dépérir, avec le sentiment de son propre courage, que dans celui de son indignité ? »

Il ne trouvait point d'issue à ses incertitudes. Il se levait, faisait un pas vers l'exil, et regardait derrière lui. Son cœur se déchirait et se brisait à la pensée de ne plus voir sa maîtresse, et il le sentait physiquement s'éteindre, comme si cette femme en était le moteur unique.

Il était presque vaincu déjà, et cherchait dans quelque augure, dans quelque hasard providentiel, dernière ressource de la faiblesse, l'indice du chemin qu'il devait suivre. Laërtes vint à son secours. Laërtes était décidé à rentrer. Lorsque Karol tournait le dos à la villa, le chien s'arrêtait et le regardait d'un air étonné ; puis, lorsque le prince revenait vers lui, il bondissait d'un air joyeux, et lui disait avec ses yeux brillants d'expression et d'intelligence : « C'est par ici, en effet, vous vous trompiez : suivez-moi donc ! »

Ils revenaient à la villa... (Page 46.)

Karol trouva un faux-fuyant digne d'un enfant. Il se dit que la Floriani tenait beaucoup à ce chien, que Célio était capable de pleurer un jour entier, s'il ne le retrouvait point; que l'animal était bien jeune, bien fou, et se laisserait peut-être tenter par quelque nouvelle proie avant de rentrer; qu'enfin il pouvait se perdre ou se laisser emmener par quelque chasseur, et que son devoir, à lui, était de le ramener à la maison.

Il appela donc Laërtes, veilla puérilement sur lui, et regagna la villa Floriani sans le perdre de vue. Pourtant, l'on peut dire que jamais aveugle ne fut plus littéralement conduit par un chien.

En voyant la porte du parc ouverte, Laërtes prit sa course, et, enchanté de rentrer, il devança Karol et gagna la maison, la chambre de Célio, où il se blottit sous le lit, en attendant son réveil. Le prétexte du chien manquait dès lors à Karol, il n'était pas obligé de franchir la grille du parc, et il allait néanmoins la franchir, lorsque ses yeux rencontrèrent une inscription tracée au pinceau sur une pierre latérale. C'étaient les fameux vers du Dante :

Per me si va nella città dolente,
Per me si va nell' eterno dolore,
Per me si va tra la perduta gente...
.... Lasciate ogni speranza, voi, ch'entrate!

Et plus bas :

Avis aux voyageurs ! Célio Floriani.

Karol se souvint que, peu de jours auparavant, Célio, qui venait d'apprendre par cœur ce passage classique de la *Divine Comédie*, et qui le répétait à tout propos avec ce mélange d'admiration et de parodie qui est propre aux enfants, s'était amusé à l'écrire sur le montant de la porte du parc, en l'accompagnant d'un avertissement facétieux aux passants. Comme la villa n'était située sur aucune route de passage, il y avait peu d'inconvénients à laisser subsister l'inscription de Célio jusqu'à la première pluie ; la Floriani n'avait fait qu'en rire, et Karol, à qui ces vers lugubres n'offraient aucun sens, à ce moment-là, ne s'en était point alarmé. Il était repassé plusieurs fois par cette porte sans y prendre garde ; il n'y aurait plus jamais songé, sans la révolution qui s'était opérée en lui. Au premier abord, les mots de *perduta*

Jusqu'au chien de Célio qui courait. (Page 47.)

gente lui parurent offrir une allusion affreuse et peut-être quelque peu vraie, car il se hâta de l'effacer. Puis, en relisant, malgré lui, le dernier vers, il fut saisi d'une terreur superstitieuse, en songeant que les enfants prophétisent souvent sans le savoir, et disent en riant d'effroyables vérités. Il cueillit une poignée d'herbe et en frotta la muraille; mais, par un hasard fort simple, le dernier vers, portant sur une pierre moins polie que les autres, ne s'effaça pas entièrement et resta visible malgré tous les efforts de Karol.

— Eh bien! dit-il en s'élançant dans le parc, cela est écrit ainsi au livre de ma destinée. Pourquoi mes yeux en seraient-ils offensés? O Lucrezia, tu ne m'avais donné que du bonheur; à présent que je vais souffrir par toi et pour toi, je vois à quel point je t'aime!

La Floriani était déjà très-inquiète, elle avait cherché Karol dans tout le parc, ne concevant pas que, contrairement à ses habitudes, il se fût levé avant elle et qu'il eût été se promener sans elle. Elle était dans la chaumière du pêcheur lorsqu'elle vit le prince effacer l'inscription et rentrer précipitamment, comme si, de même que Laërtes, il eût craint d'être grondé. Elle courut après lui, et, l'enlaçant dans ses bras: « Vous trouvez donc, lui dit-elle, que ce serait un grave mensonge? »

Karol n'avait guère l'esprit présent; il ne songeait pas qu'elle eût pu le voir effacer les vers du Dante; il ne pensait déjà plus à ces vers, mais bien à la trahison possible de Salvator. Il crut qu'elle répondait à ses secrètes pensées, qu'elle avait deviné ses angoisses, épié son essai de fuite; que sais-je? tout ce qu'il y avait de plus invraisemblable lui vint à l'esprit, et il répondit d'un air effaré : « Soyez-en juge vous-même, il ne m'appartient pas de répondre pour vous. »

Lucrezia fut un peu étonnée et commença à redouter quelque accès d'excentricité. Salvator l'en avait prévenue à diverses reprises avant qu'elle donnât son cœur au prince. Mais elle n'avait pu y croire, parce que, depuis sa maladie, Karol avait toujours été ravi au septième ciel et ne lui avait jamais causé un instant d'effroi. Elle se demanda s'il était bien guéri, s'il n'était pas menacé d'une rechute imminente, ou bien si, réellement, son cerveau était faible et tourmenté d'idées fantasques. Elle l'interrogea. Il ne voulut point répondre, et lui baisa la main à plusieurs reprises, en lui demandant pardon. Mais pardon de quoi? Voilà ce qu'elle ne put jamais savoir, malgré les investigations de sa tendresse. Ses manières étaient aussi changées que sa figure et son langage. Il s'était dit que, s'il se décidait à rentrer chez elle, il devait prendre avec lui-même l'engagement de ne lui faire aucune question, aucun reproche, de ne point avilir son propre amour par des paroles blessantes de part ou d'autre; enfin, il se raidissait pour ainsi dire dans une sorte de religion chevaleresque et dans un redoublement de respect extérieur, comme s'il eût cru réparer par là le tort qu'il lui avait fait dans son âme en la soupçonnant.

La Floriani avait toujours été vivement touchée de ce respect qu'il lui témoignait devant ses enfants et ses serviteurs. Rien, chez lui, ne lui rappelait le sans-gêne blessant et l'espèce d'abandon impertinent des amants heureux. Mais, dans le tête-à-tête, elle n'était pas habituée à lui voir détourner son front de ses lèvres et se rejeter sur ses mains en saluant comme un abbé qui rend hommage à une douairière. Elle essaya de rompre cette glace, elle lui fit de tendres reproches, elle le railla amicalement: tout fut inutile. Il se hâtait de retourner vers la maison, car il sentait que sa souffrance n'était pas assez calmée pour lui permettre de paraître heureux.

Salvator ne fut point étonné de voir, ce jour-là, son ami silencieux et sombre; il l'avait vu si souvent ainsi! « Je suis inquiète ce matin, lui dit tout bas Lucrezia; Karol est pâle et triste. — Tu devrais être habituée à le voir s'éveiller tout différent de ce qu'il était en s'endormant, répondit Salvator. N'est-il pas mobile et changeant comme les nuages?

— Non, Salvator, il n'est point ainsi. Depuis deux mois, c'est un ciel pur et brûlant, sans un seul nuage, sans la moindre vapeur.

— En vérité! quelle merveille tu me contes là? Je peux à peine te croire.

— Je te le jure. Que peut-il donc avoir aujourd'hui?

— Mais rien! il aura fait un mauvais rêve.

— Il n'en faisait plus que de beaux!

— C'était un grand hasard ou un grand prodige; moi, je ne l'ai jamais vu une semaine... que dis-je? un jour entier, sans tomber dans quelque accès de mélancolie.

— Et à propos de quoi y tombait-il si souvent?

— Tu me demandes là ce que je n'ai jamais pu lui faire dire. Karol n'est-il pas un hiéroglyphe ambulant, un mythe personnifié?

— Il ne l'a pas été pour moi jusqu'à cette heure; et, puisque, j'avais trouvé, à mon insu, le moyen de le rendre heureux et confiant, il faut bien que je lui aie déplu en quelque chose depuis hier.

— Vous êtes-vous querellés cette nuit?

— Querellés? quel mot!

— Oh! tu es devenue *sublime* comme lui, je le vois bien, et il faut se faire un vocabulaire choisi exprès pour vous deux. Eh bien, voyons, n'avez-vous pas touché à quelque point douloureux de votre existence à l'un ou à l'autre, en causant ensemble la nuit dernière?

— La nuit dernière, comme toutes les autres nuits, je n'ai pas quitté mes enfants. Nous nous retirons de bonne heure, je me lève avec le jour, et, tandis que les petits sommeillent encore ou babillent avec leur bonne en se levant, je vais éveiller doucement Karol, et nous causons ensemble; le plus souvent, nous nous regardons et nous nous adorons sans nous rien dire. Ce sont deux heures de délices, où jamais un mot pénible, une réflexion positive, un souvenir quelconque des ennuis et des maux de la vie réelle, n'ont trouvé place. Ce matin, j'ai été ouvrir ses fenêtres comme à l'ordinaire, comme j'en ai pris l'habitude durant sa maladie.

Il était déjà sorti, ce qui ne lui était encore jamais arrivé. Il est resté deux heures absent. Il avait l'air égaré en rentrant, il disait des paroles que je ne comprends pas, ses manières étaient bizarres. Il m'a fait presque peur, et, maintenant, son abattement, le soin qu'il prend de ne pas rester avec nous, me font mal. Toi, qui le connais, tâche de lui faire dire ce qu'il a!

— Moi, qui le connais, je ne puis rien te dire, sinon qu'il a été gai hier soir, ce qui était un signe certain qu'il serait triste ce matin. Il n'a jamais eu une heure d'expansion dans sa vie, sans la racheter par plusieurs heures de réserve et de taciturnité. Il y a certainement à cela des causes morales, mais trop légères ou trop subtiles pour être appréciables à l'œil nu. Il faudrait un microscope pour lire dans une âme où pénètre si peu de la lumière que consomment les vivants.

— Salvator, tu ne connais pas ton ami, dit la Lucrezia: ce n'est point là son organisation. Un soleil plus pur et plus éclatant que le nôtre rayonne dans son âme ardente et généreuse.

— Comme tu voudras, répondit Salvator en souriant; alors, tâche d'y voir clair, et ne m'appelle pas pour tenir le flambeau.

— Tu railles, mon ami! reprit la Floriani avec tristesse, et pourtant je souffre! Je m'interroge en vain, je ne vois pas en quoi j'ai pu contrister le cœur de mon bien-aimé. Mais la froideur de son regard me glace jusqu'à la moelle des os, et, quand je le vois ainsi, il me semble que je vais mourir.

XXII.

Quelques mots de franche explication eussent guéri les souffrances de la Floriani et de son amant; mais il eût fallu qu'en demandant à connaître la vérité, Karol pût avoir confiance dans la loyauté de la réponse; et, quand on s'est laissé dominer par un soupçon injuste, on perd trop de sa propre franchise pour se reposer sur celle d'autrui. D'ailleurs, ce malheureux enfant n'avait pas sa raison, et il n'en conservait que juste assez pour savoir que la raison ne le persuaderait pas.

Heureusement ces natures promptes à se troubler et folles dans leurs alarmes, se relèvent vite et oublient. Elles sentent elles-mêmes que leur angoisse échappe aux secours de l'affection, et qu'elle ne peut cesser qu'en s'épuisant d'elle-même. C'est ce qui arriva à Karol. Le soir de cette sombre journée, il était déjà fatigué de souffrir, il s'ennuyait de la solitude; la nuit, comme il y avait longtemps qu'il n'avait dormi, il subit un accablement qui lui procura le repos. Le lendemain il retrouva le bonheur dans les bras de la Floriani; mais il ne s'expliqua pas sur ce qui l'avait rendu si différent de lui-même la veille, et elle fut forcée de se contenter de réponses évasives. Cela resta en lui comme une plaie qui se ferme, mais qui doit se rouvrir, parce que le germe du mal n'a pas été détruit.

Lucrezia n'oublia pas aussi vite ce que son amant avait souffert. Quoiqu'elle fût loin d'en pénétrer le motif, elle en ressentit le contre-coup. Ce ne fut pas chez elle une douleur soudaine, violente et passagère. Ce fut une inquiétude sourde, profonde et continuelle. Elle persista, en dépit de Salvator, à croire qu'il n'y a pas de souffrance sans cause; mais elle eut beau chercher, sa conscience ne lui reprochant rien, elle fut réduite à croire que Karol avait senti se réveiller en lui, ou le souvenir de sa mère, ou le regret d'avoir été infidèle à la mémoire de Lucie.

Karol était donc redevenu calme et confiant, avant que la Floriani se fût consolée de l'avoir vu malheureux; mais, au moment où elle se rassurait enfin et commençait à oublier l'effroi que lui avait causé ce nuage, une circonstance réveilla la souffrance de Karol. Et quelle circonstance? nous osons à peine la rapporter, tant elle est absurde et puérile. En jouant avec Laërtes, la Floriani, touchée de sa grâce et de son regard tendre, lui donna un baiser sur la tête. Karol trouva que c'était une profanation, et que la bouche de Lucrezia ne devait pas effleurer la tête d'un chien. Il ne put s'empêcher d'en faire la remarque avec une certaine vivacité qui trahit sa répugnance pour les animaux. La Floriani, étonnée de le voir prendre au sérieux une pareille chose, ne put se défendre d'en rire, et Karol fut profondément blessé.

— Mais quoi, mon enfant, lui dit-elle, aimeriez-vous

mieux une discussion en règle à propos d'un baiser donné à mon chien? Pour moi, je n'aimerais pas à me mettre en désaccord avec vous sur quoi que ce soit, et, ne trouvant pas le sujet digne d'être commenté et pesé, je n'éprouve que le besoin de m'égayer un peu sur la bizarrerie de ce sujet même.

— Ah! je suis ridicule, je le sais, dit Karol : et c'est une chose funeste pour moi, que vous commenciez à vous en apercevoir! Ne pouviez-vous me répondre autrement que par un éclat de rire?

— Je ne trouvais rien à répondre là-dessus, vous disje, reprit Lucrezia, un peu impatientée. Faut-il donc, quand vous me faites une observation, que je baisse la tête en silence, quand même je ne suis point persuadée qu'elle vaille la peine d'être faite?

— Il faut donc devenir étranger l'un à l'autre sur tout ce qui touche au monde réel, dit Karol avec un soupir. Nous nous entendrions si peu sur ce point, que je dois apparemment me taire ou n'ouvrir la bouche que pour faire rire ! »

Il bouda deux heures pour ce fait, après quoi il n'y songea plus et redevint aussi aimable que de coutume ; mais la Floriani fut triste pendant quatre heures, sans bouder et sans montrer sa tristesse.

Le lendemain, ce fut autre chose, je ne sais quoi, moins encore ; et, le surlendemain, on fut triste de part et d'autre, sans cause apparente.

Salvator n'avait pas vu la pureté éclatante du bonheur de ces deux amants en son absence. A peine arrivé, il ne voyait, au contraire, que le retour de Karol à ses anciennes susceptibilités. Il le trouvait, tantôt plein d'affection, tantôt plein de froideur pour lui. Il ne s'en étonnait pas, l'ayant toujours vu ainsi ; mais il se disait avec chagrin que la cure n'était point radicale, et il revenait à la conviction que ces deux êtres n'étaient point faits l'un pour l'autre.

Après plusieurs jours d'observations et de réflexions sur ce sujet, il résolut de s'en expliquer avec son ami et de l'amener, malgré lui, à se révéler. Il savait que ce n'était point facile, mais il savait aussi comment il devait s'y prendre.

— Cher enfant, lui dit-il, environ une semaine après son retour à la villa Floriani, je voudrais, s'il est possible, obtenir de toi une réponse à la question suivante : Sommes-nous encore pour longtemps ici?

— Je ne sais pas, je ne sais pas, répondit Karol d'un ton sec, et, comme si cette demande l'eût fort importuné ; mais, un instant après, ses yeux se remplirent de larmes, et il parut prévoir, par la manière dont il regarda Salvator, que leur séparation lui semblait inévitable.

— Je t'en prie, Karol, reprit le comte Albani, en lui prenant la main, une fois, en ta vie, essaie de te faire une idée de l'avenir par complaisance pour moi, qui ne puis rester dans une éternelle attente des événements. Autrefois, c'est-à-dire avant de venir ici, tu te retranchais toujours dans l'état de ta santé, qui ne te permettait de faire aucun projet. « Fais de moi tout ce que tu voudras, disais-tu ; je n'ai aucune volonté, aucun désir. » A présent, les rôles sont changés, et ta santé ne peut plus te servir de prétexte ; tu te portes fort bien, tu as pris de la force... Ne secoue pas la tête : je ne sais où en est ton moral, mais je vois fort bien que ton physique va au mieux. Tu ne te ressembles plus, ta figure a changé de ton et d'expression, tu marches, tu manges, tu dors comme tout le monde. L'amour et Lucrezia ont fait ce miracle ; tu ne t'ennuies plus de la vie, tu te sens fixé apparemment. C'est à mon tour d'être incertain et de ne plus voir clair devant moi. Voyons, tu veux rester ici, n'est-ce pas?

— Je ne sais pas si je pourrais partir, quand même je le voudrais, répondit Karol, extrêmement malheureux d'avoir à répondre clairement : je crois que je n'en aurais pas la force, et pourtant je le devrais.

— Tu le devrais, parce que...?

— Ne me le demande pas. Tu peux bien le deviner toi-même.

— Tu es donc toujours aussi paresseux d'esprit quand il faut arriver à traiter l'insipide chapitre de la vie réelle?

— Oui, d'autant plus paresseux, que j'en suis sorti davantage depuis quelque temps.

— Alors, tu veux que je fasse comme à l'ordinaire ; que je pense à ta place, que je discute avec moi-même, comme si c'était avec toi, et que je te prouve, par de bonnes raisons, ce que tu as envie de faire.

— Eh bien, oui, répondit le prince avec le sérieux d'un enfant gâté. Ce n'est pas qu'en cette circonstance il eût besoin de l'avis d'un autre pour connaître la force de son amour ; mais il était bien aise d'entendre juger sa situation par Salvator, pour tâcher de lire dans les sentiments secrets de celui-ci.

— Voyons ! reprit gaiement Salvator, qui redoutait d'autant moins un piége qu'il n'avait pas d'arrière-pensée ; je vais essayer. Ce n'est pas facile maintenant ; tout est changé en toi, et il ne s'agit plus de savoir si l'air de ce pays est bon, le séjour est agréable, si l'auberge est bien tenue, et si la chaleur ou le froid ne doivent point nous chasser. L'été de la passion te réchaufferait quand même le soleil de juin ne darderait pas ses rayons sur ta tête. Cette maison de campagne est belle, et l'hôtesse n'est point désagréable..... Allons ! tu ne veux pas même sourire de mon esprit?

— Non, ami, je ne puis. Parle sérieusement.

— Volontiers. Alors je serai bref. Tu es heureux ici, et tu te sens ivre d'amour. Tu ne peux prévoir combien de temps cela durera sans se troubler et s'obscurcir. Tu veux jouir de ton bonheur, tant que Dieu le permettra, et après... Voyons, après? Réponds. Jusqu'ici j'ai constaté ce qui est, c'est ce qui sera ensuite que je tiens à savoir.

— Après! après, Salvator? Après la lumière, il n'y a que les ténèbres.

— Pardon ! il y a le crépuscule. Tu me diras que c'est encore la lumière, et que tu en jouiras jusqu'à extinction finale. Mais quand viendra la nuit, il faudra pourtant bien se tourner vers un autre soleil? Que ce soit l'art, la politique, les voyages ou l'hyménée, nous verrons ! Mais, dis-moi, quand nous en serons là, où nous retrouverons-nous? Dans quelle île de l'Océan de la vie faut-il que j'aille t'attendre?

— Salvator ! s'écria le prince effrayé et oubliant les tristes soupçons qui l'obsédaient, ne me parle pas d'avenir. Tiens, moins que jamais, je puis prévoir quelque chose. Tu me prédis la fin de mon amour ou *du sien*, n'est-ce pas ? Eh bien, parle-moi de la mort, la seule pensée que je puisse associer à celle que tu me suggères.

— Oui, oui, je comprends. Eh bien n'en parlons plus, puisque tu es encore dans ce paroxysme où l'on ne peut songer ni à faire cesser, ni à faire durer le bonheur. Il est fâcheux, peut-être, qu'un peu d'attention et de prévoyance ne soient pas admissibles dans ces moments-là ; car tout idéal s'appuie sur des bases terrestres, et un peu d'arrangement dans les choses de la vie pourrait contribuer à la stabilité, ou du moins, à la prolongation du bonheur !

— Tu as raison, ami, aide-moi donc ! Que dois-je faire? Y a-t-il quelque chose de possible dans la situation étrange où je me vois placé? J'ai cru que cette femme m'aimerait toujours !

— Et tu ne le crois plus?

— Je ne sais plus rien, je ne vois plus clair.

— Il faut donc que je voie à ta place. La Floriani t'aimera toujours, si vous pouvez parvenir à aller demeurer dans Jupiter ou dans Saturne.

— O ciel ! tu railles.

— Non, je parle raison. Je ne connais pas de cœur plus ardent, plus fidèle, plus dévoué que celui de Lucrezia ; mais je ne connais pas d'amour qui puisse conserver son intensité et son exaltation au delà d'un certain temps, sur la terre où nous vivons.

— Laisse-moi, laisse-moi ! dit Karol avec amertume, tu ne me fais que du mal !

— Ce n'est pas le procès de l'amour que je viens faire, reprit Salvator avec calme. Je ne prétends pas prouver non plus que votre amour soit vulgaire, et qu'il ne puisse résister, plus que tout autre, aux lois de sa propre destruction. Sur ce chapitre, tu en sais plus que moi, et tu connais la Floriani sous un aspect que je n'ai jamais pu que pressentir et deviner. Mais ce que je connais mieux que vous deux, peut-être, malgré toute l'expérience de cette adorable folle de Lucrezia, c'est que le milieu où se trouve placée la vie positive des amants agit, malgré eux et malgré tout, sur leur passion. Vous aurez en vain le ciel dans le cœur, si un arbre vous tombe sur la tête, je vous défie de ne pas vous en ressentir. Eh bien, si les circonstances extérieures vous aident et vous protégent, vous pouvez vous aimer longtemps, toujours peut-être ! jusqu'à ce que la vieillesse vienne vous apprendre que le *toujours* des amants n'est pas le sien. Si, au contraire, on ne prévoyant et n'examinant rien, vous laissez de mauvaises influences pénétrer jusqu'à vous, il vous arrivera de subir le sort commun, c'est-à-dire de voir des misères vous troubler et vous anéantir.

— Je t'écoute, ami ; continue, dit Karol, que faut-il craindre et prévoir? Que puis-je empêcher?

— La Floriani est libre comme l'air, j'en conviens, elle est riche, indépendante de toute ancienne relation, et il semble qu'elle ait eu la révélation de ce qui convenait à votre bonheur, en rompant d'avance avec le monde, et en venant s'enfermer dans cette solitude. Voilà d'excellentes conditions pour le présent ; mais sont-elles à jamais durables?

— Crois-tu qu'elle éprouve le besoin de retourner dans le monde? Mon Dieu ! si cela peut arriver... Malheureux, malheureux que je suis !

— Non, non, cher enfant, dit Salvator, frappé du désespoir et de l'épouvante de son ami. Je ne dis point cela, je n'y crois pas. Mais le monde peut venir la chercher ici, et l'y obséder malgré elle. Si je n'avais pas été muet comme la tombe, à Venise, avec tous ceux qui m'ont parlé d'elle, si je n'avais pas répondu d'une manière évasive à ceux qui savaient bien qu'elle était ici : « Elle a le projet de s'y installer, peut-être, mais elle n'est pas fixée, elle va faire un voyage, elle ira peut-être en France..... » que sais-je? tout ce que Lucrezia ellemême m'avait suggéré de répondre aux questions indiscrètes... déjà, sois-en sûr, vous seriez inondés de visites. Mais ce qui est différé n'est peut-être pas perdu. Un jour peut venir où vous ne serez plus seuls ici : quelle sera ton attitude vis-à-vis des anciens amis de ta maîtresse ?

— Horrible ! horrible ! répondit Karol en frappant sa poitrine.

— Tu prends tout d'une manière trop tragique, mon cher prince ! Il n'est pas question de se désespérer pour cela, mais de s'y attendre et d'être prêt à lever sa tente dans l'occasion. Ainsi ce mal ne serait pas sans remède. Vous pourriez partir et aller chercher quelque autre solitude temporaire. Il y a un certain art à dégoûter les visiteurs, c'est de ne jamais les rendre certains de vous rencontrer. La Floriani entend cela fort bien. Elle t'aiderait à sortir d'embarras. Calme-toi donc !

— Eh bien, alors, n'y a-t-il pas d'autres dangers? dit Karol, qui passait, avec sa mobilité ordinaire, de l'épouvante exagérée à la confiance espéreuse.

— Oui, mon enfant, il y a d'autres dangers, répondit Salvator ; mais tu vas t'émouvoir encore, plus que je ne veux, et peut-être m'envoyer au diable.

— Parle toujours.

— Il y a, quand vous aurez fait la solitude autour de vous, le danger de la satiété.

— Il est vrai, dit Karol, accablé de cette pensée, peut-être déjà le pressens-tu avec raison, de sa part. Oh oui ! j'ai été souffrant et morose ces jours-ci. Elle a dû être lasse et ennuyée de moi. Elle te l'a dit?

— Non, elle ne m'a pas dit ; elle ne l'a point pensé, et je ne crois pas qu'elle se lasse la première. C'est pour toi bien plus que pour elle, que je crains la fatigue de l'âme.

— Pour moi, pour moi, dis-tu?

— Oui, je sais que tu es un être d'exception, je sais ta persévérance à aimer une femme que tu n'avais point connue (qu'il me soit permis de le dire à présent). Je sais aussi de quelle manière exclusive et admirable tu as aimé ta mère. Mais tout cela n'était pas de l'amour. L'amour s'use, et le tien, sachant moins que tout autre supporter les atteintes de la réalité, s'usera vite.

— Tu mens ! s'écria Karol avec un sourire d'exaltation, à la fois superbe et naïf.

— Mon enfant, je t'admire, mais je te plains, reprit Salvator. Le présent est radieux, mais l'avenir est voilé.

— Fais-moi grâce de lieux communs !

— Fais moi la grâce d'en écouter un seul. Ta noble famille, tes anciens amis, ce grand monde très-restreint, mais d'autant plus choisi et sévère, que tu as eu jusqu'ici pour milieu, pour air vital, si je puis parler ainsi, quel rôle vas-tu y jouer?

— J'y renonce pour jamais ! J'y ai songé, à cela, Salvator, et cette considération a pesé moins qu'une paille dans la balance de mon amour.

— Très-bien ; quand tu retourneras à tes grands parents, ils t'absoudront, à coup sûr ; mais ils ne diront pas moins qu'il est indigne de toi d'avoir été l'amant d'une comédienne, si longtemps et si sérieusement. Ils te pardonneraient plus aisément, ces vertueux amis, d'avoir eu cent caprices de ce genre qu'une passion.

— Je ne le crois point ; mais s'il en était ainsi, raison de plus pour que je rompe sans regret avec ma famille et toutes nos anciennes relations.

— A la bonne heure, ils sont gens admirables, mais fort ennuyeux, que les grands parents ; il y a longtemps que je laisse gronder les miens sans les interrompre. Si tu veux être mauvaise tête, aussi... c'est fort inattendu, fort plaisant, mais, vive Dieu ! je m'en réjouis ! Cependant, cher Karol, il y a une autre famille à laquelle tu ne penses pas, c'est celle de la Floriani, et tu l'es pour témoin de vos amours.

— Ah ! tu touches enfin le point douloureux, s'écria le prince, frissonnant comme à la morsure d'un serpent. Son père, oui, ce misérable, qui nous prend pour des histrions mourant de faim et recevant ici l'aumône du logement et de la nourriture ! C'est hideux, et j'ai failli partir en lui entendant dire cela à Biffi.

— Le père Menapace nous fait cet honneur ? répondit Salvator en éclatant de rire.... Mais voyant combien Karol prenait au sérieux ce ridicule incident, il essaya de le calmer.

— Si tu avais raconté à la Lucrezia cette bouffonne aventure, lui dit-il, elle t'eût répondu de manière à t'en consoler, et voici ce que cette brave femme t'aurait dit : « Mon enfant, je n'ai jamais eu que des amants dans la détresse, tant j'avais frayeur de passer pour une fille entretenue. Vous avez des millions, on peut croire que vous me rendez de grands services, et je vous aime tant, que je n'y ai pas songé ou que je m'en moque ; oubliez donc les billevesées de mon père et de Biffi, comme j'oublie pour vous le monde entier. » Tu vois donc bien, Karol, que tu lui dois de n'être jamais si chatouilleux à l'endroit de l'opinion. Mais parlons de ses enfants, mon ami, y as-tu songé?

— Est-ce que je ne les aime pas? s'écria le prince. Est-ce que je voudrais les éloigner d'elle un seul instant?

— Mais est-ce qu'ils ne grandiront pas? Est-ce qu'ils ne comprendront jamais? Je sais bien qu'ils sont tous enfants naturels, qu'ils ne se souviennent pas de leurs pères, et qu'ils sont encore dans cet âge heureux où ils peuvent se persuader qu'une mère suffit pour qu'on vienne au monde. Comment elle sortira un jour de cet embarras vis-à-vis d'eux, et ce qui se passera de sublime ou de déplorable dans le sein de cette famille, cela ne nous regarde ni l'un ni l'autre. J'ai foi aux merveilleux instincts de la Floriani pour s'en tirer avec honneur. Mais ce n'est pas une raison pour que tu compliques sa situation par ta présence continuelle. Tu ne sauras ou tu ne voudras jamais mentir. Comment cela pourra-t-il s'arranger? »

Karol, qui ne connaissait pas l'expansion des paroles, lorsqu'il était au comble du chagrin, cacha son visage dans ses mains et ne répondit pas. Il avait déjà pressenti cet affreux problème, depuis le jour où les enfants de la

Floriani, le faisant souffrir de leurs rires et de leurs cris, la vision de l'avenir avait passé vaguement devant ses yeux. L'idée de devenir un jour l'ennemi naturel et le fléau involontaire de ces enfants adorés, s'était liée naturellement au premier instant d'ennui et de déplaisir qu'ils lui avaient causé.

— Tu déchires les entrailles de la vérité, dit-il enfin à son ami, et tu me les jettes toutes sanglantes à la figure. Tu veux donc que je renonce à mon amour, et que je meure? Tue-moi donc tout de suite. Partons!

XXIII.

Salvator fut étonné de la violence du sentiment qui dominait encore Karol. Il était loin de prévoir que cette violence, au lieu de diminuer, irait toujours en grandissant avec la souffrance; Salvator cherchait le bonheur dans l'amour, et quand il ne l'y trouvait plus, son amour s'en allait tout doucement. En cela il était comme tout le monde. Mais Karol aimait pour aimer; aucune souffrance ne pouvait le rebuter. Il entrait dans une nouvelle phase, dans celle de la douleur, après avoir épuisé celle de l'ivresse. Mais la phase du refroidissement ne devait jamais arriver pour lui. C'eût été celle de l'agonie physique, car son amour était devenu sa vie, et, délicieuse ou amère, il ne dépendait pas de lui de s'y soustraire un seul instant.

Salvator, qui connaissait si bien son caractère, mais qui n'en comprenait pas le fond, se persuada que la réalisation de sa prophétie ne serait qu'une affaire de temps.

— Mon ami, lui dit-il, tu ne me comprends pas, ou plutôt tu penses à autre chose qu'à ce dont nous parlons. A Dieu ne plaise que je veuille t'arracher aux premiers moments d'une ivresse qui n'est point à la veille de s'épuiser! Mon avis, au contraire, c'est que tu ne te défendes pas d'être heureux, et que tu te laisses aller entièrement, pour la première fois, au doux caprice de la destinée. Mais ce que j'ai à te dire, ensuite, c'est qu'il ne faut pas s'obstiner à violer le bonheur quand il se retire. Un jour viendra, tôt ou tard, où quelque défaillance de lumière se fera remarquer dans l'astre qui te verse aujourd'hui ses feux. C'est alors qu'il ne faudra pas attendre le dégoût et l'ennui pour quitter ton amie. Il faudra fuir résolument..... pour revenir, entends-moi bien, quand tu sentiras de nouveau le besoin de rallumer le flambeau de ta vie à la sienne. J'admets, tu le vois, que la constance doive être éternelle. Raison de plus pour rendre léger le joug qui vous lie, en évitant l'accablement d'un tête-à-tête perpétuel et absolu. Tout ce qui te choque déjà ici disparaîtra à distance, et quand tu reviendras l'affronter, tu verras que les montagnes sont des grains de sable. Tous les dangers réels d'une situation dont tu viens de te rendre compte, s'évanouiront quand tu ne seras plus l'hôte unique et exclusif de la famille. Les enfants n'auront pas de reproche à te faire, car si l'entourage soupçonne une préférence de leur mère pour toi, il ne pourra la constater. Vous n'aurez plus le droit de braver l'opinion, mais d'entretenir une noble et durable amitié par de fréquentes relations. Tu pourrais n'être que l'ami et le frère de la Floriani, comme moi, par exemple, qu'il serait encore coupable et dangereux de fixer sans retour ta vie auprès d'elle. A plus juste raison; étant réellement son amant, dois-tu à sa dignité et à la tienne de voiler un peu cette passion aux yeux d'autrui. Tu trouves peut-être que je prends grand soin de la réputation d'une femme qui n'en a pris aucun jusqu'à présent. Mais ce n'est pas toi qui douterais de la sincérité avec laquelle elle avait résolu de se réhabiliter d'avance pour l'honneur futur de ses filles, en quittant le monde et en rompant tous les liens antérieurs. Ce n'est pas toi qui voudrais lui faire perdre le prix du sacrifice qu'elle venait de consommer, des bonnes résolutions dont elle se trouvait déjà si heureuse, et l'empêcher d'être, avant tout, une vertueuse mère de famille, comme elle s'en piquait très-sérieusement, le jour où nous avons frappé à sa porte. Cette porte était fermée, souviens-toi! j'aurais éternellement sur la conscience d'avoir forcé la consigne et de t'avoir presque jeté ensuite dans les bras de cette pauvre femme confiante et généreuse, si, un jour, elle venait à maudire l'heure fatale où j'ai détruit son repos et fait échouer ses rêves de calme et de sagesse!

— Tu as raison! s'écria le prince en se jetant dans les bras de son ami, et voilà le langage qu'il aurait fallu me parler tout d'abord. De toutes les choses réelles, il n'en est qu'une seule que je puisse comprendre, c'est le respect que je dois à l'objet de mon amour, c'est le soin que je dois prendre de son honneur, de son repos, de son bonheur domestique. Ah! si, pour lui prouver mon dévouement aveugle et mon idolâtrie, il faut que je la quitte dès à présent, me voilà prêt. Sans doute, c'est elle qui t'a chargé de me suggérer ces réflexions que tu viens de me faire faire. Voyant que je ne songeais à rien, que je m'endormais dans les délices, elle s'est dit qu'il fallait me réveiller. Elle a bien fait. Va lui demander pardon pour moi de mon imprévoyant égoïsme; qu'elle fixe elle-même la durée de mon absence, le jour de mon départ... et ne lui laisse pas oublier de fixer aussi celui de mon retour.

— Cher enfant, reprit Salvator en souriant, ce serait faire injure à la Floriani que de la croire plus raisonnable et plus prudente que toi. C'est de moi-même et à son insu que je t'ai parlé comme je viens de le faire, au risque de te briser le cœur. Si j'en avais demandé la permission à Lucrezia, elle me l'aurait refusée, car une amante, comme elle, a toutes les faiblesses d'une mère, et, quand nous parlerons de départ, bien loin qu'elle nous approuve, nous aurons une lutte à soutenir. Mais nous lui parlerons de ses enfants, et elle cédera à son tour. Elle comprendra qu'un amant ne doit pas se conduire comme un mari, et s'installer chez elle comme le gardien d'une forteresse!

— Un mari! dit Karol en se rasseyant et en regardant fixement Salvator...... Si elle se mariait!

— Oh! pour cela, sois tranquille, il n'y a pas de danger qu'elle te fasse ce genre d'infidélité, répondit Salvator, étonné de l'effet que ce mot prononcé au hasard, avait produit sur le prince.

— Tu as dit un mari! reprit Karol, s'acharnant à cette pensée soudaine : un mari serait la réhabilitation de sa vie entière. Au lieu d'être l'ennemi et le fléau de ses enfants, s'il était riche et digne, il deviendrait leur appui naturel, leur meilleur ami, leur père adoptif. Il accepterait là un noble devoir; et comme il en serait récompensé! Il ne la quitterait jamais, cette femme adorée; il serait un rempart entre elle et le monde, il repousserait la calomnie comme la diffamation, il pourrait veiller sur son trésor, et ne pas distraire un seul jour son bonheur pour de cruelles et importunes convenances de position. Etre son mari! oui, tu as raison! Sans toi, je n'y aurais jamais songé. Vois si je ne suis pas frappé d'une sorte d'idiotisme en tout ce qui tient à la conduite de la vie sociale! Mais j'ouvre les yeux : l'amour et l'amitié m'auront rendu le service de faire de moi un homme, au lieu d'un enfant et d'un fou que j'étais. Oui, oui, Salvator, être son mari, voilà la solution du problème ! Avec ce titre sacré, je ne la quitterai plus, et je la servirai au lieu de lui nuire.

— Eh bien, voilà une heureuse idée! s'écria Salvator; j'en suis étourdi, je tombe des nues! Songes-tu à ce que tu dis, Karol? toi, épouser la Floriani!

— Ce doute m'offense, fais-moi grâce de tes étonnements. J'y suis résolu, viens avec moi plaider ma cause et obtenir son consentement.

— Jamais! répondit Salvator; à moins que, dans dix ans d'ici, jour pour jour, tu ne viennes me faire la même demande. O Karol! je ne te connaissais pas encore, malgré tant de jours passés dans ton intimité! Toi, qui te défendais de vivre, par excès d'austérité, de méfiance et de fierté, voilà que tu te jettes dans un excès contraire, et que tu prends la vie corps à corps comme un forcené! Moi, qui ai subi tant de sermons et de remontrances de ta part, voilà qu'il me faut jouer le rôle de mentor pour te préserver de toi-même!

Salvator énuméra alors à son ami toutes les impossibilités d'une semblable union. Il lui parla fortement et naïvement. Il confessa que la Floriani était digne, par elle-même, de tant d'amour et de dévouement, et que, quant à lui, s'il avait dix ans de plus, et qu'il pût se résoudre à l'enchaînement du mariage, il la préférerait à toutes les duchesses de la terre. Mais il démontra au jeune prince que cet accord des goûts, des opinions, des caractères et des tendances, qui sont le fond du calme conjugal, ne pouvait jamais s'établir entre un homme de son âge, de son rang et de sa nature, et la fille d'un paysan, devenue comédienne, plus âgée que lui de six ans, mère de famille, démocrate dans ses instincts et ses souvenirs, etc., etc. Il n'est pas même nécessaire de rappeler au lecteur tout ce que Salvator lui dut dire sur ce sujet. Mais l'influence qu'il avait prise sur son ami durant la première partie de cet entretien, échoua complétement devant son obstination. Karol avait compris de la vie tout ce qu'il en pouvait comprendre, le dévouement absolu. Tout ce qui était d'intérêt personnel et de prudence bien entendue pour sa propre existence, était lettre close pour lui.

Pardonne-lui, lecteur, ses puérilités, ses jalousies et ses caprices. Ceci n'en était plus un de sa part, et c'est dans de telles occasions que la grandeur et la force de son âme rachetaient le détail. Plus Salvator lui démontrait les inconvénients de son projet, plus il le lui faisait aimer. S'il eût pu assimiler ce mariage à un martyre incessant, où Karol devait subir tous les genres de torture au profit de la Floriani et de ses enfants, Karol l'eût remercié de lui faire le tableau d'une vie si conforme à son ambition et à son besoin de sacrifice. Il l'eût accompli avec transport, ce sacrifice. Il eût pu encore faire un crime à Lucrezia de prononcer devant lui un nom qui sonnait mal à son oreille, de laisser Salvator lui embrasser les genoux, de menacer son enfant du fouet, ou de trop caresser son chien, mais il n'eût jamais songé à lui reprocher d'avoir accepté l'immolation de toute sa vie.

Heureusement... ai-je raison de dire heureusement ?... n'importe ! la Floriani, en recevant cette offre inattendue, fit triompher par son refus tous les arguments du comte Albani. Elle fut attendrie jusqu'aux larmes de l'amour du prince, mais elle n'en fut pas étonnée, et Karol lui sut gré d'y avoir compté. Quant à son consentement, elle lui répondit que, quand même il irait de la vie de ses enfants, elle ne le donnerait pas.

Telle fut la conclusion d'un combat de délicatesse et de générosité qui dura plus de huit jours à la villa Floriani. L'idée de ce mariage blessait l'invincible fierté de Lucrezia ; peut-être, dans l'intérêt même de ses enfants, avait-elle tort. Mais cette résistance était conforme au genre d'orgueil qui l'avait faite si grande, si bonne et si malheureuse. Une seule fois, dans sa vie, à quinze ans, elle avait jugé tout naturel d'accepter l'offre naïve d'un mariage disproportionné en apparence. Ranieri n'était pourtant ni noble, ni très-riche, et la fille de Menapace, dans ce temps-là, apportait en dot son innocence et sa beauté dans toute leur splendeur. Mais il n'avait pu lui tenir parole, et la Floriani elle-même l'en avait vite dégagé, en prenant une idée juste de la société, et, en voyant combien son amant eût été condamné à souffrir pour elle de la malédiction d'un père et des persécutions d'une famille. Depuis, elle avait fait le serment, non de renoncer au mariage, mais de ne jamais épouser qu'un homme de sa condition et pour qui cette union serait un honneur et non une honte.

Elle sentait cela si profondément, que rien ne put l'ébranler, et que la persistance du prince l'affligea beaucoup. Ce que toute autre femme, à sa place, eût pris pour un hommage enivrant, lui semblait presque une prétention humiliante, et, si elle n'eût connu l'ignorance de Karol sur tous les calculs vrais de l'existence sociale, elle lui eût su mauvais gré d'espérer la fléchir.

Depuis qu'elle était mère de quatre enfants, et qu'elle avait expérimenté les accès de jalousie rétroactive que la vue de cette famille causait à ses amants, elle avait résolu de ne jamais se marier. Elle ne craignait encore rien de semblable de la part de Karol, elle ne prévoyait pas si tôt qu'il subirait, à cet égard, les mêmes tortures que les autres ; mais elle se disait qu'elle serait forcée de faire à la position et aux intérêts d'un époux quelconque des sacrifices qui retomberaient sur son intimité avec ses enfants ; que cet époux aurait infailliblement à rougir devant le monde de les produire et de les patroner ; qu'enfin Karol perdrait sa considération et son titre d'homme sérieux, dans l'opinion cruelle et froide des hommes, en acceptant toutes les conséquences de son dévouement romanesque.

Elle n'eut donc aucun besoin de s'appuyer sur le sentiment du comte Albani, pour rester inébranlable. Karol eut une patience enchanteresse, tant qu'il espéra la persuader. Mais la Floriani, voyant qu'en invoquant toujours la considération du prince et les sentiments de sa noble famille, elle risquait d'agir, en apparence, comme ces femmes qui opposent une résistance hypocrite pour mieux enlacer leur proie, elle coupa court à ces instances par un refus net et un peu brusque. Elle avait aussi une peur affreuse de se laisser attendrir ; car, en n'écoutant que son dévouement maternel du moment, elle eût cédé à ses prières et à ses larmes. Elle fut donc forcée de feindre un peu et de proclamer une sorte de haine systématique pour le mariage, quoiqu'elle n'eût jamais songé à faire le procès de l'hyménée en général.

Lorsque le prince se fut en vain convaincu de l'inutilité de ses instances, il tomba dans une affliction profonde. Aux larmes tendrement essuyées par la Floriani, succéda un besoin de rêver, d'être seul, de se perdre en conjectures sur cette vie réelle dans laquelle il avait voulu entrer, et où il ne pouvait réussir à voir clair. Alors revinrent les fantômes de l'imagination, les soupçons d'un esprit qui ne pouvait apprécier aucun fait matériel à sa juste valeur, la jalousie, tourment inévitable d'un amour dominateur trompé dans ses espérances de possession absolue.

Il s'imagina que Salvator avait concerté avec Lucrezia tout ce qu'il lui avait dit d'inspiration, et tout ce qui s'était passé naturellement et spontanément entre eux dans ces longs entretiens où son âme s'était épuisée. Il crut que Salvator n'avait pas renoncé à être à son tour l'amant de Lucrezia, et que, le traitant comme un enfant gâté, il lui avait permis de passer avant lui, pour réclamer ses droits en secret aussitôt qu'il le verrait rassasié. C'était, pour cela, pensait-il, qu'il l'avait tant exhorté à s'éloigner de temps en temps, afin de ne pas laisser devenir trop sérieux l'amour de Lucrezia, et de pouvoir se faire écouter d'elle dans quelque intervalle.

Ou bien, supposition plus gratuite et plus folle encore ! Karol se disait que Salvator avait eu avant lui la pensée d'épouser Lucrezia, et que, d'un commun accord, elle et lui, liés d'une amitié conforme à leur caractère, s'étaient promis de s'unir quelque jour, quand ils auraient joui encore un certain temps de leur mutuelle liberté. Karol reconnaissait bien que l'amour de Lucrezia pour lui avait été naïf et spontané, mais il redoutait de le voir cesser aussi vite qu'il s'était allumé, et, comme tous les hommes, en pareil cas, il s'alarmait de cet entraînement qu'il avait tant admiré et tant béni.

Et puis, quand la conscience intime de ce malheureux amant justifiait sa maîtresse auprès des chimères de son cerveau malade, il se disait que la Floriani avait en lui, pour la première fois de sa vie, un amant digne d'elle, et qu'elle s'y attacherait naturellement pour toujours, si des artifices étrangers et des suggestions funestes ne venaient pas l'en détourner. Alors il songeait au comte Albani, et il l'accusait de vouloir séduire Lucrezia par les raisonnements d'une philosophie épicurienne et par la fascination impudique de ses désirs mal étouffés. Il incriminait le moindre mot, le moindre regard. Salvator était infâme, Lucrezia était faible et abandonnée.

Puis, il pleurait, quand ces deux amis, qui ne parlaient ensemble que de lui et ne vivaient que de sollicitude et de tendresse pour lui, venaient l'arracher à ses méditations solitaires et l'accabler de caresses franches et de doux reproches. Il pleurait dans les bras de Salvator, il pleurait aux pieds de Lucrezia. Il n'avouait pas sa folie, et, l'instant d'après, il en était plus que jamais possédé.

XXIV.

— Elle ne m'aime pas, elle ne m'a jamais aimé, disait-il à Salvator dans les moments où son amitié pour lui redevenait lucide. Elle ne comprend même pas l'amour, cette âme si froide et si forte, quand elle invoque, pour me dégoûter de l'épouser, des considérations à moi personnelles! Elle ne sait donc pas que rien n'atteint la joie d'un cœur rempli d'amour, quand il a tout sacrifié à la possession de ce qu'il aime? Que parle-t-elle de me conserver ma liberté? Je comprends bien que c'est elle qui craint de perdre la sienne. Mais que signifie le mot de liberté dans l'amour? Peut-on en concevoir une autre que celle de s'appartenir l'un à l'autre sans aucun obstacle? Si c'est, au contraire, une porte laissée ouverte au refroidissement et aux distractions, c'est-à-dire à l'infidélité, il n'y a pas, il n'y a jamais eu d'amour dans le cœur qui se défend ainsi!

Salvator essayait de justifier la Floriani de ces cruels soupçons; mais c'était en vain, Karol était trop malheureux pour être juste. Tantôt il venait demander à son ami des consolations et des secours contre sa propre faiblesse, tantôt il le fuyait, persuadé qu'il était le principal ennemi de son bonheur.

Cette situation devenait chaque jour plus sombre et plus douloureuse, et le comte Albani, portant de bons conseils et de bonnes paroles d'affection à ces deux amants, tour à tour, voyait pourtant la plaie s'envenimer et leur bonheur devenir un supplice. Il eût voulu couper court en enlevant Karol. C'était impossible Sa vie, à lui, n'était point agréable dans ce conflit perpétuel, et il eût souhaité partir. Il n'osait abandonner son ami au milieu d'une pareille crise.

Lucrezia avait espéré que Karol se calmerait et s'habituerait à l'idée de n'être que son amant. En voyant sa souffrance se prolonger et s'exalter, elle fut tout à coup saisie d'une profonde lassitude. Quand une mère voit son enfant condamné à la diète par le médecin, se tourmenter, pleurer, demander des aliments avec une insistance désespérée, elle se trouble, elle hésite, elle se demande s'il faut écouter la rigueur de la science, ou se confier aux instincts de la nature. Il advint que la Lucrezia procéda un peu de même à l'égard de son amant. Elle se demanda s'il ne valait pas mieux lui administrer le secours dangereux, mais souverain peut-être, de céder à sa volonté, que le condamner, par sa prudence, à une lente agonie. Elle appela Salvator, elle lui parla, elle s'avoua presque vaincue. Elle avoua aussi que ce mariage lui paraissait sa propre perte, mais qu'elle ne pouvait tenir plus longtemps au spectacle d'une douleur comme celle de Karol, et qu'elle ne voulait point lui refuser cette preuve d'amour et de dévouement.

Salvator se sentait presque aussi ébranlé qu'elle. Néanmoins il se raidit contre la compassion et lutta encore pour préserver ces deux amants de la tentation d'une irréparable folie.

Karol, qui épiait tous leurs mouvements plus qu'il ne le pensaient, et qui devinait, sans l'entendre, tout ce qui se disait autour de lui, vit l'irrésolution de la Floriani et la persistance du comte. Ce dernier lui sembla jouer un rôle odieux. Il y eut des moments où il lui voua une haine profonde.

Les choses en étaient là, et Karol l'eût emporté sans un événement qui réveilla toute la force des arguments de la Lucrezia.

Karol se promenait sur le sable du rivage au bas du parc, et dans l'enceinte même de la propriété, fermée nuit et jour aux curieux. Cependant, comme l'eau était basse, par suite de la sécheresse, il y avait une langue de côte sablonneuse, mise à sec, qui permettait aux gens du dehors de pénétrer dans l'enclos, pour peu qu'ils en eussent la fantaisie. La jalousie instinctive du prince lui avait fait remarquer cette circonstance, et il avait hasardé plusieurs fois, tout haut, l'observation que quelques pieux entrelacés de branches feraient une barrière bien vite établie pour fermer quelques toises de grève découverte. La Floriani lui avait promis de le faire faire; mais, préoccupée de pensées bien autrement importantes, elle n'y avait pas songé. Retirée dans son boudoir avec Salvator, elle lui disait, en ce moment, qu'elle était à bout de son courage, et que voir souffrir si obstinément par sa faute l'être pour lequel elle aurait voulu donner sa vie, devenait une entreprise au-dessus de ses forces.

Pendant ce temps, Karol marchait sur la grève, en proie à ses agitations accoutumées, et ne voyant des objets extérieurs que ce qui pouvait irriter son mal et aggraver ses inquiétudes. Ce passage si mal gardé l'impatientait particulièrement chaque fois qu'il approchait de la limite insuffisante.

Il ne voyait que cela, et pourtant la nature était splendide; les rayons du couchant empourpraient l'atmosphère, les rossignols chantaient, et, dans une nacelle amarrée à quelques pas du prince, la charmante Stella berçait le petit Salvator qui jouait avec des coquillages. C'était un groupe adorable que ces deux enfants, l'un absorbé par cette mystérieuse tension de l'esprit que les enfants portent dans leurs jeux, l'autre perdu dans une rêverie non moins mystérieuse, en balançant la barque légère avec ses petits pieds, et en chantant, d'une voix frêle comme le bruissement de l'eau, un refrain monotone et vient. Stella, en chantant ainsi sur la barque attachée à un saule, croyait faire une longue navigation sur le lac. Elle était lancée dans un poème sans fin, tout peuplé des plus riantes fictions. Salvator, en examinant, en rangeant et en dérangeant ses coquilles et ses cailloux sur la banquette qui lui servait d'appui, avait l'air sérieux et profond d'un savant qui résout une équation.

Antonia, la belle paysanne qui les surveillait, était assise à quelque distance et filait avec grâce. Karol ne voyait rien de tout cela. Il ne se doutait seulement pas de la présence de ces deux enfants. Il ne voyait que Biffi occupé à tailler des pieux, et bien lent à son gré, car la nuit allait venir, et il n'aurait pas seulement commencé à les planter quelque part.

Tout à coup Biffi prit ses pieux, les chargea sur son épaule, et parut vouloir les emporter vers la chaumière du pêcheur.

Le prince se fût fait un crime de jamais donner un ordre dans la maison de la Floriani, car une indiscrétion sans importance, la plus légère infraction au savoir-vivre, est un véritable crime aux yeux des gens de sa classe. Mais, en ce moment, dominé par une impatience insurmontable, il demanda à Biffi, d'un ton d'autorité, pourquoi il abandonnait son ouvrage en emportant les matériaux.

Biffi était d'un naturel doux et moqueur comme ceux de son pays. Il fit d'abord la sourde oreille, pensant probablement que l'histrion jouait au prince pour le tâter. Puis, observant avec surprise l'emportement de Karol, il s'arrêta et daigna répondre que ces pieux étaient destinés au jardinet du père Menapace et qu'il allait les y installer.

— La signora ne vous a-t-elle pas ordonné, au contraire, dit Karol tout tremblant d'une inexplicable colère, de les placer ici pour former cette grève?

— Elle m'en a rien dit, répondit Biffi, et je ne vois rien à fermer ici, puisqu'à la première pluie l'eau remontera jusqu'au mur de clôture.

— Cela ne vous regarde pas, reprit Karol; ce que la signora commande, il me semble qu'il faut le faire.

— Soit! répondit Biffi, je ne demande pas mieux; mais si le père Menapace me veut employer à ceci des pieux qu'il voulait prendre pour soutenir sa vigne, il se fâchera.

— N'importe! dit Karol tout hors de lui, vous devez obéir à la signora.

— J'en conviens, dit encore Biffi irrésolu et déchargeant à demi son fardeau; c'est bien elle qui me paie, mais c'est son père qui me gronde.

Karol insista; il voyait ou croyait voir errer au loin

Dans une nacelle amarrée à quelques pas. (Page 55.)

un homme qui côtoyait le lac, et s'arrêtait de temps en temps comme s'il eût cherché à s'orienter vers la villa Floriani. La lenteur indocile de Biffi exaspérait le prince. Il porta la main sur son épaule d'un air de commandement, et avec un regard d'indignation qui était si étranger à la douceur habituelle de sa physionomie, que Biffi eut peur et se hâta d'obéir.

— Ah çà ! seigneur prince, dit-il avec une câlinerie un peu railleuse, que le prince trouva plus outrageante qu'elle ne l'était, montrez-moi la place, et commandez-moi, puisque vous savez ce qu'il faut faire ; moi, je n'en sais rien ; on ne m'a averti de rien, je le jure !

Karol fit ce que de sa vie il ne s'était cru capable de faire. Il descendit à l'exécution d'une chose matérielle, au point de dessiner avec sa canne sur le sable la ligne de clôture que Biffi devait suivre, de lui indiquer la place où il fallait planter les piquets, et il le fit avec d'autant plus de justesse et d'ardeur, que, cette fois, il ne se trompait point : l'étranger qu'il avait aperçu dans le lointain s'approchait visiblement ; et, marchant toujours sur la grève, se dirigeait vers lui sans hésitation.

— Hâtez-vous, dit le prince à Biffi, si vous n'avez pas le temps d'entrelacer ce soir les branches de la palissade, que vos pieux soient du moins plantés, afin que les promeneurs respectent cette indication.

— Je ferai ce que voudra Votre Excellence, répondit Biffi avec son humilité narquoise. Mais qu'elle ne s'inquiète pas, il n'y a pas de voleurs dans le pays, et jamais il n'en est entré par là.

— Allez toujours, dépêchez-vous ! dit le prince en proie à une anxiété dévorante et tout à fait maladive ; et il roulait dans sa main une pièce d'or, pour faire voir à Biffi qu'il serait largement récompensé.

— Votre Excellence va perdre un beau sequin, dit le malin paysan en jetant un regard de convoitise sur la main tremblante et distraite de Karol.

— Maître Biffi, répondit le prince, je connais l'usage ; j'ai touché par mégarde à votre serpe, je vous dois un pour-boire. Il est tout prêt pour quand vous aurez fini.

— Votre Excellence a trop de bonté ! s'écria Biffi électrisé tout d'un coup. Oh ! pardieu ! pensa-t-il, c'est bien un vrai prince, je le vois maintenant ; mais je n'en dirai rien au père Menapace, car il me garderait mon sequin pour m'empêcher, soi-disant, de le dépenser mal à propos.

L'étranger s'était appuyé contre la muraille. (Page 53.)

Et il se mit à travailler avec une rapidité et une vigueur athlétique, bien résolu, si le pêcheur venait l'interrompre, de lui dire avec aplomb qu'il agissait d'après l'ordre direct de la signora.

Tous les pieux étaient plantés lorsque l'obstiné personnage, dont l'approche causait une sueur froide au prince, arriva jusqu'à cette démarcation, et s'y arrêta, les bras croisés sur sa poitrine, les yeux fixés devant lui, dans la direction du prolongement de la grève, et sans paraître cependant faire aucune attention au prince ni à Biffi.

Cette préoccupation était au moins bizarre, car il n'était séparé d'eux que par quelques piquets. Il ne semblait pourtant pas songer à franchir cette limite fraîchement marquée. C'était un homme jeune, d'une taille médiocre et d'une mise assez recherchée, sans être de trop bon goût; sa figure était admirablement belle, mais son regard fixe et son œil distrait annonçaient une espèce de fou, ou tout au moins de maniaque, à moins que ce ne fût un genre qu'il jugeait à propos de se donner.

Le prince, révolté d'abord de son audace, commençait à prendre de cet homme l'opinion qu'il ne savait réellement ni où il était, ni où il voulait aller, lorsque l'étranger, s'adressant à Biffi, lui dit d'une voix ronflante : « Mon ami, n'est-ce point là la villa Floriani ? »

— Oui, Monsieur, répondit le jeune homme sans se distraire de son travail.

Le prince dardait sur l'étranger le regard du lion qui défend sa proie. L'étranger jeta sur lui un regard de curiosité à peu près indifférente, et, sans s'inquiéter le moins du monde de l'expression de cette physionomie bouleversée, il se remit à contempler la grève à laquelle Karol tournait le dos.

Karol se retourna vivement, en pensant que Lucrezia s'avançait peut-être de ce côté, et que c'était son approche qui fascinait ainsi le voyageur; mais il ne vit sur la grève que les enfants et leur bonne.

En ce moment Stella sortait de la barque, et, soulevant son petit frère dans ses bras, elle lui disait : « Allons, Salvator, laissez-vous aider, Monsieur, ou bien vous tomberez dans l'eau. »

À l'idée que l'enfant pouvait tomber dans l'eau avant que la bonne l'eût rejoint, Karol, dont l'esprit douloureux était toujours aux aguets de quelque malheur, oublia l'étranger et courut vers la barque pour aider Stella; mais les deux enfants étaient déjà en sûreté sur le sable, et Karol, entendant marcher sur ses talons, se retourna et vit l'étranger derrière lui.

Il avait, sans façon, franchi la ligne fatale, et, sans daigner regarder le prince, il passa près de lui, fit un bond rapide vers les enfants, et prit le petit Salvator dans ses bras, comme s'il eût voulu l'enlever.

Par un mouvement spontané, le prince Karol et Antonia s'élancèrent sur l'étranger. Karol le saisit par le bras avec une vigueur dont l'indignation décuplait la portée naturelle, et Biffi, armé de sa serpe, approcha de manière à prêter main-forte, au besoin, contre l'étranger.

Celui-ci ne leur répondit que par un sourire de dédain; mais Stella fut la seule qui ne montra aucune terreur :

— Vous êtes fous! s'écria-t-elle en riant. Je connais bien ce monsieur, il ne veut faire aucun mal à Salvator, car il l'aime beaucoup. Je vais avertir maman que vous êtes là, ajouta-t-elle en s'adressant au voyageur.

— Non, mon enfant, répondit ce dernier, c'est fort inutile. Salvator ne me reconnaît pas, et je fais peur ici à tout le monde. On croit que je veux l'enlever. Tiens, ajouta-t-il en lui rendant son jeune frère, ne te dérange pas. Je ne désire qu'une chose, c'est de vous regarder encore un instant, et puis je m'en irai.

— Maman ne vous laissera pas partir sans vous dire bonjour, reprit la petite.

— Non, non, je n'ai pas le temps de m'arrêter, dit l'étranger visiblement troublé; tu diras à ta mère que je la salue... Elle se porte bien, ta mère?

— Très-bien, elle est à la maison. N'est-ce pas que Salvator a beaucoup grandi?

— Et embelli! répondit l'étranger. C'est un ange! Ah! s'il voulait me laisser l'embrasser!... Mais il a peur de moi, et je ne veux pas le faire pleurer.

— Salvator, dit la petite, embrassez donc monsieur. C'est votre bon ami, que vous avez oublié! Allons, mettez vos petits bras à son cou. Vous aurez du bonbon, et je dirai à maman que vous avez été très-aimable.

L'enfant céda, et après avoir embrassé l'étranger, il redemanda ses coquillages et ses cailloux et se remit à jouer sur le sable.

L'étranger s'était appuyé contre la nacelle; il regardait l'enfant avec des yeux pleins de larmes. Le prince, la bonne et Biffi, qui le surveillaient attentivement, semblaient invisibles pour lui.

Cependant, au bout de quelques instants, il parut remarquer leur présence et sourit de l'anxiété qui se peignait encore sur leurs figures. Celle de Karol attira surtout son attention, et il fit un mouvement pour se rapprocher de lui.

— Monsieur, lui dit-il, n'est-ce point au prince de Roswald que j'ai l'honneur de parler?

Et, sur un signe affirmatif du prince, il ajouta : « Vous commandez ici, et moi, je ne connais dans cette maison, probablement, que les enfants et leur mère; ayez l'obligeance de dire à ces braves serviteurs de s'éloigner un peu, afin que j'aie l'honneur de vous dire quelques mots. »

— Monsieur, répondit le prince en l'emmenant à quelques pas de là, il me paraît plus simple de nous éloigner nous-mêmes; car je ne commande point ici, comme vous le prétendez, et je n'ai que les droits d'un ami. Mais ils suffisent pour que je regarde comme un devoir de vous faire une observation. Vous n'êtes pas entré ici régulièrement, et vous n'y pouvez rester davantage sans l'autorisation de la maîtresse du logis. Vous avez franchi une palissade, non achevée, il est vrai, mais que la bienséance vous commandait de respecter. Veuillez vous retirer par où vous êtes venu et vous présenter sous votre nom à la grille du parc. Si la signora Floriani juge à propos de vous recevoir, vous ne risquerez plus de rencontrer chez elle des personnes disposées à vous en faire sortir.

— Épargnez-vous le rôle que vous jouez, Monsieur, répondit l'étranger avec hauteur; il est ridicule. Et, voyant étinceler les yeux du prince, il ajouta avec une douceur railleuse : « Ce rôle serait indigne d'un homme généreux comme vous, si vous saviez qui je suis; écoutez-moi, vous allez vous en convaincre par vous-même. »

XXV.

— Je m'appelle, poursuivit l'étranger en baissant la voix, Onorio Vandoni, et je suis le père de ce bel enfant dont vous voilà désormais constitué le gardien. Mais vous n'avez pas le droit de m'empêcher d'embrasser mon fils, et vous le réclameriez en vain, ce droit que je vous refuserais par la force si la persuasion ne suffisait plus. Vous pensez bien que, lorsque la signora Floriani a cru devoir rompre les liens qui nous unissaient, il m'eût été facile de réclamer, ou du moins de lui contester la possession de mon enfant. Mais à Dieu ne plaise que j'aie voulu le priver, dans un âge aussi tendre, des soins d'une femme dont le dévouement maternel est incomparable! Je me suis soumis en silence à l'arrêt qui me séparait de lui, je n'ai consulté que son intérêt et le soin de son bonheur. Mais ne pensez pas que j'aie consenti à le perdre à jamais de vue. De loin, comme de près, je l'ai toujours surveillé, je le surveillerai toujours. Tant qu'il vivra avec sa mère, je sais qu'il sera heureux. Mais s'il la perdait, ou si quelque circonstance imprévue engageait la signora à se séparer de lui, je reparaîtrais pour le zèle et l'autorité de mon rôle de père. Nous n'en sommes point là. Je sais ce qui se passe ici. Le hasard et un peu d'adresse de ma part m'ont appris que vous étiez l'heureux amant de la Lucrezia. Je vous plains de votre bonheur, Monsieur! car elle n'est point une femme qu'on puisse aimer à demi, et qu'on puisse se consoler de perdre!... Mais ce n'est point de cela qu'il s'agit. Il ne s'agit que de l'enfant... je sais que je n'ai plus le droit de parler de la mère. Je me suis donc assuré de vos bons sentiments pour lui, de la douceur et de la dignité de votre caractère. Je sais... ceci va vous étonner, car vous croyez vos secrets bien enfermés dans cette retraite que vous gardez avec jalousie, et que vous étiez en train de palissader vous-même, quand j'ai osé enjamber vos fortifications! Eh bien, apprenez qu'il n'est point de secrets de famille qui échappent à l'observation des valets... Je sais que vous voulez épouser Lucrezin Floriani, et que Lucrezia Floriani n'accepte pas encore votre dévouement. Je sais que vous auriez servi volontiers de père à ses enfants. Je vous en remercie pour mon compte, mais je vous aurais délivré de ce soin en ce qui concerne mon fils, et si la signora venait à se laisser fléchir par vos instances, vous pouvez compter toujours sur trois enfants et non sur quatre.

« Ce que je vous dis ici, Monsieur, ce n'est point pour que vous le répétiez à Lucrezia. Cela ressemblerait à une menace ma part, à une lâche tentative pour m'opposer au succès de votre entreprise. Mais si j'évite ses regards, si je ne vais pas chercher le douloureux et dangereux plaisir de la voir, je ne veux pas que vous vous méprenez sur les motifs de ma prudence. Il est bon, au contraire, que vous les connaissiez. Vous voyez, qu'en dépit de vos retranchements, il m'était bien facile de pénétrer ici, de voir mon fils et même de l'enlever. Si j'y étais venu avec une pareille résolution, j'y aurais mis plus d'audace ou plus d'habileté. Je ne comptais pas avoir le plaisir de causer avec vous en approchant de cette maison, et en me laissant fasciner par la vue de mon enfant... que j'ai reconnu... ah! presque d'une lieue de distance, et lorsqu'il ne m'apparaissait que comme un point noir sur la grève! Cher enfant!... Je ne dirai pas : *Pauvre enfant!* Il est heureux, il est aimé... Mais je m'en vais en me disant : Pauvre père! pourquoi n'as-tu pas pu être aimé aussi? Adieu, Monsieur! je suis charmé d'avoir fait connaissance avec vous, et je vous laisse le soin de raconter, comme il vous conviendra, cette bizarre entrevue. Je ne l'ai point provoquée, je ne la regrette pas. Je ne sens point de haine contre vous; j'aime à croire que vous méritez mieux votre félicité que je n'ai mérité mon infortune. La destinée est une femme capricieuse qu'on maudit parfois, mais qu'on invoque toujours! »

Vandoni parla encore quelque temps avec plus de facilité que de suite, et avec plus de franchise que de chaleur. Cependant, lorsqu'il eut embrassé son fils une dernière fois, sans rien dire, il parut profondément ému.

Mais, tout aussitôt, il salua le prince avec l'aplomb obséquieux et railleur du comédien, et il s'éloigna, sans se retourner, jusqu'à la palissade où Biffi s'était remis à travailler. Là, il s'arrêta encore assez longtemps pour regarder l'enfant, puis enfin il salua de nouveau le prince, et se remit en marche.

Outre l'émotion fâcheuse et le désagrément insupportable d'une pareille rencontre, la figure, la voix, la tournure et le discours de cet homme, quoique annonçant une grande bonté et une grande loyauté naturelles, n'excitèrent chez Karol qu'une antipathie prononcée. Vandoni était beau, assez instruit, et d'une honnêteté à toute épreuve; mais tout en lui sentait le théâtre, et il fallait l'habitude que la Floriani avait de fréquenter des comédiens encore plus affectés et plus ampoulés, pour qu'elle ne se fût jamais aperçue de ce qui choquait tant le prince à la première vue, à savoir cette affectation de solennité, qui trahissait l'étude à chaque pas, à chaque mot. Vandoni était un mélange d'emphase et de naïveté assez difficile à définir. La nature l'avait fait ce qu'il voulait paraître; mais, ainsi qu'il arrive aux artistes secondaires, l'art lui était devenu une seconde nature. Il était sincèrement généreux et délicat, mais il ne pouvait plus se contenter de l'être par le fait; il avait besoin de le dire et de confier ses sentiments comme il récitait un monologue sur la scène. Tandis que les comédiens de premier ordre portent leur âme dans leur rôle, ceux qui n'ont qu'une médiocre inspiration ramènent leur rôle dans la vie privée et le jouent sans en avoir conscience, à tous les instants du jour.

En raison de cette infirmité, le bon Vandoni avait l'extérieur moins sérieux que ses sentiments, et il ôtait à ses paroles le poids qu'elles eussent eu par elles-mêmes, s'il ne les eût débitées avec un soin trop consciencieux. Tandis que les inflexions justes et la prononciation nette de la Floriani partaient d'elle-même et d'elle seule, la prononciation nette et les inflexions justes de Vandoni sentaient la leçon du professeur. Il en était de même de sa démarche, de son geste et de l'expression de sa physionomie. Tout cela sentait le miroir. Il est bien vrai que l'étude avait passé dans son être et dans son sang, et qu'il disait d'abondance ce qu'en d'autres temps il s'était péniblement étudié à bien dire. Mais la convention première de son début et de son attitude reparaissait toujours, et tandis que le bon goût de la causerie est d'atténuer dans la forme ce qu'on peut apporter de force dans le fond, son bon goût, à lui, consistait à tout faire ressortir et à ne rien laisser dans l'ombre.

Ainsi, en parlant de son amour paternel, il fit sentir trop l'attendrissement; en revendiquant ses droits de père et en parlant avec générosité à son rival, il se posa trop en héros de drame; en voulant paraître résigné à l'infidélité de sa maîtresse, il força trop l'intention et prit presque un air de roué qui était bien au-dessus de son courage. Joignez à tout cela une gêne secrète dont les artistes médiocres ne se débarrassent jamais moins que lorsqu'ils cherchent l'aisance, et vous vous expliquerez ce sourire incertain, que Karol prit pour le comble de l'impertinence, ce regard parfois troublé, qu'il attribua à l'hébêtement de la débauche, enfin, ces gestes arrondis qu'il fut tenté de souffleter.

Pourtant, cette impression personnelle du prince Karol en contact avec le comédien Vandoni, était toute relative. Leurs défauts à tous deux étaient si opposés, qu'à les voir ensemble il eût fallu condamner tour à tour deux caractères qu'on eût acceptés isolément. Le prince péchait par excès de réserve, et, à force de haïr tout ce qui, dans la forme, pouvait être taxé de la plus légère exagération, il avait, par moments, une raideur glaciale un peu désobligeante. Vandoni, au contraire, ne voulait passer devant personne sans lui laisser une certaine opinion de son mérite. Ses yeux ne cherchaient pas, comme ceux du prince, à éviter l'insulte d'un regard curieux, ils cherchaient ce regard et l'interrogeaient pour juger de l'effet produit. Quand l'effet lui paraissait manqué, il s'obstinait, afin d'en trouver un meilleur; mais comme il n'avait pas cette vivacité d'esprit qu'ont les grands comédiens, les grands avocats et les grands causeurs pour faire naître l'occasion de se manifester et de se développer, il restait souvent à côté de son effet.

Il n'était pourtant rien de tout ce que le prince voulut supposer, d'après sa manière d'être. Il n'était ni borné, ni hâbleur, ni débauché, ni insolent. C'était plutôt une nature bienveillante, quoique assez personnelle, sincère quoique un peu vaine, sobre et douce, bien que portée, dans l'occasion, à se targuer du contraire. Il avait eu le malheur d'aspirer toujours à plus de célébrité qu'il n'en pouvait avoir. Sa passion était de jouer les premiers rôles; il n'y était jamais parvenu. Alors, voulant faire valoir les emplois effacés qui lui étaient confiés, il avait joué trop en conscience les rôles de père noble, de druide, de confident ou de capitaine des gardes. C'est un grand tort que de vouloir attirer trop l'attention sur les parties d'un ouvrage dramatique que l'auteur a placées au second plan. S'il y avait un endroit faible, voire une platitude dans son rôle, Vandoni la faisait impitoyablement ressortir, et il était tout étonné d'avoir fait siffler le poëte qu'il avait cru servir de tout son zèle et de tous ses moyens.

En outre, il était petit et voulait paraître grand. Il avait une de ces belles voix de basse-taille qui ne peuvent varier leurs inflexions et que la nature a condamnées à une sonorité monotone. Il tirait vanité d'avoir un plus beau timbre que tel ou tel acteur en renom et ne se disait pas qu'une voix éraillée conduite par le génie est plus sympathique et plus puissante qu'un vigoureux instrument obéissant à un souffle vulgaire. Ce bon Vandoni il s'en allait pensant avoir remis à sa place, avec beaucoup de finesse, de mesure et de dignité, l'orgueil jaloux du petit prince de Roswald; et le prince de Roswald haussait les épaules en le voyant partir, se demandant avec une profonde douleur comment la Floriani avait pu souffrir un seul jour l'intimité d'un homme si ridicule et médiocre.

Hélas! Karol n'était pas, à cet égard, au bout de ses peines, car Vandoni ne se retirait pas pleinement satisfait de *son effet*. Il regrettait de n'avoir pas rencontré Lucrezia pour lui montrer un détachement philosophique ou une fierté magnanime qu'il n'avait pu feindre dans les premiers moments de leur rupture. Il regrettait d'avoir laissé à cette femme si forte l'idée qu'il ne l'était pas autant qu'elle, et tout ce qu'il y avait eu de naïf et de touchant dans ses larmes et dans sa colère, il voulait l'effacer par quelque scène de gloriole miséricordieuse qui lui paraissait d'un plus beau style.

Il ralentissait donc le pas, à mesure qu'il s'éloignait, sachant bien qu'il faut aider le hasard, et le hasard le plus aisé à prévoir aida sa petite ruse. Il était encore en vue lorsque la Floriani descendit sur la grève. Et que venait-elle faire sur cette grève, au lieu de rester dans son boudoir à causer avec le comte Albani? C'est qu'elle avait fini de causer, c'est qu'elle avait triomphé de la résistance de ce dernier, c'est qu'elle venait dire au prince : Vous l'emportez; je vous aime trop pour persister à vous faire souffrir. Soyez mon époux. J'expose mon amour maternel à de rudes combats, je brave l'avenir, j'étouffe le cri de ma conscience, mais je me damnerai pour vous s'il le faut!

Mais, de même qu'on se brise les mains et la tête en courant avec transport vers une porte que l'on compte franchir et qui se trouve fermée, de même la Floriani se heurta et resta comme terrassée en rencontrant la figure froide et chagrine de son amant. Il la salua avec la courtoisie d'un respect passé à l'état de système; mais son regard semblait lui dire : « Femme, qu'y a-t-il de commun entre vous et moi? »

Jamais encore il ne s'était montré à elle aussi triste; et comme, chez les natures qui ne veulent pas se livrer,

la tristesse prend l'apparence du dédain, elle fut épouvantée de l'expression de son visage. Elle regarda autour d'elle comme pour demander aux objets extérieurs la cause de cette révolution funeste. Elle vit Vandoni à distance. Elle pensait si peu à lui qu'elle ne le reconnut point; mais Stella courut à elle pour le lui désigner. « M. Vandoni s'en va, il n'a pas voulu que je t'appelle [1]; il dit qu'il n'a pas le temps de s'arrêter. Sans doute il reviendra; il a demandé comment tu te portais; il a embrassé Salvator, il a pleuré. On dirait qu'il ne beaucoup de chagrin. Au reste, il a causé avec le prince, qui te racontera tout cela. Moi, je n'en sais pas davantage. »
Et l'enfant retourna jouer avec son frère.

La Lucrezia regarda alternativement le prince et Vandoni. Vandoni s'était retourné, il la voyait; mais il affectait d'être toujours absorbé par la vue de son fils. Le prince s'était détourné avec une sorte de dégoût à l'idée que la Floriani allait rappeler son ancien amant et le lui présenter peut-être.

Elle comprit fort bien tout ce qui se passait, et ne s'étonna plus de l'angoisse de Karol. Mais elle savait, ou du moins elle croyait que, d'un mot, elle pouvait la faire cesser, tandis que Vandoni s'en allait humilié et brisé, sans doute. Il s'en allait discrètement, sans avoir eu le temps de reconnaître et de caresser son fils. Elle s'imagina qu'il souffrirait énormément, tandis qu'il ne souffrait réellement pas beaucoup dans ce moment-là. Il avait bien des entrailles paternelles, et quand il était seul et qu'il pensait à Salvator, il pleurait de bonne foi. Mais, en présence de son rival et de son infidèle, il avait un rôle à soutenir, et, comme il arrive toujours aux acteurs sur la scène, le monde réel disparaissait devant l'émotion du monde fictif.

La Floriani était trop vraie, trop aimante, trop généreuse pour se rendre compte de ce qu'il éprouvait alors. Elle ne sentit qu'une immense compassion, l'horreur d'imposer le malheur et la honte à un homme qui l'avait beaucoup aimée et qu'elle s'était efforcée d'aimer aussi. Elle comprit bien ce qu'elle allait faire irriterait profondément Karol; mais elle se dit qu'avec la réflexion, non-seulement il lui pardonnerait, mais encore il approuverait son mouvement. Le cœur raisonne vite, et, quand il est poussé par la conscience, il sacrifie sans hésiter toute répugnance et tout intérêt personnel. Elle courut vers la palissade, appela Vandoni d'une voix assurée, et, quand il se fut retourné pour venir à elle, elle fit quelques pas au-devant lui, lui tendit la main et l'embrassa cordialement.

Certes, Vandoni fut touché d'un élan si généreux et si hardi. Il avait espéré trouver une petite vengeance dans la confusion de Lucrezia en présence de son nouvel amant. Il n'avait pas compté qu'elle le rappellerait; c'est pourquoi il avait été bien aise de se faire voir le plus longtemps possible pour prolonger la souffrance de son rival. Mais le cœur de la Floriani était bien au-dessus de toutes ces petitesses, et l'on ne le fait pas rougir une femme profondément sincère et vaillante. Vandoni oublia son rôle, et couvrit de baisers et de larmes les mains de son infidèle. Il ne jouait plus le drame, il était vaincu.

— Je ne te permets pas de nous quitter ainsi, lui dit la Lucrezia avec une fermeté aimable et affectueuse. Je ne sais d'où tu viens; mais fatigué ou non, tu te reposeras ici, tu verras Salvator à ton aise. Nous causerons de lui ensemble, et nous nous quitterons cette fois plus tranquilles et meilleurs amis qu'auparavant. Tu le veux, n'est-ce pas, mon ami? Nous avons été frères. Voici le moment de le redevenir.

— Mais le prince de Roswald?... dit Vandoni en baissant la voix.

— Tu crois qu'il sera jaloux? Pas de fatuité, Vandoni! il ne sera point. Mais tu verras qu'il n'a point entendu dire de mal de toi ici, et que tu as droit à ses égards et à son estime.

[1]. L'auteur sait très-bien que l'enfant aurait dû dire *appelasse*, mais l'enfant ne l'a point dit.

— A sa place, je n'aurais jamais souffert qu'un ancien amant...

— Apparemment il vaut mieux que toi, mon ami! Il est plus confiant et plus généreux que tu ne l'étais à mon égard. Viens, je veux te présenter à lui.

— C'est inutile! dit Vandoni qui se sentait faible et attendri, et qui ne pouvait se résoudre à se montrer naturellement à son rival. Je me suis déjà présenté moi-même. Il a été fort poli. Mais tu veux donc absolument que j'entre chez toi? C'est insensé!

Lucrezia ne lui répondit qu'en lui montrant Salvator. Il céda, moitié par tendresse, moitié par malice.

XXVI.

S'il n'est guère d'hommes qui puissent se résigner à voir face à face celui qui les remplace dans le cœur d'une maîtresse, sans désirer d'en tirer un peu de vengeance, il n'est guère de femmes non plus qui se hasardent, sans un peu de trouble, à mettre ces deux hommes en présence.

Pourtant la Floriani n'éprouva pas le secret malaise qui accompagne de pareilles rencontres. Pourquoi l'eût-elle éprouvé, lorsque, toute sa vie, elle avait joué cartes sur table avec une franchise sans bornes? Il ne s'agissait point là de payer d'audace ou d'habileté pour ménager deux rivaux également trompés. Il y avait un amant avoué dans le présent et un amant avoué dans le passé. Si la passion pouvait être un peu philosophe, l'amant heureux serait plein de courtoisie et de générosité pour l'amant délaissé; mais elle ne l'est pas du tout : elle voudrait accaparer le passé comme le présent et comme l'avenir. Elle s'alarme d'un souvenir, et en cela elle raisonne fort mal; car, en amour, rien n'est moins tentant que de retourner au passé, rien n'est moins dangereux que la vue d'un être qu'on a quitté volontairement et par lassitude.

Malheureusement personne ne connaissait moins le cœur humain que le prince Karol. Le sien était unique en son genre, et chaque fois qu'il voulait rapporter les pensées d'autrui aux siennes propres, il était certain qu'il devait se tromper. Il essaya de se représenter l'émotion qu'il éprouverait si la princesse Lucie venait à lui apparaître, et il s'imagina que si elle se présentait, comme le spectre de Banco, à la table de la Floriani, il tomberait foudroyé, non pas tant de frayeur que de remords et de regret. De là, il partit pour supposer que la Floriani ne pouvait pas revoir Vandoni en chair et en os sans éprouver aussi le regret violent de l'avoir brisé, et le remord d'appartenir sous ses yeux à un autre.

Or, il n'y avait pas de supposition plus injuste et plus absurde que celle-là. Lucrezia revoyait tous les petits travers, tous les innocents ridicules de Vandoni, avec des yeux qu'elle ne se faisait plus conscience d'ouvrir tout grands. Elle comparait cet être, dont elle n'avait jamais été très-enthousiasmée, avec celui qui lui causait un enthousiasme sans bornes. En réalité, d'ailleurs, la comparaison était tellement à l'avantage du prince, que, s'il eût pu lire dans l'âme de sa maîtresse, il aurait vu clairement que la présence de Vandoni redoublait la passion de Lucrezia pour lui-même.

Il ne sut pas comprendre le triomphe de sa position. Son inquiétude jalouse le rendit à cet égard trop modeste, tandis que, d'autre part, le peu de cas qu'il croyait devoir faire de Vandoni le rendait hautain, au point qu'il se sentait humilié de succéder à un pareil homme. Il ne sut pas cacher son dépit, son anxiété, son mortel déplaisir. Pendant que Vandoni soupait à côté de Lucrezia, il ne put tenir en place. Il sortit pour ne point le voir et l'entendre. Puis il rentra pour l'empêcher d'être entreprenant. Il ne fit qu'aller et venir, en proie à une fièvre terrible, évitant le regard tendre et rassurant de Lucrezia et dédaignant les avances de ce bon Vandoni, qui, grâce à lui, se croyait chargé du rôle de généreux.

Si c'est, comme je le crois, l'orgueil qui nous rend jaloux, il faut avouer que c'est un orgueil bien maladroit et bien inconséquent. Vandoni s'était promis d'abord d'inquiéter un peu son rival par un air de confiance et de familiarité avec Lucrezia. Mais il n'avait point réussi à se donner cet air-là. Il y avait, dans la tranquille bonté de la Floriani, quelque chose de si franc et de si digne, que tout l'art du comédien échouait devant cette absence d'art. Mais le prince prit si bien à tâche d'aider, par sa folie, à la démangeaison d'impertinence de Vandoni, que ce dernier se trouva vengé sans y avoir contribué le moins du monde. Il put se réjouir de voir les angoisses qu'il causait, et, à la fin du souper, il dit à Lucrezia, en suivant des yeux Karol qui sortait pour la dixième fois : « Vous vous vantiez, ma belle amie, ou plutôt vous vantiez votre charmant prince, en me disant qu'il valait mieux que moi, qu'il n'était point jaloux du passé, et qu'il ne souffrirait pas en me voyant. Il souffre au contraire, il souffre trop pour que je reste davantage. Adieu donc ! je m'en vais sur cette triste vérité qu'il n'y a point d'amant sublime, et que les ennuis que vous avez cru fuir en me quittant, vous les retrouvez avec un autre. Vous n'avez fait que mettre un beau visage brun à la place d'un visage blond qui n'était pas mal. Le changement est toujours un plaisir pour les femmes ! Mais convenez, à présent, que pour être jaloux de vous, je n'étais point un monstre, puisque voici votre nouveau Dieu, votre idole, votre ange, tourmenté par le même démon qui me rongeait le cœur. »

— Vandoni, répondit Lucrezia, j'ignore si le prince est jaloux de toi. J'espère que tu te trompes ; mais, comme je ne veux pas que tu m'accuses de feindre avec toi, supposons qu'il le soit en effet : qu'en veux-tu conclure ? Que j'ai eu tort de te quitter ? Ai-je fait ici un plaidoyer pour te prouver que j'avais eu raison ? Non ; je crois que le tort est toujours à celui qui veut se soustraire à la souffrance. J'ai eu ce tort : ne me l'as-tu point encore pardonné ?

— Ah ! qui pourrait garder du ressentiment contre toi ? dit Vandoni en lui baisant la main avec une émotion sincère. Je t'aime toujours, je serais toujours prêt à te consacrer ma vie, si tu voulais revenir à moi, même en ne m'aimant pas plus que par le passé !... car je ne me fais point illusion, tu ne m'as jamais aimé que d'amitié !

— Je ne t'ai, du moins, jamais trompé à cet égard, et j'ai fait mon possible pour n'être pas trop ingrate. Peut-être avions-nous une trop ancienne amitié l'un pour l'autre, peut-être nous sentions-nous trop frères pour être amants !

— Parle pour toi, cruelle ! moi...

— Toi, tu es un noble cœur, et, si tu crois faire souffrir en effet le prince, tu vas te retirer. Mais je ne veux pour rien au monde renoncer à ton amitié, et je compte la retrouver plus tard, quand les feux de la jeunesse auront fait place, chez le prince, au calme d'une paisible affection. La mienne pour toi, Vandoni, est fondée sur l'estime ; elle est à l'épreuve du temps et de l'absence. Il existe entre nous un lien indissoluble ; ma tendresse pour ton fils est un garant pour toi de celle que je te conserve.

— Mon fils ! Ah ! oui, parlons de mon fils, s'écria Vandoni redevenu tout à fait sérieux. Eh bien, Lucrezia, êtes-vous contente de moi ? Ai-je laissé voir à vos autres enfants que celui-là m'appartenait ? Ah ! quelle étrange position vous m'avez faite ! ne jamais entendre le nom de père sortir pour moi de la bouche de mon fils !

— Vandoni, votre fils sait à peine parler, et ne sait encore que votre nom et celui de ses frères. Je ne savais pas si nous nous reverrions jamais... Maintenant, si vous êtes calme, si vous avez pris une décision importante, parlez ! Sous quel nom et dans quelles idées dois-je l'élever ?

— Ah ! Lucrezia, vous savez ma faiblesse pour vous, mon dévouement aveugle, ma lâche soumission, devrais-je dire ! Si vous ne devez pas vous marier, que votre volonté soit faite, que mon fils porte votre nom, et qu'il me soit seulement permis de le voir et d'être son meilleur ami, après vous. Mais si vous devez devenir princesse de Roswald, j'exige que mon enfant me soit rendu. J'aime mieux lui voir partager ma vie errante et mon sort précaire que d'abandonner mon autorité et mes devoirs à un étranger.

— Mon ami, reprit Lucrezia, il y a plus d'orgueil que de tendresse dans cette résolution, et je n'emploierai qu'un seul argument pour la combattre. En supposant que je me marie demain, Salvator est encore, pour huit ou dix ans, au moins, un petit enfant, et les soins d'une femme lui sont nécessaires. A quelle femme le confierez-vous donc ? Avez-vous une sœur, une mère ? Non ! vous ne pourrez le confier qu'à une maîtresse ou à une servante ! Croyez-vous qu'il soit aussi bien soigné, aussi bien élevé, aussi heureux qu'avec moi ? Dormirez-vous tranquille, quand, forcé de vous rendre à la répétition tout le jour, et à la représentation tout le soir, vous laisserez ce pauvre enfant à la merci d'une servante infidèle ou d'une marâtre haineuse ?

— Non, sans doute ! dit Vandoni en soupirant, vous avez raison. De ce que vous êtes riche, indépendante et célèbre, vous avez tous les droits, tous les pouvoirs, même celui de chasser le père et de garder l'enfant.

— Vandoni ! tu me fais mal, répondit Lucrezia, ne parle point ainsi. Veux-tu que j'assure, dès à présent, à notre enfant, une partie de ma fortune, dont tu auras la tutelle et la direction ? Veux-tu surveiller son éducation, être consulté sur tous les détails, régler son avenir ? J'y consens avec joie, pourvu que tu le laisses près de moi et que tu me charges d'être le pouvoir exécutif de tes volontés. Je suis bien sûre que nous nous entendrons sur tous les points, dans l'intérêt d'un être qui nous est plus cher que la vie.

— Non ! non ! Pas d'aumône ! s'écria Vandoni ; je ne suis point un lâche, et je mourrai à l'hôpital avant d'accepter de toi un secours déguisé sous un nom, sous une forme quelconque. Garde l'enfant ! garde-le tout entier. Je sais bien qu'il ne connaîtra et n'aimera que toi ! Ce serait bien vainement qu'un jour je viendrais le réclamer, lui dire qu'il m'appartient, qu'il est forcé de me suivre : il ne se séparera jamais volontairement d'une mère telle que toi ! Allons, le sort en est jeté, je vois que tu vas devenir princesse.

— Rien n'est décidé à cet égard, mon ami, je te le jure, et je te jure surtout, par ce qu'il y a de plus sacré, par ton honneur et par ton fils, que si tu mets à mon mariage la condition que je me séparerai de cet enfant, je ne me marierai jamais !

— Tu es donc toujours la même, ô femme étrange et admirable ! s'écria Vandoni exalté. Tu es donc toujours mère avant tout ! Tu préfères donc toujours tes enfants à la gloire, à la richesse, à l'amour même !

— A la richesse et à la gloire, très-certainement, répondit-elle avec un sourire calme. Quant à l'amour, dans ce moment-ci, il n'ose te répondre ; mais ce qu'il y a de certain, c'est que je connais mon devoir, et que mon premier devoir c'est celui de tout sacrifier, même l'amour, à ces enfants de l'amour. Le plus épris, le plus fidèle des amants peut se consoler, mais des enfants ne retrouvent jamais une mère.

— Eh bien, je pars tranquille, dit Vandoni en lui serrant la main, et je n'exige plus de toi qu'une promesse. Jure-moi de ne point épouser le prince si charmant, mais si jaloux, avant un an d'ici ! Je ne puis me persuader qu'il soit meilleur que moi et qu'il voie toujours d'un œil calme ces gages de tes amours passées. Je connais la clairvoyance, la fermeté et la promptitude de tes sacrifices quand le sort de tes enfants te semble compromis. Je sais fort bien pourquoi tu n'as pu me supporter longtemps ! c'est que j'avais beau faire, je détestais la ressemblance de la Béatrice avec le misérable Tealdo Soavi. Eh bien, d'ici à un an, le prince de Roswald détestera Salvator, si ce n'est déjà fait ; si aujourd'hui, peut-être, la vue de cet enfant ne lui est pas déjà insupportable. Pas d'entraînement trop subit, pas de coups de tête, je t'en supplie, ma chère Lucrezia ! et tu resteras toujours libre, car je m'en rends bien compte, maintenant que je suis sage et désintéressé dans la question : la liberté absolue est le seul état qui te convienne, et la tendre mère de quatre enfants et l'amour ne doit pas confier leur sort à la vertu d'un mari, quelque assurée qu'elle soit.

— Je crois que tu as raison, dit Lucrezia, et j'entends avec plaisir la voix calme de mon ancien ami. Sois tranquille, frère ! ta vieille camarade, la sœur fidèle n'exposera pas, dans un moment d'enthousiasme, l'avenir des enfants qu'elle adore.

— Maintenant, adieu ! dit Vandoni en la pressant sur son cœur avec une tendresse chaste et profonde. Adieu, l'être que j'aime encore le mieux sur la terre ! Je ne te reverrai pas de si tôt, peut-être. Je ne chercherai pas à te revoir; je vois que je troublerais tes amours, et je t'avoue que je ne suis pas assez fort pour les voir sans souffrir. Quand tu auras un intervalle de repos et de liberté, à travers tes sublimes et folles passions, appelle-moi un instant à tes pieds ; j'y resterai docile et soumis, heureux de te voir et d'embrasser mon fils, jusqu'à ce que tu me dises comme aujourd'hui : « Va-t'en, j'aime, et ce n'est pas toi ! »

Si Vandoni était brusquement parti sur ce noble épanchement, il eût été ce que Dieu l'avait fait, un bon esprit et un bon cœur. Si, au lieu de courir le monde d'émotions factices que lui imposait son emploi, il eût pu demeurer quelque temps dans cette disposition chaleureuse et vraie, il eût reparu transformé sur la scène, et le public eût peut-être été fort surpris d'avoir à applaudir un excellent artiste, au lieu de sourire patiemment aux froides et correctes déclamations d'un comédien *utile*.

Mais on n'évite point sa destinée, et le prince Karol reparaissant tout à coup, Vandoni retrouva tout à coup son affectation. Il voulut lui faire un discours d'adieux, dans lequel il s'efforçait d'insinuer délicatement les idées et les sentiments dont l'empire desquels il venait de se trouver. Il échoua complètement; il ne dit que des choses embrouillées, sans goût, sans suite, et, passant du grave au doux, du plaisant au sévère, il fut tour à tour emphatique et trivial, pédant et ridicule.

Il est vrai que l'air hautain et impatient du prince, ses réponses sèches et ses saluts ironiques étaient faits pour démonter un acteur plus habile que Vandoni. Ce dernier vit bien qu'il manquait son effet; et, se rejetant sur l'aplomb maladroit du comédien sifflé, il se retourna vers la Floriani, en lui disant d'un air un peu débraillé : « Ma foi, je crois que je *pataugo*, et que je ferai bien d'en rester là, si je ne veux m'*enfoncer* tout à fait, et te faire rougir de ton pauvre camarade. N'importe, tu parleras à ma place quand je serai parti, et tu diras que ton ami est un bon diable, qui ne veut faire de peine à personne. » Quelle chute !

Salvator Albani, qui avait occupé ces deux heures à tâcher de distraire Karol, s'empressa, avec sa bienveillance accoutumée, de passer sur toutes ces misères l'éponge de la politesse et de l'enjouement affectueux. Il prit Vandoni sous le bras, en lui disant qu'il était charmé d'avoir fait connaissance avec lui, qu'il irait le voir dans la première ville d'Italie où ils se retrouveraient ensemble ; enfin, qu'il allait lui tenir compagnie en se promenant avec lui jusqu'à Iseo, où Vandoni avait laissé son voiturin.

— Et le petit Salvator ? dit Vandoni au moment de partir. Je ne le reverrai donc pas ?

— Il est endormi, répondit Lucrezia. Viens lui dire bonsoir.

— Non, non ! reprit-il à voix basse, mais de manière à être entendu du prince et du comte : cela m'ôterait le peu de courage que j'ai !

Il fut assez content de l'intonation de cette dernière parole et du mouvement qu'il fit en s'arrachant de la maison. C'était un petit effet, mais il était juste, et, pour tous les enfants de son art, il n'eût pas voulu ne pas sortir brusquement sur cet effet-là.

— A moins que le prince ne soit un âne, pensa-t-il, il ne pourra douter que je n'aie dans le caractère un certain héroïsme naturel, qui me rend bien supérieur aux emplois secondaires où me réduisent l'injustice du public et la jalousie des concurrents.

La faiblesse secrète du pauvre Vandoni était de se croire né pour de plus hautes destinées, et, quand il commençait à se lier avec quelqu'un, il ne manquait pas de lui raconter toutes les intrigues de coulisses dont il se regardait comme victime. Il n'en fit point grâce au comte Albani durant le trajet à pied qu'ils parcoururent ensemble. Salvator l'encourageant par sa complaisance et se dévouant à cet ennui capital pour laisser à Karol et à Lucrezia le loisir de s'expliquer, Vandoni lui exposa toutes les traverses de sa vie de théâtre, et ne put même résister au désir de réciter à pleine voix, sur la grève, des fragments d'Alfieri et de Goldoni, pour lui montrer de quelle manière il eût pu s'acquitter des premiers rôles.

Pendant que Salvator subissait cette épreuve, Karol, assis dans un coin du salon, gardait un silence obstiné, et la Floriani cherchait à entamer une conversation qui les amènerait à de mutuels épanchements. Elle n'avait pas encore pénétré le fond de son âme à l'endroit de la jalousie, et, malgré les avertissements de Vandoni, elle se refusait à y croire. Comme il n'entrait pas dans ses instincts de franchise de tourner longtemps autour du sujet qui l'intéressait, elle se leva, s'approcha du prince, et lui prenant la main avec force : « Vous êtes mortellement triste ce soir, lui dit-elle, et j'en veux savoir la cause. Vous tremblez ! Vous êtes malade ou vous souffrez d'un secret chagrin. Karol, votre silence me fait mal, parlez ! Je vous l'ordonne au nom de l'amour, ou je vous le demande à genoux, répondez-moi. Est-ce ma persistance à refuser d'unir mon sort au vôtre qui vous affecte ainsi, et ne prendrez-vous jamais votre parti à cet égard ?... Eh bien ! Karol, s'il en est ainsi, je céderai ; je ne vous demande qu'une année de réflexions de votre part...

— Vous avez été très-bien conseillée par votre ami M. Vandoni, répondit le prince, et je dois lui savoir un gré infini de son intervention. Mais vous me permettrez de ne pas me soumettre aux conditions que vous daignez me faire de sa part. Je vous demande la permission de me retirer. Je suis un peu fatigué des déclamations que j'ai entendues ce soir. Peut-être m'y habituerai-je si vos amis redeviennent assidus chez vous. Mais ce n'est pas encore fait, et j'ai la tête brisée. Quant aux persécutions que je vous ai fait subir, et dont vous devez être bien lasse vous-même, je vous supplie de les oublier, et de croire que je respecterai assez votre repos désormais pour ne plus les renouveler.

En parlant ainsi d'un ton glacial, Karol se leva, et, saluant très-profondément la Floriani, il alla s'enfermer dans sa chambre.

XXVII.

De toutes les colères, de toutes les vengeances, la plus noire, la plus atroce, la plus poignante est celle qui reste froide et polie. Quand vous verrez un être se maîtriser à ce point, dites, si vous voulez, qu'il est grand et fort, mais ne dites point qu'il est tendre et bon. J'aime mieux la grossièreté du paysan jaloux, qui bat sa femme, que la dignité glacée du prince qui déchire sans sourciller le cœur de sa maîtresse. J'aime mieux l'enfant qui égratigne et mord, que celui qui boude en silence. Soyons emportés, violents, malappris, disons-nous des injures, cassons les glaces et les pendules, je le veux bien : ce sera absurde, mais cela ne prouvera point que nous nous haïssons. Au lieu que si nous nous tournons le dos fort poliment en nous séparant sur une parole amère et dédaigneuse, nous sommes perdus, et tout ce que nous ferons pour nous raccommoder nous brouillera davantage.

Voilà ce que pensait la Floriani restée seule et stupéfaite. Quoique fort douce à l'habitude, elle avait eu de grands accès d'indignation dans sa vie. Elle s'était alors abandonnée à la violence de son chagrin, elle avait maudit, elle avait cassé, elle avait peut-être juré, je n'en répondrais pas ; elle était la fille d'un pêcheur, et d'un pays où les serments par le corps de Bacchus et celui de la madone, par le sang de Diane et par celui du Christ, font à tout propos intervenir le ciel chrétien et païen dans les agitations de la vie domestique. Mais ce qu'il y a de certain, c'est qu'elle n'avait jamais cru repousser et chasser de son cœur, d'une manière absolue et subite, les êtres qu'elle aimait assez pour s'irriter contre eux. Elle ne comprenait donc absolument rien à ces colères froides et pâles, qui ressemblent à un détachement antihumain, à un stoïcisme odieux, à un abandon éternel. Elle resta plus d'un quart d'heure, immobile, terrassée sous le coup des paroles inouïes de son amant.

Enfin elle se leva et marcha dans le salon, se demandant si elle venait de faire un rêve affreux, et si c'était bien Karol, cet homme qui, le matin encore, pleurait d'amour à ses pieds et semblait se consumer dans une extase divine, qui venait de lui parler ce langage d'un dépit guindé, digne des ruses puériles de la comédie, mais indigne, à coup sûr, d'une affection réelle, d'une passion sentie.

Incapable de supporter longtemps une angoisse de ce genre sans la comprendre, elle monta à la chambre du prince, frappa d'abord avec précaution, puis avec autorité, et enfin, voyant qu'on ne lui répondait pas et que la porte résistait, d'une main aussi forte que celle d'une mère qui va chercher son enfant au milieu des flammes, elle fit sauter le verrou et entra.

Karol était assis sur le bord de son lit, la figure tournée et enfoncée dans les coussins en lambeaux; ses manchettes, son mouchoir avaient été mis en pièces par ses ongles crispés et frémissants comme ceux d'un tigre; sa figure était effrayante de pâleur, ses yeux injectés de sang. Sa beauté avait disparu comme par un prestige infernal.

La souffrance extrême tournait chez lui à une rage d'autant plus difficile à contenir qu'il ne se connaissait pas cette faculté déplorable, et que, n'ayant jamais été contrarié, il ne savait point lutter contre lui-même.

La Floriani avait posé son flambeau près de lui. Elle avait écarté ses mains brûlantes de son visage, elle le regardait avec stupeur. Elle n'était point étonnée de voir un homme jaloux en proie à un accès de furie. Ce n'était pas un spectacle nouveau pour elle, et elle savait bien qu'on les voit en mourir bien. Mais voir cet être angélique réduit aux mêmes excès de violence et de faiblesse que Tealdo Soavi, ou tout autre de même trempe, c'était un tel contre-sens, une telle invraisemblance, qu'elle ne pouvait en croire ses yeux.

— Vous voulez m'humilier ou m'avilir jusqu'au bout! s'écria Karol en la repoussant. Vous avez voulu voir jusqu'à quel point vous pouviez me faire descendre au-dessous de moi-même! Êtes-vous contente à présent? Auquel de vos amants allez-vous me comparer?

— Voilà des paroles bien amères, répondit la Floriani avec une douceur pleine de tristesse, je ne m'en offenserai point, parce que je vois qu'en effet vous n'êtes point vous-même dans ce moment-ci. Je m'attendais à vous trouver froid et méprisant comme tout à l'heure, et je venais, au nom de l'amour et de la vérité, vous demander compte de vos dédains, je suis consternée de vous trouver exaspéré comme vous l'êtes, et je ne crois pas que le triomphe que vous m'attribuez soit bien doux pour mon orgueil. Quel langage entre nous, Karol! ô mon Dieu; je ne sais donc pas, pour que vous doutiez de la douleur effroyable que j'éprouve à vous voir souffrir ainsi? mais, sans doute, si j'en suis la cause involontaire, je dois avoir en moi la puissance de la faire cesser. Dites-m'en le moyen, et s'il faut ma vie, ma raison, ma dignité, ma conscience, je les mettrai à vos pieds pour vous guérir et vous calmer. Parlez-moi, expliquez-vous, faites que je vous comprenne, voilà tout ce que je vous demande. Rester dans le doute et vous laisser subir ces tourments sans chercher à les adoucir, voilà ce qui m'est impossible, ce que vous n'obtiendrez jamais de moi. Ouvrez-moi donc ce cœur meurtri et malade, et si, pour m'y faire lire, il faut que vous m'accabliez de reproches et d'outrages, ne vous retenez pas, j'aime mieux cela que le silence, je ne m'offenserai de rien, je me justifierai avec douceur, avec soumission. Je vous demanderai pardon même, s'il le faut, quoique j'ignore absolument mes torts. Mais il faut qu'ils soient bien graves pour vous faire tant de mal. Répondez-moi, je vous le demande à genoux. »

Pour montrer tant de patience et de résignation, il fallait que la Floriani fût vaincue et terrassée par un amour immense, et tel qu'elle-même n'eût jamais cru pouvoir le ressentir après tant d'orages du même genre, après de si nombreuses déceptions, tant de fatigues de cœur et d'esprit, tant de dégoûts et de déboires. N'ayant jamais menti, s'étant dévouée et sacrifiée toujours, mais jamais avilie, ni même aventurée pour un intérêt personnel quelconque, elle avait une fierté ombrageuse, un orgueil réel; descendre à se justifier lui avait toujours paru au-dessus de ses forces, et le soupçon lui était une mortelle injure.

Pourtant elle s'humilia longtemps avec une mansuétude infinie devant ce malheureux enfant, qui ne voulait point parler parce qu'il ne le pouvait pas.

Qu'eût-il pu dire, en effet? Le désordre où sa raison était tombée était trop douloureux pour être volontaire. Suivre le conseil de Lucrezia, l'injurier, lui faire de sanglants reproches, l'eût soulagé sans doute; mais il n'avait pas la faculté de répandre ses tourments au dehors, parce qu'il n'avait pas l'égoïsme de vouloir les faire partager. Et puis, injurier sa maîtresse! il eût préféré la tuer; il se fût tué avec elle, emportant sa passion dans la tombe. Mais l'outrager en paroles, il lui semblait que s'il eût pu s'y résoudre, il l'aurait abandonnée devant Dieu et que Dieu les eût séparés dans l'éternité. Pour en venir là, il eût fallu ne plus l'aimer, et plus il souffrait par elle, plus il se sentait l'esclave de la passion.

Elle ne put que deviner ce qui se passait en lui, car il ne se révéla que par des réponses détournées et des réticences douloureuses. Il se défendait faiblement en apparence, mais, au fond, sa retenue était invincible, et le nom de Vandoni ne pouvait venir sur ses lèvres.

— Voyons, lui dit la Floriani lorsqu'elle fut au bout de sa patience et qu'elle eut épuisé toutes les forces de son amour à lui arracher quelques paroles vagues, d'une profondeur ou d'une obscurité effrayantes: « Voyons, mon pauvre ange, vous êtes jaloux et vous n'en voulez pas convenir? Vous, jaloux! Ah! qu'il m'est amer de le constater, moi, que vous avez habituée à planer, sur les ailes d'un amour sublime, au-dessus de toutes les misères humaines! Que vous me faites de mal, et que j'étais loin de croire cela possible de votre part! Ah! laissez-moi ne vous répondre que par des reproches douloureux et tristes. Vous ne voulez pas m'en faire; je le préférerais parce que je pourrais me disculper, au lieu que je suis réduite à chercher de quoi j'ai à me défendre. Mais avant de vous parler *raison*, puisqu'il le faut, laissez-moi me plaindre, laissez-moi pleurer! C'est le dernier cri de l'amour heureux qui s'exhale vers le ciel d'où il vient descendu, et où il va retourner maintenant pour toujours! Laissez-moi vous dire que vous avez commis aujourd'hui un grand crime contre moi, contre vous-même et contre Dieu, qui avait béni notre confiance infinie l'un pour l'autre. Hélas! vous avez souillé par le soupçon la passion la plus pure, la plus complète, la plus délicieuse de ma vie. Je n'avais jamais aimé, je n'avais jamais été heureuse; pourquoi m'arrachez-vous sitôt ma joie, mes délices? Vous m'avez entraînée dans le ciel, et vous me rejetez brutalement sur la terre! Mon Dieu, mon Dieu! je ne le méritais pas, je nageais avec toi dans l'empyrée. Je croyais à l'éternité de cette béatitude. Tout ce qui est de ce monde ne me paraissait plus que rêves et fantômes; excepté mes enfants, que j'emportais dans mes bras vers ce monde supérieur, je n'avais plus souci de rien... Et à présent, il faut descendre, il faut marcher sur les sentiers humains, se déchirer aux épines, se froisser contre les rochers... Allons, vous l'avez voulu. Parlons donc de ces choses-là, de Vandoni, de mon passé, et de ce que l'avenir peut me réserver de devoirs, d'embarras et d'ennuis. J'espérais les traverser seule, vous laissant calme et indifférent à ces misères, étrangères à notre passion. Le fardeau du travail et des devoirs d'ici-bas m'eût été léger si j'avais pu vous préserver d'y toucher.

Vous êtes mortellement triste ce soir. (Page 62.)

Vous ne vous en seriez pas seulement aperçu, si vous étiez resté vous-même, et si vous aviez conservé la suprême confiance qui nous faisait si forts et si purs!... Vous l'avez perdue, vous m'avez retiré le talisman qui m'eût rendue invulnérable à la douleur et à l'inquiétude. Je vais maintenant vous dire quelles obligations pèsent sur ma vie réelle, quels ménagements je dois garder, quels devoirs ma conscience me trace. Mais, pour les comprendre, il faut vous donner la peine de raisonner un peu, de connaître mon passé, de le juger, et d'en tirer une conclusion sérieuse, une fois pour toutes!... Vandoni...

— Ah! s'écria Karol, tremblant comme un enfant, ne prononcez plus ce nom, et faites-moi grâce de tout ce que vous voulez me dire. Je n'ai pas encore, je n'aurai peut-être jamais la force de l'entendre. Je hais ce Vandoni, je hais tout ce qui dans votre vie n'est pas vous-même. Que vous importe! Il n'entre pas dans vos devoirs de me réconcilier avec ce qui me froisse et me révolte autour de vous. Laissez-moi, puisque cela m'est possible et n'est possible qu'à moi, voir en vous deux êtres distincts. L'un que je n'ai pas connu et que je ne veux pas connaître; l'autre que je connais, que je possède, et que je ne veux pas voir mêlé aux choses que je déteste. Oui, oui, Lucrezia, tu l'as dit, ce serait descendre et retomber dans la fange des sentiers humains. Viens sur mon cœur, oublions les atroces souffrances de cette journée et retournons à Dieu. Que t'importe ce qui s'est passé en moi? Cela me regarde, et j'ai la force de le subir, puisque j'ai celle de t'aimer autant que si rien ne m'avait troublé! Non, non, pas d'explications, pas de récits, pas de confidences, pas de raisonnements. Prends-moi dans tes bras, et emporte-moi loin de ce monde maudit où je ne vois pas clair, où je ne respire pas, où je suis condamné à ramper plus bas que les autres hommes, si j'y retombe sans ton amour et sans mon enthousiasme. »

La Floriani se contenta de cette fausse réparation, ou, de guerre lasse, elle feignit de s'en contenter; mais, en cela, elle eut grand tort, et se précipita d'elle-même dans un abîme de chagrins. Karol s'habitua, dès ce jour, à croire que la jalousie n'est point une insulte et qu'une femme aimée, peut et doit la pardonner toujours.

Il prit sa mère dans ses bras. (Page 72.)

Elle retrouva, au salon, vers minuit, Salvator qui venait de reconduire Vandoni et qui eut la délicatesse de ne pas lui dire combien il avait trouvé ce brave garçon ridicule et ennuyeux. Elle n'eut pas le courage de lui confier à quel point le prince avait été irrité de la présence de son ancien amant; mais elle ne put s'empêcher d'admirer combien l'amitié est plus indulgente, secourable et généreuse que l'amour. Car elle ne se dissimulait plus les travers de Vandoni, et elle voyait bien que Salvator s'était dévoué pour l'en débarrasser.

Lucrezia se retira auprès de ses enfants, résolue à oublier les chagrins de cette journée et à dormir, pour s'éveiller, comme une mère vigilante et active, au point du jour. Mais quoiqu'elle eût acquis plus que personne, dans sa vie de douleurs, la faculté de laisser reposer ses chagrins et de dormir avec, comme un pauvre soldat en campagne dort au bivouac avec sa faim et ses blessures, elle ne put fermer l'œil de la nuit, et tous les souvenirs amers qui s'étaient assoupis dans son sein, depuis quelque temps, s'y ranimèrent un à un, puis tous ensemble, pour la torturer sans relâche. Elle vit, comme autant de spectres railleurs et menaçants, ses erreurs et ses déceptions, les ingrats qu'elle avait faits et les méchants qu'elle n'avait pas pu convertir. Elle lutta vainement contre l'épouvante du passé, en se réfugiant dans le présent. Le présent ne lui offrait plus de sécurité, et les anciennes douleurs ne se ranimaient ainsi que parce qu'une douleur nouvelle, plus profonde que toutes les autres, venait leur donner carrière.

Quand elle se leva, pâle et brisée, le soleil brillant du matin, les fleurs chargées d'humides parfums, les rossignols enivrés de leurs propres chants, ne ramenèrent pas, comme les autres jours, le calme et l'espérance dans son cœur. Elle ne se sentit pas vivre par le sens poétique de la nature, comme à l'ordinaire. Il lui semblait qu'entre cette fraîche et riante nature et son pauvre sein brisé, il y avait désormais un ennemi secret, un ver rongeur, qui empêchait la sève de la vie de venir jusqu'à lui. Elle ne voulut pourtant pas se rendre compte de l'étendue de son désastre. Karol fut courbé à ses pieds ce jour-là. Il ne voulait pas faire oublier ses torts, il ne les connaissait pas, puisque, selon sa coutume, il les avait déjà oubliés lui-même : mais il avait besoin de tendresse, d'effusion et de bonheur, après plusieurs jours passés dans les larmes ou la colère. Jamais il n'était plus séduisant et plus adorable que quand le paroxysme de son amertume et de son dépit l'avait débarrassé de sa souffrance. La Floriani eut encore à lutter contre son projet de mariage, mais cette fois elle résista courageusement. Ce qui s'était passé la veille l'avait éclairée, et elle n'était pas d'humeur à se laisser dire deux fois qu'on *la suppliait* de n'y plus songer. Si l'offre de son nom était, de la part du prince, un grand hommage rendu à l'amour qu'elle méritait, le fait de retirer poliment ses offres, dans un moment de soupçon jaloux, était un outrage dont la fière Lucrezia sentait la portée plus que lui-même. Sans lui dire quelle force nouvelle elle avait puisée contre lui dans cette circonstance, elle lui ôta tout espoir, et, cette fois, il accepta son arrêt provisoirement, sans amertume, en avouant qu'il méritait le châtiment d'être soumis à quelque longue épreuve.

Mais deux jours ne se passèrent point sans ramener de nouveaux orages. Un commis-voyageur réussit à pénétrer dans la maison pour proposer des armes de chasse. Célio eut envie d'un nouveau fusil, sa mère le lui refusa d'abord; puis, voulant lui en faire la surprise, elle eut un *a-parté* avec le voyageur pour marchander et acheter l'objet de cette convoitise enfantine. Le jeune homme était d'une belle figure, un peu familier et bavard. La beauté et la célébrité de sa nouvelle cliente le rendaient plus *éloquent* que de coutume, sans toutefois lui faire perdre la tête et l'empêcher de bien vendre sa marchandise. C'était la veille de l'anniversaire de Célio, et sa mère voulut mettre le joli et léger fusil de chasse sous le traversin de l'enfant, pour qu'il le trouvât le soir au moment de se coucher. Le commis-voyageur s'empressa de la suivre dans sa chambre, sans trop lui en demander la permission, pour cacher lui-même le fusil sous le chevet de Célio et recevoir le paiement convenu. Karol, qui avait été faire la sieste, entra en cet instant, et trouva la Floriani dans sa chambre, en tête-à-tête avec un beau garçon à gros favoris noirs, qui lui parlait d'un air animé, la regardait avec des yeux hardis, et arrangeait la couverture du lit, tandis qu'elle souriait avec bonhomie des hâbleries qu'il débitait, et qu'elle songeait à l'ivresse de Célio lorsque la surprise ferait son effet.

Il n'en fallait pas tant pour que l'imagination de Karol, prompte à l'insulte, et s'emparant toujours du fait apparent comme si elle le comprenait et sans l'expliquer, prît un essor funeste. Il laissa échapper une exclamation bizarre, outrageante, sur le seuil de la chambre de Lucrezia, et s'enfuit comme un homme qui vient d'être témoin de son déshonneur. Il lui fallut tout le reste du jour pour se calmer et ouvrir les yeux. Il fallut que la Floriani descendît à une explication avilissante pour elle et pour lui. Elle le traita, cette fois, comme un malade qu'il faut persuader et guérir, sans prendre ses hallucinations au sérieux. Mais que devient l'enthousiasme, que devient l'amour, quand celui qui en est l'objet se conduit comme un maniaque?

Un autre jour on vint dire à la Floriani que Mangiafoco, le pêcheur qui l'avait recherchée autrefois en mariage, et qui lui avait causé tant de frayeur et d'éloignement, était à l'article de la mort, et demandait à la voir avant de rendre l'âme. Cet homme n'avait jamais osé se présenter devant elle depuis qu'elle était revenue dans le pays, et ce n'était pas sans répugnance qu'elle consentait à lui fermer les yeux. Mais c'était un devoir de religieuse miséricorde à remplir, et elle partit sans hésiter, pour l'autre rive du lac, avec son père et Biffi. Elle trouva un moribond qui lui demandait pardon des peines et des peurs qu'il lui avait faites jadis, et qui la suppliait de prier pour le repos de son âme. Elle le consola avec bonté, et sa compassion généreuse adoucit les dernières convulsions d'agonie de cet homme, ancien soldat, espèce de bandit déjà vieux, méchant, brutal, avare, et cependant doué d'une certaine intelligence et de quelques instincts patriotiques et romanesques.

La Floriani revint assez émue, après avoir vu s'exhaler péniblement son dernier soupir. Elle raconta simplement à Salvator, devant Karol, ce qui s'était passé, et les paroles tantôt absurdes, tantôt profondes, que cet homme lui avait dites en se débattant contre la mort. Salvator trouva que, dans ce dévouement nouveau, sa chère Floriani avait été admirable comme toujours; mais Karol garda le silence. Il avait été inquiet de cette sortie soudaine, de cette absence qui avait duré depuis le coucher du soleil jusqu'à minuit. Il ne concevait pas que l'on pût porter tant d'intérêt à un misérable qui l'avait si peu mérité. Et comment avait-il eu l'audace d'appeler à son lit de mort une femme à laquelle il s'était rendu si haïssable? Il fallait qu'il eût de la confiance dans sa bonté et dans sa faculté d'oublier les outrages!

Ces réflexions furent faites d'un ton assez singulier. Lucrezia, qui n'était pas encore sur le *qui-vive* de la jalousie à tout propos, et qui ne s'était pas encore doutée que sa bonne action eût paru criminelle au prince, le regarda avec surprise et vit qu'il était en colère. Il avait les yeux rouges, il faisait claquer les articulations de ses doigts; c'était une sorte de tic nerveux qui trahissait son dépit et qu'elle commençait à comprendre.

Elle ne put se défendre de hausser les épaules. Karol ne s'en aperçut point et continua :
— Quel âge avait ce *Mangiafoco*?
— Soixante ans, au moins, répondit-elle d'un ton froid et sévère.
— Et, sans doute, reprit Karol au bout d'un instant, il avait une bien belle figure, une barbe effrayante, des guenilles pittoresques? c'était un bandit de théâtre ou de roman qu'on ne pouvait regarder sans frémir? L'imagination des femmes se plaît à ces dehors-là, et on est toujours flatté d'avoir enchaîné un animal sauvage. Sans doute, en expirant, il avait l'air du tigre blessé qui jette sur la colombe un dernier regard de convoitise et de regret?
— Karol, dit la Floriani en soupirant, un homme qui se meurt est donc chose fort agréable à peindre? Vous devriez aller voir celui-là maintenant qu'il est mort; cela ferait tomber tout de suite votre ironie, et couperait court à vos métaphores poétiques. Mais vous n'irez pas, vous qui parlez si bien, vous n'en aurez pas le courage; sa chaumière est malpropre.

« Comme elle est susceptible, ce soir! pensa Karol. Qui sait ce qui s'est passé autrefois entre elle et ce misérable? »

XXVIII.

Un autre jour, Karol fut jaloux du curé, qui venait faire une quête. Un autre jour, il fut jaloux d'un mendiant qu'il prit pour un galant déguisé. Un autre jour, il fut jaloux d'un domestique qui, étant fort gâté, comme tous les serviteurs de la maison, répondit avec une hardiesse qui ne lui sembla pas naturelle. Et puis, ce fut un colporteur; et puis le médecin; et puis, un grand benêt de cousin, demi-bourgeois, demi-manant, qui vint apporter du gibier à la Lucrezia, et que, bien naturellement, elle traita en bonne parente, au lieu de l'envoyer à l'office. Les choses en arrivèrent à ce point qu'il n'était plus permis de remarquer la figure d'un passant, l'adresse d'un braconnier, l'encolure d'un cheval. Karol était même jaloux des enfants. Que dis-je, *même*? il faudrait dire surtout.

C'était bien là, en effet, les seuls rivaux qu'il eût, les seuls êtres auxquels la Floriani pensât autant qu'à lui. Il ne se rendit pas compte du sentiment qu'il éprouvait en les voyant dévorer leur mère, de caresses. Mais, comme, après l'imagination d'un bigot, il n'y en a pas de plus impertinente que celle d'un jaloux, il prit bientôt les enfants en grippe, pour ne pas dire en exécration. Il remarqua enfin qu'ils étaient gâtés, bruyants, entiers, fantasques, et il s'imagina que tous les enfants n'étaient pas de même. Il s'ennuya de les voir presque toujours entre leur mère et lui. Il trouva qu'elle leur cédait trop, qu'elle se faisait leur esclave. En d'autres moments aussi, il se scandalisa quand elle les mettait en pénitence. Ce système de gouvernement maternel, si simple, si bien indiqué par la nature, qui consiste à adorer d'abord les enfants, à s'en occuper sans cesse, à leur accorder tout ce qui peut les rendre heureux et aimables, sauf à les morigéner et les arrêter ensuite quand ils en abusent, à les gronder parfois avec énergie et chaleur pour les récompenser tendrement quand ils le méritent, tout cela se trouva l'opposé de sa manière de voir. Selon lui, il ne fallait pas tant se familiariser avec eux, afin d'avoir moins de peine à se faire craindre, au besoin. Il ne fallait pas les tutoyer et les caresser, mais les tenir à distance, en faire, de bonne heure, de petits hommes et de petites femmes bien sages, bien polis, bien soumis, bien tranquilles. Il fallait leur enseigner prématurément beaucoup de choses qu'ils ne pouvaient croire ni comprendre, afin de les habituer à respecter la règle établie, l'usage, la croyance générale, sans s'occuper d'abord d'une chose qu'il regardait comme impossible, c'est-à-dire de les convaincre de l'utilité et de l'excellence du principe dont ces usages et ces règles ne sont que la conséquence. Enfin il fallait oublier qu'ils étaient des enfants, leur ôter le charme, le plaisir et la liberté de cette première existence qui leur revient de droit divin, faire travailler leur mémoire pour éteindre leur imagination; développer l'habitude de la forme et retarder l'explication du fond; faire, en un mot, tout l'opposé de ce que faisait et voulait faire la Floriani.

Il faut se hâter de dire que cette manie de contrecarrer, et ce blâme fatigant, n'étaient pas continuels et absolus chez le prince. Quand sa jalousie ne l'obsédait point, c'est-à-dire dans ses moments lucides, il disait et pensait tout le contraire. Il adorait les enfants, il les admirait en toutes choses, même là où il n'y avait rien à admirer. Il les gâtait plus que la Floriani, et se faisait leur esclave, sans s'apercevoir, le moins du monde, de son inconséquence. C'est qu'alors il était heureux et se montrait sous le côté angélique et idéal de sa nature. Les accès d'ivresse que lui donnait l'amour de la Floriani étaient le thermomètre qui marquait l'apogée de sa douceur, de sa bonté et de sa tendresse. Ah ! quel séraphin, quel archange il eût été, s'il avait pu rester toujours ainsi ! Dans ces moments-là, qui duraient parfois des heures, des jours entiers, il était tout bienveillance, tout charité, tout miséricorde, tout dévouement pour tous les êtres qui l'approchaient. Il se détournait du chemin pour ne pas écraser un insecte, il se serait jeté dans le lac pour sauver le chien de la maison. Il eût fait le chien lui-même pour entendre les éclats de rire du petit Salvator ; il se fût fait lièvre ou perdrix pour donner à Célio le plaisir de tirer un coup de fusil. Sa tendresse et son effusion allaient jusqu'à l'excès, jusqu'à l'absurde, C'était alors un de ces enthousiastes sublimes qu'il faut enfermer comme des fous ou adorer comme des dieux.

Mais aussi quelle chute, quel cataclysme épouvantable dans tout son être, quand, à l'accès de joie et de tendresse, succédait l'accès de douleur, de soupçon et de dépit ! Alors, tout changeait de face dans la nature. Le soleil d'Iseo était armé de flèches empoisonnées, la vapeur du lac était pestilentielle, la belle Lucrezia était la Pasiphaé, les enfants de petits monstres; Célio devait périr sur l'échafaud, Laërtes était enragé, Salvator Albani était le traître Yago, et le vieux Menapace le juif Shylock. Des nuages noirs s'amoncelaient à l'horizon, tout pleins de Vandoni, de Boccaferri, de Mangiafoco, de rivaux déguisés en mendiants, en commis-voyageurs, en curés, en laquais, en colporteurs et en moines, ces nuées allaient s'ouvrir et faire pleuvoir sur la villa une armée d'anciens amis, d'anciens amants (ce qui était pour lui la même race de vipères) ! et la Floriani, souillée de hideux embrassements, l'appelait avec un rire infernal pour assister à cette orgie fantastique !

Ne croyez pas que son imagination, privée de frein et sans cesse excitée par une disposition naturelle et par une passion insensée, restât au-dessous de ce tableau. Il me serait impossible de la suivre et de vous la faire suivre dans les tourbillons délirants qu'elle parcourait. Jamais le Dante n'a rêvé de supplices semblables à ceux que se créait cet infortuné. Ils étaient sérieux à force d'être absurdes, et il n'est point d'apparition grotesque qui ne fasse peur aux enfants, aux malades et aux jaloux.

Mais comme il était souverainement poli et réservé, jamais personne ne pouvait seulement soupçonner ce qui se passait en lui. Plus il était exaspéré, plus il se montrait froid, et l'on ne pouvait juger du degré de sa fureur qu'à celui de sa courtoisie glacée. C'est alors qu'il était véritablement insupportable, parce qu'il voulait raisonner et soumettre la vie réelle à laquelle il n'avait jamais rien compris, à des principes qu'il ne pouvait définir. Alors il trouvait de l'esprit, un esprit faux et brillant pour torturer ceux qu'il aimait. Il était persifleur, guindé, précieux, dégoûté de tout. Il avait l'air de mordre tout doucement pour s'amuser, et la blessure qu'il faisait pénétrait jusqu'aux entrailles. Ou bien, s'il n'avait pas le courage de contredire et de railler, il se renfermait dans un silence dédaigneux, dans une bouderie navrante. Tout lui paraissait étranger et indifférent. Il se mettait à part de toutes choses, de toutes gens, de toute opinion et de toute idée. Il ne *comprenait pas cela*. Quand il avait fait cette réponse aux caressantes investigations d'une causerie qui s'efforçait en vain de le distraire, on pouvait être certain qu'il méprisait profondément tout ce qu'on avait dit et tout ce qu'on pourrait dire.

La Floriani craignait que sa famille, et le comte Albani lui-même, ne vinssent à pressentir cette jalousie qu'elle devinait enfin, et dont elle se sentait humiliée mortellement. Elle en cachait donc avec soin les causes misérables et s'efforçait d'en adoucir les déplorables effets. Après s'être beaucoup inquiétée d'abord pour la santé du prince, elle s'efforçait d'en adoucir les déplorables effets. Après s'être beaucoup inquiétée d'abord pour la santé du prince, elle put constater qu'il ne se portait jamais mieux que quand il s'était livré à des agitations et à des colères intérieures, qui eussent tué tout autre que lui. Il est des organisations qui ne puisent leur force que dans la souffrance, et qui semblent se renouveler en se consumant, comme le phénix. Elle cessa donc de s'alarmer, mais elle commença à souffrir étrangement d'une intimité à laquelle l'enfer des poëtes peut seul être comparé. Elle était devenue, entre les mains de ce terrible amant, la pierre que Sisyphe roule sans cesse au sommet de la montagne et laisse choir au fond d'un abîme; malheureuse pierre qui ne se brise jamais !

Elle essaya de tout, de la douceur, de l'emportement, des prières, du silence, des reproches. Tout échoua. Si elle était calme et gaie en apparence, pour empêcher les autres de voir clair dans son malheur, le prince, ne comprenant pas à cette force de volonté qui n'était pas en lui, s'irritait de la trouver vaillante et généreuse. Il haïssait alors en elle, ce qu'il appelait, dans sa pensée, un fonds d'insouciance bohémienne, une certaine dureté d'organisation populaire. Loin de s'alarmer du mal qu'il lui faisait, il se disait qu'elle ne sentait rien, qu'elle avait, par bonté, certains moments de sollicitude, mais, qu'en général, rien ne pouvait entamer une nature si résistante, si forte et si facile à distraire et à consoler. On eût dit qu'alors il était jaloux même de la santé, si forte en apparence, de sa maîtresse, et qu'il reprochait à Dieu le calme dont il l'avait douée. Si elle respirait une fleur, si elle ramassait un caillou, si elle prenait un papillon pour la collection de Célio, si elle apprenait u_ fable à Béatrice, si elle caressait le chien, si elle cueillait un fruit pour le petit Salvator : « Quelle nature étonnante !... se disait-il, tout lui plaît, tout l'amuse, tout l'enivre. Elle trouve de la beauté, du parfum, de la grâce, de l'utilité, du plaisir dans les moindres détails de la création. Elle admire tout, elle aime tout ! — Donc elle ne m'aime pas, moi, qui ne vois, qui n'admire, qui ne chéris, qui ne comprends qu'elle au monde ! Un abîme nous sépare ! »

C'était vrai, au fond : une nature riche par exubérance et une nature riche par exclusivité, ne peuvent se fondre l'une dans l'autre. L'une des deux doit dévorer l'autre et n'en laisser que des cendres. C'est ce qui arriva.

Si, par hasard, la Floriani, accablée de fatigue et de chagrin, ne parvenait point à cacher ce qu'elle souffrait, Karol, rendu tout à coup à sa tendresse pour elle, oubliait sa mauvaise humeur et s'inquiétait avec excès. Il la servait à genoux, il l'adorait dans ces moments-là, plus encore qu'il ne l'avait adorée dans leur lune de miel. Que ne pouvait-elle dissimuler, ou manquer tout à fait de force et de courage ! si elle se fût montrée constamment à lui, abattue et languissante, ou si elle eût pu affecter longtemps un air sombre et mécontent, elle l'eût guéri peut-être de sa personnalité maladive. Il se fût oublié pour elle; car ce féroce égoïste était le plus dévoué, le plus tendre des amis, lorsqu'il voyait souffrir. Mais, comme il souffrait alors lui-même d'une douleur réelle et fondée, la généreuse Floriani rougissait d'avoir cédé à un moment de défaillance. Elle se hâtait de secouer sa langueur et de paraître tranquille et ferme. Quant à feindre le ressentiment, elle en était incapable; rarement elle se sentait irritée contre lui; mais lorsque elle l'était, elle ne se contenait point et le gourmandait avec violence. Jamais elle n'avait rien fardé, ni rien dissimulé; et, comme le plus souvent, elle n'éprouvait que chagrin et compassion en subissant l'injustice d'autrui, le plus souvent aussi, elle souffrait sans être en colère, et surtout sans bouder. Elle méprisait ces ruses féminines, et elle avait grand tort, dans son intérêt, de les mépriser : on le lui fit bien voir ! Il est dans la nature humaine de s'abuser et d'offenser toujours, quand on est sûr d'être toujours pardonné, sans même avoir la peine de demander pardon.

Salvator Albani avait toujours connu son ami inégal et fantasque, exigeant à l'excès, ou désintéressé à l'excès. Mais les bons moments, jadis, avaient été les plus habituels, les plus durables; et, chaque jour, au contraire, depuis qu'il était revenu à la villa Floriani, Salvator voyait le prince perdre ses heures de sérénité, et tomber dans une habitude de maussaderie étrange; son caractère s'aigrissait sensiblement. D'abord ce fut une heure mauvaise par semaine, puis une mauvaise heure par jour. Peu à peu, ce ne fut plus qu'une bonne heure par jour, et enfin une bonne heure par semaine. Quelque tolérant et d'humeur facile que fût le comte, il en vint à trouver cette manière d'être intolérable. Il en fit la remarque d'abord à son ami, puis à Lucrezia, puis à tous deux ensemble, et enfin il sentit que son caractère à lui-même allait s'aigrir et se transformer, s'il persistait à vivre auprès d'eux.

Il prit la résolution de s'en aller tout à fait. La Floriani fut épouvantée de l'idée de rester en tête-à-tête avec cet amant que, deux mois auparavant, elle eût voulu enlever et mener au bout du monde pour vivre avec lui dans le désert. Salvator, par sa gaieté douce, par sa manière enjouée et philosophique d'envisager toutes les misères domestiques, lui était d'un immense secours. Sa présence contenait encore le prince et le forçait à s'observer, du moins, devant les enfants. Qu'allait-elle devenir ? qu'allait devenir surtout Karol, quand leur aimable compagnon ne serait plus entre eux, pour les préserver l'un de l'autre ?

Comme elle le retenait avec instances, son effroi et sa douleur se trahirent; son secret lui échappa, ses larmes firent irruption. Albani consterné vit qu'elle était profondément malheureuse, et que s'il ne réussissait à emmener Karol, du moins pour quelque temps, elle et lui étaient perdus.

Cette fois, il n'hésita plus. Il n'eut pour son ami ni pitié, ni faiblesse. Il ne ménagea aucune de ses susceptibilités. Il affronta sa colère et son désespoir. Il ne lui cacha point qu'il travaillerait de toutes ses forces à détacher la Floriani de lui, s'il ne s'exécutait pas de lui-même en s'éloignant d'elle. — Que ce soit pour six mois ou pour toujours, peu m'importe, lui dit-il en finissant sa rude exhortation; je ne peux prévoir l'avenir. J'ignore si tu oublieras la Floriani, ce qui serait fort heureux pour toi, ou si elle te sera infidèle, ce qui serait fort sage de sa part; mais je sais qu'elle est brisée, malade, désespérée, et qu'elle a besoin de repos. C'est la mère de quatre enfants; son devoir est de se conserver pour eux, et de se délivrer d'une souffrance intolérable. Nous allons partir ensemble, ou nous battre ensemble; car je vois bien que plus je t'avertis, plus tu fermes les yeux ; plus je veux t'entraîner, plus tu te cramponnes à cette pauvre femme. Par la persuasion ou par la force, je t'emmènerai, Karol ! J'en ai fait le serment sur la tête de Célio et de ses frères. C'est moi qui t'ai amené ici, c'est moi qui t'y ai fait rester. Je t'ai perdu en croyant te sauver; mais il y a encore du remède, et maintenant que je vois clair, je te sauverai malgré toi. Nous partons cette nuit, entends-tu ? Les chevaux sont à la porte.

Karol était pâle comme la mort. Il eut grand'peine à desserrer ses dents contractées. Enfin il laissa échapper cette réponse laconique et décisive :

— Fort bien, vous me conduirez jusqu'à Venise, et vous m'y laisserez pour revenir ici toucher le prix de votre exploit. Cela était arrangé entre vous deux. Il y a longtemps que j'attendais ce dénouement.

— Karol ! s'écria Salvator, transporté de la première fureur sérieuse qu'il eût éprouvée de sa vie, tu es bien heureux d'être faible; car si tu étais un homme, je te briserais sous mon poing. Mais je veux te dire que cette pensée est d'un être méchant, cette parole d'un être lâche et ingrat. Tu me fais horreur, et j'abjure ici toute l'amitié que j'ai eue pour toi pendant si longtemps. Adieu, je te fuis, je ne veux jamais te revoir, je deviendrais lâche et méchant aussi avec toi.

— Bien, bien ! reprit le prince, arrivé au comble de la colère, et, par conséquent, de la sécheresse amère et dédaigneuse. Continuez, outragez-moi, frappez-moi, battons-nous, afin que je meure ou que je parte; c'est là le plan, je le sais. Elle sera bien douce, la nuit de plaisir qui récompensera votre conduite chevaleresque !

Salvator était au moment de s'élancer sur Karol. Il prit une chaise à deux mains, incertain de ce qu'il allait faire. Il se sentait devenir fou, il tremblait comme une femme nerveuse, et pourtant il aurait eu la force, en ce moment, de faire écrouler la maison sur sa tête.

Il y eut un moment de silence affreux, pendant lequel on entendit monter, dans l'air calme du soir, une petite voix douce qui disait : — Ecoute, maman, je sais ma leçon de français, et je vais te la dire avant de m'endormir :

Deux coqs vivaient en paix, une poule survint,
Et voilà la guerre allumée !
Amour, tu perdis Troie !

La fenêtre d'en bas se ferma, et la voix de Stella se perdit. Salvator éclata d'un rire amer, brisa sa chaise en la remettant sur ses pieds, et sortit impétueusement de la chambre de Karol, en poussant la porte avec fracas.

— Lucrezia, dit-il à la Floriani, en allant frapper chez elle, laisse un peu tes enfants, appelle la bonne, je veux te parler tout de suite.

Il l'emmena au fond du parc : « Ecoute, lui dit-il, Karol est un misérable ou un malheureux, le plus lâche ou le plus fou de tes amants, le plus dangereux à coup sûr, celui qui te tuera à coups d'épingles, si tu ne le quittes sur l'heure. Il est jaloux de tout, il est jaloux de son ombre, c'est une maladie; mais il est jaloux de moi, et cela c'est une infamie ! Jamais il ne se résoudra à te quitter. Il ne veut pas partir, il ne partira pas. C'est à toi de fuir ta propre maison. Il n'y a pas un moment à perdre, saute dans une barque, gagne la prochaine poste, va-t'en à Rome, à Milan, au bout du monde; ou tiens-toi cachée, bien cachée dans quelque chaumière... Je déraisonne peut-être, je n'ai pas ma tête, tant je suis indigné; mais il faut trouver un moyen.... Tiens ! en voici un, pénible, mais certain. Fuyons ensemble. Nous n'irions qu'à deux lieues d'ici, nous n'y resterions que deux heures, c'est assez ! Il croira qu'il a deviné juste, que je suis ton amant; il est trop fier pour hésiter alors à prendre son parti, et tu en seras à jamais délivrée !

— Tu es toi-même, pauvre ami ! répondit la Lucrezia, ou tu veux qu'il le devienne. Mais moi, je souffre assez d'être soupçonnée, je ne me résoudrai point à être méprisée !

— Être soupçonnée, c'est être méprisée déjà, malheureuse femme ! Tu tiens donc encore à l'estime d'un homme que tu ne peux plus prendre au sérieux ? Quelle folie ! Allons, viens avec moi, que crains-tu ? Que j'abuse de ton accablement et me rende digne, malgré toi, de la bonne opinion que Karol a de mon caractère ? Moi, je ne suis pas un lâche, et s'il faut te rassurer davantage, je puis te dire que je ne suis plus amoureux de toi. Non, non; Dieu m'en préserve ! Tu es trop faible, trop crédule, trop absurde. Tu n'es pas la femme forte que je croyais ; tu n'es qu'un enfant sans cervelle et sans fierté. Ta passion pour Karol m'a bien guéri, je te le jure, de celle que j'aurais pu concevoir pour toi. Allons, le temps presse. S'il venait, en ce moment, t'implorer, tu lui ouvrirais tes bras et tu lui ferais serment de ne jamais le quitter. Je te connais, fuyons donc ! Sauvons-le et présentons-lui son fantôme comme une réalité. Qu'il le croie menteuse et galante ; qu'il le haïsse, qu'il parte en te maudissant, en secouant la poussière de ses pieds. Que crains-tu ? l'opinion d'un fou ? Il ne te traduira pas devant celle du monde; il gardera un éternel silence sur son désastre. Si tu le veux, d'ailleurs, tu te justifieras plus tard. Mais, à présent, il faut couper le mal dans sa racine. Il faut fuir.

— Tu n'oublies qu'une chose, Salvator, répondit la Lucrezia, c'est que, coupable ou malheureux, je l'aime et l'aimerai toujours. Je donnerais mon sang pour alléger sa souffrance, et tu crois que je pourrais lui déchirer le cœur pour reconquérir mon repos ! Ce serait un étrange moyen !

— En ce cas, tu es lâche aussi, s'écria le comte, et je t'abandonne ! Souviens-toi de ce que je te dis ici : tu es perdue !

— Je le sais bien, répondit-elle ; mais, avant de partir, tu te réconcilieras avec lui !

— Ne m'y pousse pas, je suis capable de le tuer. Je m'en vais de suite, c'est le plus sûr. Adieu, Lucrezia.

— Adieu, Salvator, lui dit-elle en se jetant dans ses bras, nous ne nous reverrons peut-être jamais !

Elle fondit en larmes, mais elle le laissa partir.

XXIX.

Le jour qui suivit le départ de Salvator, avant que le prince fût sorti de sa chambre, Lucrezia était sortie de la maison. Elle s'était jetée seule dans une barque, et retrouvant, pour se diriger elle-même, la vigueur de ses jeunes années, elle avait traversé le lac. En face de la villa, sur la rive opposée, il y avait un petit bois d'oliviers qui rappelait à la Floriani des souvenirs d'amour et de jeunesse. C'est là qu'elle avait, quinze ans auparavant, donné de fréquents rendez-vous à son premier amant, Memmo Ranieri. C'est là qu'elle lui avait dit, pour la première fois, qu'elle l'aimait, c'est là qu'elle avait, plus tard, concerté avec lui sa fuite. C'est là aussi qu'elle s'était mainte fois cachée pour éviter la surveillance de son père ou les poursuites de Mangiafoco.

Depuis son retour au pays, elle n'avait pas voulu retourner dans ce bosquet où son premier amant avait nommé, dans son jeune enthousiasme, le *bois sacré*. On le voyait des fenêtres de la villa. Parfois, dans les commencements, les regards de la Lucrezia s'y étaient arrêtés par mégarde ; mais, ne voulant pas réveiller ses propres souvenirs, elle les en avait détournés aussitôt qu'elle avait eu conscience de sa rêverie. Depuis qu'elle aimait Karol, elle avait souvent regardé le bois et admiré le développement des arbres, sans se souvenir de Memmo et de l'ivresse de ses premières amours. Cependant, par un instinct de délicatesse, elle n'y avait jamais conduit les promenades de son nouvel amant.

En quittant sa maison, quelques heures après le brusque départ d'Albani, en s'aventurant au hasard sur le lac, elle n'avait pas formé le dessein d'aller visiter le *bois sacré*. Elle souffrait, elle avait la fièvre, elle éprouvait le besoin de se retremper dans l'air du matin et de fortifier son âme défaillante par le mouvement du corps. Ce fut un instinct non raisonné, mais irrésistible qui la força à faire glisser sa nacelle dans cette petite crique ombragée. Elle l'y laissa dans les broussailles, et, sautant sur la rive, elle s'enfonça dans l'épaisseur mystérieuse du bois.

Les oliviers avaient grandi, les ronces avaient poussé, les sentiers étaient plus étroits et plus sombres que par le passé. Plusieurs avaient été envahis par la végétation. Lucrezia eut peine à se reconnaître, à retrouver les chemins où jadis elle eût marché les yeux fermés. Elle chercha bien longtemps un gros arbre sous lequel son amant avait coutume de l'attendre, et qui portait encore ses initiales creusées par lui avec un couteau. Ces caractères étaient désormais bien difficiles à reconnaître ; elle les devina plutôt qu'elle ne les vit. Enfin, elle s'assit sur l'herbe, au pied de cet arbre, et se plongea dans ses réflexions. Elle repassa dans sa mémoire les détails et l'ensemble de sa première passion, et les compara avec ceux de la dernière, non pour établir un parallèle entre deux hommes qu'elle ne songeait pas à juger froidement, mais pour interroger son propre cœur sur ce qu'il pouvait encore ressentir de passion et supporter de souffrances. Insensiblement elle se représenta avec suite et lucidité toute l'histoire de sa vie, tous ses actes de dévouement, tous ses rêves de bonheur, toutes ses déceptions et toutes ses amertumes. Elle fut effrayée du récit qu'elle se faisait de sa propre existence, et se demanda si c'était bien elle qui avait pu se tromper tant de fois, et s'en apercevoir sans mourir ou sans devenir folle.

Il est peu d'instants dans la vie où une personne de ce caractère ait une faculté aussi nette de se consulter et de se résumer.

Les âmes dépourvues d'égoïsme et d'orgueil n'ont pas une vision bien nette d'elles-mêmes. A force d'être capables de tout, elles ne savent pas bien de quoi elles sont capables. Toujours remplies de l'amour des autres et préoccupées du soin de les servir, elles arrivent à s'oublier jusqu'à s'ignorer. Il n'était peut-être pas arrivé à la Floriani de s'examiner et de se définir trois fois en sa vie.

Ce qu'il y a de certain, c'est qu'elle ne l'avait encore jamais fait aussi complètement et avec une si entière certitude. Ce fut aussi la dernière fois qu'elle le fit, tout le reste de sa vie étant la conséquence prévue et acceptée de ce qu'elle put constater en ce moment solennel.

— « Voyons, se dit-elle, mon dernier amour est-il aussi ardent que le premier ? Il l'a été davantage, mais il ne l'est déjà plus. Karol a détruit presque aussi vite que Memmo les illusions du bonheur.

« Mais ce dernier amour, déjà privé d'espérance, est-il moins profond et moins durable ? Je le sens encore si tendre, si dévoué, si maternel, qu'il ne m'est point possible d'en prévoir la fin, et en cela il diffère du premier. Car je m'étais dit que si Memmo me trompait, je cesserais de l'aimer, au lieu que je me sens désabusée aujourd'hui sans pouvoir me convaincre que je pourrai guérir. Il est vrai que j'ai pardonné beaucoup à Memmo ; mais je me rendais compte, chaque fois, d'une diminution sensible dans mon affection, au lieu qu'aujourd'hui l'affection persiste et ne diminue point en raison de ma souffrance.

« D'où vient cela ? Était-ce la faute de Memmo ou la mienne, si, plus jeune et plus forte, je me détachais de lui plus aisément que je ne puis le faire aujourd'hui de Karol ? C'était peut-être un peu sa faute, mais je pense que c'était encore plus la mienne.

« C'était surtout la faute de la jeunesse. L'amour était lié alors en nous au sentiment et au besoin d'être heureux. Je me croyais aveuglément dévouée, et dans toutes mes actions, je me sacrifiai ; mais si l'amour ne résista point à des sacrifices trop grands et trop répétés, c'est qu'à mon insu j'avais un fonds de personnalité. N'est-ce point le fait et le droit de la jeunesse ? Oui, sans doute, elle aspire au bonheur, elle se sent des forces pour le chercher, et croit qu'elle en aura pour le retenir. Elle ne serait point l'âge de l'énergie, de l'inquiétude et des grands efforts, si elle n'était mue par l'ambition des grandes victoires et l'appétit des grandes félicités.

« Aujourd'hui, que me reste-t-il de mes illusions successives! la certitude qu'elles ne pouvaient pas et ne devaient pas se réaliser. C'est ce qu'on appelle la raison, triste conquête de l'expérience! Mais comme il n'est pas plus facile de chasser la raison quand elle vient habiter en nous, que de l'appeler quand nous ne sommes pas assez forts pour la recevoir, il serait vain et coupable, peut-être, de maudire ses froids bienfaits, ses durs conseils. Allons, voici le jour de te saluer et de t'accepter, sagesse sans pitié, jugement sans appel!

« Que veux-tu de moi? parle, éclaire; dois-je m'abstenir d'aimer? Ici tu me renvoies à mon instinct; suis-je encore capable d'aimer? Oui, plus que jamais, puisque c'est l'essence de ma vie, et que je me sens vivre avec intensité par la douleur; si je ne pouvais plus aimer, je ne pourrais plus souffrir. Je souffre, donc j'aime et j'existe.

« Alors, à quoi faut-il renoncer? à l'espérance du bonheur? Sans doute; il me semble que je ne peux plus espérer; et pourtant l'espérance, c'est le désir, et ne pas désirer le bonheur, c'est contraire aux instincts et aux droits de l'humanité. La raison ne peut rien prescrire qui soit en dehors des lois de la nature ! »

Ici, Lucrezia fut embarrassée. Elle rêva longtemps, se perdit dans des divagations apparentes, dans des souvenirs qui semblaient n'avoir rien de commun avec sa recherche laborieuse. Mais tout sert de fil conducteur aux âmes droites et simples. Elle se retrouva au milieu de ce dédale, et reprit ainsi son raisonnement. Patience, lecteur, si tu es encore jeune, il te servira peut-être à toi-même.

« C'est, pensa-t-elle, qu'il s'agirait de définir le bonheur. Il y en a de plusieurs sortes, pour tous les âges de la vie. L'enfance songe à elle-même, la jeunesse songe à se compléter par un être associé à ses propres joies; l'âge mûr doit songer que, bien ou mal fournie, sa carrière personnelle va finir, et qu'il faut s'occuper exclusivement du bonheur d'autrui. Je m'étais dit cela avant l'âge, je l'avais senti, mais pas aussi complètement que je peux et que je dois le croire et le sentir aujourd'hui. Mon bonheur, je ne le puiserai plus dans les satisfactions qui auront mon *moi* pour objet. Est-ce que j'aime mes enfants à cause du plaisir que j'ai à les voir et à les caresser? Est-ce que mon amour pour eux diminue quand ils me font souffrir? C'est quand je les vois heureux que je suis moi-même. Non, vraiment, à un certain âge, il n'y a plus de bonheur que celui qu'on donne. En chercher un autre est insensé. C'est vouloir violer la loi divine, qui ne nous permet plus de régner par la beauté et de charmer par la candeur.

« J'essaierai donc plus que jamais de rendre heureux ceux que j'aime, sans m'inquiéter, sans seulement m'occuper de ce qu'ils me feront souffrir. Par cette résolution, j'obéirai au besoin d'aimer que j'éprouve encore et aux instincts de bonheur que je puis satisfaire. Je ne demanderai plus l'idéal sur la terre, la confiance et l'enthousiasme à l'amour, la justice et la raison à la nature humaine. J'accepterai les erreurs et les fautes, non plus avec l'espoir de les corriger et de jouir de ma conquête, mais avec le désir de les atténuer et de compenser, par ma tendresse, le mal qu'elles font à ceux qui s'y abandonnent. Ce sera la conclusion logique de toute ma vie. J'aurai enfin dégagé cette solution bien nette des nuages où je la cherchais. »

Avant de quitter le bois d'oliviers, la Floriani rêva encore pour se reposer d'avoir pensé. Elle se représenta l'illusion récente de son bonheur avec Karol et de celui qu'elle avait cru pouvoir lui donner. Elle se dit que c'était une faute de sa part d'avoir escompté un beau rêve, après tant de déceptions et d'erreurs, et elle se demanda si elle devait s'en humilier devant Dieu ou se plaindre à lui d'avoir été soumise à une si dévorante épreuve.

Elle avait été si brillante et si suave, cette courte phase de sa dernière ivresse! c'était la plus complète, la plus pure de sa vie, et elle était déjà finie pour jamais! Elle sentait bien qu'il serait inutile d'en chercher une semblable avec un autre amant, car il n'y avait pas sur la terre une seconde nature aussi exclusive et aussi passionnée que celle de Karol, une âme aussi riche en transports, aussi puissante pour l'extase et le sentiment de l'adoration.

— « Eh bien. n'est-il plus le même? se disait-elle. Quand le démon qui le tourmente s'endort, ne redevient-il pas ce qu'il était auparavant? Ne semble-t-il pas, au contraire, qu'il soit plus ardent et plus enivré que dans les premiers jours? Pourquoi ne m'habituerais-je pas à souffrir des jours et des semaines, pour oublier tout, dans ces heures de célestes ravissements? »

Mais là elle était arrêtée dans sa chimère par la lumière funeste qui s'était faite en elle. Elle sentait que son esprit, plus juste et plus logique que celui de Karol, n'avait pas la faculté d'oublier en un instant ses propres tortures. Elle se rappelait, dans ses bras, l'affront que sa jalousie venait de lui infliger, elle ne pouvait comprendre ce don terrible et bizarre qu'ont certains êtres de mépriser ce qu'ils adorent et d'adorer ce qu'ils méprisent. Elle ne pouvait plus croire au bonheur, elle ne le sentait plus. Elle en avait perdu la puissance.

— « Pardonne-moi, mon Dieu, s'écria-t-elle dans son cœur, de donner un dernier regret à cette joie parfaite que tu m'as laissé connaître si tard et que tu me retires si vite! Je ne blasphémerai point contre ton bienfait; je ne dirai pas que tu t'es joué de moi. Tu as voulu briser ma raison, je ne me suis pas défendue. J'ai cédé naïvement, comme toujours, au délire, et maintenant, dans ma détresse, je n'oublie pas que cette folie était le bonheur. Sois donc béni, ô mon Dieu ! et, avec toi, la main qui caresse et qui terrasse ! »

Alors la Floriani fut saisie d'une immense douleur en disant un éternel adieu à ses chères illusions. Elle se roula par terre, noyée de larmes. Elle exhala les sanglots qui se pressaient dans sa poitrine en cris étouffés. Elle voulut donner cours à une faiblesse qu'elle sentait devoir être la dernière, et à des pleurs qui ne devaient plus couler.

Quand elle fut apaisée par une fatigue accablante, elle dit adieu au vieux olivier, témoin de ses premières joies et de ses derniers combats. Elle sortit du bois, et elle n'y revint jamais; mais elle souhaita toujours d'exhaler son dernier soupir sous cet ombrage tutélaire; et, chaque fois qu'elle se sentit faiblir, des fenêtres de sa villa elle regarda le *bois sacré*, songeant au calice d'amertume qu'elle y avait épuisé, et cherchant dans le souvenir de cette dernière crise un instinct de force pour se défendre et de l'espérance et du désespoir.

XXX.

Me voici arrivé, cher lecteur, au terme que je m'étais proposé, et le reste ne sera plus de ma part qu'un acte de complaisance pour ceux qui veulent absolument un dénouement quelconque.

Toi, lecteur sensé, je gage que tu es de mon avis, et que tu trouves les dénouements fort inutiles. Si je suivais en ce point ma conviction et ma fantaisie, aucun roman ne finirait, ou de mieux ressemblerait à la vie réelle. Quelles sont donc les histoires d'amour qui s'arrêtent d'une manière absolue par la rupture ou par le bonheur, par l'infidélité ou par le sacrement? Quels sont les événements qui fixent notre existence dans des conditions durables? Je conviens qu'il n'y a rien de plus joli au monde que l'antique formule de conclusion : « Ils vécurent beaucoup d'années et furent toujours heureux. » Cela se disait dans la littérature antéhistorique, dans les temps fabuleux. Heureux temps, si l'on croyait à de si doux mensonges!

Mais aujourd'hui nous ne croyons plus à rien, nous rions quand nous lisons cette ritournelle charmante. Un roman n'est jamais qu'un épisode dans la vie. Je viens de vous raconter ce qui pouvait offrir unité de temps et de lieu dans les amours du prince de Roswald et de la comédienne Lucrezia. Maintenant, est-ce que vous voulez savoir le reste? Est-ce que vous ne pourriez pas me le raconter vous-mêmes? Est-ce que vous ne voyez pas mieux que moi où vont les caractères de mes personnages? Est-ce que vous tenez à savoir les faits?

Si vous l'exigez, je ne serai pas long, et je ne vous causerai aucune surprise, puisque je m'y suis engagé. Ils s'aimèrent longtemps et vécurent très-malheureux. Leur amour fut une lutte acharnée, à qui absorberait l'autre. La seule différence entre eux, c'est que la Floriani eût voulu modifier le caractère et calmer l'esprit de Karol pour le rendre heureux comme tout le monde, tandis que lui eût voulu renouveler entièrement l'être qu'il adorait pour se l'assimiler et goûter avec lui un bonheur impossible.

Certes, si l'on voulait tout suivre et tout analyser, il y aurait encore dix volumes à faire, un pour chaque année qu'ils subirent attachés au même boulet. Ces dix volumes pourraient être instructifs, mais risqueraient de devenir encore un peu plus monotones que les deux que voici. En somme, la Floriani supporta toutes les injustices de son amant avec une persévérance inouïe, et Karol méconnut le dévouement et la loyauté de sa maîtresse avec une obstination inconcevable. Rien ne put le guérir de sa jalousie, parce qu'il n'était pas dans la nature de sa passion de s'éclairer et de s'adoucir. Jamais femme ne fut plus ardemment aimée, et, en même temps, plus calomniée et plus avilie dans le cœur de son amant.

Elle avait toujours demandé à Dieu de lui faire rencontrer une âme exclusivement livrée à l'amour comme la sienne. Elle fut trop exaucée; celle de Karol lui versa des torrents d'amour et de fiel, intarissables.

Ce que Salvator leur avait prédit se réalisa à certains égards. Le monde découvrit la retraite de la Floriani et vint l'y saluer. Ses anciens amis accoururent; il y en eut de toutes sortes. Boccaferri eut son tour, et, par parenthèse, il se trouva que Boccaferri avait soixante-dix ans. Aucun ne causa le plus léger motif de jalousie à Karol : tous furent l'objet de sa mortelle jalousie et de son irréconciliable aversion. La Floriani combattit avec bravoure pour préserver la dignité de ceux qui méritaient des égards. Elle en abandonna, en riant, quelques-uns à la férule de Karol, et se préserva du plus grand nombre. Elle ne voulut pourtant pas être laissée, et chasser, pour lui complaire, des êtres malheureux et dignes d'intérêt ou de pitié. Il lui en fit des crimes irrémissibles, et, dix ans après, quand leur nom revenait dans la conversation, il s'écriait avec une conviction qui eût été comique si elle n'eût été déplorable : « Je ne pourrai jamais oublier *le mal* que m'a fait cet homme-là! » Et tout ce mal consistait à n'avoir pas été mis à la porte, sans motif, par la Floriani.

Elle essaya de le distraire, de le faire voyager, de le quitter même pendant quelques moments de l'année. Il traînait sa jalousie partout, il abhorrait les postillons et les aubergistes, et ne fermait pas l'œil en voyage, pensant qu'on allait toujours lui dérober son trésor. Il jetait l'argent à pleines mains; mais, en amour, il était avare jusqu'à la frénésie. Quand il était séparé de Lucrezia pendant quelques semaines, dévoré des mêmes inquiétudes, il tombait malade, parce qu'il ne voulait les confier à personne et ne pouvait en faire retomber l'amertume sur celle qui les causait innocemment. Elle était forcée de le rappeler. Il reprenait la santé et la vie dès qu'il pouvait la faire souffrir.

Il l'aimait tant, il était si fidèle, si absorbé, si enchaîné, il parlait d'elle avec tant de respect, que c'eût été une gloire pour une femme vaine. Mais la Floriani ne détestait personne assez pour lui souhaiter ce genre de bonheur.

Il finit par triompher, comme il arrive toujours aux volontés acharnées à un but unique. Il ramena la Floriani à la villa, qui était encore le lieu le plus retiré qu'ils pussent trouver, et là il réussit à la séquestrer et à l'isoler si bien, qu'elle passa pour morte longtemps avant de l'être.

Elle s'éteignit comme une flamme privée d'air. Son supplice fut lent, mais sans relâche. Il faut des années pour détruire, à coups d'épingles, un être robuste au moral et au physique. Elle s'habituait à tout; personne ne savait renoncer comme elle aux satisfactions de la vie. Elle céda toujours, tout en ayant l'air de se défendre; elle n'eût résisté qu'à des caprices qui eussent fait le malheur de ses enfants. Mais Karol, malgré ce qu'il souffrait de ce partage, n'essaya jamais de les éloigner un seul instant de leur mère. Il employa tout ce qu'il possédait d'empire sur lui-même à ne leur jamais laisser voir qu'elle était sa victime et qu'il s'arrogeait sur elle un droit de propriété absolue.

La comédie fut si bien jouée, et Lucrezia fut si calme et si résignée, que personne ne se douta de son malheur; les enfants étaient arrivés à aimer le prince, excepté Célio, qui était poli avec lui et ne lui parlait jamais.

La Floriani, mise ainsi au secret, ne regrettait pas le monde et ses amis. Elle les avait quittés volontairement, une première fois, elle les quittait encore, par complaisance il est vrai, mais sans amertume. Elle aimait la retraite, le travail, la campagne. Elle se consacrait exclusivement à l'éducation de ses enfants, et enseignait à Célio l'art du théâtre, pour lequel il montrait sa vocation passionnée.

Mais Karol, privé enfin de sujets de jalousie, trouva le moyen de lutter contre les idées, les études et les opinions de la Floriani. Il la persécutait poliment et gracieusement sur toutes choses; il n'était de son goût et de son avis sur aucune. L'inaction le dévorait; ayant consacré à la possession d'une femme toutes les puissances de sa volonté et toutes les minutes de son existence, il était, au moral, le despote le plus acharné, comme, au physique, il était le geôlier le plus vigilant. La pauvre Floriani vit sa dernière consolation empoisonnée, lorsque l'esprit de contradiction et l'âpreté d'une controverse puérile et irritante la poursuivirent jusque dans le sanctuaire de sa vie la plus respectable et la plus pur. « Elle avait tort de consentir à ce que Célio fût comédien; c'était un métier infâme. Elle avait tort d'enseigner le chant à Béatrice, et la peinture à Stella ; des femmes ne doivent point être trop artistes. Elle avait tort de laisser le père Menapace amasser de l'argent; enfin, elle avait tort de ne pas contrarier la vocation et les instincts de tous les siens, outre qu'elle avait tort d'aimer les animaux, de faire cas des scabieuses, de préférer le bleu au blanc, que sais-je! elle avait toujours tort. »

Un beau jour, la Floriani eut quarante ans. Elle n'était plus belle; condamnée à une inaction contraire à ses besoins d'activité, elle avait pourtant perdu son embonpoint. Elle était jaune, et, sans ses beaux yeux calmes et profonds, sans sa distinction et sa grâce tranquille, sans la franchise de sa physionomie souriante, elle eût fait peine à voir. Après avoir été la plus belle femme de l'Italie. Il est vrai que le prince la trouvait toujours plus séduisante et plus dangereuse pour le repos des humains, à mesure qu'il la faisait vieillir et enlaidir. Il était aussi amoureux que le premier jour; il ne pouvait se persuader que les jeunes gens ne deviendraient pas épris d'elle jusqu'à la folie, si par malheur ils la voyaient.

Quant à elle, elle se sentit tout à coup lasse d'arriver aux souffrances et aux infirmités d'une vieillesse prématurée, sans en recueillir les fruits, sans inspirer de confiance à son amant, sans avoir conquis son estime, sans avoir cessé d'être aimée de lui comme une maîtresse et non comme une amie. Elle soupira, en se disant qu'elle avait travaillé en vain dans sa jeunesse pour inspirer l'amour, et dans son âge mûr pour inspirer le respect. Elle sentait pourtant qu'à ces différents âges elle avait mérité ce qu'elle cherchait. Elle embrassa ses enfants, un soir, en leur disant avec un accent qui les fit tressaillir au milieu de leur sérénité habituelle : « Vous êtes tout pour moi, et si je désire vivre encore quelques années, c'est pour vous seuls. »

En effet, elle n'aimait plus Karol, il avait comblé la

mesure, avec une goutte d'eau sans doute, mais la coupe débordait; le vase trop plein et comprimé se brise. La Floriani garda le silence, même avec Salvator, qui était venu enfin la voir, sans pouvoir toutefois se réconcilier bien cordialement avec le prince. Elle sentit qu'elle se brisait, mais elle était brave et ne voulait point croire la mort prochaine. Elle voulait au moins faire débuter Célio, marier Stella; la veille de sa mort, elle fit avec eux les plus beaux projets du monde, mais hélas! l'amour était sa vie : en cessant d'aimer, elle devait cesser de vivre.

Le matin, elle alla s'asseoir dans la chaumière de son père. Célio l'avait accompagnée ; elle paraissait mieux portante, parce que sa figure était gonflée; elle ne se plaignait jamais, de peur d'inquiéter ses enfants. Elle plaisanta Biffi sur sa toilette du dimanche. Puis, elle se leva en entendant sonner le déjeuner. Tout à coup, elle fit un grand cri, étreignit avec force le cou de son fils, et retomba en souriant sur la même chaise, où, petite paysanne, elle avait filé tant de fois sa quenouille chargée de lin.

Célio avait vingt-deux ans alors, il était grand, beau et robuste ; il prit sa mère dans ses bras la croyant évanouie. Il marcha ainsi vers le parc; mais, au moment de franchir la grille, il se trouva en face de Karol et de Salvator Albani, qui venaient de chercher la Lucrezia pour déjeuner. Karol ne comprit pas, et resta comme une statue. Salvator comprit tout de suite, et sans pitié pour lui, car il avait bien deviné que la mort de Lucrezia était son œuvre incessante, il lui dit à voix basse en le poussant en arrière : « Courez aux autres enfants, emmenez-les, cela les tuerait. Leur mère est morte ! »

Ce dernier mot frappa au cœur de Célio. Il regarda le visage de sa mère, il vit qu'elle était morte en effet, quoiqu'elle eût encore l'œil ouvert et tranquille et la bouche souriante. Il tomba évanoui avec le cadavre sur le seuil du parc.

Karol ne vit rien de ce qui se passait. Une heure après, il était seul, toujours debout devant la grille, pétrifié, hébété. Il lisait sur une pierre qui se trouvait en face de lui, un vers que le temps et la pluie n'avaient jamais pu effacer :

Lasciate ogni speranza, voi ch' entrate !

Il le relisait et cherchait à se rappeler en quelle circonstance il l'avait déjà remarqué. Il avait perdu le sentiment de la douleur.

En mourut-il ou devint-il fou? Il serait trop facile d'en finir ainsi avec lui; je n'en dirai plus rien..... à moins qu'il ne me prenne envie de recommencer un roman où Célio, Stella, les deux Salvator, Béatrice, Menapace, Biffi, Tealdo Soavi, Vandoni et même Boccaferri, joueront leur rôle autour du prince Karol. C'est bien assez de tuer le personnage principal, sans être forcé de récompenser, de punir ou de sacrifier un à un tous les autres.

FIN DE LUCREZIA FLORIANI.

LE CHATEAU DES DÉSERTES

NOTICE

Le *Château des Désertes* est une analyse de quelques idées d'art plutôt qu'une analyse de sentiments. Ce roman m'a servi, une fois de plus, à me confirmer dans la certitude que les choses réelles, transportées dans le domaine de la fiction, n'y apparaissent un instant que pour y disparaître aussitôt, tant leur transformation y devient nécessaire.

Durant plusieurs hivers consécutifs, étant retirée à la campagne avec mes enfants et quelques amis de leur âge, nous avions imaginé de jouer la comédie sur scénario et sans spectateurs, non pour nous instruire en quoi que ce soit, mais pour nous amuser. Cet amusement devint une passion pour les enfants, et peu à peu une sorte d'exercice littéraire qui ne fut point inutile au développement intellectuel de plusieurs d'entre eux. Une sorte de mystère que nous ne cherchions pas, mais qui résultait naturellement de ce petit vacarme prolongé assez avant dans les nuits, au milieu d'une campagne déserte, lorsque la neige ou le brouillard nous enveloppaient au dehors, et que nos serviteurs même, n'aidant ni à nos changements de décor, ni à nos soupers, quittaient de bonne heure la maison où nous restions seuls; le tonnerre, les coups de pistolet, les roulements du tambour, les cris du drame et la musique du ballet, tout cela avait quelque chose de fantastique, et les rares passants qui en saisirent de loin quelque chose n'hésitèrent pas à nous croire fous ou ensorcelés.

Lorsque j'introduisis un épisode de ce genre dans le roman qu'on va lire, il y devint une étude sérieuse, et y prit des proportions si différentes de l'original, que mes pauvres enfants, après l'avoir lu, ne regardaient plus qu'avec chagrin le paravent bleu et les costumes de papier découpé qui avaient fait leurs délices. Mais à quelque chose sert toujours l'exagération de la fantaisie, car ils firent eux-mêmes un théâtre aussi grand que le permettait l'exiguïté du local, et arrivèrent à y jouer des pièces qu'ils firent, eux-mêmes aussi, les années suivantes.

Qu'elles fussent bonnes ou mauvaises, là n'est point la question intéressante pour les autres : mais ne firent-ils pas mieux de s'amuser et de s'exercer ainsi, que de courir cette bohême du monde réel, qui se trouve à tous les étages de la société?

C'est ainsi que la fantaisie, le roman, l'œuvre de l'imagination, en un mot, a son effet détourné, mais certain, sur l'emploi de la vie. Effet souvent funeste, disent les rigoristes de mauvaise foi ou de mauvaise humeur. Je le nie. La fiction commence par transformer la réalité ; mais elle est transformée à son tour et fait entrer un peu d'idéal, non pas seulement dans les petits faits, mais dans les grands sentiments de la vie réelle.

GEORGE SAND.

Nohant 17 janvier 1853.

A M. W.-G. MACREADY.

Ce petit ouvrage essayant de remuer quelques idées sur l'art dramatique, je le mets sous la protection d'un grand nom et d'une honorable amitié.

GEORGE SAND.

Nohant, 30 avril 1847.

I.

LA JEUNE MÈRE.

Avant d'arriver à l'époque de ma vie qui fait le sujet de ce récit, je dois dire en trois mots qui je suis.

Je suis le fils d'un pauvre ténor italien et d'une belle dame française. Mon père se nommait Tealdo Soavi ; je ne nommerai point ma mère. Je ne fus jamais avoué par elle, ce qui ne l'empêcha point d'être bonne et généreuse pour moi. Je dirai seulement que je fus élevé dans la maison de la marquise de..., à Turin et à Paris, sous un nom de fantaisie.

La marquise aimait les artistes sans aimer les arts. Elle n'y entendait rien et prenait un égal plaisir à entendre une valse de Strauss et une fugue de Bach. En peinture, elle avait un faible pour les étoffes vert et or, et elle ne pouvait souffrir une toile mal encadrée. Légère et charmante, elle dansait à quarante ans comme une sylphide et fumait des cigarettes de contrebande avec une grâce que je n'ai vue qu'à elle. Elle n'avait aucun remords d'avoir cédé à quelques entraînements de jeunesse et ne s'en cachait point trop, mais elle eût trouvé de mauvais goût de les afficher. Elle eut de son mari un fils que je ne nommai jamais mon frère, mais qui est toujours pour moi un bon camarade et un aimable ami.

Je fus élevé comme il plut à Dieu ; l'argent n'y fut pas épargné. La marquise était riche, et, pourvu qu'elle n'eût à prendre aucun souci de mes aptitudes et de mes progrès, elle se faisait un devoir de ne me refuser aucun moyen de développement. Si elle n'eût été en réalité que ma parente éloignée et ma bienfaitrice, comme elle l'était officiellement, j'aurais été le plus heureux et le plus reconnaissant des orphelins ; mais les femmes de chambre avaient eu trop de part à ma première éducation pour que j'ignorasse le secret de ma naissance. Dès que je pus sortir de leurs mains, je m'efforçai d'oublier la douleur et l'effroi que leur indiscrétion m'avait causés. Ma mère me permit de voir le monde à ses côtés, et je reconnus, à la frivolité bienveillante de son caractère, au peu de soin mental qu'elle prenait de son fils légitime, que je n'avais aucun sujet de me plaindre. Je ne conservai donc point d'amertume contre elle, je n'en eus jamais le droit ; mais une sorte de mélancolie, jointe à beaucoup de patience, de tolérance extérieure et de résolution intime, se trouva être au fond de mon esprit, de bonne heure et pour toujours.

J'éprouvais parfois un violent désir d'aimer et d'embrasser ma mère. Elle m'accordait un sourire en passant, une caresse à la dérobée. Elle me consultait sur le choix de ses bijoux et de ses chevaux ; elle me félicitait d'avoir du *goût*, donnait des éloges à mes instincts de savoir-vivre, et ne me gronda pas une seule fois en sa vie ; mais jamais aussi elle ne comprit mon besoin d'expansion avec elle. Le seul mot maternel qui lui échappa fut pour me demander, un jour qu'elle s'aperçut de ma tristesse, si j'étais jaloux de son fils, et si je ne me trouvais pas aussi bien traité que *l'enfant de la maison*. Or, comme, sauf le plaisir très-creux d'avoir un nom et le bonheur très-faux d'avoir dans le monde une position toute faite pour l'oisiveté, mon frère n'était effectivement pas mieux traité que moi, je compris une fois pour toutes, dans un âge encore assez tendre, que tout sentiment d'envie et de dépit serait de ma part ingratitude et lâcheté. Je reconnus que ma mère m'aimait autant qu'elle pouvait aimer, plus peut-être qu'elle n'aimait mon frère, car j'étais l'enfant de l'amour, et ma figure lui plaisait plus que la ressemblance de son héritier avec son mari.

Je m'attachai donc à lui complaire, en prenant mieux que lui les leçons qu'elle payait pour nous deux avec une égale libéralité, une égale insouciance. Un beau jour, elle s'aperçut que j'avais profité, et que j'étais capable de me tirer d'affaire dans la vie. « Et mon fils ? dit-elle avec un sourire ; il risque fort d'être ignorant et paresseux, n'est-ce pas ?... » Puis elle ajouta naïvement : « Voyez comme c'est heureux, que ces deux enfants aient compris chacun sa position ! » Elle m'embrassa au front, et tout fut dit. Mon frère n'essuya aucun reproche de sa part. Sans s'en douter, et grâce à ses instincts débonnaires, elle avait détruit entre nous tout levain d'émulation, et l'on conçoit qu'entre un fils légitime et un bâtard l'émulation eût pu se changer fort aisément en aversion et en jalousie.

Je travaillai donc pour mon propre compte, et je pus me livrer sans anxiété et sans amour-propre maladif au plaisir que je trouvais naturellement à m'instruire. Entouré d'artistes et de gens du monde, mon choix se fit tout aussi naturellement. Je me sentais artiste, et, si j'eusse été maltraité par ceux qui ne l'étaient pas, je me serais élancé dans la carrière avec une sorte d'âpreté chagrine et hautaine. Il n'en fut rien. Tous les amis de ma mère m'encourageaient de leur bienveillance, et moi, ne me sentant blessé nulle part, j'entrai dans la voie qui me parut la mienne avec le calme et la sérénité d'une âme qui prend librement possession de son domaine.

Je portai dans l'étude de la peinture toutes les facultés qui étaient en moi, sans fièvre, sans irritation, sans impatience. A vingt-cinq ans seulement, je me sentis arrivé au premier degré de développement de ma force, et je n'eus pas lieu de regretter mes tâtonnements.

Ma mère n'était plus ; elle m'avait oublié dans son testament, mais elle était morte en me faisant écrire un billet fort gracieux pour me féliciter de mes premiers succès, et en donnant son signature à son banquier pour payer les premières dettes de mon frère. Elle avait fait autant pour moi que pour lui, puisqu'elle nous avait mis tous les deux à même de devenir des hommes. J'étais arrivé au but le premier ; je ne dépendais plus que de mon courage et de mon intelligence. Mon frère dépendait de sa fortune et de ses habitudes ; je n'eusse pas changé son sort contre le mien.

Depuis quelques années, je ne voyais plus ma mère que rarement. Je lui écrivais à d'assez longs intervalles. Il m'en coûtait de l'appeler, conformément à ses prescriptions, *ma bonne protectrice*. Ses lettres ne me causaient qu'une joie mélancolique, car elles ne contenaient guère que des questions de détail matériel et des offres d'argent relativement à mon travail. « *Il me semble*, écrivait-elle, qu'il y a *quelque temps* que vous ne m'avez rien demandé, et je vous supplie de ne point faire de dettes, puisque ma bourse est toujours à votre disposition. Traitez-moi toujours en ceci comme votre véritable amie. »

Cela était bon et généreux, sans doute, mais cela me blessait chaque fois davantage. Elle ne remarquait pas que, depuis plusieurs années, je ne lui coûtais plus rien, tout en ne faisant point de dettes. Quand je l'eus perdue, ce que je regrettai le plus, ce fut l'espérance que j'avais vaguement nourrie qu'elle m'aimerait un jour; ce qui me fit verser des larmes, ce fut la pensée que j'aurais pu l'aimer passionnément, si elle l'eût bien voulu. Enfin, je pleurais de ne pouvoir pleurer vraiment ma mère.

Tout ce que je viens de raconter n'a aucun rapport avec l'épisode de ma vie que je vais retracer. Il ne se trouvera aucun lien entre le souvenir de ma première jeunesse et les aventures qui en ont rempli la seconde période. J'aurais donc pu me dispenser de cette exposition; mais il m'a semblé pourtant qu'elle était nécessaire. Un narrateur est un être passif qui ennuie quand il ne rapporte pas les faits qui le touchent à sa propre individualité bien constatée. J'ai toujours détesté les histoires qui procèdent par *je*, et si je ne raconte pas la mienne à la troisième personne, c'est que je me sens capable de rendre compte de moi-même, et d'être, sinon le héros principal, du moins un personnage actif dans les événements dont j'évoque le souvenir.

J'intitule ce petit drame du nom d'un lieu où ma vie s'est révélée et dénouée. Mon nom, à moi, c'est-à-dire le nom qu'on m'a choisi en naissant, est Adorno Salentini. Je ne sais pas pourquoi je ne me serais pas appelé *Soavi*, comme mon père. Peut-être que ce n'était pas non plus son nom. Ce qu'il y a de certain, c'est qu'il mourut sans savoir que j'existais. Ma mère, aussi vite épouvantée qu'éprise, lui avait caché les conséquences de leur liaison pour pouvoir la rompre plus entièrement.

Pour toutes les causes qui précèdent, me voyant et me sentant doublement orphelin dans la vie, j'étais tout accoutumé à ne compter que sur moi-même. Je pris des habitudes de discrétion et de réserve qui me soutinrent, en raison des instincts de courage et de fierté que je cultivais en moi avec soin.

Deux ans après la mort de ma mère, c'est-à-dire à vingt-sept ans, j'étais déjà fort et libre au gré de mon ambition, j'avais même fait scandale. J'avais tout lieu d'espérer un délicieux caprice de sa part. Cela ne m'enivrait pas. Je n'étais plus assez enfant pour me glorifier d'inspirer un caprice; j'étais assez homme pour aspirer à être l'objet d'une passion. Je brûlais d'un feu mystérieux trop longtemps comprimé pour que je voulusse que j'allais être en proie moi-même à une passion énergique; mais, lorsque je me sentais sur le point d'y céder, j'étais épouvanté de l'idée que j'allais donner tout pour recevoir peu... peut-être rien. J'avais peur, non pas précisément de devenir dans le monde une dupe de plus; qu'importe, quand l'erreur est douce et profonde? mais peur d'user mon âme, ma force morale, l'avenir de mon talent, dans une lutte pleine d'angoisses et de mécomptes. Je pourrais dire que j'avais peur enfin de n'être pas complètement dupe, et que je me méfiais du retour de ma clairvoyance prête à m'échapper.

Un soir, nous allâmes ensemble au théâtre. Il y avait plusieurs jours que je ne l'avais vue. Elle avait été malade; du moins sa porte avait été fermée, et ses traits étaient légèrement altérés. Elle m'avait envoyé une place dans sa loge pour m'assister avec moi et un autre de ses amis, espèce de sigisbée insignifiant, au début d'un jeune homme dans un opéra italien.

J'avais travaillé avec beaucoup d'ardeur et avec une sorte de dépit fiévreux durant la maladie feinte ou réelle de la duchesse. Je n'étais pas sorti de mon atelier, je n'avais vu personne, je n'étais plus au courant des nouvelles de la ville.

— Qui donc débute ce soir? lui demandai-je un instant avant l'ouverture.

— Quoi! vous ne le savez pas? me dit-elle avec un sourire caressant, qui semblait me remercier de mon indifférence à tout ce qui n'était pas elle.

Puis elle reprit d'un air d'indifférence :

— C'est un tout jeune homme, mais dont on espère beaucoup. Il porte un nom célèbre au théâtre; il s'appelle Célio Floriani.

— Est-il parent, demandai-je, de la célèbre Lucrezia Floriani, qui est morte il y a deux ou trois ans?

— Son propre fils, répondit la duchesse, un garçon de vingt-quatre ans, beau comme sa mère et intelligent comme elle.

Je trouvai cet éloge trop complet; l'instinct jaloux se développait en moi; à mon gré la duchesse se hâtait trop d'admirer les jeunes talents. J'oubliai d'être reconnaissant pour mon propre compte.

— Vous le connaissez? lui dis-je avec d'autant plus de calme que je me sentais plus ému.

— Oui, je le connais un peu, répondit-elle en dépliant son éventail; je l'ai entendu deux fois depuis qu'il est ici.

Je ne répondis rien. Je fis faire un détour à la conversation, pour obtenir, par surprise, l'aveu que je redoutais. Au bout de cinq minutes de propos oiseux en apparence, j'appris que la duchesse avait entendu chanter deux fois dans son salon le jeune Célio Floriani, pendant que la porte m'était fermée, car ce débutant n'était arrivé à Vienne que depuis cinq jours.

Je renfermai ma colère, mais elle fut devinée, et la duchesse s'en tira aussi bien que possible. Je n'étais pas encore assez *lié* avec elle pour avoir le droit d'attendre une justification. Elle daigna me la donner assez satisfaisante, et mon amertume fit place à la reconnaissance. Elle avait beaucoup connu la fameuse Floriani et vu son fils adolescent auprès d'elle. Il était venu naturellement la saluer à son arrivée, et, croyant lui devoir aide et protection, elle avait consenti à le recevoir et à l'entendre, quoique malade et séquestrée. Il avait chanté pour elle devant son médecin, elle l'avait écouté par ordonnance de médecin. « Je ne sais si c'est que je m'ennuyais d'être seule, ajouta-t-elle d'un ton languissant, ou si mes nerfs étaient détendus par le régime; mais il est certain qu'il m'a fait plaisir et que j'ai bien auguré de son début. Il a une voix magnifique, une belle méthode et un extérieur agréable; mais que sera-t-il sur la scène? C'est si différent d'entendre un virtuose à huis clos! Je crains pour ce pauvre enfant l'épreuve terrible du public. Le nom qu'il porte est un rude fardeau à soutenir; on attend beaucoup de lui : noblesse oblige!

— C'est une cruauté, Madame, dit le marquis R., qui se tenait au fond de la loge, le public est bête; il devrait savoir que les personnes de génie ne mettent au monde que des enfants bêtes. C'est une loi de nature.

— J'aime à croire que vous vous trompez, ou que la nature ne se trompe pas toujours si sottement, répondit la duchesse d'un air narquois. Votre fille est une personne charmante et pleine d'esprit. » — Puis, comme pour atténuer l'effet désagréable que pouvait produire sur moi cette repartie un peu vive, elle ajouta tout bas, derrière son éventail : « J'ai choisi le marquis pour être avec nous ce soir, parce qu'il est le plus bête de tous mes amis. »

Je savais que le marquis s'endormait toujours au lever du rideau; je me sentis heureux et tout disposé à la bienveillance pour le débutant.

— Quelle voix a-t-il? demandai-je.

— Qui? le marquis? reprit-elle en riant.

— Non, votre protégé!

— *Primo basso cantante*. Il se risque dans un rôle bien fort, ce soir. Tenez, on commence; il entre en scène! voyez. Pauvre enfant! comme il doit trembler!

Elle agita son éventail. Quelques claques saluèrent l'entrée de Célio. Elle y joignit si vivement le faible bruit de ses petites mains, que son éventail tomba. « Allons, me dit-elle, comme je le ramassais, applaudissez aussi le nom de la Floriani, c'est un grand nom en Italie, et, nous autres Italiens, nous devons le soutenir. Cette femme a été une de nos gloires.

— Je l'ai entendue dans mon enfance, répondis-je; mais c'est donc depuis qu'elle était retirée du théâtre que vous l'avez particulièrement connue? car vous êtes trop jeune...

Ce n'était pas le moment de faire une circonlocution pour apprendre si la duchesse avait vu la Floriani une fois ou vingt fois sa vie. J'ai su plus tard qu'elle ne l'avait jamais vue que de sa loge, et que Célio lui avait été simplement recommandé par le comte Albani. J'ai su bien d'autres choses... Mais Célio débitait son récitatif, et la duchesse toussait trop pour me répondre. Elle avait été si enrhumée!

II.

LE VER LUISANT.

Il y avait alors au théâtre impérial une chanteuse qui eût fait quelque impression sur moi, si la duchesse de... ne se fût emparée plus victorieusement de mes pensées. Cette chanteuse n'était ni de la première beauté, ni de la première jeunesse, ni du premier ordre de talent. Elle se nommait Cécilia Boccaferri; elle avait une trentaine d'années, les traits un peu fatigués, une jolie taille, de la distinction, une voix plutôt douce et sympathique que puissante; elle remplissait sans fracas d'engouement, comme sans contestation de la part du public, l'emploi de *seconda donna*.

Sans m'éblouir, elle m'avait plu hors de la scène plutôt que sur les planches. Je la rencontrais quelquefois chez un professeur de chant qui était mon ami et qui avait été son maître, et dans quelques salons où elle allait chanter avec les premiers sujets. Elle vivait, disait-on, fort sagement, et faisait vivre son père, vieux artiste paresseux et désordonné. C'était une personne modeste et calme que l'on accueillait avec égard, mais dont on s'occupait fort peu dans le monde.

Elle entra en même temps que Célio, et, bien qu'elle ne s'occupât jamais du public lorsqu'elle était à son rôle, elle tourna les yeux vers la loge d'avant-scène où j'étais avec la duchesse. Il y eut dans ce regard furtif et rapide quelque chose qui me frappa : j'étais disposé à tout remarquer et à tout commenter ce soir-là.

Célio Floriani était un garçon de vingt-quatre à vingt-cinq ans, d'une beauté accomplie. On disait qu'il était tout le portrait de sa mère, qui avait été la plus belle femme de son temps. Il était grand sans l'être trop, svelte sans être grêle. Ses membres dégagés avaient de l'élégance, sa poitrine large et pleine annonçait la force. La tête était petite comme celle d'une belle statue antique, les traits d'une pureté délicate avec une expression vive et une couleur solide; l'œil noir étincelant, les cheveux épais, ondés et plantés au front par la nature selon toutes les règles de l'art italien; le nez était droit, la narine nette et mobile, le sourcil par comme un trait de pinceau, la bouche vermeille et bien découpée, la moustache fine et encadrant la lèvre supérieure par un mouvement de frisure naturelle d'une grâce coquette; les plans de la joue sans défaut, l'oreille petite, le cou dégagé, rond, blanc et fort, la main bien faite, le pied de même, les dents éblouissantes, le sourire malin, le regard très-hardi... Je regardai la duchesse... Je la regardai d'autant mieux, qu'elle n'y fit point attention, tant elle était absorbée par l'entrée du débutant.

La voix de Celio était magnifique, et il savait chanter; cela se jugeait dès les premières mesures. Sa beauté ne pouvait pas lui nuire : pourtant, lorsque je reportai mes regards de la duchesse à l'acteur, ce dernier me parut insupportable. Je crus d'abord que c'était prévention de jaloux; je me moquai de moi-même; je l'applaudis, je l'encourageai d'un de ces *bravo* à demi-voix que l'acteur entend fort bien sur la scène. Là je rencontrai encore le regard de mademoiselle Boccaferri attaché sur la duchesse et sur moi. Cette préoccupation n'était pas dans ses habitudes, car elle avait un maintien éminemment grave et un talent spécialement consciencieux.

Mais j'avais beau faire le dégagé : d'une part, je voyais la duchesse en proie à un trouble inconcevable, une émotion qu'elle ne pouvait plus me cacher, on eût dit qu'elle ne l'essayait même pas; d'autre part, je voyais le beau Célio, en dépit de son audace et de ses moyens, s'acheminer vers une de ces chutes dont on ne se relève guère, ou tout au moins vers un de ces *fiasco* qui laissent après eux des années de découragement et d'impuissance.

En effet, ce jeune homme se présenta avec un aplomb qui frisait l'outrecuidance. On eût dit que le nom qu'il portait était écrit par lui sur son front pour être salué et adoré sans examen de son individualité; on eût dit aussi que sa beauté devait faire baisser les yeux, même aux hommes. Il avait cependant du talent et une puissance incontestable : il ne jouait pas mal, et il chantait bien; mais il était insolent dans l'âme, et cela perçait par tous ses pores. La manière dont il accueillit les premiers applaudissements déplut au public. Dans son salut et dans son regard, on lisait clairement cette modeste allocution intérieure : « Tas d'imbéciles que vous êtes, vous serez bientôt forcés de m'applaudir davantage. Je méprise le faible tribut de votre indulgence; j'ai droit à des transports d'admiration. »

Pendant deux actes, il se maintint à cette hauteur dédaigneuse; et le public incertain lui pardonna généreusement son orgueil, voulant voir s'il le justifierait, et si cet orgueil était un droit légitime ou une prétention impertinente. Je n'aurais su dire moi-même lequel c'était, car je l'écoutais avec un désintéressement amer. Je ne pouvais plus douter de l'engouement de ma compagne pour lui; je le lui disais, même assez malhonnêtement, sans la fâcher, sans la distraire; elle n'attendait qu'un moment d'éclatant triomphe de Célio pour me dire que j'étais un fat et qu'elle n'avait jamais pensé à moi.

Ce moment de triomphe sur lequel tous deux comptaient, c'était un duo du troisième acte avec la signora Boccaferri. Cette sage créature semblait s'y prêter de bonne grâce et vouloir s'effacer derrière le succès du débutant. Célio s'était ménagé jusque-là; il arrivait à un effet avec la certitude de le produire.

Mais que se passa-t-il tout d'un coup entre le public et lui? Nul ne l'eût expliqué, chacun le sentit. Il était là, lui, comme un magnétiseur qui essaie de prendre possession de son sujet, et qui ne se rebute pas de la lenteur de son action. Le public était comme le patient, à la fois naïf et sceptique, qui attend de ressentir ou de secouer le charme pour se dire : « Celui-ci est un prophète ou un charlatan. » Célio ne chanta pourtant pas mal, la voix ne lui manqua pas; mais il le voulut peut-être aider son effet par un jeu trop accusé : eut-il un geste faux, une intonation douteuse, une attitude ridicule? Je n'en sais rien. Je regardai la duchesse prête à s'évanouir, lorsqu'un froid sinistre plana sur toutes les têtes, un sourire sépulcral effleura tous les visages. L'air fini, quelques amis essayèrent d'applaudir; deux ou trois *chut* discrets, contre lesquels personne n'osa protester, firent tout rentrer dans le silence. Le *fiasco* était consommé.

La duchesse était pâle comme la mort; mais ce fut l'affaire d'un instant. Reprenant l'empire d'elle-même avec une merveilleuse dextérité, elle se tourna vers moi, et me dit en souriant, en affrontant mon regard comme si rien n'était changé entre nous : — Allons, c'est trois ans d'étude qu'il faut encore à ce chanteur-là ! Le théâtre est un autre lieu d'épreuve que l'auditoire bienveillant de la vie privée. J'aurais pourtant cru qu'il s'en serait mieux tiré. Pauvre Floriani, comme elle eût souffert si cela se fût passé de son vivant ! Mais qu'avez-vous donc, monsieur Salentini? On dirait que vous prenez tant d'intérêt à ce début, que vous vous sentez consterné de la chute?

— Je n'y songeais pas, Madame, répondis-je; je regardais et j'écoutais mademoiselle Boccaferri, qui vient de dire admirablement bien une toute petite phrase fort simple.

— Ah! bah! vous écoutez la Boccaferri, vous? Je ne lui fais pas tant d'honneur. Je n'ai jamais su ce qu'elle disait mal ou bien.

— Je ne vous crois pas, Madame; vous êtes trop bonne musicienne et trop artiste pour n'avoir pas mille fois remarqué qu'elle chante comme un ange.

— Rien que cela! A qui en avez-vous, Salentini? Est-ce vraiment de la Boccaferri que vous me parlez? J'ai mal entendu, sans doute.

— Vous avez fort bien entendu, Madame; Cecilia Boccaferri est une personne accomplie et une artiste du plus grand mérite. C'est votre doute à cet égard qui m'étonne.

— Oui-da ! vous êtes facétieux aujourd'hui, reprit la duchesse sans se déconcerter.

Elle était charmée de me supposer du dépit; elle était loin de croire que je fusse parfaitement calme et détaché d'elle, ou au moment de l'être.

— Non, Madame, repris-je, je ne plaisante pas. J'ai toujours fait grand cas des talents qui se respectent et qui se tiennent, sans aigreur, sans dégoût et sans folle ambition, à la place que le jugement public leur assigne. La signora Boccaferri est un de ces talents purs et modestes qui n'ont pas besoin de bruit et de couronnes pour se maintenir dans la bonne voie. Son organe manque d'éclat, mais son chant ne manque jamais d'ampleur. Ce timbre, un peu voilé, a un charme qui me pénètre. Beaucoup de *prime donne* fort en vogue n'ont pas plus de plénitude ni de fraîcheur dans le gosier; il en est même qui n'en ont plus du tout. Elles appellent alors à leur aide l'*artifice* au lieu de l'*art*, c'est-à-dire le mensonge. Elles se créent une voix factice, une méthode personnelle, qui consiste à sauver toutes les parties défectueuses de leur registre pour ne faire valoir que certaines notes criées, chevrotées, sanglotées, étouffées, qu'elles ont à leur service. Cette méthode, prétendue dramatique et savante, n'est qu'une misérable tour de gibecière, un escamotage maladroit, une fourberie dont les ignorants sont seuls dupes; mais, à coup sûr, ce n'est plus là du chant, ce n'est plus de la musique. Que deviennent l'intention du maître, le sens de la mélodie, le génie du rôle, lorsqu'au lieu d'une déclamation naturelle, et qui n'est vraisemblable et pathétique qu'à la condition d'avoir des nuances alternatives de calme et de passion, d'abattement et d'emportement, la cantatrice, incapable de rien *dire* et de rien *chanter*, crie, soupire et larmoie son rôle d'un bout à l'autre? D'ailleurs, quelle couleur, quelle physionomie, quel sens peut avoir un chant écrit pour la voix, quand, à la place d'une voix humaine et vivante, le virtuose épuisé, ne rend qu'un cri, un grincement, une suffocation perpétuels? Autant vaut chanter Mozart avec la *pratique* de Pulcinella sur la langue; autant vaut assister aux hurlements de l'épilepsie. Ce n'est pas davantage de l'art, c'est de la réalité plus positive.

— Bravo, monsieur le peintre! dit la duchesse avec un sourire malin et caressant; je ne vous savais pas si docte et si subtil en fait de musique ! Pourquoi est-ce la première fois que vous m'en parlez si bien ? J'aurais toujours été de votre avis... en théorie, car vous faites une mauvaise application en ce moment. La pauvre Boccaferri a précisément une de ces voix usées et flétries qui ne peuvent plus chanter.

— Et pourtant, repris-je avec fermeté, elle chante toujours, elle ne fait que chanter; elle ne crie et ne suffoque jamais, et c'est pour cela que le public frivole ne fait point d'attention à elle. Croyez-vous qu'elle soit si peu habile qu'elle ne pût viser à l'*effet* tout comme une autre, et remplacer l'*art* par l'*artifice*, si elle daignait abaisser son âme et sa science jusque-là ? Que demain elle se lasse de passer inaperçue et qu'elle veuille agir sur la fibre nerveuse de son auditoire par des cris, elle éclipsera ses rivales, je n'en doute pas. Son organe, voilé d'habitude, est précisément de ceux qui s'éclaircissent par un effort physique, et qui vibrent puissamment quand le chanteur veut sacrifier le charme à l'étonnement, la vérité à l'effet.

— Mais alors, convenez-en vous-même, que lui reste-t-il, si elle n'a ni le courage et la volonté de produire l'effet par un certain artifice, ni la santé de l'organe qui possède le charme naturel ? Elle n'agit ni sur l'imagination trompée, ni sur l'oreille satisfaite, cette pauvre fille ! Elle dit proprement ce qui est écrit dans son rôle ; elle ne choque jamais, elle ne dérange rien. Elle est musicienne, j'en conviens, et utile dans l'ensemble ; mais, seule, elle est nulle. Qu'elle entre, qu'elle sorte, le théâtre est toujours vide quand elle le traverse de ses bouts de rôle et de ses petites phrases perlées.

— Voilà ce que je nie, et, pour mon compte, je sens

qu'elle remplit, non pas seulement le théâtre de sa présence, mais qu'elle pénètre et anime l'opéra de son intelligence. Je nie également que le défaut de plénitude de son organe en exclue le charme. D'abord ce n'est pas une voix malade, c'est une voix délicate, de même que la beauté de mademoiselle Boccaferri n'est pas une beauté flétrie, mais une beauté voilée. Cette beauté suave, cette voix douce, ne sont pas faites pour les sens toujours un peu grossiers du public; mais l'artiste qui les comprend devine des trésors de vérité sous cette expression contenue, où l'âme tient plus encore qu'elle ne promet et ne s'épuise jamais, parce qu'elle ne se prodigue point.

— Oh! mille et mille fois pardon, mon cher Salentini! s'écria la duchesse en riant et en me tendant la main d'un air enjoué et affectueux; je ne vous savais pas amoureux de la Boccaferri; si je m'en étais doutée, je ne vous aurais pas contrarié en disant du mal d'elle. Vous ne m'en voulez pas? vrai, je n'en savais rien !

Je regardai attentivement la duchesse. Qu'elle eût été sincère dans son désintéressement, je redevenais amoureux; mais elle ne put soutenir mon regard, et l'étincelle diabolique jaillit du sien à la dérobée.

— Madame, lui dis-je sans baiser sa main que je pressai faiblement, vous n'aurez jamais à vous excuser d'une maladresse, et moi, je n'ai jamais été amoureux de mademoiselle Boccaferri avant cette représentation, où je viens de la comprendre pour la première fois.

— Et c'est moi qui vous ai aidé, sans doute, à faire cette découverte?

— Non, Madame, c'est Célio Floriani.

La duchesse frémit, et je continuai fort tranquillement :

— C'est en voyant combien ce jeune homme avait peu de conscience que j'ai senti le prix de la conscience dans l'art lyrique, aussi clairement que je le sens dans l'art de la peinture et dans tous les arts.

— Expliquez-moi cela, dit la duchesse affectant de reprendre parti pour Célio. Je n'ai pas vu qu'il manquât de conscience, ce beau jeune homme; il a manqué de bonheur, voilà tout.

— Il a manqué à ce qu'il y a de plus sacré, repris-je froidement; il a manqué à l'amour et au respect de son art. Il a mérité que le public l'en punît, quoique le public ait rarement de ces instincts de justice et de fierté. Consolez-vous pourtant, Madame, son succès n'a tenu qu'à un fil, et, en procédant par l'audace et le contentement de soi-même, un artiste peut toujours être applaudi, faire des dupes, vivre des victimes; mais moi, qui vois très-clair et qui suis tout à fait impartial dans la question, j'ai compris que l'absence de charme et de puissance de ce jeune homme tenait à sa vanité, à son besoin d'être admiré, à son peu d'amour pour l'œuvre qu'il chantait, à son manque de respect pour l'esprit et les traditions de son rôle. Il s'est nourri toute sa vie, j'en suis sûr, de l'idée qu'il ne pouvait faillir et qu'il avait le don de s'imposer. Probablement c'est un enfant gâté. Il est joli, intelligent, gracieux; sa mère a dû être son esclave, et toutes les dames qu'il fréquente doivent l'enivrer de voluptés. Celle de la louange est la plus mortelle de toutes. Aussi s'est-il présenté devant le public comme une coquette effrontée qui éclabousse le pauvre monde du haut de son équipage. Personne n'a pu nier qu'il fût jeune, beau et brillant; mais on s'est mis à le haïr, parce qu'on a senti dans son maintien quelque chose de la coquette. Oui, coquette est le mot. Savez-vous ce que c'est qu'une coquette, madame la duchesse?

— Je ne le sais pas, monsieur Salentini; mais vous, vous le savez, sans doute?

— Une coquette, repris-je sans me laisser troubler par son air de dédain, c'est une femme qui fait par vanité ce que la courtisane fait par cupidité; c'est un être qui fait le fort pour cacher sa faiblesse, qui fait semblant de tout mépriser pour secouer le poids du mépris public, qui essaie d'écraser la foule pour faire oublier qu'elle s'abaisse et rampe devant chacun en particulier; c'est un mélange d'audace et de lâcheté, de bravade téméraire et de terreur secrète... A Dieu ne plaise que j'applique ce portrait dans toute sa rigueur à aucune personne de votre connaissance ! A Célio même, je ne le ferais pas sans restriction. Mais je dis que la plupart des artistes qui cherchent le succès sans conscience et sans recueillement sont un peu dans la voie de la courtisane sans le savoir; ils feignent de mépriser le jugement d'autrui, et ils n'ont travaillé toute leur vie qu'à l'obtenir favorable; ils ne sont si irrités de manquer leur triomphe que parce que le triomphe a été leur unique mobile. S'ils aimaient leur art pour lui-même, ils seraient plus calmes et ne feraient pas dépendre leurs progrès d'un peu plus ou moins de blâme ou d'éloge. Les courtisanes affectent de mépriser la vertu que les artistes dont je parle affectent de se suffire à eux-mêmes, précisément parce qu'ils se sentent mal avec eux-mêmes. Célio Floriani est le fils d'une vraie, d'une grande artiste. Il n'a pas voulu suivre les traditions de sa mère, il en est trop cruellement puni! Dieu veuille qu'il profite de la leçon, qu'il ne se laisse point abattre, et qu'il se remette à l'étude sans dégoût et sans colère! Voulez-vous que j'aille le trouver de votre part, Madame, et que je l'invite à souper chez vous au sortir du spectacle? Il doit avoir besoin de consolation, et ce serait généreux à vous de le traiter d'autant mieux qu'il est plus malheureux. Nous voici au *finale*. J'ai mes entrées sur le théâtre, j'y vais et je vous l'amène.

— Non, Salentini, répondit la duchesse. Je ne comptais point ce soir, et, si vous voulez prolonger la veillée, vous allez venir prendre du thé avec moi et le marquis... dont la somnolence opiniâtre nous laisse le champ libre pour causer. Il me semble que nous avons beaucoup de choses à nous dire..., à propos de Célio Floriani précisément. Celui-ci serait de trop dans notre entretien, pour moi comme pour vous.

Elle accompagna ces paroles d'un regard plein de langueur et de passion, et se leva pour prendre mon bras; mais j'esquivai cet honneur en me plaçant derrière son sigisbée. Cette femme, qui n'aimait les *jeunes talents* que dans la prévision du succès, et qui les abandonnait si lestement quand ils avaient échoué, me devenait odieuse tout d'un coup; elle me faisait l'effet de ces enfants méchants et stupides qui poursuivent le ver luisant dans les herbes, qui le saisissent, le tourmentent et l'admirent tant que le phosphore l'illumine, puis l'écrasent quand le toucher de leur main indiscrète l'a privé de sa lumière. Parfois ils le torturent pour le ranimer, mais le pauvre insecte s'éteint de plus en plus. Alors on le tue : il ne jette plus d'éclat, il brille plus, il n'est plus bon à rien. « Pauvre Célio ! pensais-je, qu'as-tu fait de ton phosphore? Rentre dans la terre, ou crains qu'on ne marche sur toi... Mais à coup sûr ce n'est pas moi qui profiterai du tête-à-tête qu'on t'avait ménagé pour cette nuit en cas d'ovation. J'ai encore un peu de phosphore, et je veux le garder. »

— Eh bien, dit la duchesse d'un ton impérieux, vous ne venez pas?

— Pardon, Madame, répondis-je, je veux aller saluer mademoiselle Boccaferri dans sa loge. Elle n'a pas eu plus de succès ce soir que les autres fois, et elle n'en chantera pas moins bien demain. J'aime beaucoup à porter le tribut de mon admiration aux talents ignorés ou méconnus qui restent eux-mêmes et se consolent de l'indifférence de la foule par la sympathie de leurs amis et la conscience de leur force. Si je rencontre Célio Floriani, je veux faire connaissance avec lui. Me permettez-vous de me recommander de Votre Seigneurie? Nous sommes tous deux vos protégés.

La duchesse brisa son éventail et sortit sans me répondre. Je sentis que sa souffrance me faisait mal; mais c'était le dernier tressaillement de mon cœur pour elle. Je m'élançai dans les couloirs qui menaient au théâtre, résolu, en effet, à porter mon hommage à Cécilia Boccaferri.

III.

CÉCILIA.

Mais il était écrit au livre de ma destinée que je retrouverais Célio sur mon chemin. J'approche de la loge de Cécilia, je frappe, on vient m'ouvrir : au lieu du visage doux et mélancolique de la cantatrice, c'est la figure enflammée du débutant qui m'accueille d'un regard méfiant et de cette parole insolente : — Que voulez-vous, Monsieur?

— Je croyais frapper chez la signora Boccaferri, répondis-je ; elle a donc changé de loge?

— Non, non, c'est ici ! me cria la voix de Cécilia. Entrez, signor Salentini, je suis bien aise de vous voir.

J'entrai, elle quittait son costume derrière un paravent. Célio se rassit sur le sofa ; sans me rien dire, et même sans daigner faire la moindre attention à ma présence, il reprit son discours au point où je l'avais interrompu. A vrai dire, ce discours n'était qu'un monologue. Il procédait même uniquement par exclamations et malédictions, donnant au diable ce lourd et stupide parterre d'Allemands, ces buveurs, aussi froids que leur bière, aussi incolores que leur café. Les loges n'étaient pas mieux traitées. — Je sais que j'ai mal chanté et encore plus mal joué, disait-il à la Boccaferri, comme pour répondre à une objection qu'elle lui aurait faite avant mon arrivée ; mais soyez donc inspiré devant trois rangées de sots diplomates et d'affreuses douairières ! Maudite soit l'idée qui m'a fait choisir Vienne pour le théâtre de mes débuts ! Nulle part les femmes ne sont si laides, l'air si épais, la vie si plate et les hommes si bêtes ! En bas, des abrutis qui vous glacent ; en haut, des monstres qui vous épouvantent ! Par tous les diables ! j'ai été à la hauteur de mon public, c'est-à-dire insipide et détestable !

La naïveté de ce dépit me réconcilia avec Célio. Je lui dis qu'en qualité d'Italien et de compatriote, je réclamais contre son arrêt, que je ne l'avais point écouté froidement, et que j'avais protesté contre la rigueur du public.

A cette ouverture, il leva la tête, me regarda en face, et, venant à moi la main ouverte : « Ah ! oui ! dit-il, c'est vous qui étiez à l'avant-scène, dans la loge de la duchesse de... Vous m'avez soutenu, je l'ai remarqué ; Cécilia Boccaferri, ma bonne camarade, y a fait attention aussi... Cette haridelle de duchesse, elle aussi m'a abandonné ! mais vous luttiez jusqu'au dernier moment. Eh bien, touchez là ; je vous remercie. Il paraît que vous êtes artiste aussi, que vous avez du talent, du succès? C'est bien de vouloir garantir et consoler ceux qui tombent ! cela vous portera bonheur ! »

Il parlait si vite, il avait un accent si résolu, une cordialité si spontanée, que, bien que choqué de l'expression de corps de garde appliquée à la duchesse, mes récentes amours, je ne pus résister à ses avances, ni rester froid à l'étreinte de sa main. J'ai toujours jugé les gens à ce signe. Une main froide me gêne, une main humide me répugne, une pression saccadée m'irrite, une main qui ne me prend que du bout des doigts me fait peur ; mais une main souple et chaude, qui sait presser la mienne bien fort sans la blesser, et qui ne craint pas de livrer à une main virile le contact de sa paume entière, m'inspire une confiance et même une sympathie subite. Certains observateurs des variétés de l'espèce humaine s'attachent au regard, d'autres à la forme du front, ceux-ci à la qualité de la voix, ceux-là au sourire, d'autres enfin à l'écriture, etc. Moi, je crois que tout l'homme est dans chaque détail de son être, et que tout action ou aspect de cet être est un indice révélateur de sa qualité dominante. Il faudrait donc tout examiner, si on en avait le temps ; mais, dès l'abord, j'avoue que je suis pris ou repoussé par la première poignée de main.

Je m'assis auprès de Célio, et tâchai de le consoler de son échec en lui parlant de ses moyens et des parties incontestables de son talent. « Ne me flattez pas, ne m'épargnez pas, s'écria-t-il avec franchise. J'ai été mauvais, j'ai mérité de faire naufrage ; mais ne me jugez pas, je vous en supplie, sur ce misérable début. Je vaux mieux que cela. Seulement je ne suis pas assez vieux pour être bon à froid. Il me faut un auditoire qui me porte, et j'en ai trouvé un ce soir qui, dès le commencement, n'a fait que me supporter. J'ai été froissé et contrarié avant l'épreuve, au point d'entrer en scène épuisé et frappé d'un sombre pressentiment. La colère est bonne quelquefois, mais il la faut simultanée à l'opération de la volonté. La mienne n'était pas encore assez refroidie, et elle n'était plus assez chaude : j'ai succombé. O ma pauvre mère ! si tu avais été là, tu m'aurais électrisé par ta présence, et je n'aurais pas été indigne de la gloire de porter ton nom ! Dors bien sous tes cyprès, chère sainte ! Dans l'état où me voici, c'est la première fois que je me réjouis de ce que tes yeux sont fermés pour moi !

Une grosse larme coula sur la joue ardente du beau Célio. Sa sincérité, ce retour enthousiaste vers sa mère, son expansion devant moi, effaçaient le mauvais effet de son attitude sur la scène. Je me sentis attendri, je sentis que je l'aimais. Puis, en voyant de près combien sa beauté était *vraie*, son accent pénétrant et son regard sympathique, je pardonnai à la duchesse de l'avoir aimé deux jours ; il ne lui pardonnai pas de ne plus l'aimer.

Il me restait à savoir s'il était aimé aussi de Cécilia Boccaferri. Elle sortit de sa toilette et vint s'asseoir entre nous deux, nous prit la main à l'un et à l'autre, et, s'adressant à moi : — C'est la première fois que je vous serre la main, dit-elle, mais c'est de bon cœur, Vous venez consoler mon pauvre Célio, mon ami, d'enfance, le fils de ma bienfaitrice, et c'est presque une sœur qui vous en remercie. Au reste, je trouve cela tout simple de votre part ; je sais que vous êtes un noble esprit, et que les vrais talents ont la bonté et la franchise en partage... Ecoute, Célio, ajouta-t-elle, comme frappée d'une idée soudaine, va quitter ton costume dans ta loge, et, en même temps : moi, j'ai quelques mots à dire à M. Salentini. Tu reviendras me prendre, et nous partirons ensemble.

Célio sortit sans hésiter et d'un air de confiance absolue. Etait-il sûr, à ce point, de la fidélité de sa maîtresse?... ou bien n'était-il pas l'amant de Cécilia? Et pourquoi l'aurait-il été? pourquoi en avais-je la pensée, lorsque ni elle ni lui ne l'avaient peut-être jamais eue?

Tout cela s'agitait confusément et rapidement dans ma tête. Je tenais toujours la main de Cécilia dans la mienne, je l'y avais gardée ; elle ne paraissait pas le trouver mauvais. J'interrogeais les fibres mystérieuses de cette petite main, assez ferme, légèrement attiédie et particulièrement calme, tout en plongeant dans les yeux noirs, grands et graves de la cantatrice ; mais l'œil et la main d'une femme ne se pénètrent pas si aisément que ceux d'un homme. Ma science d'observation et ma délicatesse de perceptions m'ont souvent trahi ou éclairé selon le sexe.

Par un mouvement très-naturel pour relever son châle, la Boccaferri me retira sa main dès que nous fûmes seuls, mais sans détourner son regard du mien.

— Monsieur Salentini, dit-elle, vous faites la cour à la duchesse de X... et vous avez été jaloux de Célio ; mais vous ne l'êtes plus, n'est-ce pas ? vous sentez bien que vous n'avez pas sujet de l'être.

— Je ne suis pas du tout certain que je n'eusse pas sujet d'être jaloux de Célio, si je faisais la cour à la duchesse, répondis-je en me rapprochant un peu de la Boccaferri ; mais je puis vous jurer que je ne suis pas jaloux, parce que je n'aime pas cette femme.

Cécilia baissa les yeux, mais avec une expression de dignité et non de trouble. — Je ne vous demande pas vos secrets, dit-elle, je n'ai pas cette indiscrétion. Rien là dedans ne peut exciter ma curiosité ; mais je vous parle franchement. Je donnerais ma vie pour Célio, et je sais que certaines femmes du monde sont très-dangereuses. Je l'ai vu avec peine chez quelques-unes, j'ai prévu que sa beauté lui serait funeste, et peut-être son malheur d'aujourd'hui est-il le résultat de quelques intrigues de coquettes, de quelques jalousies fomentées à dessein... Vous connaissez le monde mieux que moi ; mais j'y vais quelquefois chanter, et j'observe sans en avoir l'air. Eh bien, j'ai vu ce soir Célio *chuté* par des gens qui lui promettaient chaudement hier de l'applaudir, et j'ai cru comprendre certains petits drames dans les loges qui nous

C'est une création, Madame. (Page 79.)

avoisinaient. J'ai remarqué aussi votre générosité, j'en ai été vivement touchée. Célio, depuis le peu de temps qu'il est à Vienne, s'est déjà fait des ennemis. Je ne suis pas en position de l'en préserver; mais, lorsque l'occasion se présente pour moi de lui assurer et de lui conserver une noble amitié, je ne veux pas la négliger. Célio n'a point aspiré à plaire à la duchesse; voilà tout ce que j'avais à vous dire, signor Salentini, et ce que je puis vous affirmer sur l'honneur, car Célio n'a point de secrets pour moi, et je l'ai interrogé sur ce point-là, il n'y a qu'un instant, comme vous entriez ici.

Chacun sait plus ou moins la figure que tâche de ne pas faire un homme qui trouve occupée la place qu'il venait pour conquérir. Je fis de mon mieux pour que mon désappointement ne parût pas. — Donne Cecilia, répondis-je, je vous déclare que cela me serait parfaitement égal, et je permets à Célio d'être aujourd'hui ou de n'être jamais être l'amant de la duchesse, sans que cela change rien à ma sympathie pour lui, à mon impartialité comme *dilettante*, à mon zèle comme ami. Oui, je serai son ami de bon cœur, puisqu'il est le vôtre, car vous êtes une des personnes que j'estime le plus. Vous l'avez compris, vous, puisque vous venez de me livrer sans détour le secret de votre cœur, et je vous en remercie.

— Le secret de mon cœur! dit la Boccaferri d'un ton de sincérité qui me pétrifia. Quel secret?

— Êtes-vous donc distraite à ce point que vous m'ayez dit, sans le savoir, votre amour pour Célio, ou que vous l'ayez déjà oublié?

La Boccaferri se mit à rire. C'était la première fois que je la voyais rire, et le rire est aussi un indice à étudier. Sa figure grave et réservée ne semblait pas faite pour la gaieté, et pourtant cet éclair d'enjouement l'éclaira d'une beauté que je ne lui connaissais pas. C'était le rire franc, bref et harmonieusement rhythmé d'une petite fille épanouie et bonne. — Oui, oui, dit-elle, il faut que je sois bien distraite pour m'être exprimée comme je l'ai fait sur le compte de Célio, sans songer que vous alliez prendre le change et me supposer amoureuse de lui... mais qu'importe? Il y aurait de la pédanterie de ma part à m'en défendre, lorsque cela doit vous paraître très-naturel et très-indifférent.

— Très-naturel... c'est possible... Très-indifférent... c'est possible encore; mais je vous prie cependant de

Puis, en voyant de près combien sa beauté était vraie... (Page 79.)

vous expliquer. — Et je pris le bras de Cécilia avec une brusquerie involontaire dont je me repentis tout à coup, car elle me regarda d'un air étonné, comme si je venais de la préserver d'une brûlure ou d'une araignée. Je me calmai aussitôt et j'ajoutai : — Je tiens à savoir si je suis assez votre ami pour que vous m'ayez confié votre secret, ou si je le suis assez peu pour qu'il vous soit indifférent, à vous, de n'être pas connue de moi.

— Ni l'un ni l'autre, répondit-elle. Si j'avais un tel secret, j'avoue que je ne vous le confierais pas sans vous connaître et vous éprouver davantage; mais, n'ayant point de secret, j'aime mieux que vous me connaissiez telle que je suis. Je vais vous expliquer mon dévouement pour Célio, et d'abord je dois vous dire que Célio a deux sœurs et un jeune frère pour lesquels je me dévouerais encore davantage, parce qu'ils pourraient avoir plus besoin que lui des services et de la sollicitude d'une femme. Oh! oui, si j'avais un sort indépendant, je voudrais consacrer ma vie à remplacer la Floriani auprès de ses enfants, car l'être que j'aime de passion et d'enthousiasme, c'est un nom, c'est une morte, c'est un souvenir sacré, c'est la grande et bonne Lucrezia Floriani!

Je pensai, malgré moi, à la duchesse, qui, une heure auparavant, avait motivé son engouement pour Célio par une ancienne relation d'amitié avec sa mère. La duchesse avait trente ans comme la Boccaferri. La Floriani était morte à quarante, absolument retirée du théâtre et du monde depuis douze ou quatorze ans... Ces deux femmes l'avaient-elles beaucoup connue? Je ne sais pourquoi cela me paraissait invraisemblable. Je craignais que le nom de Floriani ne servît mieux à Célio auprès des femmes qu'auprès du public.

Je ne sais si mon doute se peignit sur mes traits, ou si Cécilia alla naturellement au-devant de mes objections, car elle ajouta sans transition : — Et pourtant je ne l'ai vue, dans toute ma vie, que cinq ou six fois, et notre plus longue intimité a été de quinze jours, lorsque j'étais encore une enfant.

Elle fit une pause; je ne rompis point le silence; je l'observais. Il y avait comme un embarras douloureux en elle; mais elle reprit bientôt : « Je souffre un peu de vous dire pourquoi mon cœur a voué un culte à cette femme, mais je présume que je n'ai rien de neuf à vous apprendre là-dessus. Mon père... vous savez, est un homme excellent, une âme ardente, généreuse, une intelligence supérieure... ou plutôt vous ne savez guère cela; ce que vous savez comme tout le monde, c'est qu'il a toujours vécu dans le désordre, dans l'incurie, dans la misère. Il était trop aimable pour n'avoir pas beaucoup d'amis; il en faisait tous les jours, parce qu'il plaisait, mais il n'en conserva jamais aucun, parce qu'il était incorrigible, et que leurs secours ne pouvaient le guérir de son imprévoyance et de ses illusions. Lui et moi nous devons de la reconnaissance à tant de gens, que la liste serait trop longue; mais une seule personne a droit, de notre part, à une éternelle adoration. Seule entre tous, seule au monde, la Floriani ne se rebuta pas de nous sauver tous les ans... quelquefois plus souvent. Inépuisable en patience, en tolérance, en compréhension, en largesse, elle ne méprisa jamais mon père, elle ne l'humilia jamais de sa pitié ni de ses reproches. Jamais ce mot amer et cruel ne sortit de ses lèvres : « Ce pauvre homme avait du mérite; la misère l'a dégradé. » Non! la Floriani disait : « Jacopo Boccaferri aura beau faire, il sera toujours un homme de cœur et de génie! » Et c'était vrai; mais, pour comprendre cela, il fallait être la pauvre fille de Boccaferri ou la grande artiste Lucrezia.

« Pendant vingt ans, c'est-à-dire depuis le jour où elle le rencontra jusqu'à celui où elle cessa de vivre, elle le traita comme un ami dont on ne doute point. Elle était bien sûre, au fond du cœur, que ses bienfaits ne l'enrichiraient pas; et que chaque dette criante qu'elle acquittait ferait naître d'autres dettes semblables. Elle continua; elle ne s'arrêta jamais. Mon père n'avait qu'un mot à lui écrire, l'argent arrivait à point, et avec l'argent la consolation, le bienfait de l'âme, quelques lignes si belles, si bonnes! Je les ai tous conservés comme des reliques, ces précieux billets. Le dernier disait :

« Courage, mon ami, cette fois-ci la destinée vous « sourira, et vos efforts ne seront pas vains, j'en suis « sûre. Embrassez pour moi la Cécilia, et comptez tou-« jours sur votre vieille amie. »

« Voyez quelle délicatesse et quelle science de la vie! C'était bien la centième fois qu'elle lui parlait ainsi. Elle l'encourageait toujours; et, grâce à elle, il entreprenait toujours quelque chose. Il ne durait point et creusait de nouveaux abîmes; mais, sans cela, il serait mort sur un fumier, et il vit encore, il peut encore se sauver... Oui, oui, la Floriani m'a légué son courage... Sans elle, j'aurais peut-être moi-même douté de mon père; mais j'ai toujours foi en lui, grâce à elle! Il est vieux, mais il n'est pas fini. Son intelligence et sa fierté n'ont rien perdu de leur énergie. Je ne puis le rendre riche comme il le faudrait à un homme d'une imagination si féconde et si ardente; mais je puis le préserver de la misère et de l'abattement. Je ne le laisserai pas tomber; je suis forte! »

La Boccaferri parlait avec un feu extraordinaire, quoique ce feu fût encore contenu par une habitude de dignité calme.

Elle se transformait à mes yeux, ou plutôt elle me révélait ces trésors de l'âme que j'avais toujours pressentis en elle. Je pris sa main très-franchement cette fois, et je la baisai sans arrière-pensée.

— Vous êtes une noble créature, lui dis-je, je le savais bien, et je suis fier de l'effort que vous daignez faire pour m'avouer cette grandeur que vous cachez aux yeux du monde, comme les autres cachent la honte de leur petitesse. Parlez, parlez encore; vous ne pouvez pas savoir le bien que vous me faites, à moi qui suis né pour croire et pour aimer, mais que le monde extérieur contriste et alarme perpétuellement.

— Mais je n'ai plus rien à vous dire, mon ami. La Floriani n'est plus, mais elle est toujours vivante dans mon cœur. Son fils aîné commence la vie et tâte le terrain de la destinée d'un pied hasardeux, téméraire peut-être. Est-ce à moi de douter de lui? Ah! qu'il soit ambitieux, imprudent, impuissant même dans les arts, qu'il se trompe mille fois, qu'il devienne coupable envers lui-même, je veux l'aimer et le servir comme si j'étais sa mère. Je puis bien peu de chose, je ne suis pres-

que rien; mais ce que je peux, ce que je suis, j'en voudrais faire le marchepied de sa gloire, puisque c'est dans la gloire qu'il cherche son bonheur. Vous voyez bien, Salentini, que je n'ai pas ici l'amour en tête. J'ai l'esprit et le cœur forcément sérieux, et je n'ai pas de temps à perdre, ni de puissance à dépenser pour la satisfaction de mes fantaisies personnelles.

— Oh! oui, je vous comprends, m'écriai-je, une vie toute d'abnégation et de dévouement! Si vous êtes au théâtre, ce n'est point pour vous. Vous n'aimez pas le théâtre, vous! cela se voit, vous n'aspirez pas au succès. Vous dédaignez la gloriole; vous travaillez pour les autres.

— Je travaille pour mon père, reprit-elle, et c'est encore grâce à la Floriani que je peux travailler ainsi. Sans elle, je serais restée ce que j'étais, une pauvre petite ouvrière à la journée, gagnant à peine un morceau de pain pour empêcher son père de mendier dans les mauvais jours. Elle m'entendit une fois par hasard, et trouva ma voix agréable. Elle me dit que je pouvais chanter dans les salons, même au théâtre, les seconds rôles. Elle me donna un professeur excellent; je fis de mon mieux. Je n'étais déjà plus jeune, j'avais vingt-six ans, et j'avais déjà beaucoup souffert; mais je n'aspirais point au premier rang, et cela fit que je parvins rapidement à pouvoir occuper le second. J'avais l'horreur du théâtre. Mon père y travaillait comme acteur, comme décorateur, comme souffleur même (il y a rempli tous les emplois, selon les jeux du hasard et de la fortune), je connaissais de bonne heure cette sentine d'impuretés où nulle fille ne peut se préserver de souillure, à moins d'être une martyre volontaire. J'hésitai longtemps; je donnais des leçons, je chantais dans les concerts; mais il n'y avait là rien d'assuré. Je manque d'audace, je n'entends rien à l'intrigue. Ma clientèle, fort bornée et fort modeste, m'échappait à tout moment. La Floriani mourut presque subitement. Je sentis que mon père n'avait plus que moi pour appui. Je franchis le pas, je surmontai mon aversion pour ce contact avec le public, qui viole la pureté de l'âme et flétrit le sanctuaire de la pensée. Je suis actrice depuis trois ans, je le serai tant qu'il plaira à Dieu. Ce que je souffre de cette contrainte de tous mes goûts, de cette violation de tous mes instincts, je ne le dis à personne. A quoi bon se plaindre? chacun n'a-t-il pas son fardeau? J'ai la force de porter le mien : je fais mon métier en conscience. J'aime l'art, je mentirais si je n'avouais pas que je l'aime de passion; mais j'aurais aimé à cultiver le mien dans des conditions toutes différentes. J'étais née pour tenir l'orgue dans un couvent de nonnes et pour chanter la prière du soir aux échos profonds et mystérieux d'un cloître. Qu'importe! ne parlons plus de moi, c'est trop!

La Boccaferri essuya rapidement une larme furtive et me tendit la main en souriant. Je me sentis hors de moi. Mon heure était venue : j'aimais!

IV.

FLANERIE.

Elle s'était levée pour partir; elle ramena son châle sur ses épaules. Elle était mal mise, affreusement mal mise, comme une actrice pauvre et fatiguée, qui s'est débarrassée à la hâte de son costume et qui s'enveloppe avec joie d'une robe de chambre chaude et ample pour s'en aller à pied par les rues. Elle avait un voile noir très-fané sur la tête et de gros souliers aux pieds, parce que le temps était à la pluie. Elle cachait ses jolies mains (je me rappelle ce détail exactement) dans de vilains gants tricotés. Elle était très-pâle, même un peu jaune, comme j'ai remarqué depuis qu'elle le devenait quand on la forçait à remuer la cendre qui couvrait le feu de son âme. Probablement elle eût été moins belle que laide pour tout autre moi en ce moment-là.

Eh bien! je la trouvai, pour la première fois de ma vie, la plus belle femme que j'eusse encore contemplée. Et elle l'était, en effet, j'en suis certain. Ce mélange de désespoir et de volonté, de dégoût et de courage, cette abnégation complète dans une nature si énergique, et par conséquent si capable de goûter la vie avec plénitude, cette flamme profonde, cette mémoire endolorie, voilées par un sourire de douceur naïve, la faisaient resplendir à mes yeux d'un éclat singulier. Elle était devant moi comme la douce lumière d'une petite lampe qu'on viendrait d'allumer dans une vaste église. D'abord ce n'est qu'une étincelle dans les ténèbres, et puis la flamme s'alimente, la clarté s'épure, l'œil s'habitue et comprend, tous les objets s'illuminent peu à peu. Chaque détail se révèle sans que l'ensemble perde rien de sa lucidité transparente et de son austérité mélancolique. Au premier moment, on n'eût pu marcher sans se heurter dans ce crépuscule, et puis voilà qu'on peut lire à cette lampe du sanctuaire et que les images du temple se colorent et flottent devant vous comme des êtres vivants. La vue augmente à chaque seconde comme un sens nouveau, perfectionné, satisfait, idéalisé, par ce suave aliment d'une lumière pure, égale et sereine.

Cette métaphore, longue à dire, me vint rapide et complète dans la pensée. Comme un peintre que je suis, je vis le symbole avec les yeux de l'imagination en même temps que je regardais la femme avec les yeux du sentiment. Je m'élançai vers elle, je l'entourai de mes bras, en m'écriant follement : « *Fiat lux !* aimons-nous, et la lumière sera. »

Mais elle ne me comprit pas, ou plutôt elle n'entendit pas mes sottes paroles. Elle écoutait un bruit de voix dans la loge voisine. « Ah ! mon Dieu ! me dit-elle, voici mon père qui se querelle avec Célio ! allons vite les distraire. Mon père sort du café. Il est très-animé à cette heure-ci, et Célio n'est guère disposé à entendre une théorie sur le néant de la gloire. Venez, mon ami ! »

Elle s'empara de mon bras, et courut à la loge de Célio. Il devait se passer bien du temps avant que l'occasion de lui dire mon amour se retrouvât.

Le vieux Boccaferri était fort débraillé et à moitié ivre, ce qui lui arrivait toujours quand il ne l'était pas tout à fait. Célio, tout en se lavant la figure avec de la pâte de concombre, frappait du pied avec fureur.

— Oui, disait Boccaferri, je te le répéterai quand même tu devrais m'étrangler. C'est ta faute ; tu as été *mauvais*, *archimauvais*! Je te savais bien *mauvais*, mais je ne te croyais pas encore capable d'être aussi *mauvais* que tu l'as été ce soir !

— Est-ce que je ne sais pas que j'ai été *mauvais*, *mauvais* ivrogne que vous êtes ? s'écria Célio en roulant sa serviette convulsivement pour la lancer à la figure du vieillard ; mais, en voyant paraître Cécilia, il atténua ce mouvement dramatique, et la serviette vint tomber à nos pieds. — Cécilia, reprit-il, délivre-moi de ton fléau de père ; ce vieux fou m'apporte le coup de pied de l'âne. Qu'il me laisse tranquille, ou je le jette par la fenêtre !

Cette violence de Célio sentait si fort le cabotin, que j'en fus révolté ; mais la paisible Cécilia n'en parut ni surprise ni émue. Comme une salamandre habituée à traverser le feu, comme un nautonier familiarisé avec la tempête, elle se glissa entre ces deux antagonistes, prit leurs mains et les força à se joindre en disant : — Et pourtant vous vous aimez ! si mon père est fou ce soir, c'est de chagrin ; si Célio est méchant, c'est qu'il est malheureux, mais il sait bien que c'est son malheur qui fait déraisonner son vieil ami.

Boccaferri se jeta au cou de Célio, et, le pressant dans ses bras : « Le ciel m'est témoin, s'écria-t-il, que je t'aime presque autant que ma propre fille ! » Et il se mit à pleurer. Ces larmes venaient à la fois du cœur et de la bouteille. Célio haussa les épaules tout en l'embrassant.

— C'est que, vois-tu, reprit le vieillard, toi, ta mère, tes sœurs, ton jeune frère... je voudrais vous placer dans le ciel, avec une auréole, une couronne d'éclairs au front, comme des dieux !... Et voilà que tu fais un *fiasco orribile* pour ne m'avoir pas consulté !

Il déraisonna pendant quelques minutes, puis ses idées s'éclaircirent en parlant. Il dit d'excellentes choses sur l'amour de l'art, sur la personnalité mal entendue qui nuit à celle du talent. Il appelait cela la *personnalité de la personne*. Il s'exprima d'abord en termes heurtés, bizarres, obscurs ; mais, à mesure qu'il parlait, l'ivresse se dissipait : il devenait extraordinairement lucide, il trouvait même des formes agréables pour faire accepter sa critique au récalcitrant Célio. Il lui dit à peu près les mêmes choses, quant au fond, que j'avais dites à la duchesse ; mais il les dit autrement et mieux. Je vis qu'il pensait comme moi, ou plutôt que je pensais comme lui, et qu'il résumait devant moi ma propre pensée. Je n'avais jamais voulu faire attention aux paroles de ce vieillard, dont le désordre me répugnait. Je m'aperçus ce soir-là qu'il avait de l'intelligence, de la finesse, une grande science de la philosophie de l'art, et que, par moments il trouvait des mots qu'un homme de génie n'eût pas désavoués.

Célio l'écoutait l'oreille basse, se défendant mal, et montrant, avec la naïveté généreuse qui lui était propre, qu'il était convaincu en dépit de lui-même. L'heure s'écoulait, on éteignait jusque dans les couloirs, et les portes du théâtre allaient se fermer. Boccaferri était partout chez lui. Mais comme cette admirable insouciance qui est une grâce d'état pour les débauchés, il eût couché sur les planches ou bavardé jusqu'au jour sans s'aviser de la fatigue d'autrui plus que de la sienne propre. Cécilia le prit par le bras pour l'emmener, nous dit adieu dans la rue, et je me trouvai seul avec Célio, qui, se sentant trop agité pour dormir, voulut me reconduire jusqu'à mon domicile.

— Quand j'y pense, me disait-il, que je suis invité à souper ce soir dans dix maisons, et qu'à l'heure qu'il est, toutes mes connaissances sont censées me chercher pour me consoler ! Mais personne ne s'impatiente après moi, personne ne regrettera mon absence, et je n'ai pas un ami qui m'ait bien cherché, car j'étais dans la loge de Cécilia, et, en ne me trouvant pas dans la mienne, on n'essayait pas de savoir si j'étais de l'autre côté de la cloison. A travers cette cloison maudite, j'ai entendu des mots qui devront me faire réfléchir. « Il est déjà parti ! Il est donc désespéré ! — Pauvre diable ! — Ma foi ! je m'en vais. — Je lui laisse ma carte. — J'aime autant l'avoir manqué ce soir, etc. » C'est ainsi que mes bons et fidèles amis se parlaient l'un à l'autre. Et je me tenais coi, enchanté de les entendre partir. Et votre duchesse ! qui devait m'envoyer prendre par son sigisbée avec sa voiture ? Je n'ai pas eu la peine de refuser son thé. *Vous en tenez* pour cette duchesse, vous ? Vous avez grand tort ; c'est une dévergondée. Attendez d'avoir un *fiasco* dans votre art, et vous m'en direz des nouvelles. Au reste, celle-là ne m'a pas trompé. Dès le premier jour, j'ai vu qu'elle faisait sonner son monde sous la toise, et voulait, pour les grandes entrées chez elle, il fallait avoir son brevet de *grand homme* à la main.

— Je ne sais, répondis-je, c'est le dépit ou l'habitude qui vous rend cynique, Célio ; mais vous l'êtes, c'est une tache en vous. A quoi bon un langage si acerbe ? Je ne voudrais pas qualifier de dévergondée une femme dont j'aurais à me plaindre. Or, comme je n'ai pas ce droit-là, et que je ne suis pas amoureux de la duchesse le moins du monde, je vous prie d'en parler froidement et poliment devant moi ; vous me ferez plaisir, et je vous estimerai davantage.

— Écoutez, Salentini, reprit vivement Célio, vous êtes prudent, et vous louvoyez à travers le monde comme tant d'autres. Je ne crois pas que vous ayez raison ; du moins ce n'est pas mon système. Il faut être franc pour être fort, et moi, je veux exercer ma force à tout prix. Si vous n'êtes pas l'amant de la duchesse, c'est que vous ne l'avez pas voulu, car, pour mon compte, je sais que je l'aurais été, si cela eût été de mon goût. Je sais ce qu'elle m'a dit de vous au premier mot de galanterie que je lui ai adressé (et je le faisais par manière d'amusement, par curiosité pure, je vous l'atteste) : je regardais une jolie esquisse que vous avez faite d'après elle et qu'elle a mise, richement encadrée, dans son boudoir. Je trouvais le portrait flatté, et je le lui disais, sans qu'elle s'en doutât, en insinuant que cette noble interprétation de sa beauté ne pouvait avoir été trouvée que par l'amour. « Parlez plus bas, me répondit-elle d'un air de mystère. J'ai bien du mal à tenir cet homme-là en bride. » On sonna au même instant. « Ah! mon Dieu! dit-elle, c'est peut-être lui qui force ma porte; sortons d'ici. Je ne veux pas vous faire un ennemi, à la veille de débuter. — Oui, oui, répondis-je ironiquement; vous êtes si bonne pour moi, que vous le rendriez heureux rien que pour me préserver de sa haine. » Elle crut que c'était une déclaration, et, m'arrêtant sur le seuil de son boudoir : « Que dites-vous là? s'écria-t-elle ; si vous ne craignez rien pour vous, je ne crains pour moi que l'ennui qu'il me cause. Qu'il vienne, qu'il se fâche, restons! » C'était charmant, n'est-ce pas, monsieur Salentini? mais je ne restai point. J'attendais cette belle dame à l'épreuve de mon succès ou de ma chute. Si vous voulez venir avec moi chez elle, nous rirons. Tenez, voulez-vous?

— Non, Célio; ce n'est pas avec les femmes que je veux faire de la force ; les coquettes surtout n'en valent pas la peine. L'ironie du dépit les flatte plus qu'elle ne les mortifie. Ma vengeance, si vengeance il y a, c'est la plus grande sérénité d'âme dans ma conduite avec celle-ci désormais.

— Allons, vous êtes meilleur que moi. Il est vrai que vous n'avez pas été chuté ce soir, ce qui est fort malsain, je vous jure, et crispe les nerfs horriblement; mais il me semble que vous êtes un calmant pour moi. Ne trouvez pas le mot blessant : c'est esprit qui nous calme est souvent un esprit qui nous domine, et ce peut que le calme soit la plus grande des forces de la nature.

— C'est celle qui produit, lui dis-je. L'agitation, c'est l'orage qui dérange et bouleverse.

— Comme vous voudrez, reprit-il ; il y a temps pour tout, et chaque chose a son usage. Peut-être que l'union de deux natures aussi opposées que la vôtre et la mienne ferait une force complète. Je veux devenir votre ami, je sens que j'ai besoin de vous, car vous saurez que je suis égoïste et que je ne commence rien sans me demander ce qui m'en reviendra ; mais c'est dans l'ordre intellectuel et moral que je cherche mes profits. Dans les choses matérielles, je suis presque aussi prodigue et insouciant que le vieux Boccaferri, lequel serait le premier des hommes, si le genre humain n'était pas la dernière des races. Tenez, il a raison, ce Boccaferri, et j'avais tort de ne vouloir supporter son insolence tout à l'heure. Il m'a dit la vérité. J'ai perdu la partie parce que j'étais au-dessous de moi-même. Là-dessus, j'étais d'accord avec lui ; mais j'ai été au-dessous de mon propre talent, et j'ai manqué d'inspiration parce que jusqu'ici j'ai fait fausse route. Un talent sain et dispos est toujours prêt pour l'inspiration. Le mien est malade, et il faut que je le remette au régime. Voilà pourquoi je suivrai son conseil et n'écouterai pas celui que votre politesse me donnait. Je ne tenterai pas une seconde épreuve avant de m'être retrempé. Il faut que je sois à l'abri de ces défaillances soudaines, et pour cela je dois envisager autrement la philosophie de mon art. Il faut que je revienne aux leçons de ma mère, que je n'ai pas voulu suivre, mais que je garde écrites en caractères sacrés dans mon souvenir. Ce soir, le vieux Boccaferri a parlé comme elle, et la paisible Cécilia... cette froide artiste qui n'a jamais ni blâme ni éloge pour ce qui l'entoure, oui, oui, la vieille Cécilia a glissé, comme point d'orgue aux théories de son père, deux ou trois mots qui m'ont fait une grande impression, bien que je n'aie pas eu l'air de les entendre.

— Pourquoi l'appelez-vous la vieille Cécilia, mon cher Célio? Elle n'a que bien peu d'années de plus que vous et moi.

— Oh! c'est une manière de dire, une habitude d'enfance, un terme d'amitié, si vous voulez. Je l'appelle mon vieux fer. C'est un sobriquet tiré de son nom, et qui ne la fâche pas. Elle a toujours été en avant de son âge, triste, raisonnable et prudente. Quand j'étais enfant, j'ai joué quelquefois avec elle dans les grands corridors des vieux palais; elle me cédait toujours, ce qui me faisait croire aussi vieille que ma bonne, quoiqu'elle fût alors une jolie fille. Nous ne nous sommes bien connus et rencontrés souvent que depuis la mort de ma mère, c'est-à-dire depuis qu'elle est au théâtre et que je suis sorti du nid où j'ai été couvé si longtemps et avec tant d'amour. J'ai déjà pas mal couru le monde depuis deux ans. J'étais arriéré en fait d'expérience ; j'étais avide d'en acquérir, et je me suis dénoué vite. Le furieux besoin que j'avais de vivre pour moi-même m'a étourdi d'abord sur ma douleur, car j'avais une mère telle qu'aucun homme n'en a eu une semblable. Elle me portait encore dans son cœur, dans son esprit, dans ses bras, sans s'apercevoir que j'avais vingt-deux ans, et moi je ne m'en apercevais pas non plus, tant je me trouvais bien ainsi; mais elle partie pour le ciel, j'ai voulu courir, bâtir, posséder sur la terre. Déjà je suis fatigué, et j'ai encore les mains vides. C'est maintenant que je sens réellement que ma mère me manque ; c'est maintenant que je la pleure, que je crie après elle dans la solitude de mes pensées... Eh bien! dans cette solitude effrayante toujours, navrante parfois pour un homme habitué à l'amour exclusif et passionné d'une mère, il y a un être qui me fait encore un peu de bien et auprès duquel je respire de toute la longueur de mon haleine, c'est la Boccaferri. Voyez-vous, Salentini, je vais vous dire une chose qui vous étonnera ; mais pesez-la, et vous la comprendrez : je n'aime pas les femmes, je les déteste, et je suis affreusement méchant avec elles. J'en excepte une seule, la Boccaferri, parce que, seule, elle ressemble par certains côtés à ma mère, à la femme qui est cause de mon aversion pour toutes les autres : comprenez-vous cela?

— Parfaitement, Célio. Votre mère ne vivait que pour vous, et vous vous étiez habitué à la société d'une femme qui vous aimait plus qu'elle-même... Ah! vous ne savez pas à qui vous parlez, Célio, et quelles souffrances sont opposées ce nom de mère réveille dans mon cœur ! Plus mon enfance a différé de la vôtre, mieux je vous comprends, ô enfant gâté, insolent et beau comme le bonheur! Aussi tant qu'a duré votre virginale inexpérience, vous avez cru que la femme était l'idéal du dévouement, que l'amour de la femme était le bien suprême pour l'homme ; enfin, qu'une femme ne servait qu'à nous servir, à nous adorer, à nous garantir, à écarter de nous le danger, le mal, la peine, le souci, et jusqu'à l'ennui, n'est-ce pas?

— Oui, oui, c'est cela, s'écria Célio en s'arrêtant et en regardant le ciel. L'amour d'une femme, c'était, dans mon attente, la lumière splendide et palpitante d'une étoile qui ne défaille et ne pâlit jamais. Ma mère m'aimait comme un astre verse le feu qui féconde. Auprès d'elle, j'étais une plante vivace, une fleur aussi pure que la rosée dont elle me nourrissait. Je n'avais pas une mauvaise pensée, pas un doute, pas un désir. Je ne me donnais pas la peine de vivre par moi-même dans les moments où la vie eût pu me fatiguer. Elle souffrait pourtant ; elle mourait, rongée par un chagrin secret, et moi, misérable, je ne le voyais pas. Si je l'interrogeais à cet égard, je me laissais rassurer par ses réponses ; je croyais à son divin sourire..... Je la tenais un matin inanimée dans mes bras ; je la rapportais dans sa maison la croyant évanouie... Elle était morte, morte! et j'embrassais son cadavre...

Célio s'assit sur le parapet d'un pont que nous traversions en ce moment-là. Un cri de désespoir et de terreur s'échappa de sa poitrine, comme si une apparition eût passé devant lui. Je vis bien que ce pauvre enfant ne savait pas souffrir. Je craignis que ce souvenir réveillé et envenimé par son récent désastre ne devînt trop violent pour ses nerfs ; je le pris par le bras, je l'emmenai.

— Vous comprenez, me dit-il en reprenant le fil de ses idées, comment et pourquoi je suis égoïste ; je ne pouvais pas être autrement, et vous comprenez aussi pourquoi je suis devenu haineux et colère aussitôt qu'en cherchant l'amour et l'amitié dans le commerce de mes semblables, je me suis heurté et brisé contre des égoïsmes pareils au mien. Les femmes que j'ai rencontrées (et je commence à croire que toutes sont ainsi) n'aiment qu'elles-mêmes, ou, si elles nous aiment un peu, c'est par rapport à elles, à cause de la satisfaction que nous donnons à leurs appétits de vanité ou de libertinage. Que nous ne leur soyons plus bons à rien, elles nous brisent et nous marchent sur la figure, et vous voudriez que j'eusse du respect pour ces créatures ambitieuses ou sensuelles, qui remarquent que je suis beau et que je pourrais bien avoir de l'avenir ! Oh ! ma mère m'eût aimé bossu et idiot ! mais les autres !... Essayez, essayez d'y croire, Salentini, et vous verrez !

— Mon cher Célio, vous avez raison en général ; mais, en faveur des exceptions possibles, vous ne devriez pas tant vous hâter de tout maudire. Moi qui n'ai jamais été gâté, et qui n'ai encore été aimé de personne, j'espère encore, j'attends toujours.

— Vous n'avez jamais été aimé de personne ?... Vous n'avez pas eu de mère ?... ou la vôtre ne valait pas mieux que vos maîtresses ? Pauvre garçon ! En ce cas, vous avez toujours été seul avec vous-même, et il n'y a point de plus terrible tête-à-tête. Ah ! je voudrais être aimant, Salentini, je vous aimerais, car ce doit être un grand bonheur que de pouvoir faire le bonheur d'un autre !

— Étrange cœur que vous êtes, Célio ! Je ne vous comprends pas encore ; mais je vous veux connaître, car il me semble qu'en dépit de vos contradictions et de votre inconséquence, en dépit de votre prétention à la haine, à l'égoïsme, à la dureté, il y a en vous quelque chose de l'âme qui vous a versé ses trésors.

— Quelque chose de ma mère ? je ne le crois pas. Elle était si humble dans sa grandeur, cette âme incomparable, qu'elle craignait toujours de détruire mon individualité en y substituant la sienne. Elle me développait dans le sens que je lui manifestais, elle me prenait tel que je suis, sans se douter que je puisse être mauvais. Ah ! c'est là aimer, et ce n'est pas ainsi que nos maîtresses nous aiment, convenez-en.

— Comment se fait-il que, comprenant si bien la grandeur et la beauté du dévouement dans l'amour, vous ne le sentiez pas vivre ou germer dans votre propre sein ?

— Et vous, Salentini, répondit-il en m'arrêtant avec vivacité, que portez-vous ou que couvez-vous dans votre âme ? Est-ce le dévouement aux autres ? non, c'est le dévouement à vous-même, car vous êtes artiste. Soyez sincère, je ne suis pas de ceux qui se paient des mots sonores vulgairement appelés *blagues* de sentiment.

— Vous me faites trembler, Célio, lui dis-je, et en me pénétrant d'un examen si froid, vous me feriez douter de moi-même. Laissez-moi jusqu'à demain pour vous répondre, car me voici à ma porte, et je crains que vous ne soyez fatigué. Où demeurez-vous, et à quelle heure secouez-vous les pavots du sommeil ?

— Le sommeil ! encore une *blague* ! répondit-il ; je suis toujours éveillé. Venez me demander à déjeuner aussitôt que vous voudrez. Voilà ma carte.

Il ralluma son cigare au mien, et s'éloigna.

V.

DÉPIT.

J'étais fatigué, et pourtant je ne pus dormir. Je comptai les heures sans réussir à résumer les émotions de ma soirée et à conclure avec moi-même. Il n'y avait qu'une chose certaine pour moi, c'est que je n'aimais plus la duchesse, et que j'avais failli faire une lourde école en m'attachant à elle ; mais une âme blessée cherche vite une autre blessure pour effacer celle qui mortifie l'amour-propre, et j'éprouvais un besoin d'aimer qui me donnait la fièvre. Pour la première fois, je n'étais plus le maître absolu de ma volonté ; j'étais impatient du lendemain. Depuis douze heures, j'étais entré dans une nouvelle phase de ma vie, et, ne me reconnaissant plus, je me crus malade.

Je ne l'avais jamais été, ma santé avait fait ma force ; je m'étais développé dans un équilibre inappréciable. J'eus peur en me sentant le pouls légèrement agité. Je sautai à bas de mon lit ; je me regardai dans une glace, et je me mis à rire. Je rallumai ma lampe, je taillai un crayon, je jetai sur un bout de papier les idées qui me vinrent. Je fis une composition qui me plut, quoique ce fût une mauvaise composition. C'était un homme assis entre son bon et son mauvais ange. Le bon ange était distrait et comme pris de sollicitude pour un passant auquel le mauvais ange faisait des agaceries dans le même moment. Entre ces deux anges, le personnage principal délaissé, et ne comptant ni sur l'un ni sur l'autre, regardait en souriant une fleur qui personnifiait pour lui la nature. Cette allégorie n'avait pas le sens commun, mais elle avait une signification pour moi seul. Je me crus vainqueur de mon angoisse ; je me recouchai, je m'assoupis, j'eus le cauchemar : je rêvai que j'égorgeais Célio.

Je quittai mon lit décidément, je m'habillai aux premières lueurs de l'aube ; j'allai faire un tour de promenade sur les remparts, et, quand le soleil fut levé, je gagnai le logis de Célio.

Célio ne s'était pas couché, je le trouvai écrivant des lettres. — Vous n'avez pas dormi, me dit-il, et vous êtes fatigué pour avoir essayé de dormir ? J'ai fait mieux que vous ; j'ai passé la nuit dehors. Quand on est excité, il faut s'exciter davantage ; c'est le moyen d'en finir plus vite.

— Fi ! Célio, dis-je en riant, vous me scandalisez.

— Il n'y a pas de quoi, reprit-il, car j'ai passé la nuit sagement à causer et à écrire avec la plus honnête des femmes.

— Qui ? mademoiselle Boccaferri ?

— Eh ! pourquoi devinez-vous ? Est-ce que.... mais il serait trop tard, elle est partie.

— Partie !

— Ah ! vous pâlissez ? Tiens, tiens ! je ne m'étais pas aperçu de cela ; il est vrai que j'étais tout plongé en moi-même hier soir. Mais écoutez : en vous quittant cette nuit, j'étais de fort mauvaise humeur contre vous. J'aurais causé encore deux heures avec plaisir, et vous me disiez d'aller me reposer, ce qui voulait dire que vous aviez assez de moi. Résolu à causer jusqu'au grand jour, n'importe avec qui, j'allai droit chez le vieux Boccaferri. Je sais qu'il ne dort jamais de manière, même quand il a bu, à ne pas s'éveiller tout d'un coup le plus honnêtement du monde et parfaitement lucide. Je vois de la lumière à sa fenêtre, je frappe, je le trouve debout causant avec sa fille. Ils accourent à moi, m'embrassent et me montrent une lettre qui était arrivée chez eux pendant la soirée et qu'ils venaient d'ouvrir en rentrant. Ce que contenait cette lettre, je ne puis vous le dire, vous le saurez plus tard ; c'est un secret important pour eux, et j'ai donné ma parole de n'en parler à qui que ce soit. Je les ai aidés à faire leurs paquets ; je me suis chargé d'arranger ici leurs affaires avec le théâtre ; j'ai causé des miennes avec Cécilia, pendant que le vieux allait chercher une voiture. Bref, il y a une heure que je les y ai vus monter et sortir de la ville. A présent me voilà réglant leurs comptes, en attendant que j'aille à la direction théâtrale pour dégager la Cécilia de toutes poursuites. Ne me questionnez pas, puisque j'ai la bouche scellée ; mais je vous prie de remarquer que je suis fort actif et fort joyeux ce matin, que je ne songe pas à ménager la fraîcheur de ma voix, enfin que je fais du dévouement pour mes amis, ni plus ni moins qu'un simple épicier. Que cela ne vous émerveille pas trop ! je suis *obligeant*, parce que je suis actif, et qu'au lieu de me coûter, cela m'occupe et m'amuse, voilà tout.

— Vous ne pouvez même pas me dire vers quelle contrée ils se dirigent !

— Pas même cela. C'est bien cruel, n'est-ce pas ? Prenez-vous-en à la Boccaferri, qui n'a pas fait d'exception en votre faveur au silence qu'elle m'imposait, tant les femmes sont ingrates et perverses !

— J'avais cru que vous, vous faisiez une exception en faveur de mademoiselle Boccaferri dans vos anathèmes contre sexe ?

— Parlons-nous sérieusement ? Oui, certes, elle est

une exception, et je le proclame. C'est une femme honnête; mais pourquoi? Parce qu'elle n'est point belle.

— Vous êtes bien persuadé qu'elle n'est pas belle? repris-je avec feu; vous parlez comme un comédien, mais non comme un artiste. Moi, je suis peintre, je m'y connais, et je vous dis qu'elle est plus belle que la duchesse de X..., qui a tant de réputation, et que la prima donna actuelle, dont on fait tant de bruit.

Je m'attendais à des plaisanteries ou à des négations de la part de Célio. Il ne me répondit rien, changea de vêtements, et m'emmena déjeuner. Chemin faisant, il me dit brusquement : — Vous avez parfaitement raison, elle est plus belle qu'aucune femme au monde. Seulement j'avais la mauvaise honte de le nier, parce que je croyais être le seul à m'en apercevoir.

— Vous parlez comme un possesseur, Célio, comme un amant.

— Moi ! s'écria-t-il en tournant son visage vers le mien avec assurance, je ne le suis pas, je ne l'ai jamais été, et je ne le serai jamais!

— D'où vient que vous ne désirez pas l'être?

— De ce que je la respecte et veux l'aimer toujours, de ce qu'elle a été la protégée de ma mère qui l'estimait, de ce qu'elle est, après moi (et peut-être autant que moi), le cœur qui a le mieux compris, le mieux aimé, le mieux pleuré ma mère. Oh ! ma *vieille* Cécilia, jamais! c'est une tête sacrée, et c'est la seule tête portant un bonnet sur laquelle je ne voudrais pas mettre le pied.

— Toujours étrange et inconséquent, Célio!.... Vous reconnaissez qu'elle est respectable et adorable, et vous méprisez tant votre propre amour, que vous l'en préservez comme d'une souillure! Vous ne pouvez donc que flétrir et dégrader ce que votre souffle atteint! Quel homme ou quel diable êtes-vous? Mais, permettez-moi de vous le dire et d'employer un des mots crus que vous aimez, ceci me paraît de la *blague*, une prétention au *méphistophélisme*, que votre âge et votre expérience ne peuvent pas encore justifier. Bref, je ne vous crois pas. Vous voulez m'étonner, faire le fort, l'invincible, le satanique; mais, tout bonnement, vous êtes un honnête jeune homme, un peu libertin, un peu taquin, un peu fanfaron... pas assez pourtant pour ne pas comprendre qu'il faut épouser une honnête fille quand on l'a séduite; et comme vous êtes trop jeune ou trop ambitieux pour vous décider si tôt à un mariage si modeste, vous ne voulez pas faire la cour à mademoiselle Boccaferri.

— Plût au ciel que je fusse ainsi ! dit Célio sans montrer d'humeur et sans regimber ; je ne serais pas malheureux, et je le suis pourtant! Ce que je souffre est atroce. Ah ! si j'étais honnête et bon, je serais naïf, j'épouserais demain la Boccaferri, et j'aurais une existence calme, rangée, charmante, d'autant plus que ce ne serait peut-être pas un mariage aussi modeste que vous croyez. Qui connaît l'avenir ? Je ne puis m'expliquer là-dessus ; mais sachez que, quand même la Cécilia serait une riche héritière, parée d'un grand nom, je ne voudrais pas devenir amoureux d'elle. Écoutez, Salentini, une grande vérité, bien niaise, un lieu commun : l'amour des mauvaises femmes nous tue; l'amour des femmes grandes et bonnes les tue. Nous n'aimons beaucoup que ce qui nous aime peu, et nous aimons mal ce qui nous aime bien. Ma mère est morte de cela, à quarante ans, après dix années de silence et d'agonie.

— C'est donc vrai? je l'avais entendu dire.

— Celui qui l'a tuée vit encore. Je n'ai jamais pu l'amener à se battre avec moi. Je l'ai insulté atrocement, et lui qui n'est point un lâche, tant s'en faut, a tout supporté plutôt que de lever la main contre le fils de la Floriani... Aussi je vis comme un réprouvé, avec une vengeance inassouvie qui fait mon supplice, et je n'ai pas le courage d'assassiner l'assassin de ma mère ! Tenez, vous voyez en moi un nouvel Hamlet, qui ne pose pas la douleur et la folie, mais qui se consume dans le remords, dans la haine et dans la colère. Et pourtant, vous l'avez dit, je suis bon : tous les égoïstes sont faciles à vivre, tolérants et doux. Mais je suivrai l'exemple d'Hamlet, je ne briserai point la pâle Ophélia ; qu'elle aille dans un cloître

plutôt ! je suis trop malheureux pour aimer. Je n'en ai plus le temps ni la force. Et puis Hamlet se complique en moi de passions encore vivantes ; je suis ambitieux, personnel ; l'art, pour moi, n'est qu'une lutte, et la gloire qu'une vengeance. Mon ennemi avait prédit que je ne serais rien, parce que ma mère m'avait trop gâté. Je veux l'écraser d'un éclatant démenti à la face du monde. Quant à la Boccaferri, je ne veux pas être pour elle ce que cet homme maudit a été pour ma mère, et je le serais ! Voyez-vous, il y a une fatalité ! Les orages et les malheurs qui nous frappent dans notre enfance s'attachent à nous comme des furies, et, plus nous tâchons de nous en préserver, plus nous sommes entraînés, par je ne sais quel funeste instinct d'imitation, à les reproduire plus tard : le crime est contagieux. L'injustice et la folie, que j'ai détestées chez l'amant de ma mère, je les sens s'éveiller en moi dès que je commence à aimer une femme. Je ne veux donc pas aimer, car, si je n'étais pas la victime, je serais le bourreau.

— Donc vous avez peur aussi, quelquefois et à votre insu, d'être la victime? Donc vous êtes capable d'aimer?

— Peut-être ; mais j'ai vu, par l'exemple de ma mère, dans quel abîme nous précipite le dévouement, et je ne veux pas tomber dans cet abîme.

— Et vous ne croyez pas que l'amour puisse être soumis à d'autres lois qu'à cette diabolique alternative du dévouement méconnu et immolé, ou de la tyrannie délirante et homicide?

— Non !

— Pauvre Célio, je vous plains, et je vois que vous êtes un homme faible et passionné. Je vous connais enfin : vous êtes destiné, en effet, à être victime ou bourreau ; mais vous ne faites là le procès qu'à vous-même, et le genre humain n'est pas forcément votre complice.

— Ah ! vous me méprisez, parce que vous avez meilleure opinion de vous-même ? s'écria Célio avec amertume ; eh bien, attendons. Si vous êtes sincère, nous philosopherons ensemble un jour : nous nous disputerons plus. Jusque-là, que voulez-vous faire? La cour à ma vieille Boccaferri ? En ce cas, prenez garde ! je veille à sa défense comme un jeune chien déjà méfiant et hargneux. Il vous faudra marcher droit avec elle. Si je la respecte, ce n'est pas pour permettre aux autres de s'emparer d'elle, même sous le secret de leurs pensées.

Je fus frappé de l'âpreté de ces dernières paroles de Célio et de l'accent de haine et de dépit qui les accompagna. — Célio, lui dis-je, vous serez jaloux de la Boccaferri, vous l'êtes déjà ; convenez que nous sommes rivaux ! Soyons francs, je vous en supplie, puisque vous dites que la franchise c'est le signe de la force. Vous m'avez dit que vous n'étiez pas son amant et que vous ne vouliez pas l'être ; mais descendez dans le plus profond de votre cœur, et voyez si vous êtes bien sûr de l'avenir ; puis vous me direz si je vais sur vos brisées, et si nous sommes dès aujourd'hui amis ou ennemis.

— Ce que vous me demandez là est délicat, répondit-il ; mais ma réponse ne se fera pas attendre. Je ne mens jamais aux autres ni à moi-même. Je ne serai jamais jaloux de la Cécilia, parce que je n'en serai jamais amoureux... à moins que pourtant elle ne devienne amoureuse de moi, ce qui est aussi vraisemblable que de voir la duchesse devenir sincère et le vieux Boccaferri devenir sobre.

— Et pourquoi donc, Célio? Si, par malheur pour moi, la Cécilia vous voyait et vous entendait en cet instant, elle pourrait bien être émue, tremblante, indécise...

— Si je la voyais indécise, émue et tremblante, je fuirais, je vous en donne ma parole d'honneur, monsieur Salentini ! Je sais trop ce que c'est que de profiter d'un moment d'émotion et de prendre les femmes par surprise. Ce n'est pas ainsi que je voudrais être aimé d'une femme comme la Boccaferri ; je n'y trouverais aucun plaisir et aucune gloire, parce qu'elle est sincère et honnête, parce qu'elle ne me cacherait pas sa honte et ses larmes, parce qu'au lieu de volupté je ne lui donnerais et ne recevrais d'elle que de la douleur et des remords. Oh ! non, ce n'est pas ainsi que je voudrais posséder une femme pure! Et, comme je ne cherche que l'ivresse, je ne m'adresserai jamais qu'à celles qui ne veulent rien de plus. Êtes-vous content?

— Pas encore, ami : rien ne me prouve que la Boccaferri ne vous aime pas profondément, et que l'amitié qu'elle proclame pour vous ne soit pas un amour qu'elle se cache encore à elle-même. S'il en était ainsi, si un jour ou l'autre vous veniez à le découvrir, vous me la disputeriez, n'est-ce pas?

— Oui, certes, Monsieur, répondit Célio sans hésiter, et, puisque vous l'aimez, vous devez comprendre que son amour ne soit pas chose indifférente... Mais alors, mon ami, ajouta-t-il saisi d'un attendrissement douloureux qui se peignit sur son visage expressif et sincère, je vous demanderais en grâce de vous battre avec moi. J'aurais la chance d'être tué, parce que je me bats mal. Je suis passé maître à la salle d'armes : en présence d'un adversaire réel, je suis ému, la colère me transporte, et j'ai toujours été blessé. Ma mort sauverait la Cécilia de mon amour. Ainsi, ne me manquez pas, si nous en venons jamais là! A présent, déjeunons, rions et soyons amis, car je suis bien sûr qu'elle ne me regarde comme un enfant; je ne vois en elle qu'une vieille amie, et, si cela continue, je ne vous porterai pas ombrage... Mais vous l'épouseriez, n'est-ce pas? autrement je me battrais de sang-froid, et je vous tuerais, comptez-y.

— A la bonne heure, répondis-je. Ce que vous me dites là me prouve qui elle est, et ce respect pour la vertu dans la bouche d'un soi-disant libertin me pousse au mariage les yeux fermés.

Nous nous serrâmes la main, et notre repas fut fort enjoué. J'étais plein d'espoir et de confiance, je ne sais pourquoi, car mademoiselle Boccaferri était partie. Je ne savais plus quand ni où je la retrouverais, et elle ne m'avait pas accordé seulement un regard qui pût me faire croire à son amour pour moi. Étais-je en proie à un accès de fatuité? Non, j'aimais. Mon entretien avec Célio venait de rendre évident pour moi ce mérite que j'avais deviné la veille. L'amour élargit la poitrine et parfume l'air qui y pénètre : c'était mon premier amour véritable, je me sentais heureux, jeune et fort; tout se colorait à mes yeux d'une lumière plus vive et plus pure.

— Savez-vous un rêve que je faisais ces jours-ci, me dit Célio, et qui me revient plus sérieux après mon *fiasco*? C'est d'aller passer quelques semaines, quelques mois peut-être, dans un coin tranquille et sauvage, avec le vieux fou Boccaferri et sa très-raisonnable fille. A eux deux ils possèdent le secret de l'art : chacun le représente une face. Le père est particulièrement inventif et spontané, la fille éminemment consciencieuse et savante, car c'est une grande musicienne que la Cécilia ; le public ne s'en doute pas, et vous, vous n'en savez probablement rien non plus. Eh bien, elle est peut-être la dernière grande musicienne que possédera l'Italie. Elle comprend encore les maîtres qu'aucun nouveau chanteur en renom ne comprend plus. Qu'elle chante dans un ensemble, avec sa voix qu'on entend à peine, tout le monde marche sans se rendre compte qu'elle seule contient et domine toutes les parties par sa seule intelligence, et sans que la force du poumon y soit pour rien. On le sent, on ne le dit pas. Quels sont les favoris du public qui voudraient avouer la supériorité d'un talent qu'on n'applaudit jamais? Mais allez ce soir au théâtre, et vous verrez comment marchera l'opéra; on s'apercevra *un peu* de la lacune creusée par l'absence de la Boccaferri! Il est vrai qu'on ne dira pas à quoi tient ce manque d'ensemble et d'âme collective. Ce sera l'enrouement de celui-ci, la distraction de celui-là ; les voix s'en prendront à l'orchestre, et réciproquement. Mais moi, qui serai spectateur ce soir, je rirai de la déroute générale, et je me dirai : Sot public, vous aviez un trésor, et vous ne l'avez jamais compris! Il vous faut des roulades, on vous en donne *en veux-tu? en voilà*, et vous n'êtes pas content! Tâchez donc de savoir ce que vous voulez. En attendant, moi, j'observe et je me repose.

— Vous ne m'apprenez rien, Célio; précisément hier soir je rompais une lance contre la duchesse de... pour le talent élevé et profond de mademoiselle Boccaferri.

— Mais la duchesse ne peut pas comprendre cela, reprit Célio en haussant les épaules. Elle n'est pas plus artiste que *ma botte*! Et il faut être extrêmement fort pour reconnaître des qualités enfouies sous un *fiasco* perpétuel, car c'est là le sort de la pauvre Boccaferri. Qu'elle dise comme un maître les parties les plus insignifiantes de son rôle, quatre ou cinq vrais dilettanti épars dans les profondeurs de la salle souriront d'un plaisir mystérieux et tranquille. Quelques demi-musiciens diront : « Quelle belle musique! comme c'est écrit! » sans reconnaître qu'ils ne se fussent pas aperçus de cette perfection dans le détail d'une belle chose si la *seconda donna* n'était pas une grande artiste. Ainsi va le monde, Salentini! Moi, je veux faire du bruit, et je cherche le succès de toute la puissance de ma volonté, mais c'est pour me venger du public que je hais, c'est pour le mépriser davantage. Je me suis trompé sur les moyens, mais je réussirai à les trouver, en profitant du vieux Boccaferri, de sa fille, et de moi-même par-dessus tout. Pour cela, voyez-vous, il faut que je me perfectionne comme véritable artiste ; ce sera l'affaire de peu de temps ; chaque année, pour moi, représente dix ans de la vie du vulgaire ; je suis actif et entêté. Quand j'aurai acquis ce qui me manque pour moi-même, je saurai parfaitement ce qui manque au public pour comprendre le vrai mérite. Je parviendrai à être infiniment plus mauvais que je ne l'ai été hier devant lui, et par conséquent à lui plaire infiniment. Voilà ma théorie. Comprenez-vous!

— Je comprends qu'elle est fausse, et que si vous ne cherchez pas le beau et le vrai pour l'enseigner au public, en supposant que vous lui plaisiez dans le faux, vous ne posséderez jamais le vrai. On ne dédouble jamais son être à ce point. On ne fait point la grimace sans qu'il en reste un pli au plus beau visage. Prenez garde, vous avez fait fausse route, et vous allez vous perdre entièrement.

— Et voyez pourtant l'exemple de la Cécilia! s'écria Célio fort animé ; ne possède-t-elle pas le vrai en elle, ne s'opiniâtre-t-elle pas à ne donner au public que du vrai, et n'est-elle pas méconnue et ignorée? Et il ne faut pas dire qu'elle est incomplète et qu'elle manque de force et de feu. Voyez-vous, pas plus loin qu'il y a deux jours, j'ai entendu la Boccaferri chanter et déclamer seule entre quatre murs et ne sachant pas que j'étais là pour l'écouter. Elle embrasait l'atmosphère de sa passion, elle avait des accents à faire vibrer et tressaillir une foule comme un seul homme. Cependant elle ne méprise pas le public, elle se borne à ne pas l'aimer. Elle chante bien devant lui, pour son propre compte, sans colère, sans passion, sans audace. Le public reste sourd et froid ; il veut, avant tout, qu'on se donne de la peine pour lui plaire, et moi, je m'en donnerai ; mais il ne le paiera, car je ne lui donnerai de mon feu et de ma science que le rebut, encore trop bon pour lui.

Je ne pus calmer Célio. Il prenait beaucoup de café en jurant contre la platitude du café viennois. Il cherchait à s'exciter de plus en plus. La rage de sa défaite lui revenait plus amère. Je lui rappelai qu'il fallait aller au théâtre ; il y courut en me donnant rendez-vous pour le soir chez moi.

VI.

LA DUCHESSE.

A l'heure convenue, j'attendais Célio, mais je ne reçus qu'un billet ainsi conçu :

« Mon cher ami, je vous envoie de l'argent et des papiers pour que vous ayez à terminer demain l'affaire de mademoiselle Boccaferri avec le théâtre. Rien n'est plus simple ; il s'agit de verser la somme ci-jointe et de prendre un reçu que vous conserverez. Son engagement était à la veille d'expirer, et elle n'est passible que d'une amende ordinaire pour deux représentations auxquelles elle fait défaut. Elle trouve ailleurs un engagement plus

Tu as été mauvais, archimauvais (Page 83.)

avantageux. Moi, je pars, mon cher ami. Je serai parti quand vous recevrez cet adieu. Je ne puis supporter une heure de plus l'air du pays et les compliments de condoléance : je me fâcherais, je dirais ou ferais quelque sottise. Je vais ailleurs, je pousse plus loin. En avant, en avant !

« Vous aurez bientôt de mes nouvelles et *d'autres* qui vous intéressent davantage.

« A vous de cœur, « CÉLIO FLORIANI. »

Je retournai cette épître pour voir si elle était bien à mon adresse : *Adorno Salentini, place... n°...* Rien n'y manquait.

Je retombai anéanti, dévoré d'une affreuse inquiétude, en proie à de noirs soupçons, consterné d'avoir perdu la trace de Cécilia et de celui qui pouvait me la disputer ou m'aider à la rejoindre. Je me crus joué. Des jours, des semaines se passèrent, je n'entendis parler ni de Célio ni des Boccaferri. Personne n'avait fait attention à leur brusque départ, puisqu'il s'était effectué presque avec la clôture de la saison musicale. Je lisais avidement tous les journaux de musique et de théâtre qui me tombaient sous la main. Nulle part il n'était question d'un engagement pour Cécilia ou pour Célio. Je ne connaissais personne qui fût lié avec eux, excepté le vieux professeur de mademoiselle Boccaferri, qui ne savait rien ou ne voulait rien savoir. Je me disposai à quitter Vienne, où je commençais à prendre le spleen, et j'allai faire mes adieux à la duchesse, espérant qu'elle pourrait peut-être me dire quelque chose de Célio.

Toute cette aventure m'avait fait beaucoup de mal. Au moment de m'épanouir à l'amour par la confiance et l'estime, je me voyais rejeté dans le doute, et je sentais les atteintes empoisonnées du scepticisme et de l'ironie. Je ne pouvais plus travailler ; je cherchais l'ivresse, et ne la trouvais nulle part. Je fus plus méchant dans mon entretien avec la duchesse que Célio lui-même ne l'eût été à ma place. Ceci la passionna pour, je devrais dire *contre* moi : les coquettes sont ainsi faites.

L'inquiétude mal déguisée avec laquelle je l'interrogeais sur Célio lui fit croire que j'étais resté jaloux et amoureux d'elle. Elle me jura ne pas savoir ce qu'il était devenu depuis la malencontreuse soirée de son début ; mais, en me supposant épris d'elle et en voyant avec

Celio se revêtit à la jo braderie... (Page 92.)

quelle assurance je le niais, elle se forma une grande idée de la force de mon caractère. Elle prit à cœur de le dompter, elle se piqua au jeu ; une lutte acharnée avec un homme qui ne lui montrait plus de faiblesse et qui l'abandonnait sur un simple soupçon lui parut digne de toute sa science.

Je quittai Vienne sans la revoir. J'arrivai à Turin ; au bout de deux jours, elle y était aussi ; elle se compromettait ouvertement, elle faisait pour moi ce qu'elle n'avait jamais fait pour personne. Cette femme qui m'avait tenu dans un plateau de la balance avec Célio dans l'autre, pesant froidement les chances de notre gloire en herbe pour choisir celui des deux qui flatterait le plus sa vanité, cette sage coquette qui nous ménageait tous les deux pour éconduire celui de nous qui serait brisé par le public, cette grande dame, jusque-là fort prudente et fort habile dans la conduite de ses intrigues galantes, se jetait à corps perdu dans un scandale, sans que j'eusse grandi d'une ligne dans l'opinion publique, et tout simplement par la seule raison que je lui résistais.

Pourtant Célio avait été aussi cruel avec elle, et elle ne s'en était pas émue d'une manière apparente. Il ne suffisait donc pas de lui résister pour qu'elle s'éprît de la sorte. Elle avait senti que Célio ne l'aimait pas, et qu'il n'était peut-être pas capable d'aimer sérieusement ; mais, outre que mon caractère et mon savoir-vivre lui offraient plus de garanties, elle m'avait vu sincèrement ému auprès d'elle, elle devinait que j'étais capable de concevoir une grande passion, et elle pensait me l'inspirer encore en dépit de mon courage et de ma fierté. Elle se trompait de date, il est vrai, et il se trouva qu'elle fit pour moi, lorsque j'étais refroidi à son égard, ce qu'elle n'eût point songé à faire lorsque j'étais enflammé. Les femmes ne sont jamais si habiles qu'elles ne tombent dans le piège de leur propre vanité.

Je la vis donc se jeter dans mes bras à un moment de ma vie où je ne l'aimais point, et où je souffrais à cause d'une autre femme. Il ne me fallut ni courage, ni vertu, ni orgueil pour la repousser d'abord, et pour tenter de la faire renoncer à sa propre perte. J'y mis une énergie qui l'excita d'autant plus à se perdre ; j'aurais été un scélérat, un roué, un ennemi acharné à son désastre, que je n'aurais pas agi autrement pour la pousser à bout et lui faire fouler aux pieds tout souci de sa réputation.

Elle crut que je mettais son amour à l'épreuve, et le mien au prix de cette épreuve décisive, éclatante. Cette femme, funeste aux autres, le devint volontairement à elle-même tout d'un coup, au milieu d'une vie d'égoïsme et de calcul. Elle tendit tous les ressorts de sa volonté pour vaincre une aversion qu'elle prenait seulement pour de la méfiance. La crise de son orgueil blessé l'emporta sur les habitudes de sa vanité froide et dédaigneuse. Peut-être aussi s'ennuyait-elle, peut-être voulait-elle connaître les orages d'une passion véritable ou d'une lutte violente.

Ma résistance l'irrita à ce point qu'elle jura de me forcer par un éclat à tomber à ses pieds. Elle chercha à se faire insulter publiquement pour me contraindre à prendre sa défense. Elle vint en plein jour chez moi dans sa voiture; elle confia son prétendu secret à trois ou quatre amies, femmes du monde, qu'elle choisit les plus indiscrètes possible. Elle laissa tomber son masque en plein bal, au moment où elle s'emparait de mon bras; enfin elle me poursuivit jusque dans une loge de théâtre où elle se fût montrée à tous les regards, si je n'en fusse sorti précipitamment avec elle.

Cette torture dura huit jours pendant lesquels elle sut multiplier des incidents incroyables. Cette femme indolente et superbe de mollesse était en proie à une activité dévorante. Elle ne dormait pas, elle ne mangeait plus, elle était changée d'une manière effrayante. Elle savait aussi s'opposer à ma fuite en me faisant croire à chaque instant qu'elle venait me dire adieu et qu'elle renonçait à moi. J'aurais voulu calmer la douleur que je lui causais, l'amener à de bonnes résolutions, la quitter noblement et avec des paroles d'amitié. Je ne faisais qu'irriter son désespoir, et il reparaissait plus terrible, plus impérieux, plus enlaçant au moment où je me flattais de l'avoir fait céder à l'empire de la raison.

Ce que je souffris durant ces huit jours est impossible à confesser. L'amour d'une femme est peut-être irrésistible, quelle que soit cette femme, et celle-là était belle, jeune, intelligente, audacieuse, pleine de séductions. Le chagrin qui la consumait rapidement donnait à sa beauté un caractère terrible, bien fait pour agir sur une imagination d'artiste. Je l'avais toujours crue lascive, elle passait pour l'être, elle l'avait peut-être toujours été; mais, avec moi, elle paraissait dévorée d'un besoin de cœur qui faisait taire les sens et l'ornait du prestige nouveau de la chasteté. Je me sentais glisser sur une pente rapide dans un précipice sans fond, car il ne me fallait qu'aimer un instant cette femme pour être à jamais perdu. Cela, je n'en pouvais douter; je savais bien quelle réaction de tyrannie j'aurais à subir une fois que j'aurais abandonné mon âme à cet attrait perfide. Je me connaissais, ou plutôt je me pressentais. Fort dans le combat, j'étais trop naïf dans la défaite pour n'être pas enlacé à tout jamais par ma conscience. Et je pouvais encore combattre, parce que je me retenais d'aimer, car je voyais en elle tout le contraire de mon idéal: le dévouement, il est vrai, mais le dévouement dans la fièvre, l'énergie dans la faiblesse, l'enthousiasme dans l'oubli de soi-même, et le point de force véritable, point de dignité, point de durée possible dans ce subit engouement. Elle me faisait horreur et pitié en même temps qu'elle allumait en moi des agitations sauvages et une sombre curiosité. Je voyais mon avenir perdu, mon caractère déconsidéré, toutes les femmes effrontées et galantes ayant déjà l'œil sur moi pour me disputer à une puissante rivale et jouer avec moi à coups de griffes comme des panthères avec un gladiateur. Je devenais un homme à bonnes fortunes, moi qui détestais ce plat métier, un charlatan pour les esprits sévères qui m'accuseraient de chercher la renommée dans le scandale des aventures, au lieu de la conquérir par le progrès dans mon art. Je me sentais défaillir, et, lorsque le feu de la passion montait à ma poitrine, la sueur froide de l'épouvante coulait de mon front. Que cette femme fût perdue par moi ou seulement acceptée par moi dans sa chute volontaire, j'étais lié à elle par l'honneur; je ne pouvais plus l'abandonner. J'aurais beau m'étourdir et m'exalter en

me battant pour elle, il me faudrait toujours traîner à mon pied ce boulet dégradant d'un amour imposé par la faiblesse d'un instant à la dignité de toute la vie.

Déjà elle me menaçait de s'empoisonner, et, dans la situation extrême où elle s'était jetée, une heure de rage et de délire pouvait la porter au suicide. Le ciel m'inspira un *mezzo termine*. Je résolus de la tromper en laissant une porte ouverte à l'observation de ma promesse. J'exigeai qu'elle allât rejoindre ses amis et sa famille à Milan; j'en fis une condition de mon amour, lui disant que je rougirais de profiter, pour la posséder, de la crise où elle se jetait, que ma conscience ne serait plus troublée dès que je la verrais reprendre sa place dans le monde et son rang dans l'opinion, que je restais à Turin pour ne pas la compromettre en la suivant, mais que dans huit jours je serais auprès d'elle pour l'aimer dans les douceurs du mystère.

J'eus un peu de peine à la persuader, mais j'étais assez ému, assez peu sûr de ma force pour qu'elle crût encore à la sienne. Elle partit, et je restai brisé de tant d'émotions, fatigué de ma victoire, incertain si j'allais me sauver au bout du monde, ou la rejoindre pour ne plus la quitter.

Je fus plus faible après son départ que je ne l'avais été en sa présence. Elle m'écrivait des lettres délirantes. Il y avait en moi une sorte d'antipathie instinctive que son langage et ses manières réveillaient par instants, et qui s'effaçait quand son souvenir me revenait accompagné de tant de preuves d'abnégation et d'emportement. Et puis la solitude me devenait insupportable. D'autres folies me sollicitaient. La Boccaferri m'abandonnait, Célio m'avait trompé. Le monde était vide, sans un être à aimer exclusivement. Les huit jours expirés, je fis venir un voiturin pour me rendre à Milan.

On chargeait mes effets, les chevaux attendaient à ma porte; j'entrai dans mon atelier pour y jeter un dernier coup d'œil.

J'étais venu à Turin avec l'intention d'y passer un certain temps. J'aimais cette ville, qui me rappelait toute mon enfance, et où j'avais conservé de bonnes relations. J'avais loué un des plus agréables logements d'artiste; mon atelier était excellent, et, le jour où je m'y étais installé, j'avais travaillé avec délices, me flattant d'y oublier tous mes soucis et d'y faire des progrès rapides. L'arrivée de la duchesse avait brisé ces doux projets, et, en quittant cet asile, je tremblais que tout ne fût brisé dans ma vie. Il me prit un remords, une terreur, un regret, sous lesquels je me débattis en vain. Je me jetai sur un sofa; on m'appelait dans la rue; le conducteur du voiturin s'impatientait; ses petits chevaux, qui étaient jeunes et fringants, grattaient le pavé. Je ne bougeais pas. Je n'avais pas la force de me dire que je ne partirais point; je me disais avec une certaine satisfaction puérile que je n'étais pas encore parti.

Enfin le voiturin vint frapper en personne à ma porte. Je vois encore sa casquette de loutre et sa casaque de molleton. Il avait une bonne figure à la fois mécontente et amicale. C'était un ancien militaire, irrité de mon inexactitude, mais soumis à l'idée de subordination. « Eh! mon cher monsieur, les jours sont si courts dans cette saison! la route est si mauvaise! Si la nuit nous prend dans les montagnes, que ferons-nous? Il y a une grande heure que je suis à vos ordres, et mes petits chevaux ne demandent qu'à courir pour votre service. » Ce fut là toute sa plainte. — « C'est juste, ami, lui dis-je, monte sur ton siège, me voilà! »

Il sortit; je me disposai à en faire autant. Un papier qui voltigeait sur le plancher arrêta mes regards. Je le ramassai: c'était un feuillet détaché de mon album. Je reconnus la composition que j'avais esquissée dans la nuit où Célio m'avait ramené à ma demeure, à Vienne, après son *fiasco*. Je revis le bon et le mauvais ange, distraits tous deux de moi par un malin personnage qui avait la tournure et le costume de théâtre de Célio. Je me reportai à cette nuit d'insomnie où la duchesse m'était apparue si vaine et si perfide, la Boccaferri si pure et si grande.

Je ne sais quelle réaction se fit en moi. Je courus vers la porte; j'ordonnai au *vetturino* de dételer et de s'en aller. Je rentrai; je respirai; je mis mon album sur une table comme pour reprendre possession de mon atelier, de mon travail et de ma liberté; puis l'effroi de la solitude me saisit. Ces grandes murailles nues d'un atelier me serrèrent le cœur. Je retombai sur le sofa, et je me mis à pleurer, à sangloter, presque, comme un enfant qui subit une pénitence et se désole à l'aspect de la chambre qui va lui servir de prison.

Tout à coup une voix de femme qui chantait dans la rue me fit entendre les premières phrases de cet air du *Don Juan* de Mozart:

> Vedrai, Carino
> Se sci buonino,
> Che bel rimedio
> Ti voglio dar.

Était-ce un rêve? J'entendais la voix de Cécilia Boccaferri. Je l'avais entendue deux fois dans le rôle de Zerline, où elle avait une naïveté charmante, mais où elle manquait de la nuance de coquetterie nécessaire. En cet instant, il me sembla qu'elle s'adressait à moi avec une tendresse caressante qu'elle n'avait jamais eue en public, et qu'elle m'appelait avec un accent irrésistible. Je bondis vers la porte; je m'élançai dehors: je ne trouvai que le *vetturino* qui dételait. Je me livrai à mille recherches minutieuses. La rue et tous les alentours étaient déserts. Il faisait à peine jour, et une bise piquante soufflait des montagnes. « Reviens demain, dis-je à mon conducteur en lui donnant un pourboire; je ne puis partir aujourd'hui. »

Je passai vingt-quatre heures à chercher et à m'informer. Je demandais la Boccaferri, son père et Célio, au ciel et à la terre. Personne ne savait ce que je voulais dire. L'un me disait que le vieil ivrogne de Boccaferri était mort depuis dix ans; l'autre, que ce Boccaferri n'avait jamais eu de fille; tous, que la fille de la Floriani devait être en Angleterre, parce qu'il avait traversé Turin deux mois auparavant en disant qu'il était engagé à Londres.

Je me dis que j'avais eu une hallucination, que ce n'était pas la voix de Cécilia qui m'avait chanté ces quatre vers beaucoup trop tendres pour elle; mais pendant ces vingt-quatre heures, mon émotion avait changé d'objet; la duchesse avait perdu son empire sur mon imagination. Au point du jour, le brave *vetturino* était à la porte comme la veille. Cette fois, je ne le fis pas attendre. Je chargeai moi-même mes effets; je m'installai dans son frêle *legno* (c'est comme on dirait à Paris un sapin), et je lui ordonnai de marcher vers l'ouest.

— Eh quoi! Seigneurie, ce n'est pas la route de Milan!
— Je le sais bien; je ne vais plus à Milan.
— Alors, mon maître, dites-moi où nous allons.
— Où tu voudras, mon ami; allons le plus loin possible, du côté opposé à Milan.
— Je vous mènerais à Paris avec ces chevaux-là; mais encore voudrais-je savoir si c'est à Paris ou à Rome qu'il faut aller.
— Va vers la France, tout droit vers la France, lui dis-je, obéissant à un instinct spontané. Je t'arrêterai quand je serai fatigué, ou quand la belle nature m'invitera à la contempler.
— La belle nature est bien laide dans ce temps-ci, dit en souriant le brave homme. Voyez, que de neige du haut en bas des montagnes! Nous ne passerons pas aisément le Mont-Cenis!
— Nous verrons bien; d'ailleurs nous ne le passerons peut-être pas. Allons, partons. J'ai besoin de voyager. Pourvu que la voiture roule et m'éloigne de Milan, comme de Turin, c'est tout ce qu'il me faut pour aujourd'hui.
— Allons, allons! dit-il en fouettant ses chevaux, qui firent une longue glissade sur le pavé cristallisé par la gelée, tête d'artiste, tête de fou! mais les gens raisonnables sont souvent bêtes et toujours avares. Vivent les artistes!

VII.

LE NŒUD CERISE.

Je ne crois, d'une manière absolue, ni à la destinée, ni à mes instincts, et je suis pourtant forcé de croire à quelque chose qui semble une combinaison de l'un ou de l'autre, à une force mystérieuse qui est comme l'attraction de la fatalité.

Il se fait dans notre existence, comme de grands courants magnétiques que nous traversons quelquefois, sans être emportés par eux, mais où quelquefois aussi nous nous précipitons de nous-mêmes, parce que notre *moi* se trouve admirablement prédisposé à subir l'influence de ce qui est notre élément naturel, longtemps ignoré ou méconnu. Quand nous sommes entraînés sur cette pente irrésistible, il semble que tout nous aide à en subir l'impulsion souveraine, que tout s'enchaîne autour de nous de façon à nous faire nier le hasard, enfin que les circonstances les plus naturelles, les plus insignifiantes dans d'autres moments n'existent, à ce moment donné, que pour nous pousser vers le but de notre destinée, que ce but soit un abîme ou un sanctuaire.

Voici le fait qui me parut longtemps merveilleux et qui ne fut autre chose que la rencontre d'un fait parallèle à celui de mon ennui et de mon inquiétude. Mon *vetturino* était marié non loin de la frontière, du côté de Briançon, à une jeune et jolie femme dont il était séparé assez souvent par l'activité de sa profession. Je lui dis que je voulais aller du côté de la France, et je le voulais parce qu'il s'agissait pour moi de prendre la route diamétralement opposée à celle de Milan, et aussi un peu parce que j'avais quelques renseignements vagues sur le passage récent de Célio dans la contrée que je parcourais. Mon *vetturino* vit que je ne savais pas bien où je voulais aller, et comme il avait envie d'aller à Briançon, il prit naturellement la route de Suse et d'Exille, traversa la frontière avec la Doire, et me fit entrer dans le département des Hautes-Alpes par le Mont-Genèvre.

Comme nous approchions de Briançon, il me demanda si je ne comptais pas m'y arrêter quelques jours, du ton d'un homme décidé à m'y contraindre. Et, comme j'hésitais à lui répondre avant d'avoir bien pénétré son dessein, il m'annonça que son plus jeune cheval était malade, qu'il ne mangeait pas, et qu'il craignait bien d'être forcé de voir un vétérinaire pour le faire saigner. Je descendis de voiture et j'examinai le cheval: il avait l'œil pur, le flanc calme; il n'était pas plus malade que l'autre.

— Mon ami, dis-je à maître Volabù (c'était le nom de mon voiturin), je te prie d'être sincère avec moi. Tu cherches un prétexte pour l'arrêter, et moi je n'ai pas de raisons pour t'attendre. Je ne tiens pas plus longtemps à ton voiturin que tu ne tiens à ma personne. Que j'arrive à Briançon, c'est tout ce que je demande. Là, je penserai à ce que je veux faire, et j'aurai sous la main tous les moyens de transport désirables. Si tu t'obstines à me laisser ici (nous n'étions plus qu'à cinq lieues de Briançon), je m'obstinerai peut-être de mon côté à te faire marcher, car je t'ai pris pour huit jours. Sois donc franc, si tu veux que je sois bon. Tu as ici, aux environs, une affaire de cœur ou d'argent, c'est pour cela que ton cheval ne mange pas? Le brave homme se mit à rire, puis il secoua la tête d'un air mélancolique: — Je ne suis plus de la première jeunesse, dit-il, ma femme a dix-huit ans, et j'aurais été bien aise de la surprendre; elle ne demeure qu'à une toute petite lieue d'ici, aux *Désertes*. Par la traverse, nous y serons dans une demi-heure; le chemin est bon, et puisque vous aimez à vous arrêter n'importe où, pour marcher au hasard dans la neige, vous verrez là un bel endroit et de la belle neige, le diable m'emporte! Nous repartirions demain matin, et nous serions à Briançon avant midi. Allons, j'ai été franc, voulez-vous être bon enfant?

— Oui, puisque je l'ai fait moi-même cette condition. Va pour les *Désertes*! le nom me plaît, et la traverse aussi. J'aime assez les paysages qu'on ne voit pas des grandes routes; mais s'il te prend fantaisie, mon compère, de rester plus longtemps avec ta femme? Si ton cheval recommence demain à ne plus manger?

— Voulez-vous vous fier à la parole d'un ancien militaire, mon bourgeois? Nous repartirons ce soir, si vous voulez.

— Je veux me fier, répondis-je. En route!

Où cet homme me conduisit, tu le sauras bientôt, cher lecteur, et tu me diras si, dans l'accès de flânerie bienveillante qui me poussa à subir son caprice, il n'y eut pas quelque chose qu'un homme plus impertinent que moi eût pu qualifier d'inspiration divine. D'abord il ne m'avait pas trompé, le brave Volabù. Le paysage où il me fit pénétrer avait un caractère à la fois naïf et grandiose, qui s'empara de moi d'autant plus que je n'avais pas compté sur le discernement pittoresque de mon guide. Sans doute c'était son amour pour sa jeune femme qui lui faisait aimer ou mieux comprendre instinctivement la beauté du lieu qu'elle habitait. Il voulut reconnaître ma complaisance en exerçant envers moi les devoirs de l'hospitalité.

Il possédait là quelques morceaux de terre et une maisonnette très-propre où il me conduisait. Et quand il eut trouvé sa jeune ménagère au travail, bien gaie, bien sage, bien pure (cela se voyait à la joie franche qu'elle montra en lui sautant au cou), il n'y eut point de fête qu'il ne me fît: ils se mirent en quatre, sa femme et lui, pour me préparer un meilleur repas que celui que j'aurais pu faire à l'auberge du hameau, et, comme je leur disais que tant de soin n'était pas nécessaire pour me contenter, ils jurèrent naïvement que cela *ne me regardait pas*, c'est-à-dire qu'ils voulaient me traiter et m'héberger gratis.

Je les laissai à leur fricassée entremêlée de doux propos et de gros baisers, pour aller admirer le site environnant. Il était simple et superbe. Des collines escarpées servant de premier échelon aux grandes montagnes des Alpes, toutes couvertes de sapins et de mélèzes, encadraient la vallée et la préservaient des vents du nord et de l'est. Au-dessus du hameau, à mi-côte de la colline la plus rapprochée et la plus adoucie, s'élevait un vieux et fier château, une des anciennes défenses de la frontière probablement, demeure paisible et confortable désormais, car je voyais au ton frais des châssis de croisées en bois de chêne, encadrant de longues vitres bien claires, que l'antique manoir était habité par des propriétaires fort civilisés. Un parc immense, jeté noblement sur la pente de la colline et masquant ses froides lignes de clôture sous un luxe de végétation chaque jour plus rare en France, formait un des accidents les plus heureux du tableau. Malgré la rigueur de la saison (nous étions à la fin de janvier, et la terre était couverte de frimas), la soirée était douce et riante. Le ciel avait ces tons rose vif qui sont propres aux beaux temps de gelée; les horizons neigeux brillaient comme de l'argent, et des nuages doux, couleur de perle, attendaient le soleil qui descendait lentement pour s'y plonger. Avant de s'envelopper dans ces suaves vapeurs, il semblait vouloir sourire encore à la vallée, et il dardait sur les toits élevés du vieux château un rayon de pourpre qui faisait de l'ardoise terne et moussue un dôme de cuivre rouge resplendissant.

Comme j'étais vêtu et chaussé en conséquence de la saison, je prenais un plaisir extrême à marcher sur cette neige brillante, cristallisée par le froid, et qui craquait sous mes pieds. En creusant des ombres sur ces grandes surfaces à peine égratignées par la trace de quelques petites pattes d'oiseaux, j'étudiais avec attention le reflet verdâtre que donne ce blanc éblouissant auprès duquel l'hermine et le duvet du cygne paraissent jaunes ou malpropres. Je ne pensais plus qu'à la peinture et à remercier le ciel de m'avoir détourné de Milan.

Tout en marchant, j'approchais du parc, et je pouvais embrasser de l'œil la vaste pelouse blanche, coupée de massifs noirs, qui s'étendait devant le château. On avait rajeuni les abords de cette austère demeure en nivelant les anciens fossés, en exhaussant les terres et en amenant le jardin, la verdure et les allées sablées jusqu'au niveau du rez-de-chaussée, jusqu'à la porte des appartements, comme c'est l'usage aujourd'hui que nous sentons à la fois le confortable et la poésie de la vie de château. L'enclos était bien fermé de grands murs; mais, en face du manoir, on en avait échancré une longueur de trente mètres au moins pour prendre vue sur la campagne. Cette ouverture formait terrasse, à une hauteur peu considérable, et avait pour défense un large fossé extérieur. Un petit escalier, pratiqué dans l'épaisseur du massif de pierres de la terrasse, descendait jusqu'au niveau de l'eau pour permettre, apparemment, aux jardiniers d'y venir puiser durant l'été. Comme l'eau était couverte d'une croûte de glace très-forte, je fis la remarque qu'il était très-facile en ce moment d'entrer dans la résidence seigneuriale des Désertes; mais il me parut qu'on s'en rapportait à la discrétion des habitants de la contrée, car aucune précaution n'était prise pour garantir ce côté faible de la place.

Comme le lieu me parut désert, j'eus quelque tentation d'y pénétrer pour admirer de plus près le tronc des ifs superbes et des pins centenaires dont les groupes formaient, dans cet intérieur, mille paysages aussi *vrais*, quoique beaucoup mieux *composés* que ceux de la campagne environnante; mais je m'abstins prudemment et respectueusement de cette témérité de peintre, en entendant venir vers la terrasse deux femmes qui, vues de près, devinrent deux jeunes demoiselles ravissantes. Je les regardai courir et folâtrer sur la neige, sans qu'elles fissent attention à moi. Quoique enveloppées de manteaux et de fourrures, elles étaient aussi légères que le grand lévrier blanc qui bondissait autour d'elles. L'une me parut en âge d'être mariée; mais, à son insouciance, on voyait qu'elle ne l'était pas, et même qu'elle n'y songeait point. Elle était grande, mince, blonde, jolie, et, par sa coiffure et ses attitudes, elle me rappelait les nymphes de marbre qui ornaient les jardins du temps de Louis XIV. L'autre paraissait encore un enfant; sa beauté était merveilleuse, quoique sa taille me parût moins élégante. Je ne sais pas non plus pourquoi je fus ému en la regardant, comme si elle me rappelait une image connue et chère. Cependant il me fut impossible, ce jour-là et plus tard, de trouver de moi-même à qui elle ressemblait.

Ces deux belles demoiselles prenaient ensemble de tels ébats, qu'elles passèrent sans me voir. Elles parlaient italien, mais si vite (et souvent toutes deux ensemble), chaque phrase était d'ailleurs entrecoupée de rires si bruyants et si prolongés, que je ne pus rien saisir qui eût un sens. Un peu plus loin, elles s'arrêtèrent et se mirent à briser sans pitié de superbes branches d'arbre vert dont elles firent, les vandales! un grand tas, qu'elles abandonnèrent ensuite sur la neige, en disant :

« Ma foi, qu'*il* vienne les chercher, c'est trop froid à manier. »

J'allais les perdre de vue à regret, je l'avoue, car il y avait quelque chose de sympathique et d'excitant pour moi dans la pétulance et la gaieté de ces jolies filles, lorsqu'une d'elles s'écria : « Bon! j'ai perdu *son* nœud, son fameux nœud d'épée, que j'avais attaché sur mon capuchon, avec une épingle!

— Eh bien! dit l'aînée, nous en ferons un autre; la belle affaire!

— Oh! il l'avait fait lui-même! Il prétend que nous ne savons pas faire les nœuds, comme si c'était bien malin! Il va grogner.

— Eh bien, qu'il grogne, le grognon! répliqua l'autre, et toutes deux recommencèrent à rire, comme rient les jeunes filles, sans savoir pourquoi, sinon qu'elles ont besoin de rire.

— Tiens! je le vois, mon nœud! *son* nœud! s'écria la cadette en bondissant vers le fossé; le voilà qui s'épanouit sur la neige. Oh! le beau coquelicot!

Elle arriva jusqu'au bord de la terrasse; mais, au moment de ramasser ce nœud de rubans rouges que j'avais fort bien remarqué, elle partit d'un nouvel éclat de rire : une petite brise soudaine qui venait de s'élever emportait le ruban, et le déposait, à mes pieds, sur la glace du fossé.

Je le ramassai pour le rendre à la belle rieuse, et ce fut alors seulement qu'elle m'aperçut et devint aussi rouge que son nœud de rubans cerise.

— Pour vous le rapporter, Mademoiselle, lui dis-je, je serai forcé de traverser ce fossé; me le permettez-vous?

— Non, non, ne faites pas cela! répondit l'enfant, en qui un fonds d'assurance mutine parut dominer très-vite le premier accès de timidité, c'est peut-être dangereux. Si la glace ne porte pas?

— N'est-ce que cela? repris-je. C'est bien peu de chose que de courir un petit danger pour votre service.

Et je traversai résolument la glace, qui criait un peu. En voyant qu'en effet il y avait bien quelque danger pour moi, car le fossé était large et profond, l'enfant rougit encore et descendit quelques marches du petit escalier pour venir à ma rencontre. Elle ne riait plus.

— Eh bien, qu'est-ce que cela? Que faites-vous donc, petite sœur? dit l'aînée, qui venait la rejoindre, et qui me regarda d'un air de surprise et de mécontentement. Celle-ci était déjà une jeune personne. Elle connaissait sans doute déjà la prudence. Elle avait au moins une vingtaine d'années.

— Vous voyez, Mademoiselle, lui dis-je en tendant à sa sœur le nœud de rubans au bout de ma canne, je m'arrête à la limite de votre empire, je ne me permets pas de mettre le pied seulement sur la première marche de l'escalier.

Elle vit tout de suite que j'étais un homme bien élevé, et me remercia d'un doux et charmant sourire. Quant à l'enfant, elle saisit le nœud avec vivacité, et me fit signe de ne pas m'arrêter sur la glace. Je m'en retournai lentement et les saluai toutes deux de l'autre rive. Elles me crièrent merci avec beaucoup de grâce; puis j'entendis l'aînée dire à la petite: S'il voyait cela, il nous gronderait! — Sauvons-nous! répondit l'enfant en recommençant son rire frais et clair comme une clochette d'argent. Elles se prirent par la main, et partirent en courant et en riant vers le château. Quand elles eurent disparu, je regagnai la modeste demeure de monsieur et madame Volabù, un peu préoccupé de ma petite aventure.

Je trouvai mon souper prêt. J'aurais été Grandgousier en personne, qu'on ne m'eût pas traité plus largement. Je crois que toute la petite basse-cour de madame Volabù y avait passé. Je n'aurais pas eu bonne grâce à me plaindre de cette prodigalité, en voyant l'air de triomphe naïf avec lequel ces braves gens me faisaient les honneurs de chez eux. J'exigeai qu'ils se missent à table avec moi, ainsi que la vieille mère de madame Volabù, qui était encore une robuste virago, nommée madame Peirecote, et qui paraissait prendre à cœur d'être bonne gardienne de l'honneur de son gendre.

Il me fallut soutenir un rude assaut pour me préserver d'une indigestion, car mon brave *vetturino* semblait décidé à me faire étouffer. Dès que je pus obtenir quelques instants de répit, j'en profitai pour faire des questions sur le château et ses habitants.

— C'est bien vieux, ce château, me dit Volabù d'un air capable; c'est laid, n'est-ce pas? Ça ressemble à une grande masure? Mais c'est plus joli en dedans qu'on ne croirait; c'est très-bien tenu, bien conservé, bien arrangé, quoique en vieux meubles qui ne sont plus de mode. Il y a des calorifères, ma foi! C'est que le vieux marquis ne se refusait rien. Il n'était pas très-généreux pour les autres, mais il aimait bien ses aises, et il passait presque toute l'année ici. L'hiver, il n'allait qu'un peu à Paris, en Italie jamais, et pourtant c'était son pays.

— Et qui possède ce château à présent?

— Son frère, le comte de Balma, qui vient de passer marquis par le décès de l'aîné de la famille. Dame, il n'est pas jeune non plus! C'est le sort de notre village, on dirait, d'avoir sous les yeux vieille maison et vieilles gens.

— Bah! la jeunesse ne manque pas encore dans le château, dit madame Volabù; M. le nouveau marquis n'a-t-il pas cinq enfants, dont le plus âgé ne l'est guère plus que monsieur? En parlant ainsi, madame Volabù me désignait à son mari, dont les yeux s'arrondirent tout à coup, en même temps que sa bouche s'allongeait en une moue assez risible.

— Oh! s'écria-t-il, M. de Balma a des garçons à présent! Quand je suis parti, il n'avait qu'une fille, et il n'y a qu'un mois de cela.

— C'est qu'il ne nous disait pas tout apparemment, dit à son tour la vieille madame Peirecote. Depuis un mois, il lui est arrivé une famille nombreuse, deux autres filles et deux garçons, tous beaux comme des amours; mais qu'est-ce que ça vous fait, Volabù?

— Ça ne me fait rien, la mère; mais c'est égal, notre vieux marquis est diablement sournois, car je lui ai entendu dire à M. le curé qu'il n'avait qu'une fille, celle qui est arrivée avec lui le lendemain de la mort du dernier marquis.

— Eh bien, reprit la vieille, c'est qu'il n'y a que celle-là de légitime peut-être, et que les quatre autres enfants sont des bâtards. Ça ne prouve pas un mauvais homme d'avoir recueilli tout ça le jour où il s'est vu riche et seigneur. Sans doute il veut les établir pour effacer devant Dieu tous ses vieux péchés.

— Après ça, ils ne sont peut-être pas à lui, tous ces enfants? observa madame Volabù.

— Il les appelle tous mes enfants, répondit la mère Peirecote, et ils l'appellent tous *mon papa*. Quant à savoir au juste ce qui en est, ce n'est pas facile. C'est une maison où il y a toujours eu de gros secrets, par rapport surtout à M. le marquis actuel. Du temps de l'autre, est-ce qu'on savait quelque chose de certain sur celui d'à présent. Que ne disait-on pas? M. le marquis a eu un frère qui est mort aux Indes, disaient les uns. D'autres disaient au contraire: Le frère puîné de M. le marquis n'est pas si mort ni si éloigné qu'on croit; mais il a changé de nom, parce qu'il a fait des folies, des dettes qu'il ne peut payer, et il y a bien cinquante ans que monsieur ne veut pas le voir. Les uns disaient encore: Il ne peut pas lui pardonner sa mauvaise conduite, mais il lui envoie de l'argent de temps en temps en cachette. Et les autres répondaient: Il ne lui envoie rien du tout. Il a le cœur trop dur pour cela. Le pire des deux n'est pas celui qu'on pense.

— Et ne peut-on éclaircir cette histoire? demandai-je. Personne, ne le sait dans le pays, n'est-il mieux renseigné que vous? Il est étrange qu'un membre d'une grande famille sorte ainsi de dessous terre.

— Monsieur, dit la vieille, on ne peut rien savoir de ces gens-là. Moi, voilà ce que je sais, ce que j'ai vu dans ma jeunesse. Il y avait deux frères du *nom* de Balma, famille piémontaise bien anciennement établie dans le pays. L'aîné était fort sage, mais pas de très-bon cœur, cela est certain. Le cadet était une diable de tête, mais il n'était pas fier. Il n'avait rien à lui, et je n'ai point vu d'enfant si aimable et si joli. Les Balma ont vécu longtemps hors du pays. Un beau jour, l'aîné vint prendre possession de son domaine et habiter son château, sans vouloir permettre qu'on lui fît une pauvre question, et mettant à la porte quiconque se montrait curieux du sort de son frère. Cet aîné a vécu jusqu'à l'âge de quatre-vingts ans sans se marier, sans adopter personne, sans souffrir un seul parent près de lui. Il est mort sans faire de testament, comme un homme qui dit: Après moi, la fin du monde! Mais voilà que l'on a vu arriver tout à coup le jeune homme qui a produit de bons titres, et qui a hérité naturellement du titre, du château et des grands biens de la famille. Il y a au moins deux, trois ou quatre millions de fortune. C'est quelque chose pour un homme qui était, dit-on, dans la dernière misère. Pauvre enfant! j'ai été le saluer; il s'est souvenu de moi, et il a été encore galant en paroles, comme si je n'avais que quinze ans.

— Mais ce jeune homme, cet enfant dont vous parlez, la mère, c'est donc le nouveau marquis? dit M. Vo-

làbù. Diantre ! il n'a pas l'air d'un freluquet pourtant.
— Dame ! il peut bien avoir, à cette heure, soixante-douze ans, répondit naïvement madame Peirecote. Aussi il est bien changé ! Et l'on dit qu'il est devenu raisonnable, et que sa fille aînée est rangée, économe; que c'est surprenant de la part de gens qu'on croyait disposés à tout avaler dans un jour.
— Peste ! c'est l'âge de s'amender, reprit Volabù. Soixante-douze ans ! excusez ! Le *jeune homme* a où mettre de l'eau dans son vin.

Les époux Volabù, voyant que j'avais fini de manger, commencèrent à desservir, et je m'approchai du feu, où je retins la mère Peirecote pour la faire encore parler. Je n'aurais pourtant pas su dire pourquoi l'histoire des Balma excitait à ce point ma curiosité.

VIII.

LE SABBAT.

— Et les deux jeunes demoiselles, dis-je à ma vieille hôtesse, vous les connaissez?
— Non, Monsieur. Je n'ai fait encore que les apercevoir. Il n'y a qu'une quinzaine qu'elles sont ici, et le dernier jeune homme, qui paraît avoir quinze ans tout au plus, est arrivé avant-hier au soir. Ce qui fait dire dans le village que ce n'est peut-être pas le dernier, et qu'on ne sait pas où s'arrêtera la famille de M. le marquis. Chacun dit son mot là-dessus : il faut bien rire un peu, pour se consoler de ne rien savoir.
— Le nouveau marquis a donc les mêmes habitudes de mystère que l'ancien?
— C'est à peu près la même chose, c'est même encore pire, puisque, ce qu'il a été et ce qu'il a fait durant tant d'années qu'on ne l'a pas vu, il a sans doute intérêt à le cacher plus encore que feu M. son frère; mais pourtant ce n'est pas le même homme. On commence à me croire, quand je dis que celui-ci vaut mieux, et on lui rendra justice plus tard. L'autre était sec de cœur comme de corps; celui-ci est un peu brusque de manières, et n'aime pas non plus les longs discours. Il ne se fie pas au premier venu; on dirait qu'il connaît tous les tours et toutes les ruses de ceux qui *quémandent;* mais il s'informe, il consulte; sa fille aînée le fait avec lui, et les secours arrivent sans bruit à ceux qui ont vraiment besoin. M. le curé a bien remarqué cela, lui qui s'affligeait tant lorsqu'il a vu venir ce prétendu mauvais sujet : il commence à dire que les pauvres gens n'ont pas perdu au change.
— Voilà qui s'explique, madame Peirecote, et l'histoire gagne en moralité ce qu'elle perd en merveilleux. Cela se résume en un vieux proverbe de votre connaissance sans doute : « Les mauvaises têtes font les bons cœurs. »
— Vous avez bien raison, Monsieur, et c'est triste à dire, les trop bonnes têtes font souvent les cœurs mauvais. Qui ne pense qu'à soi n'est bon qu'à soi... Il n'en reste pas moins du merveilleux dans cette maison-là. De tout temps, il s'est passé au château des Désertes des choses que le pauvre monde comme moi ne peut pas comprendre. D'abord, on dit que tous les Balma sont sorciers de père en fils, et l'on me dirait que l'aînée des demoiselles l'en tient, que cela ne m'étonnerait pas, car elle ne parle pas et n'agit pas comme tout le monde : elle ne va pas du tout vêtue selon son rang, elle ne porte ni plumes à son chapeau ni cachemires, comme les dames riches du pays; elle a la figure si blanche, qu'on dirait qu'elle est morte. Les deux autres demoiselles sont un peu plus élégantes et paraissent plus gaies; mais l'aîné des jeunes gens a l'air d'un vrai fou : on l'entend parler tout seul, et on le voit faire des gestes qui font peur. Quant à M. le marquis, tout charitable qu'il est, il a l'air bien malin. Enfin, Monsieur, vous me croirez si vous voulez, mais les domestiques du château ont peur et sont fort aises qu'on les renvoie à sept heures du soir, en leur permettant d'aller faire la veillée et coucher dans le vil-

lage, où ils ont tous leur famille, car ce marquis n'a amené avec lui aucun serviteur étranger qu'on puisse faire parler. Tous ceux qui sont employés au château sont pris à la journée, parce qu'on a renvoyé tous les anciens. Cela fait que, pendant douze heures de nuit, personne ne peut savoir ce qui se passe dans la maison.
— Et pourquoi suppose-t-on qu'il s'y passe quelque chose? Peut-être que ces Balma sont tout simplement de grands dormeurs qui craignent le bruit de l'office.
— Oh! que non, Monsieur! ils ne dorment pas. Ils s'en vont dans tout le château, montant, descendant, traversant les vieilles galeries, s'arrêtant dans des chambres qui n'ont pas été habitées depuis cent ans peut-être. Ils remuent les meubles, les transportent d'un coin à l'autre, parlent, crient, chantent, rient, pleurent, se disputent..., on dit même qu'ils se battent, car ils font là-dedans un sabbat désordonné.
— Comment sait-on tout cela, puisqu'ils renvoient tout le monde de si bonne heure?
— Oui, et ils s'enferment, ils barricadent tout, portes et contrevents, après avoir fait la ronde pour s'assurer qu'on ne les espionne pas. Le fils du jardinier, qui s'était caché dans une armoire par curiosité, a manqué être jeté par les fenêtres, et il a eu une si grosse peur, qu'il en a été malade, car il prétend que ces messieurs et ces demoiselles, et même M. le marquis, étaient tous habillés en diables, et que cela faisait dresser les cheveux sur la tête de les voir ainsi, et de leur entendre dire des choses qui ne ressemblaient à rien.
— A la bonne heure, madame Peirecote! voici qui commence à m'intéresser! Les vieux châteaux où il ne se passe pas des choses diaboliques ne sont bons à rien.
— Vous riez, Monsieur; vous ne croyez pas à cela? Eh bien! si je vous disais que j'ai été écouter le plus près possible avec ma fille, et que j'ai vu quelque chose?
— Bien! voyons, contez-moi cela.
— Nous avons vu à travers les fentes d'un vieux contrevent qui ne ferme pas aussi bien que les autres, et qui donne ouverture à l'ancienne salle des gardes du château, des lumières passer et repasser si vite, qu'on eût dit que des diables seuls pouvaient les faire courir ainsi sans les éteindre. Et puis, nous avons entendu le bruit du tonnerre et le vent siffler dans le château, quoiqu'il fit une belle nuit de gelée bien tranquille comme ce soir. Un grand cri est venu jusqu'à nous, comme si l'on tuait quelqu'un, et nous n'avions pas une goutte de sang dans les veines. C'était la semaine dernière, Monsieur! Nous nous sommes sauvées, ma fille et moi, parce que nous ne doutions pas qu'un crime n'eût été commis, et nous ne voulions pas être appelées comme témoins : cela fait toujours du tort à de pauvres gens comme nous de témoigner contre les riches; on s'en aperçoit plus tard. Si bien que nous n'avons pu fermer l'œil de toute la nuit; mais le lendemain tout le monde se portait bien dans le château : les demoiselles riaient et chantaient dans le jardin comme à l'ordinaire, et M. le marquis a été à la messe, car c'était un dimanche. Seulement les domestiques nous ont dit qu'ils avaient brûlé dans la nuit plus de cinquante bougies, et que tout le souper avait été mangé jusqu'au dernier os.
— Ah! il me paraît qu'ils fêtent joyeusement le diable?
— Tous les soirs, un bon souper de viandes froides, avec des gâteaux, des confitures et des vins fins, leur est servi dans la salle à manger, en même temps qu'on dessert leur dîner. On ne sait pas à quelle heure ni avec quels convives ils le mangent; mais ils ont affaire à des esprits qui ne se nourrissent que de fumée. Le matin, on trouve les fauteuils rangés en cercle autour de la cheminée du grand salon, et dans tout le reste de la maison il n'y a pas trace du remue-ménage de la nuit. Seulement, il y a toute une partie du château, celle qu'on n'habite plus depuis longtemps, qui est fermée et cadenassée de façon à ce que personne n'y puisse y mettre le bout du nez. Ils ont, au reste, fort peu de domestiques pour une si

grande maison et tant de maîtres. Ils n'ont encore reçu personne, si ce n'est le maire et le curé, lesquels n'ont vu seulement M. le marquis dans son cabinet, sans qu'aucun de ses enfants ait paru, excepté sa fille aînée. Les demoiselles n'ont pas de filles de chambre, et semblent tout aussi habituées que les messieurs à se servir elles-mêmes. Le service intérieur est fait aussi par des femmes de journée que l'on congédie quand elles ont balayé et rangé; et vous savez, Monsieur, les hommes sont si simples! Quand il n'y a pas de femmes au courant des affaires d'une maison, on ne peut rien savoir.

— C'est vraiment désespérant, ma chère madame Peirecote, dis-je en retenant une bonne envie de rire.

— Oui, Monsieur, oui! Ah! si j'étais plus jeune, et si je ne craignais pas d'attraper un rhumatisme en faisant le guet, je saurais bientôt à quoi m'en tenir. Par exemple, ces jours derniers, la servante qui a fait les lits a trouvé au pied de celui d'une des demoiselles des pantoufles dépareillées. On a beau se cacher, on n'est jamais à l'abri d'une distraction. Eh bien, Monsieur, devinez ce qu'il y avait à la place de la pantoufle perdue durant le sabbat!

— Quoi! un gros crapaud vert avec des yeux de feu? ou bien un fer de cheval qui a brûlé les doigts de la pauvre servante?

— Non, Monsieur, un joli petit soulier de satin blanc avec un nœud de beaux rubans rose et or!

— Diantre! cela sent le sabbat bien davantage. Il est évident que ces demoiselles avaient été au bal sur un manche à balai!

— Chez le diable ou ailleurs; il y avait eu bal aussi au château, car on avait justement entendu des airs de danse, et les parquets s'en ressentaient; mais quels étaient les invités, et d'où sortait le beau monde? car on n'a vu ni voitures ni visites d'aucune espèce autour du château, et à moins que la bande joyeuse ne soit descendue et remontée par les tuyaux de cheminée, je ne vois pas pour qui ces demoiselles ont mis des souliers blancs à nœuds rose et or.

J'aurais écouté madame Peirecote toute la nuit, tant ses contes me divertissaient; mais je vis que mes hôtes désiraient se retirer, et je leur en donnai l'exemple. Volabù me conduisit à sa meilleure chambre et à son meilleur lit. Sa femme m'accabla aussi de mille petits soins, et ils ne me quittèrent qu'après s'être assurés que je ne manquais de rien. Volabù me demanda au travers de la porte à quelle heure je voulais partir pour Briançon. Je le priai d'être prêt à sept heures du matin, ne voulant pas être à charge plus longtemps à sa famille.

Je n'avais pas la moindre envie de dormir, car il n'était que sept heures du soir, et j'avais douze heures devant moi. Un bon feu de sapin pétillait dans la cheminée de ma petite chambre, et une grande provision de branches résineuses, placée à côté, me permettait de lutter contre la froide bise qui sifflait à travers les fenêtres mal jointes. Je pris mes crayons, et j'esquissai les deux jolies figures des demoiselles de Balma dans le costume et les attitudes où elles m'étaient apparues, sans oublier le beau lévrier blanc et le cadre des grands cyprès noirs couverts de flocons de neige. Tout cela trottait encore plus vite dans mon imagination que sur le papier, et je ne pouvais me défendre d'une émotion analogue à celle que nous fait éprouver la lecture d'un conte fantastique d'Hoffmann, en rapprochant de ces charmantes figures si candides, si enjouées, si heureuses en apparence, les récits bizarres et les diaboliques commentaires de ma vieille hôtesse. Ainsi que dans ces contes germaniques, où des anges terrestres luttent sans cesse contre les pièges d'un esprit infernal pétri d'ironie, de colère et de douleur, je voyais ces beaux enfants fleurir à leur insu, sous l'influence perfide de quelque vieux alchimiste couvert de crimes, qui les élevait à la brochette pour vendre leurs âmes à Satan, afin de dégager le poison d'un pacte fatal. La petite ne se doutait de rien encore, l'autre commençait à se méfier. Au milieu de leur gaieté railleuse, il m'avait semblé voir percer de la crainte pour un maître qu'elles n'avaient pas osé nommer. *Qu'il grogne,*

le grognon! avaient-elles dit, et puis encore, en parlant de ma traversée périlleuse sur le fossé, l'aînée avait dit : *S'il voyait cela il nous gronderait.* Était-ce leur père qu'elles redoutaient ainsi, tout en affectant de se moquer? Rien ne prouvait qu'elles fussent les filles de ce vieux marquis ressuscité par magie après avoir passé pour mort, que dis-je? après avoir été mort probablement pendant cinquante ans. Ce devait être un vampire. Il les tourmentait déjà toutes les nuits, mais chaque matin, grâce à sa science, elles avaient perdu le souvenir de ce cauchemar, et tâchaient de se reprendre à la vie. Hélas! elles n'en avaient pas pour longtemps les pauvrettes! Un matin, on les trouverait étranglées dans quelque gargouille du vieux manoir.

A ces folles rêveries, quelques indices réels venaient se joindre. Je ne sais ce que les nœuds de rubans venaient faire là; mais le ruban rose et or du petit soulier coïncidait, je ne sais comment, avec le nœud de ruban ceriso que j'avais ramassé. *Son nœud*, avait-elle dit, *son nœud d'épée!* — Qui donc, dans le château, portait encore le costume de nos pères, l'épée et le nœud d'épée? Cela était vraiment bizarre, et *il* l'avait fait lui-même! *Il* prétendait que ces charmantes petites mains de fée ne savaient pas faire un nœud digne de *lui! Il* était donc bien impérieux et bien difficile, ce tyran de la jeunesse et de la beauté! Qu'il fût jeune ou vieux, ce porteur d'épée, ce faiseur de nœuds, il était peu galant ou peu paternel. Ce ne pouvait être que le diable ou l'un de ses suppôts rechignés.

Je ne sais combien de bizarres compositions me vinrent à ce sujet; mais je ne les exécutai point. La mère Peirecote m'avait soufflé le poison de sa curiosité, et je ne tenais pas en place. Il me sembla qu'il était fort tard, tant j'avais fait de rêves en peu d'instants. Ma montre s'était arrêtée; mais l'horloge du hameau sonna neuf heures, et je m'inquiétai du reste de ma nuit, car je n'avais plus envie de dessiner; il m'était impossible de lire, et je mourais d'envie d'agir comme un écolier, c'est-à-dire d'aller chercher quelque aventure poétique ou ridicule sous les murs du vieux château.

Je commençai par m'assurer d'un moyen de sortie qui ne fît ni bruit ni scandale, et je l'eus trouvé avant d'être décidé à m'en servir. Les contrevents de ma fenêtre ouvraient sans crier et donnaient sur un petit jardin clos seulement d'une haie vive fort basse. La maison n'avait qu'un étage de niveau avec le sol. Cela était si facile et si tentant, que je n'y résistai pas. Je me munis d'un briquet, de plusieurs cigares, de ma canne à tête plombée; je cachai ma figure dans un grand foulard, et je m'enveloppai de mon manteau, et, pour me déguiser mieux, je décrochai de la muraille une espèce de chapeau tyrolien appartenant à M. Volabù; puis je sortis de la maison par la fenêtre, je poussai les contrevents, j'enjambai la haie; la neige absorbait le bruit de mes pas. Tout dormait dans le village; la lune brillait au ciel. Je gagnai la campagne, rien qu'en faisant à l'extérieur le tour de la maison.

J'arrivai au fossé que je connaissais déjà si bien. La neige avait raffermi la glace. Je montai, non sans peine, le petit escalier, qui était devenu fort glissant. J'entrai résolument dans le parc, et j'approchai du château comme un Almaviva préparé à toute aventure.

Je touchais aux portes vitrées du rez-de-chaussée donnant toutes sur une longue terrasse couverte de vignes desséchées par l'hiver, qui ressemblaient, dans la nuit, à de gros serpents noirs courant sur les murs et se roulant autour des balustres. J'avais monté sans résister l'escalier bordé de grands vases de terre cuite qui entaillait noblement le perron sur chaque face. Tous les volets étaient hermétiquement fermés; je ne craignais pas qu'on me vît de l'intérieur. Je voulais écouter ces bruits étranges, ces cris, ces roulements de tonnerre, ces meubles mis en danse, cette musique infernale dont ma vieille hôtesse m'avait rempli la cervelle.

Je ne fus pas longtemps sans reconnaître qu'on agissait énergiquement dans cette demeure silencieuse et déserte au dehors. De grands coups de marteau réson-

J'avais monté, sans hésiter, l'escalier... (Page 96.)

naient dans l'intérieur, et des éclats de voix, comme de gens qui discutent ou s'avertissent en travaillant, frappèrent confusément mon oreille. Tout cela se passait fort près de moi, probablement dans une des pièces du rez-de-chaussée ; mais les contrevents en plein chêne, rembourrés de crin et garnis de cuir, ne me permettaient pas de saisir un seul mot.

Les aboiements d'un chien m'avertirent de me tenir à distance. Je descendis le perron, et bientôt j'entendis ouvrir la porte que je venais de quitter. Le chien hurlait, je me crus perdu, car le clair de lune ne me permettait pas de franchir l'espace découvert qui me séparait des premiers massifs.

— Ne laisse pas sortir Hécate ! dit une voix que je reconnus aussitôt pour celle de la plus jeune de mes deux héroïnes. Elle est folle au clair de la lune, et elle casse tous les vases du perron.

— Rentrez, Hécate ! dit l'autre, dont je reconnus aussi la voix. Elle ferma la porte au nez de la grande levrette, qui les avertissait de ma présence et gémissait de n'être pas comprise.

Les deux jeunes filles s'avancèrent sur le perron. Je me cachai sous la voûte qu'il formait entre les deux escaliers latéraux.

— Ne mets donc pas ainsi tes bras nus sur la neige, petite, tu vas t'enrhumer, disait l'aînée. Qu'as-tu besoin de t'appuyer sur la balustrade ?

— Je suis fatiguée, et je meurs de chaud.

— En ce cas, rentrons.

— Non, non ! c'est si beau la nuit, la lune et la neige ! Ils en ont au moins pour un quart d'heure à arranger le *cimetière*, respirons un peu.

Le *cimetière* me fit ouvrir l'oreille ; la nuit sonore me permettait de ne pas perdre une de leurs paroles, et j'allais saisir le mot de l'énigme, lorsque quelqu'un de l'intérieur, ennuyé des cris du chien, ouvrit la porte et laissa passer la maudite bête, qui s'élança jusqu'à moi et s'arrêta à l'entrée de la voûte, indignée de ma présence, mais tenue en respect par la canne dont je la menaçais.

— Oh ! qu'*ils* sont ennuyeux d'avoir lâché Hécate ! disaient tranquillement ces demoiselles, pendant que j'étais dans une situation désespérée. Ici, Hécate, tais-toi donc ! tu fais toujours du bruit pour rien !

Je n'attendis pas longtemps Don Juan et Leporello... (Page 99.)

— Mais comme elle est en colère! c'est peut-être un voleur! dit la petite.
— Est-ce qu'il y a des voleurs ici? me cria l'aînée en riant; monsieur le voleur, répondez.
— Ou bien, c'est un curieux, ajouta l'autre. Monsieur le curieux, vous perdez votre temps; vous vous enrhumez pour rien. Vous ne nous verrez pas.
— A toi, Hécate! mange-le!
Hécate n'eût pas demandé mieux, si elle eût osé. Bruyante, mais craintive, comme le sont les levrettes, elle reculait hérissée de colère et de peur, quoiqu'elle fût de taille à m'étrangler.
— Bah! ce n'est personne, dit l'une des demoiselles, elle crie après la statue qui est là au fond de la grotte.
— Et si nous allions voir?
— Ma foi non, j'ai peur!
— Et moi aussi, rentrons!
— Appelons *nos garçons!*
— Ah bien oui! ils ont bien autre chose en tête, et ils se moqueront de nous comme à l'ordinaire.
— Il fait froid, allons-nous-en.
— Il *fait peur*, sauvons-nous!

Elles rentrèrent en rappelant la chienne. Tout se referma hermétiquement, et je n'entendis plus rien pendant un quart d'heure; mais tout à coup les cris d'une personne qui semblait frappée d'épouvante retentirent. On parla haut sans que je pusse distinguer ni les paroles ni l'accent. Il y eut encore un silence, puis des éclats de rire, puis plus rien, et je perdis patience, car j'étais transi de froid, et la maudite levrette pouvait me trahir encore, pour peu qu'on eût le caprice de venir poser de jolis petits bras nus sur la neige de la balustrade. Je regagnai la maison Volabù, certain qu'on ne m'avait pas tout à fait trompé, et qu'on travaillait dans le château à une œuvre inconnue et inqualifiable, mais un peu honteux de n'avoir rien découvert, sinon qu'on arrangeait le *cimetière* et qu'on se moquait des curieux.

La nuit était fort avancée quand je me retrouvai dans ma petite chambre. Je passai encore quelque temps à rallumer mon feu et à me réchauffer avant de pouvoir m'endormir, si bien que, lorsque Volabù vint pour m'éveiller avec le jour, il n'osa le faire, tant je m'acquittais en conscience de mon premier somme. Je me levai tard. Il avait eu le temps de me préparer mon déjeuner, qu'il fallut accepter sous peine de désespérer le brave homme et madame Volabù, qui avait des prétentions assez fondées au talent de cuisinière. A midi, une affaire survint à mon hôte : il était prêt à y renoncer pour tenir sa parole envers moi; mais moi, sans me vanter de mon escapade, j'avais un *fiasco* sur le cœur, et je me sentais beaucoup moins pressé que la veille d'arriver à Briançon. Je priai donc mon hôte de ne pas se gêner, et je remis notre départ au lendemain, à la condition qu'il me laisserait payer la dépense que je faisais chez lui, ce qui donna lieu à de grandes contestations, car cet homme était sincèrement libéral dans son hospitalité. Il eût discuté avec moi pour une misère durant le voyage, si j'eusse voulu marchander ; chez lui, il était prêt à mettre le feu à la maison pour me prouver son savoir-vivre.

IX.

L'UOM DI SASSO.

J'étais trop mécontent du résultat de mon entreprise pour me sentir disposé à faire de nouvelles questions sur le château mystérieux. Je renfermais ma curiosité comme une honte, le succès ne l'avait pas justifiée ; mais elle n'en subsistait pas moins au fond de mon imagination, et je faisais de nouveaux projets pour la nuit suivante. En attendant, je résolus d'aller pousser une reconnaissance autour du château, pour me ménager les moyens de pénétrer nuitamment dans l'intérieur de la place, s'il était possible... Bah ! me disais-je, tout est possible à celui qui veut.

J'allais sortir, lorsqu'un petit paysan, qui rôdait devant la porte, me regarda avec ce mélange de hardiesse et de poltronnerie qui caractérise les enfants de la campagne. Puis, comme j'observais sa mine à la fois espiègle et farouche, il vint à moi, et, me présentant une lettre, il me dit : « Regardez ça, si c'est pour vous. » Je lus mon nom et mon prénom tracés fort lisiblement d'une main élégante sur l'adresse. A peine eus-je fait un signe affirmatif que l'enfant s'enfuit sans attendre ni questions ni récompense. Je courus à la signature, je ne m'apprit rien d'officiel, mais à laquelle pourtant je ne me trompai pas. Stella et Béatrice ! les jolis noms ! m'écriai-je, et je rentrai dans ma chambre, assez ému, je le confesse.

« Le hasard, aidé de la curiosité, disait cette gracieuse lettre parfumée, a fait découvrir à deux petites filles fort rusées le nom de l'étranger qui a ramassé le nœud de ruban cerise. Des pas laissés sur la neige, coïncidant avec les avertissements de la belle chienne Hécate, ont prouvé à ces demoiselles que l'étranger était encore plus curieux que poli et prudent, et qu'il ne craignait pas de marcher sur la neige pour surprendre les secrets d'autrui. Le sort en est jeté ! Puisque vous voulez être initié à nos mystères, ô jeune présomptueux, vous le serez ! Puissiez-vous ne pas vous en repentir, et vous montrer digne de notre confiance ! Soyez muet comme la tombe; la plus légère indiscrétion nous mettrait dans l'impossibilité de vous admettre. Venez à huit heures du soir (*solo e inosservato*) au bord du fossé, vous y trouverez Stella et Béatrice. »

Tout le billet était écrit en italien et rédigé dans le pur toscan que je leur avais entendu parler. Je hâtai le dîner pour avoir le droit de sortir à six heures, prétextant que j'allais voir lever la lune sur le haut des collines. En effet, je fis une course au delà du château, et à huit heures précises j'étais au rendez-vous. Je n'attendis pas cinq minutes. Mes deux charmantes châtelaines parurent, bien enveloppées et encapuchonnées. Je fus un peu inquiet, lorsque j'eus franchi l'escalier, d'en voir une troisième sur laquelle je ne comptais pas. Celle-là était masquée d'un *loup* de velours noir et son manteau avait la forme d'un domino de bal. — Ne soyez pas effrayé, me dit la petite Béatrice en me prenant sans façon par-dessous le bras, nous sommes trois. Celle-ci est notre sœur aînée. Ne lui parlez pas, elle est sourde. D'ailleurs il faut nous suivre sans dire un mot, sans faire une question. Il faut vous soumettre à tout ce que nous exigerons de vous,

eussions-nous la fantaisie de vous couper la moustache, les cheveux et même un peu de l'oreille. Vous allez voir des choses fort extraordinaires et faire tout ce qu'on vous commandera, sans hasarder la moindre objection, sans hésiter, et surtout *sans rire*, dès que vous aurez passé le seuil du sanctuaire. Le rire intempestif est odieux à notre *chef*, et je ne réponds pas de ce qui vous arriverait si vous ne vous comportiez pas avec la plus grande dignité.

— Monsieur engage-t-il ici sa parole d'honnête homme, dit à son tour Stella, la seconde des deux sœurs, à nous obéir dans toutes ces prescriptions ? Autrement, il ne fera pas un pas de plus sur nos domaines, et ma sœur aînée que voici, et qui est sourde comme la loi du destin, l'enchaînera jusqu'au jour, par une force magique, au pied de cet arbre où il servira demain de risée aux passants. Pour cela il ne faut qu'un signe de nous; ainsi, parlez vite, Monsieur.

— Je jure sur mon honneur, et par le diable, si vous voulez, d'être à vous corps et âme jusqu'à demain matin.

— A la bonne heure, dirent-elles ; et me prenant chacune par un bras, elles m'entraînèrent dans un dédale obscur de bosquets d'arbres verts. Le domino noir nous précédait, marchant vite, sans détourner la tête. Une branche ayant accroché le bas de son manteau, je vis se dessiner sur la neige une jambe très fine et qui pourtant me parut suspecte, car elle était chaussée d'un bas noir avec une floche de rubans pareils retombant sur le côté, sans aucun indice de l'existence d'un jupon. Cette sœur aînée, sourde et muette, me fit l'effet d'un jeune garçon qui ne voulait pas se trahir par la voix et qui surveillait ma conduite auprès de ses sœurs, pour me remettre à la raison, s'il en était besoin.

Je ne pus me défendre du sot amour-propre de faire part de ma découverte, et j'en fus aussitôt châtié. — Pourquoi avez-vous manqué de confiance en moi ? disais-je à mes deux jeunes amies ; il n'était pas besoin de la présence de votre frère pour m'engager d'être auprès de vous le plus soumis et le plus respectueux des adeptes.

— Et vous, pourquoi manquez-vous à votre serment ? répliqua Stella d'un ton sévère : allons, il est trop tard pour reculer, et il faut employer les grands moyens pour vous forcer au silence.

Elle m'arrêta ; le domino noir se retourna malgré sa surdité, et présenta un bandeau, qu'à elles trois elles placèrent sur mes yeux avec la précaution et la dextérité de jeunes filles qui connaissent les supercheries possibles du jeu de colin-maillard. — On vous fait grâce du bâillon, me dit Béatrice ; mais, à la première parole que vous direz, vous ne l'échapperez pas, d'autant plus que nous allons trouver main-forte, je vous en avertis. En attendant, donnez-nous vos mains ; vous ne serez pas assez félon, je pense, pour nous les retirer et pour nous forcer à vous les lier derrière le dos.

Je ne trouvais pas désagréable cette manière d'avoir les mains liées, en les enlaçant à celles de deux filles charmantes, et la cérémonie du bandeau ne m'avait pas révolté non plus ; car j'avais senti se poser doucement sur mon front et passer légèrement dans ma chevelure deux autres mains, celles de la sœur aînée, lesquelles, dégantées pour cet office d'exécuteur des hautes-œuvres, ne me laissèrent plus aucun doute sur le sexe du personnage muet.

Je dois dire à ma louange que je n'eus pas un instant d'inquiétude sur les suites de mon aventure. Quelque inexplicable qu'elle fût encore, je n'eus pas le *provincialisme* de redouter une mystification de mauvais goût ; je ne m'étais muni d'aucun poignard, et les menaces de mes jolies sibylles ne m'inspiraient aucune crainte pour mes oreilles ni même pour ma moustache. Je voyais assez clairement que j'avais affaire à des personnes d'esprit, et le souvenir de leurs figures, le son de leurs voix, ne trahissaient en elles ni la méchanceté ni l'effronterie. Certes, elles étaient autorisées par leur père, qui sans doute me connaissait de réputation, à me faire cet accueil romanesque, et, ne le fussent-elles pas, il y a autour de la femme pure je ne sais quelle indéfinissable atmosphère de candeur, qui ne trompe pas le sens exercé d'un homme.

Je sentis bientôt, à la chaleur de la température et à la sonorité de mes pas, que j'étais dans le château ; on me fit monter plusieurs marches, on m'enferma dans une chambre, et la voix de Béatrice me cria à travers la porte : « Préparez-vous, ôtez votre bandeau, revêtez l'armure, mettez le masque, n'oubliez rien ! On viendra vous chercher tout à l'heure. »

Je me trouvai seul dans un cabinet meublé seulement d'une grande glace, de deux quinquets et d'un sofa, sur lequel je vis une étrange armure. Un casque, une cuirasse, une cotte, des brassards, des jambards, le tout mat et blanc comme de la pierre. J'y touchai, c'était du carton, mais si bien modelé et peint en relief pour figurer les ornements repoussés, qu'à deux pas l'illusion était complète. La cotte était en toile d'encollage, et ses plis inflexibles simulaient on ne peut mieux la sculpture. Le style de l'accoutrement guerrier était un mélange d'antique et de rococo, comme on le voit employé dans les panoplies de nos derniers siècles. Je me hâtai de revêtir cet étrange costume, même le masque, qui représentait la figure austère et chagrine d'un vieux capitaine, et dont les yeux blancs, doublés d'une gaze à l'intérieur, avaient quelque chose d'effrayant. En me regardant dans la glace, cette gaze ne me permettant pas une vision bien nette, je me crus changé en pierre, et je reculai involontairement.

La porte se rouvrit. Stella vint m'examiner en silence, et en posant son doigt sur ses lèvres : « C'est à merveille, dit-elle en parlant bas. L'*uom' di sasso* est effroyable ! Mais n'oubliez pas, les gants blancs... Oh ! ceux-ci sont trop frais, salissez-les un peu contre la muraille pour leur donner un ton et des ombres. Il faut que, vu de près, tout fasse illusion. Bien ! venez maintenant. Mes frères vous attendent, mais mon père ne se doute de rien. Allons, comportez-vous comme une statue bien raisonnable. N'ayez pas l'air de voir et d'entendre ! »

Elle me fit descendre un escalier dérobé, pratiqué dans l'épaisseur d'un mur énorme, puis elle ouvrit une porte en bas, et me conduisit à un siége où elle me laissa en me disant tout bas : « Posez-vous bien. Soyez artiste dans cette pose-là ! »

Elle disparut ; le plus grand silence régnait autour de moi, et ce ne fut qu'au bout de quelques secondes que la gaze de mon masque me permit de distinguer les objets mal éclairés qui m'environnaient.

Qu'on juge de ma surprise : j'étais assis sur une tombe ! Je faisais monument dans un coin de cimetière éclairé par la lune. De vrais ifs étaient plantés autour de moi, du vrai lierre grimpait sur mon piédestal. Il me fallut encore quelques instants pour m'assurer que j'étais dans un intérieur bien chauffé, éclairé par un clair de lune factice. Les branches de cyprès qui s'entrelaçaient au-dessus de ma tête me laissaient apercevoir des coins de ciel bleu, qui n'étaient pourtant que de la toile peinte, éclairée par des lumières bleues. Mais tout cela était si artistement agencé, qu'il fallait un effort de la raison pour reconnaître l'artifice. Étais-je sur un théâtre ? Il y avait bien devant moi un grand rideau de velours vert ; mais, autour de moi, rien ne sentait le théâtre. Rien n'était disposé pour des effets de scène ménagés au spectateur. Pas de coulisses apparentes pour l'acteur, mais des issues formées par les masses de branches vertes et voilant leurs extrémités par des toiles bleues perdues dans l'ombre. Point de quinquets visibles ; de quelque côté qu'on cherchât la lumière, elle venait d'en haut, comme des astres, et, du point où l'on m'avait rivé sur mon socle funéraire, je ne pouvais saisir son foyer. Le plancher était caché sous un grand tapis vert imitant la mousse. Les tombes qui m'entouraient me semblaient de marbre, tant elles étaient bien peintes et bien disposées. Dans le fond, derrière moi, s'élevait un faux mur qui ressemblait à un vrai mur à s'y tromper. On n'avait pas cherché ces lointains factices qui ne font illusion qu'au parterre, et contre lesquels l'acteur se heurte aux profondeurs de l'horizon. La scène dont je faisais partie était assez grande pour que rien n'y choquât l'apparence de la réalité. C'était une vaste salle arrangée de façon à ce que je pusse me croire dans une petite cour de couvent, ou dans un coin de jardin destiné à d'illustres sépultures. Les cyprès semblaient plantés réellement dans de grosses pierres qu'on avait transportées pour les soutenir, et où la mousse du parc était encore fraîche.

Donc je n'étais pas sur un théâtre, et pourtant je servais à une représentation quelconque. Voici ce que j'imaginai : M. de Balma était fou, et ses enfants essayaient d'étranges fantaisies pour flatter la sienne. On lui servait des tableaux appropriés à la disposition lugubre ou riante de son cerveau malade, car j'avais entendu rire et chanter la nuit précédente, quoiqu'on eût déjà parlé de cimetière. J'entendis des chuchotements, des pas furtifs et des frôlements de robe derrière les massifs qui m'environnaient ; puis la douce voix de Béatrice, partant de derrière le rideau, prononça ces mots : — *Il est temps !...*

Alors un chœur, formé de quelques voix admirables, s'éleva de divers côtés, comme si des esprits eussent habité ces buissons de cyprès, dont les tiges se balançaient sur ma tête et à mes pieds. J'arrangeai ma pose de Commandeur, car je vis bien qu'il y avait du don Juan dans cette affaire. Le chœur était de Mozart, et chantait les admirables accords harmoniques du cimetière : « *Di rider finirai, pria dell' aurora. Ribaldo ! audace ! lascia ai morti la pace !* »

Involontairement je mêlai ma voix à celle des fantômes invisibles ; mais je me tus en voyant le rideau s'ouvrir en face de moi.

Il ne se leva pas comme une toile de théâtre, il se sépara en deux comme un vrai rideau qu'il était ; mais il ne m'en dévoila pas moins l'intérieur d'une jolie petite salle de spectacle, ornée de deux rangées de belles loges décorées dans le goût de Louis XIV. Trois jolis lustres pendaient de la voûte ; il n'y avait pas de rampe allumée, mais il y avait à la place d'un orchestre. Le plus curieux de tout cela, c'est qu'il n'y avait pas un spectateur, pas une âme dans toute cette salle, et que je me trouvais poser la statue devant les banquettes.

— Si c'est là toute la mystification que je subis, pensai-je, elle n'est pas bien méchante. Reste à savoir combien de temps on me laissera faire mon effet dans le vide.

Je n'attendis pas longtemps. Don Juan et Leporello sortirent du massif derrière moi, et se mirent à causer. Leurs costumes, admirables de vérité, mais de bon goût et d'exactitude, ne me permirent pas de reconnaître tout de suite les acteurs, car Leporello surtout était rajeuni de trente ans. Il avait la taille leste, la jambe ferme, une barbe noire taillée en collier andalous, une résille qui cachait son front ridé ; mais, à sa voix, pouvais-je hésiter un instant ? C'était le vieux Boccaferri devenu un acteur élégant et alerte.

Mais ce beau don Juan, ce fier et poétique jeune homme qui s'appuyait négligemment sur mon piédestal, sans daigner tourner vers moi son visage, ombragé d'une d'une perruque blonde et d'une large feutre Louis XIII, à plume blanche, quel était-il donc ? Son riche vêtement semblait emprunté à un portrait de famille. Ce n'était point un costume de fantaisie, un composé de chiffons et de clinquant : c'était un véritable pourpoint de velours aussi court que le portaient les dandys de l'époque, avec des braies aussi larges, des passements aussi raides, des rubans aussi riches et aussi souples. Rien n'y sentait la boutique, le magasin de costumes, l'arrangement infidèle par lequel l'acteur transige avec les bourgeoises du public en modifiant l'extravagance ou l'exagération des anciennes modes, c'était la première fois que j'avais sous les yeux un vrai personnage historique dans son vrai costume et dans sa manière de le porter. Pour moi, peintre, c'était une bonne fortune. Le jeune homme était svelte et fait au tour. Il se dandinait comme un paon, et me donnait une idée beaucoup plus juste de don Juan que ne me l'eût donnée le beau Célio lui-même sur les planches, car Célio y eût voulu mettre quelque chose de hautain et de tragique qui outrepasse la donnée du caractère... Mais tout à coup, sur une observation poltronne de Leporello Boccaferri, il leva la tête vers moi, statue, d'un air de nonchalante ironie, et je reconnus Célio Floriani en personne.

Savait-il qui j'étais? Dans tous les cas, mon masque ne lui permettait guère de sourire à des traits connus, et, comme la pièce me paraissait engagée avec un merveilleux sang-froid, je gardai ma pose immobile.

Quand le premier effet de la surprise et de la joie se fut dissipé, car, bien que je ne visse pas la Boccaferri, j'espérais qu'elle n'était pas loin, je prêtai l'oreille à la scène qui se jouait, afin de ne pas la faire manquer. Mon rôle n'était pas difficile, puisque je n'avais qu'un geste à faire et un mot à dire, mais encore fallait-il les placer à propos.

J'avais cru, d'après le chœur, où, faute d'instruments, des voix charmantes remplaçaient les combinaisons harmoniques de l'orchestre, qu'il s'agissait de l'opéra de Mozart rendu d'une certaine façon; mais le dialogue parlé de Célio et de Boccaferri me fit croire qu'on jouait la comédie de Molière en italien. Je la savais presque par cœur en français; je ne fus donc pas longtemps à m'apercevoir qu'on ne suivait pas cette version à la lettre, car dona Anna, vêtue de noir, traversa le fond du cimetière, s'approcha de moi comme pour prier sur une tombe, puis, apercevant deux promeneurs, elle se cacha pour écouter. Cette belle dona Anna, costumée comme un Velasquez, était représentée par Stella. Elle était pâle et triste, autant que son rôle le comportait en cet instant. Elle apprit là que c'était don Juan qui avait tué son père, car le réprouvé s'en vanta presque, en raillant le pauvre Leporello qui mourait de peur. Anna étouffa un cri en fuyant. Leporello répondit par un cri d'effroi, et déclara à son maître que les âmes des morts étaient irritées de son impiété; que, quant à lui, il ne traverserait pas cet endroit du cimetière, et qu'il en ferait le tour extérieur plutôt que d'avancer d'un pas. Don Juan le prit par l'oreille et le força de lire l'inscription du monument du Commandeur. Le pauvre valet déclara ne savoir pas lire, comme dans le libretto de l'opéra italien. La scène se prolongea d'une manière assez piquante à étudier, car c'était un composé de la comédie de Molière et du drame lyrique mis en action et en langage vulgaire, le tout compliqué et développé par une troisième version que je ne connaissais pas et qui me parut improvisée. Cela faisait un dialogue trop étendu et parfois trop familier pour une scène qui se serait jouée en public, mais qui prenait là une réalité surprenante, à tel point que la convention ne s'y sentait plus du tout par moments, et que je croyais presque assister à un épisode de la vie de don Juan. Le jeu des acteurs était si naturel et le lieu où ils se tenaient si bien disposé pour la liberté de leurs mouvements, qu'ils n'avaient plus du tout l'air de jouer la comédie, mais de se persuader qu'ils étaient les vrais types du drame.

Cette illusion me gagna moi-même quand je vis Leporello m'adresser l'invitation de son maître, et montrer à mon inflexion de tête une terreur non équivoque. Jamais tremblement convulsif, jamais contraction du visage, jamais suffocation de la voix et flageolement des jambes n'appartinrent mieux à l'homme sérieusement épouvanté par un fait surnaturel. Don Juan lui-même fut ému lorsque je répondis à son insolente provocation par le *oui* funèbre. Un coup de tamtam dans la coulisse et des accords lugubres faillirent me faire tressaillir moi-même. Don Juan conserva la tête haute, le corps raide, la flamberge arrogante retroussant le coin du manteau; mais il tremblait un peu, sa moustache blonde se hérissait d'une horreur secrète, et il sortit en disant : « Je me croyais à l'abri de pareilles hallucinations; sortons d'ici ! » il passa devant moi en me toisant avec audace; mais son œil était arrondi par la peur, et une sueur froide baignait son front altier. Il sortit avec Leporello, et le rideau se referma pendant que les esprits reprenaient le chœur du commencement de la scène :

Di rider finirà, etc.

Aussitôt dona Anna vint me prendre par la main, et m'aidant à me débarrasser du masque, elle me conduisit au bord du rideau, en me disant de regarder avec précaution dans la salle. Le parterre de cette salle, qui n'était garni que d'une douzaine de fauteuils, d'une table chargée de papiers et d'un piano à queue, devenait, dans les entr'actes, le foyer des acteurs. J'y vis le vieux Boccaferri s'éventant avec un éventail de femme, et respirant à pleine poitrine comme un homme qui vient d'être réellement très-ému. Célio rassemblait des papiers sur la table; Béatrice, belle comme un ange, en costume de Zerlina, tenait par la main un charmant garçon encore imberbe, qui me sembla devoir être Masetto. Un cinquième personnage, enveloppé d'un domino de bal, qui, retroussé sur sa hanche, laissait voir une manchette de dentelle sur un bas de soie noire, me tournait le dos. C'était la troisième prétendue demoiselle de Balma, *la sourde*, costumée en Ottavio, qui m'avait intrigué dans le jardin ; mais était-ce là Cécilia? Elle me paraissait plus grande, et cette tournure dégagée, cette pose de jeune homme, ne me rappelaient pas la Boccaferri, à laquelle je n'avais jamais vu porter sur la scène les vêtements de notre sexe.

J'allais demander son nom à Stella, lorsque celle-ci mit le doigt sur ses lèvres et me fit signe d'écouter.

— Pardieu ! disait Boccaferri à Célio, qui lui faisait compliment de la manière dont il avait joué, on aurait bien joué à moins ! J'étais mort de peur, et cela tout de bon ; car je n'avais pas vu la statue à la répétition d'hier, et quoique j'aie coupé et peint moi-même toutes les pièces d'armure, je ne me représentais pas l'effet qu'elles produisent quand elles sont revêtues. Salvator posait dans la perfection, et il a dit son *oui* avec un timbre si excellent, que je n'ai pas reconnu le son de sa voix ; et puis, dans ce costume, il me faisait l'effet d'un géant. Où est-il donc cet enfant, que je le complimente ?

Boccaferri se retourna brusquement, et vit derrière lui le jeune homme auquel il s'adressait, occupé à mettre du rouge pour faire le personnage de Masetto. — Eh bien ! quoi ! s'écria Boccaferri, tu as déjà eu le temps de changer de costume ?

— Comment, *mon vieux*, répondit le jeune homme, tu crois que c'est moi qui ai fait la statue ? Tu ne te souviens pas de m'avoir vu dans la coulisse au moment où tu es revenu tomber à genoux, comme voulant fuir (au plus beau moment de ta frayeur !), et que tu m'as dit tout bas : Cette figure de pierre m'a fait vraiment peur !

— Moi, je t'ai dit cela ? reprit Boccaferri stupéfait, je ne m'en souviens pas. Je te voyais sans te voir; je n'avais pas ma tête. Oui, j'ai eu réellement peur. Je suis content, notre essai réussit, mes enfants ; voilà que l'émotion nous gagne. Pour moi, c'est déjà fait ; et quand vous en serez tous là, vous serez tous de grands artistes !…

— Mais, vieux fou, dit Célio en souriant, si ce n'était pas Salvator qui faisait la statue, qui était-ce donc ? Tu ne te le demandes pas ?

— Au fait, qui était-ce ? Qui diable a fait cette statue ? Et Boccaferri se leva tout effrayé en promenant des yeux hagards autour de lui.

Le bonhomme est très-impressionnable, me dit Stella ; il ne faudrait pas pousser plus loin l'épreuve. Nommez-vous avant de vous montrer.

X.

OTTAVIO.

— Maître Boccaferri ! criai-je en ouvrant doucement le rideau, reconnaissez-vous la voix du Commandeur ?

— Oui, pardieu ! je reconnais cette voix, répondit-il ; mais je ne puis dire à qui elle appartient. Mille diables ! il y a ici ou un revenant, ou un intrus ; qu'est-ce que cela signifie, enfants ?

— Cela signifie, mon père, dit Ottavio en se retournant et en me montrant enfin les traits purs et nobles de la Cécilia, que nous avons ici un bon acteur et un bon ami de plus. Elle vint à moi en me tendant la main. Je m'élançai d'un bond dans l'emplacement de l'orchestre ;

je saisis sa main que je baisai à plusieurs reprises, et j'embrassai ensuite le vieux Boccaferri qui me tendait les bras. C'était la première fois que je songeais à lui donner cette accolade, dont la seule idée m'eût causé du dégoût deux mois auparavant. Il est vrai que c'était la première fois que je ne le trouvais pas ivre, ou sentant la vieille pipe et le vin nouveau.

Célio m'embrassa aussi avec plus d'effusion véritable que je ne l'y eusse cru disposé. La douleur de son *fiasco* semblait s'être effacée, et, avec elle, l'amertume de son langage et de sa physionomie. « Ami, me dit-il, je veux te présenter à tout ce que j'aime. Tu vois ici les quatre enfants de la Floriani, mes sœurs Stella et Béatrice, et mon jeune frère Salvator, le Benjamin de la famille, un bon enfant bien gai, qui pâlissait dans l'étude d'un homme de loi, et qui a quitté ce noir métier de scribe, il y a deux jours, pour venir se faire artiste à l'école de notre père adoptif, Boccaferri. Nous sommes ici pour tout le reste de l'hiver sans bouger; nous y faisons, les uns leur éducation, les autres leur stage dramatique. On t'expliquera cela plus tard : maintenant il ne faut pas trop s'absorber dans les embrassades et les explications, car on perdrait la pièce de vue ; on se refroidirait sur l'affaire principale de la vie, sur ce qui passe avant tout ici, l'art dramatique !

— Un seul et dernier mot, lui dis-je en regardant Cécilia à la dérobée : pourquoi, cruels, m'aviez-vous abandonné ? Si le plus incroyable, le plus inespéré des hasards ne m'eût conduit ici, je ne vous aurais peut-être jamais revus qu'à travers la rampe d'un théâtre ; car tu m'avais promis de m'écrire, Célio, et tu m'as oublié !

— Tu mens ! répondit-il en riant. Une lettre de moi, avec une invitation de notre cher hôte, le marquis, te cherche à Vienne dans ce moment-ci. Ne m'avais-tu pas dit que tu ne repasserais les Alpes qu'au printemps ? Ce serait à toi de nous expliquer comment tu nous retrouvons ici, ou plutôt comment tu as découvert notre retraite, et pourquoi il a fallu que ces demoiselles se compromissent jusqu'à t'écrire un billet doux sous ma dictée pour te donner le courage d'entrer par la porte au lieu de venir rôder sous les fenêtres. Si l'aventure d'hier soir ne m'eût pas mis sur tes traces, si je ne les avais suivies, ce matin, ces traces indiscrètes empreintes sur la neige, et cela jusque chez le voiturin Volabù, où j'ai vu ton nom sur une caisse placée dans son hangar, tu nous ménageais donc quelque terrible surprise ?

— Moi ? j'étais le plus sot et le plus innocent des curieux. Je ne vous savais pas ici. J'avais la tête échauffée par votre sabbat nocturne, qui met en émoi tout le hameau, et je venais tâcher de surprendre les manies de M. le marquis de Balma... Mais à propos, m'écriai-je en éclatant de rire et en promenant aussitôt un regard inquiet et confus autour de moi, chez qui sommes-nous ici ? Que faites-vous chez ce vieux marquis, et comment peut-il dormir pendant un pareil vacarme ?

Toute la troupe échangea à son tour des regards d'étonnement, et Béatrice éclata de rire comme je venais de le faire.

Mais Boccaferri prit la parole avec beaucoup de sang-froid pour me répondre. — Le vieux marquis est un monomane, en effet, dit-il. Il a la passion du théâtre, et son premier soin, dès qu'il s'est vu riche et maître d'un beau château, ç'a été de recruter, par mon intermédiaire, la troupe choisie qui est sous vos yeux, et de la cacher ici en la faisant passer pour sa famille. Comme il est grand dormeur et passablement sourd, nous nous amusons à répéter sans qu'il nous gêne, et, au premier jour, nous ferons nos débuts devant lui ; mais, comme il est censé pleurer la mort du généreux frère qui ne l'a fait son héritier que faute d'avoir songé à le déshériter, il nous a recommandé le plus grand mystère. C'est pour cela que personne ne sait à quoi nous passons nos nuits, et l'on aime mieux supposer que c'est à évoquer le diable qu'à nous occuper du plus vaste et du plus complet de tous les arts. Restez donc avec nous, Salentini, tant qu'il vous plaira, et, si la partie vous amuse, soyez associé à notre théâtre. Comme je fais la pluie et le beau temps ici, on n'y saura pas votre vrai nom, s'il vous plaît d'en changer. Vous passerez même, au besoin, pour un sixième enfant du marquis. C'est moi son bras droit et son factotum qui choisis les sujets et qui les dirige. Vous voyez que je suis lié de vieille date avec ce bon seigneur, cela ne doit pas vous étonner : c'était un vieux ivrogne, et nous nous sommes connus au cabaret ; mais nous nous sommes amendés ici, et, depuis que nous avons le vin à discrétion, nous sommes d'une sobriété qui vous charmera... Allons ! nous oublions trop la pièce, et ce n'est pas dans un entr'acte qu'il faut se raconter des histoires. Voulez-vous faire jusqu'au bout le rôle de la statue ? Ce n'est qu'une entrée de manége ; demain on vous donnera, dans une autre pièce, le rôle que vous voudrez, ou bien vous prendrez celui d'Ottavio ; et Cécilia créera celui d'Elvire, que nous avions supprimé. Vous avez déjà compris que nous inventons un théâtre d'une nouvelle forme et complétement à notre usage. Nous prenons le premier scenario venu, et nous improvisons le dialogue, aidés des souvenirs du texte. Quand un sujet nous plaît, comme celui-ci, nous l'étudions pendant quelques jours en le modifiant *ad libitum*. Sinon, nous passons à un autre, et souvent nous faisons nous-mêmes le sujet de nos drames et de nos comédies, en laissant à l'intelligence et à la fantaisie de chaque personnage le soin d'en tirer parti. Vous voyez déjà qu'il ne s'agit pour nous que d'une chose, c'est d'être créateurs et non interprètes serviles. Nous cherchons l'inspiration, et elle nous vient peu à peu. Au reste, tout ceci s'éclaircira pour vous en voyant comment nous nous y prenons. Il est déjà dix heures, et nous n'avons joué que deux actes. *All'opra!* mes enfants ! Les jeunes gens au décor, les demoiselles au manuscrit pour nous aider dans l'ordre des scènes, car il faut de l'ordre même dans l'inspiration. Vite, vite, voici un entr'acte qui doit indisposer le public.

Boccaferri prononça ces derniers mots d'un ton qui eût fait croire qu'il avait sous les yeux un public imaginaire remplissant cette salle vide et sonore. Mais il n'était pas maniaque le moins du monde. Il se livrait à une consciencieuse étude de l'art, et il faisait d'admirables élèves en cherchant lui-même à mettre en pratique des théories qui avaient été le rêve de sa vie entière.

Nous nous occupâmes de changer la scène. Cela se fit en un clin d'œil, tant les pièces du décor étaient bien montées, légères, faciles à remuer et la salle bien machinée. — Ceci était une ancienne salle de spectacle parfaitement construite et entendue, me dit Boccaferri. Les Balma ont eu de tout temps la passion du théâtre, sauf le dernier, qui est mort triste, ennuyé, parfaitement égoïste et nul, faute d'avoir cultivé et compris cet art divin. Le marquis actuel est le digne fils de ses pères, et son premier soin a été d'exhumer les décors et les costumes qui remplissaient cette aile de son manoir. C'est moi qui ai rendu la vie à tous ces cadavres gisant dans la poussière. Vous savez que c'était mon métier *là-bas*. Il ne m'a pas fallu plus de huit jours pour rendre la couleur et l'élasticité à tout cela. Ma fille, qui est une grande artiste, a rajeuni les habillements et leur a rendu le style et l'exactitude dont on faisait bon marché il y a cinquante ans. Les petites Floriani, qui veulent être artistes aussi un jour, l'aident en profitant de ses leçons. Moi, avec Célio, qui vaut dix hommes pour la promptitude d'exécution, l'adresse des mains et la rapidité d'intuition, nous avons imaginé un système de décor que nous pussions jouer nous-mêmes, et qui n'offrît pas à nos yeux, désabusés à chaque instant, ces laids intérieurs de coulisses pelées où le froid vous saisit le cœur et l'esprit dès que vous y rentrez. Nous ne nous moquons pas pour cela du public, qui est censé partager nos illusions. Nous agissons en tout comme le public était là ; mais nous n'y pensons que dans l'entr'acte. Pendant l'action, il est convenu qu'on l'oubliera, comme s'il n'existait pas, pour peu que tout de bon devant lui. Quant à notre système de décor, placez-vous au fond de la salle, et vous verrez qu'il fait plus d'effet et d'illusion que s'il y avait un ignoble envers tourné vers nous, et dont le public, placé de côté, aperçoit toujours une partie.

Il est vrai que nous employons ici, pour notre propre satisfaction, des moyens naïfs dont le charme serait perdu sur un grand théâtre. Nous plantons de vrais arbres sur nos planchers et nous mettons de vrais rochers jusqu'au fond de notre scène. Nous le pouvons, parce qu'elle est petite, nous le devons même, parce que les grands moyens de la perspective nous sont interdits. Nous n'aurions pas assez de distance pour qu'ils nous fissent illusion à nous-mêmes, et le jour où nous manquerons de l'illusion de la vue, celle de l'esprit nous manquera. Tout se tient : l'art est homogène, c'est un résumé magnifique de l'ébranlement de toutes nos facultés. Le théâtre est ce résumé par excellence, et voilà pourquoi il n'y a ni vrai théâtre, ni acteurs vrais, ou fort peu, et ceux-là qui le sont ne sont pas toujours compris, parce qu'ils se trouvent enchâssés comme des perles fines au milieu de diamants faux dont l'éclat brutal les efface.

Il y a peu d'acteurs vrais, et tous devraient l'être ! Qu'est-ce qu'un acteur, sans cette première condition essentielle et vitale de son art ? On ne devrait distinguer le talent de la médiocrité que par le plus ou moins d'élévation d'esprit des personnes. Un homme de cœur et d'intelligence serait forcément un grand acteur, si les règles de l'art étaient connues et observées ; au lieu qu'on en voit souvent le contraire. Une femme belle, intelligente, généreuse dans ses passions, exercée à la grâce libre et naturelle, ne pourrait pas être au second rang, comme l'a toujours été ma fille, qui n'a pas pu développer sur la scène l'âme et le génie qu'elle a dans la vie réelle. Faute de se trouver dans un milieu assez artiste pour l'impressionner, elle a toujours été glacée par le théâtre, et vous la verrez pourtant ici, vous ne la reconnaîtrez point ! C'est qu'ici rien ne nous choque et ne nous contriste : nous élargissons par la fantaisie le cadre où nous voulons nous mouvoir, et la poésie du décor est la dorure du cadre.

Oui, Monsieur, continua Boccaferri avec animation, tout en arrangeant mille détails matériels sans cesser de causer, l'invraisemblance de la mise en scène, celle des caractères, celle du dialogue, et jusqu'à celle du costume, voilà de quoi refroidir l'inspiration d'un artiste qui comprend le vrai et qui ne peut s'accommoder du faux. Il n'y a rien de bête comme un acteur qui se passionne dans une scène impossible, et qui prononce avec éloquence des discours absurdes. C'est parce qu'on fait de pareilles pièces et qu'on les monte par-dessus le marché avec une absurdité digne d'elles, qu'on n'a point d'acteurs vrais, et, je vous le répète, tous devraient l'être. Rappelez-vous la Cécilia. Elle a trop d'intelligence pour ne pas sentir le vrai ; vous l'avez vue souvent insuffisante, presque toujours trop concentrée et cachant son émotion, mais vous ne l'avez jamais vue donner à côté, ni tomber dans le faux ; et pourtant c'était une pâle actrice. Telle qu'elle était, elle ne déparait rien, et la pièce n'en allait pas plus mal. Eh bien, je dis ceci : que le théâtre soit vrai, tous les acteurs seront vrais, même les plus médiocres ou les plus timides ; que le théâtre soit vrai, tous les êtres intelligents et courageux seront de grands acteurs ; et, dans les intervalles où ceux-ci n'occuperont pas la scène, où le public se reposera de l'émotion produite par eux, les acteurs secondaires seront du moins naïfs, vraisemblables. Au lieu d'une torture qu'on subit à voir grimacer des sujets détestables, on éprouvera un certain bien-être confiant à suivre l'action dans les détails nécessaires à son développement. Le public se formera à cette école, et, au lieu d'injuste et de stupide qu'il est aujourd'hui, il deviendra consciencieux, attentif, amateur des œuvres bien faites et ami des artistes de bonne foi. Jusque-là, qu'on ne me parle pas de théâtre, car vraiment c'est un art quasi perdu dans le monde, et il faudra tous les efforts d'un génie complet pour le ressusciter.

Oui, mon fils Célio ! dit-il en s'adressant au jeune homme qui attendait pour faire commencer l'acte qu'il eût cessé de babiller, ta mère, la grande artiste, avait compris cela. Elle m'avait écouté et elle m'a toujours rendu justice, en disant qu'elle me devait beaucoup. C'est parce qu'elle partageait mes idées qu'elle voulut faire elle-même les pièces qu'elle jouait, être la directrice de son théâtre, choisir et former ses acteurs. Elle sentait qu'une grande actrice a besoin de bons interlocuteurs et que la tirade d'une héroïne n'est pas inspirée quand sa confidente l'écoute d'un air bête. Nous avons fait ensemble des essais hardis ; j'ai été son décorateur, son machiniste, son répétiteur, son costumier et parfois même son poète ; l'art y gagnait sans doute, mais non les affaires. Il eût fallu une immense fortune pour vaincre les premiers obstacles qui s'élevaient de toutes parts. Et puis le public ne sait point seconder les nobles efforts, il aime mieux s'abrutir à bon marché que de s'ennoblir à grands frais.

Mais toi, Célio, mais vous, Stella, Béatrice, Salvator, vous êtes jeunes ; vous êtes unis, vous comprenez l'art maintenant, et vous pouvez, à vous quatre, tenter une rénovation. Ayez-en du moins le désir, caressez-en l'espérance ; quand même ce ne serait qu'un rêve, quand même ce que nous faisons ici ne serait qu'un amusement poétique, il vous en restera quelque chose qui vous fera supérieurs aux acteurs vulgaires et aux supériorités de ficelle. O mes enfants ! laissez-moi vous souffler le feu sacré qui me rajeunit et qui m'a consumé en vain jusqu'ici, faute d'aliments à mon usage. Je ne regretterai pas d'avoir échoué toute ma vie, en toutes choses, d'avoir été aux prises avec la misère jusqu'à être forcé d'échapper au suicide par l'ivresse ! Non, je ne me plaindrai de rien dans mon triste passé, si la vivace postérité de la Floriani élève son triomphe sur mes débris, si Célio, son frère et ses sœurs réalisent le rêve de leur mère, et si le pauvre vieux Boccaferri peut s'acquitter ainsi envers la mémoire de cet ange !

— Tu as raison, ami, répondit Célio, c'était le rêve de ma mère de nous voir grands artistes ; mais pour cela, disait-elle, il fallait *renouveler l'art*. Nous comprenons aujourd'hui, grâce à toi, ce qu'elle voulait dire ; nous comprenons aussi pourquoi elle prit sa retraite à trente ans, dans tout l'éclat de sa force et de son génie, c'est-à-dire pourquoi elle était déjà dégoûtée du théâtre et privée d'illusions. Je ne sais si nous ferons faire un progrès à l'esprit humain sous ce rapport ; mais nous le tenterons, et, quoi qu'il arrive, nous bénirons tes enseignements, nous rapporterons à toi toutes nos jouissances ; car nous en aurons de grandes, et si les goûts exquis que tu nous donnes nous exposent à souffrir plus souvent du contact des mauvaises choses, du moins, quand nous toucherons aux grandes, nous les sentirons plus vivement que le vulgaire.

Nous passâmes au troisième acte, qui était emprunté presque en entier au libretto italien. C'était une fête champêtre donnée par don Juan à ses vassaux et à ses voisins de campagne dans les jardins de son château. J'admirai avec quelle adresse le scenario de Boccaferri déguisait les impossibilités d'une mise en scène où manquaient les comparses. La foule était toujours censée se mouvoir et agir autour de la scène où elle n'entrait jamais, et pour cause. De temps en temps un des acteurs, hors de scène, imitait avec soin des murmures, des trépignements lointains. Derrière les décors on fredonnait *pianissimo* sur un instrument invisible un air de danse tiré de l'opéra, en simulant un bal à distance. Ces détails étaient improvisés avec un art extrême, chacun prenant part à l'action avec une grande ardeur et beaucoup de délicatesse de moyens pour seconder les personnages en scène sans les distraire ni les déranger. L'arrangement ingénieux des coulisses étroites et sombres, ne recevant que le jour du théâtre qui s'éteignait dans leurs profondeurs, permettait à chacun d'observer et de saisir tout ce qui se passait sur la scène, sans troubler la vraisemblance en se montrant aux personnages en action. Tout le monde était occupé, et personne n'avait la faculté de se distraire une seule minute du sujet, ce qui faisait qu'on rentrait en scène aussi animé qu'on en était sorti.

Je trouvai donc le moyen de m'utiliser activement, bien que n'ayant pas à paraître dans cet acte. Le scenario surtout était la chose délicate à observer ; et si je ne l'eusse pas vu pratiquer à des êtres intelligents, qui me communiquaient à mon insu leur finesse de perception, je n'aurais pas cru possible de s'abandonner aux hasards de l'improvisation sans manquer à la proportion des scènes, à l'ordre des entrées et des sorties, et à la mémoire des détails convenus. Il paraît que, dans les premiers essais, cette difficulté avait paru insurmontable aux Floriani; mais Boccaferri et sa fille ayant persisté, et leurs théories sur la nature de l'inspiration dans l'art et sur la méthode d'en tirer parti ayant éclairé ce mystérieux travail, la lumière s'était faite dans ce premier chaos, l'ordre et la logique avaient repris leurs droits inaliénables dans toute opération saine de l'art, et l'effrayant obstacle avait été vaincu avec une rapidité surprenante. On n'en était même plus à s'avertir les uns les autres par des clins d'œil et des mots à la dérobée comme on avait fait au commencement. Chacun avait sa règle écrite en caractères inflexibles dans la pensée; le brillant des à-propos dans le dialogue, l'entraînement de la passion, le sel de l'impromptu, la fantaisie de la divagation, avaient toute leur liberté d'allure, et cependant l'action ne s'égarait point, ou, si elle semblait oubliée un instant pour être réengagée et ressaisie sur un incident fortuit, la ressemblance de ce mode d'action dramatique avec la vie réelle (ce grand décousu, recousu sans cesse à-propos) n'en était que plus frappante et plus attachante.

Dans cet acte, j'admirai d'abord deux talents nouveaux, Béatrice-Zerlina et Salvator-Masetto. Ces deux beaux enfants avaient l'inappréciable mérite d'être aussi jeunes et aussi frais que leurs rôles; et l'habitude de leur familiarité fraternelle donnait à leur dispute un adorable caractère de chasteté et d'obstination enfantine qui ne gâtait rien à celui de la scène. Ce n'était pas là tout à fait pourtant l'intention du libretto italien, encore moins celle de Molière; mais qu'importe? la chose, pour être rendue d'instinct, me parut meilleure ainsi. Le jeune Salvator (le Benjamin, comme on l'appelait) joua comme un ange. Il ne chercha pas à être comique, et il le fut. Il parla le dialecte milanais, dont il savait toutes les gentillesses et toutes les métaphores pour en avoir été bercé naguère; il eut un sentiment vrai des dangers que courait Zerline à se laisser courtiser par un libertin; il la tança sur sa coquetterie avec une liberté de frère qui rendit d'autant plus naturelle la franchise du paysan. Il sut lui adresser ces malices de l'intimité qui piquent un peu les jeunes filles quand elles sont dites devant un étranger, et Béatrice fut piquée tout de bon, ce qui fit d'elle une merveilleuse actrice sans qu'elle y songeât.

Mais, à ce joli couple, succéda un couple plus expérimenté et plus savant, Anna et Ottavio. Stella était une héroïne pénétrante de noblesse, de douleur et de rêverie. Je vis qu'elle avait bien lu et compris le *Don Juan* d'Hoffmann, et qu'elle complétait le personnage du libretto en laissant pressentir une délicate nuance d'entraînement involontaire pour l'irrésistible ennemi de son sang et de son bonheur. Ce point fut touché d'une manière exquise, et cette victime d'une secrète fatalité fut plus vertueuse et plus intéressante ainsi, que la fière et forte fille du Commandeur pleurant et vengeant son père sans défaillance et sans pitié.

Mais que dirai-je d'Ottavio? Je ne concevais pas ce qu'on pouvait faire de ce personnage en lui retranchant la musique qu'il chante : car c'est Mozart seul qui en a fait quelque chose. La Boccaferri avait donc tout à créer, et elle créa de main de maître; elle développa la tendresse, le dévouement, l'indignation, la persévérance que Mozart seul sait indiquer : elle traduisit la pensée du maître dans un langage aussi élevé que sa musique; elle donna à ce jeune amant la poésie, la grâce, la fierté, l'amour surtout!... — Oui, c'est là de l'amour, me dit tout à coup Célio en s'approchant de mon oreille, comme de la coulisse, comme s'il eût répondu à ma pensée. Écoute et regarde la Cécilia, mon ami, et tâche d'oublier le serment que je t'ai fait de ne jamais l'aimer. Je ne peux plus te répondre de rien à cet égard, car je ne la connaissais pas il y a deux mois; je ne l'avais jamais entendue exprimer l'amour, et je ne savais pas qu'elle pût le

ressentir. Or, je le sais maintenant que je la vois loin du public qui la paralysait. Elle s'est transformée à mes yeux, et moi, je me suis transformé aux miens propres. Je me crois capable d'aimer autant qu'elle. Reste à savoir si nous serons l'un à l'autre l'objet de cette ardeur qui couve en nous sans autre but déterminé, à l'heure qu'il est, que la révélation de l'art; mais ne te fie plus à ton ami, Adorno! et travaille pour ton compte sans l'appeler à ton aide.

En parlant ainsi, Célio me tenait la main et me la serrait avec une force convulsive. Je sentis, au tremblement de tout son être, que lui ou moi étions perdus.

— Qu'est-ce que cela? nous dit Boccaferri en passant près de nous. Une distraction? un dialogue dans la coulisse? Voulez-vous donc faire envoler le dieu qui nous inspire? Allons, don Juan, retrouvez-vous, oubliez Célio Floriani, et allons tourmenter Masetto!

XI.

LE SOUPER.

Quand cet acte fut fini, on retourna dans le parterre, lequel, ainsi que je l'ai dit, était disposé en salle de repos ou d'étude à volonté, et on se pressa autour de Boccaferri pour avoir son sentiment et profiter de ses observations. Je vis là comment il procédait pour développer ses élèves; car sa conversation était un véritable cours, et le seul sérieux et profond que j'aie jamais entendu sur cette matière.

Tant que durait la représentation, il se gardait bien d'interrompre les acteurs, ni même de laisser percer son contentement ou son blâme, quelque chose qu'ils fissent; il eût craint de les troubler ou de les distraire de leur but. Dans l'entr'acte, il se faisait juge; il s'intitulait *public éclairé*, et distribuait la critique ou l'éloge.

— Honneur à la Cécilia! dit-il pour commencer. Dans cet acte, elle a été supérieure à nous tous. Elle a porté l'épée et parlé d'amour comme Roméo; elle m'a fait aimer ce jeune homme dont le rôle est si délicat. Avez-vous remarqué un trait de génie, mes enfants? Écoutez. Célio, Adorno, Salvator, ceci est pour les hommes; les petites filles n'y comprendraient rien. Dans le libretto, que vous savez tous par cœur, il y a un mot que je n'ai jamais pu écouter sans rire. C'est lorsque dona Anna raconte à son fiancé qu'elle a failli être victime de l'audace de don Juan, ce scélérat ayant imité, dans la nuit du meurtre du Commandeur, la démarche et les manières d'Ottavio pour surprendre sa tendresse. Elle dit qu'elle s'est échappée de ses bras, et qu'elle a réussi à le repousser. Alors don Ottavio, qui a écouté ce récit avec une piteuse mine, chante naïvement : *Respiro!* Le mot est bien écrit musicalement pour le dialogue, comme Mozart savait écrire le moindre mot, mais le mot est par trop niais: Rubini, comme un maître intelligent qu'il est, le disait sans expression marquée, et en sauvait ainsi le ridicule; mais presque tous les autres Ottavio que j'ai entendus ne manquaient point de *respirer* le mot à pleine poitrine, en levant les yeux au ciel, comme pour dire au public: « Ma foi, je l'ai échappé belle! »

Eh bien, Cécilia a écouté le récit d'Anna avec une douleur chaste, une indignation concentrée, qui n'aurait prêté à rire à aucun parterre, si impudique qu'il eût été! Je l'ai vu pâlir, mon jeune Ottavio! car la figure de l'acteur vraiment ému pâlit sous le fard, sans qu'il soit nécessaire de se retourner adroitement pour passer le mouchoir sur les joues, mauvaise *ficelle*, ressource grossière de l'art grossier. Et puis, quand il a été soulagé de son inquiétude, au lieu de dire : *Je respire!* il s'est écrié, du fond de l'âme : *Oh! perdue ou sauvée, tu aurais toujours été à moi!*

— Oui, oui, s'écria Stella, qui ne se piquait pas de faire la petite fille ignorante, et s'occupait d'être artiste avant tout; j'ai été si frappée de ce mot, que j'ai senti comme un remords d'avoir été émue un instant dans les bras du perfide. J'ai aimé Ottavio, et vous allez voir, dans le quatrième acte, combien cette généreuse parole m'a rendu de force et de fierté.

— Brava! bravissima! dit Boccaferri, voilà ce qui s'appelle comprendre : un entr'acte ne doit pas être perdu pour un véritable artiste. Tandis qu'il repose ses membres et sa voix, il faut que son intelligence continue à travailler, qu'il résume ses émotions récentes, et qu'il se prépare à de nouveaux combats contre les dangers et les maux de sa destinée. Je ne me lasserai pas de vous le dire, le théâtre doit être l'image de la vie : de même que, dans la vie réelle, l'homme se recueille dans la solitude ou s'épanche dans l'intimité, pour comprendre les événements qui le pressent, et pour trouver dans une bonne résolution ou dans un bon conseil la puissance de dénouer et de gouverner les faits, de même l'acteur doit méditer sur l'action du drame et sur le caractère qu'il représente. Il doit chercher tous les jours, et entre chaque scène, tous les développements que ce rôle comporte. Ici, nous sommes libres de la lettre, et l'esprit d'improvisation nous ouvre un champ illimité de créations délicieuses. Mais, lors même qu'en public vous serez esclaves d'un texte, un geste, une expression de visage suffiront pour rendre votre intention. Ce sera plus difficile, mes enfants! car il faudra tomber juste du premier coup, et résumer une grande pensée dans un petit effet; mais ce sera plus subtil à chercher et plus glorieux à trouver : ce sera le dernier mot de la science, la pierre précieuse par excellence que nous cherchons ici dans une mine abondante de matériaux variés, où nous puisons à pleines mains, comme d'heureux et avides enfants que nous sommes, en attendant que nous soyons assez exercés et assez habiles pour ne choisir que le plus beau diamant de la roche.

Toi, Célio, continua Boccaferri, qu'on écoutait là comme un oracle, et contre lequel le fier Célio lui-même n'essayait pas de regimber, tu as été trop leste et pas assez hypocrite. Tu as oublié que la naïve et crédule Zerline était déjà assez femme pour exiger plus de cajoleries et pour se méfier de trop de hardiesse. Tu n'as pas oublié que Béatrice est ta sœur, et tu l'as traitée comme un petit enfant que tu es habitué à caresser sans qu'elle s'en fâche ou s'en inquiète. — Sois plus perfide, plus méchant, plus sec de cœur, et n'oublie plus que, dans l'acte que nous allons jouer, tu vas te faire tartufe... A propos, il nous manquait un père, en voici un; c'est M. Salentini qui nous tombe du ciel; et il faut improviser la scène du père. C'est du Molière, et c'est beau! Vite, enfants! un costume de grand d'Espagne à M. Salentini. L'habit Louis XIII, tirant encore sur l'Henri IV, ancienne mode; grande fraise, et la trousse violette, le pourpoint long, peu ou point de rubans. Courez, Stella, n'oubliez rien ; vous savez que je n'admets pas le : Je n'y ai pas pensé des jeunes filles. Repassez-moi tous les deux, ajouta-t-il en s'adressant à Célio et à moi, la scène de Molière. Monsieur Salentini, il ne s'agit que de s'en rappeler l'esprit et de s'en imprégner. Ne vous attachez pas aux mots. Au contraire, oubliez-les entièrement : la moindre phrase, retenue par cœur, est mortelle à l'improvisation... Mais, mon Dieu! j'oublie que vous n'êtes pas ici pour apprendre à jouer la comédie. Vous le ferez donc par complaisance, et vous le ferez bien, parce que vous avez du talent dans une autre partie, et que le sentiment du vrai et du beau sert à comprendre toutes les faces de l'art. L'art est un, n'est-ce pas?

— Je ferai de mon mieux pour ne dérouter personne, répondis-je, et je vous jure que tout ceci m'amuse, m'intéresse et me passionne infiniment.

— Merci, artiste! s'écria Boccaferri en me tendant la main. Oh! être artiste! Il n'y a que cela qui mérite la peine de vivre!

— Nous, au décor! dit-il à sa fille; je n'ai besoin que de toi pour m'aider à placer l'intérieur du palais de don Juan. Que l'armure de la statue soit prête pour que M. Salentini puisse la reprendre bien vite pendant la scène de M. Dimanche; et toi, Masetto, va te grimer pour faire ce vieux personnage. Célio, si tu as le malheur de causer dans la coulisse pendant cet acte, je serai mauvais comme je l'ai été dans la dernière scène du précédent : tu m'avais mis en colère, je n'étais plus lâche et piltron ; et si je suis mauvais, tu le seras! C'est une grande erreur que de croire qu'un acteur est d'autant plus brillant que son interlocuteur est plus pâle : la théorie de l'individualisme, qui règne au théâtre plus que partout ailleurs, et qui s'exerce en ignobles jalousies de métier pour souffler la claque à un camarade, est plus pernicieuse au talent sur les planches que sur toutes les autres scènes de la vie. Le théâtre est l'œuvre collective par excellence. Celui qui a froid y gèle son voisin, et la contagion se communique avec une désespérante promptitude à tous les autres. On veut se persuader ici-bas que le mauvais fait ressortir le bon. On se trompe, le bon deviendrait le parfait, le beau deviendrait le sublime, l'émotion deviendrait la passion, si, au lieu d'être isolé, l'acteur d'élite était secondé et chauffé par son entourage. A ce propos, mes enfants, encore un mot, le dernier, avant de nous remettre à l'œuvre! Dans les commencements, nous jouions trop longuement : maintenant que nous tenons la forme et que le développement ne nous emporte plus, nous tombons dans le défaut contraire : nous jouons trop vite. Cela vient de ce que chacun, sûr de son propre fait, coupe la parole à son interlocuteur pour placer la sienne. Gardez-vous de la personnalité jalouse et pressée de se montrer! Gardez-vous-en comme de la peste! On ne s'éclaire qu'en s'écoutant les uns les autres. Laissez même un peu divaguer la réplique, si bon lui semble : ce sera une occasion de vous impatienter tout de bon quand elle entravera l'action qui vous passionne. Dans la vie réelle, un ami nous fatigue de ses distractions, un valet nous irrite par son bavardage, une femme nous désespère par son obstination ou ses détours. Eh bien, cela sert au lieu de nuire, sur la scène que nous avons créée. C'est de la réalité, et l'art n'a qu'à conclure. D'ailleurs, quand vous vous interrompez les uns les autres, vous risquez d'écourter une bonne réflexion qui vous en eût inspiré une meilleure : vous faites envoler une pensée qui eût éveillé en vous mille ressources. Vous vous nuisez donc à vous-même. Souvenez-vous du principe : « Pour que chacun soit bon et vrai, il faut que tous le soient, et le succès qu'on ôte à un rôle, on l'ôte au sien propre. Cela paraîtrait un effroyable paradoxe hors de cette scène; mais vous en reconnaîtrez la justesse, à mesure que vous vous formerez à l'école de la vérité. D'ailleurs, quand ce ne serait que de la bienveillance et de l'affection mutuelle, il faut être frères dans l'art, comme vous l'êtes par le sang; l'inspiration ne peut être que le résultat de la santé morale, elle ne descend que dans les âmes généreuses, et un méchant camarade est un méchant acteur, quoi qu'on en dise! »

La pièce marcha à souhait jusqu'à la dernière scène, celle où je reparus en statue pour m'abîmer finalement dans une trappe avec don Juan. Mais, quand nous fûmes sous le théâtre, Célio, dont je tenais encore la main dans ma main de pierre, me dit en se dégageant et en passant du fantastique à la réalité, sans transition : — Pardieu! que le diable vous emporte! vous m'avez fait manquer la partie culminante du drame; j'ai été plus froid que la statue, quand je devais être terrifié et terrifiant. Boccaferri ne comprendra pas pourquoi j'ai été aussi mauvais ce soir que sur le théâtre impérial de Vienne. Mais moi, je vais vous le dire. Vous regardez trop la Boccaferri, et cela me fait mal. Don Juan jaloux, c'est impossible; cela fait penser qu'il peut être amoureux, et cela n'est point compatible avec le rôle que j'ai joué ce soir ici jusqu'à dans la vie réelle.

— Où voulez-vous en venir, Célio? répondis-je. Est-ce une querelle, un défi, une déclaration de guerre? Parlez, je fais appel à la vertu qui m'a fait votre ami presque sans vous connaître, à votre franchise!

— Non, dit-il, ce n'est rien de tout cela. Si j'écoutais mon instinct, je vous tordrais le cou dans cette cave. Mais je sens que je serais odieux et ridicule de vous haïr, et je veux sincèrement et loyalement vous accepter pour rival et pour ami quand même. C'est moi qui vous ai attiré ici de mon propre mouvement et sans consulter personne. Je confesse que je vous croyais au mieux avec la

Un cinquième personnage..... me tournait le dos. (Page 100.)

duchesse de N..., car j'étais à Turin, il y a trois jours, avec Cécilia. Personne, dans ce village et dans la ville de Turin, n'a su notre voyage. Mais nous, dans les vingt-quatre heures que nous avons été près de vous sans pouvoir aller vous serrer la main, nous avons appris, malgré nous, bien des choses. Je vous ai cru retombé dans les filets de Circé; je vous ai plaint sincèrement, et, comme nous passions devant votre logement pour sortir de la ville, à cinq heures du matin, Cécilia vous a chanté quelques phrases de Mozart en guise d'éternel adieu. Malheureusement elle a choisi un air et des paroles qui ressemblaient à un appel plus qu'à une formule d'abandon, et cela m'a mis en colère. Puis, je me suis rassuré en la voyant aussi calme que si votre infidélité lui était la chose du monde la plus indifférente; et, comme je vous aime, au fond, j'étais triste en pensant à la femme qui remplaçait Cécilia dans votre volage cœur. Voyons, dites, qui aimez-vous et où allez-vous? Ne couriez-vous pas après la duchesse en passant par le village des Désertes? Est-elle cachée dans quelque château voisin? Comment le hasard aurait-il pu vous amener dans cette vallée, qui n'est sur la route de rien? Si vous ne volez pas à un rendez-vous donné par cette **femme**, il est évident pour moi que vous êtes venu ici pour *l'autre*, que vous avez réussi à connaître sa retraite et sa nouvelle situation, si bien cachée depuis qu'elle en jouit. C'est donc à vous d'être sincère, monsieur Salentini. De qui êtes-vous ou n'êtes-vous pas amoureux, et vis-à-vis de qui prétendez-vous vous conduire en Ottavio ou en don Giovanni?

Je répondis en racontant succinctement toute la vérité; je ne cachai point que le *vedrai carino* chanté par Cécilia, sous ma fenêtre, m'avait sauvé des griffes de la duchesse, et j'ajoutai pour conclure : — J'ai été sur le point d'oublier Cécilia, j'en conviens, et j'ai tant souffert dans cette lutte, que je croyais n'y plus songer. Je m'attendais si peu à vous revoir aujourd'hui, et l'existence fantastique où vous me jetez tout d'un coup est si nouvelle pour moi, que je ne puis vous rien dire, sinon que vous, devenu naïf et amoureux, *elle*, devenue expansive et brillante, son père, devenu sobre et lucide d'intelligence, votre château mystérieux, vos deux charmantes sœurs, ces figures inconnues qui m'apparaissent comme dans un rêve, cette vie d'artiste-grand-seigneur que vous vous êtes créée si vite dans un nid de vautours et de revenants, tandis que le vent siffle et que la neige tombe au dehors, tout cela me donne le vertige. J'étais enivré, j'étais heureux tout à l'heure, je ne touchais plus à la terre ; vous me rejetez dans la réalité, et vous voulez que je me résume. Je ne le puis. Donnez-moi jusqu'à demain matin pour vous répondre. Puisque nous ne pouvons ni ne voulons nous tromper l'un l'autre, je ne sais pas pourquoi nous ne resterions pas amis jusqu'à demain matin.

— Tu as raison, répondit Célio, et si nous ne restons pas amis toute la vie, j'en aurai un mortel regret. Nous causerons demain au jour. La nuit est faite ici pour le délire... Mais pourtant écoute un dernier mot de réalité que je ne peux différer. Mes charmantes sœurs, dis-tu, t'apparaissent comme dans un rêve? Méfie-toi de ce rêve! il y a une de mes sœurs dont tu ne dois jamais devenir amoureux.

— Elle est mariée?

— Non : c'est plus grave encore. Réponds à une question qui ne souffre pas d'ambages. Sais-tu le nom de ton père? Je puis te demander cela, moi qui n'ai su que fort tard le nom du mien.

— Oui, je sais le nom de mon père, répondis-je.

— Et peux-tu le dire?

— Oui ; c'est seulement le nom de ma mère que je dois cacher.

— C'est le contraire de moi. Donc ton père s'appelait?

— Tealdo Soavi. Il était chanteur au théâtre de Naples. Il est mort jeune.

— C'est ce qu'on m'avait dit. Je voulais en être certain. Eh bien, ami, regarde la petite Béatrice avec les yeux d'un frère, car elle est ta sœur. Pas de questions là-dessus. Elle seule dans la famille a ce lien mystérieux avec toi, et il ne faut pas qu'elle le sache. Pour nous, notre mère est sacrée, et toutes ses actions ont été saintes. Nous sommes ses enfants, nous portons son glorieux nom, il suffit à notre orgueil ; mais, quoi qu'il ait pu m'en coûter, je devais t'avertir, afin qu'il n'y eût pas ici de méprise. Quelquefois le sentiment le plus pur est un inceste de cœur, qu'il ne faut pas couver par ignorance. Cette chaste enfant est disposée à la coquetterie, et peut-être un jour sera-t-elle passionnée par réaction. Sois sévère, sois désobligeant avec elle au besoin, afin que nous ne soyons pas forcés de lui dire ce que vous êtes l'un à l'autre. Tu le vois, Adorno, j'avais bien quelque raison pour m'intéresser à toi, et en même temps pour te surveiller un peu ; car ce lien direct de ma sœur avec toi établit entre nous un lien indirect. Je serais bien malheureux d'avoir à te haïr !

— Eh bien, eh bien, nous cria Béatrice en rouvrant la trappe, êtes-vous morts tout de bon là-dessous? D'où vient que vous ne remontez pas? On vous attend pour souper.

La belle tête de cette enfant fit tressaillir mon cœur d'une émotion profonde. Je compris pourquoi je l'avais aimée à la première vue, et, quand je me demandai à qui elle ressemblait, je trouvai que ce devait être à moi. Elle-même, par la suite, en fit un jour très-naïvement la remarque.

J'étais donc, moi aussi, un peu de la famille, et cela me mit à l'aise. Quoi qu'on en dise, il n'y a rien d'aussi poétique et d'aussi émouvant que ces découvertes de parenté que couvre le mystère ; elles ont presque le charme de l'amour.

Nous passâmes dans la salle à manger, comme l'horloge du château sonnait minuit. Le règlement portait qu'on souperait en costume. Il faisait assez chaud dans les appartements pour que mon armure de carton ne compromît pas ma santé, et, quand on vit l'*uomo di sasso* s'asseoir pour manger *cibo mortale* entre don Juan et Leporello, il se fit une grande gaieté, qui conserva pourtant une certaine nuance de fantastique dans les imaginations, même après que j'eus posé mon masque en guise de couvercle sur un pâté de faisans.

On mangea vite et joyeusement ; puis, comme Boccaferri commençait à causer, Cécilia et Célio voulurent envoyer coucher *les enfants;* mais Béatrice et Benjamin résistèrent à cet avis. Ils ouvraient de grands yeux pour prouver qu'ils n'avaient point envie de dormir, et prétendaient être aussi robustes que les *grandes personnes* pour veiller. — Ne les contrarie pas, dit Cécilia à Célio ; dans un quart d'heure, ils vont demander grâce.

En effet, Boccaferri que je voyais avec admiration mettre beaucoup d'eau dans son vin, entama l'examen de la pièce que nous venions de jouer, et la belle tête blonde de Béatrice se pencha sur l'épaule de Stella, pendant que, à l'autre bout de la table, Benjamin commençait à regarder son assiette avec une fixité non équivoque. Célio, qui était fort comme un athlète, prit sa sœur dans ses bras et l'emporta comme un petit enfant; Stella secouait son jeune frère pour l'emmener. Je pris un flambeau pour diriger leur marche dans les grandes galeries du château, et, tandis que Stella prenait ma bougie pour aller allumer celle de Benjamin, Célio me dit tout bas, en me montrant Béatrice, qu'il avait déposée sur son lit : « Elle dort comme un loir. Embrasse-la dans ces ténèbres, ta petite sœur, que tu ne dois peut-être jamais embrasser une seconde fois. » Je déposai un baiser presque paternel sur le front pur de Béatrice, qui me répondit, sans me reconnaître : Bonsoir, Célio ! puis, elle ajouta, sans ouvrir les yeux avec un malin sourire : « Tu diras à M. Salentini de ne pas faire de bruit pendant le souper, crainte de réveiller M. le marquis de Balma ! »

Stella était revenue avec la lumière. Nous mîmes sa jeune sœur entre ses mains pour la déshabiller, puis nous allâmes nous remettre à table. Stella revint bientôt aussi, rapportant ce délicieux costume andalous de Zerlina, qui devait être serré et caché dans le magasin de costumes.

— Le mystère dont nous réussissons à nous entourer, me dit Cécilia, donne un nouvel attrait à nos études et à nos fêtes nocturnes. J'espère que vous ne le trahirez pas, et que vous laisserez les gens du village croire que nous allons au sabbat toutes les nuits.

Je lui racontai les commentaires de mon hôtesse et l'histoire du petit soulier. — Oh ! c'est vrai, dit Stella ; c'est la faute de Béatrice, qui ne veut aller se coucher que quand elle dort debout. Cette nuit-là, elle était si lasse, qu'elle a dormi avec un pied chaussé comme une vraie petite sorcière. Nous ne nous en sommes aperçus que le lendemain.

— Çà, mes enfants, dit Boccaferri, ne perdons pas de temps à d'inutiles paroles. Que jouons-nous demain?

— Je demande encore *Don Juan* pour prendre ma revanche, dit Célio ; car j'ai été distrait ce soir et j'ai fait un progrès à reculons.

— C'est vrai, répondit Boccaferri : à demain donc *Don Juan*, pour la troisième fois ! Je commence à craindre, Célio, que tu ne sois pas assez méchant pour ce rôle tel que tu l'as conçu dans le principe. Je te conseille donc, si tu le sens autrement (et le sentiment intime d'un acteur intelligent est la meilleure critique du rôle qu'il essaie), de lui donner d'autres nuances. Celui de Molière est un démon, celui de Mozart un démon, celui d'Hoffmann un ange déchu. Pourquoi ne le pousserais-tu pas dans ce dernier sens? Remarque que ce n'est point une pure rêverie du poëte allemand, cela est indiqué dans Molière, qui a conçu le marquis dans d'aussi grandes proportions que le *Misanthrope* et *Tartufe*. Moi, je n'aime pas que *Don Juan* soit une œuvre *dissoluto castigato*, comme on l'annonce, par respect pour les mœurs, sur les affiches de spectacle de la *Fenice*. Fais-en un héros corrompu, un grand cœur éteint par le vice, une flamme mourante qui essaie en vain, par moments, de jeter une dernière lueur. Ne te gêne pas, mon enfant, nous sommes ici pour interpréter plutôt que pour traduire.

Don Juan est un chef-d'œuvre, ajouta Boccaferri en allumant un bon cigare de la Havane (sa vieille pipe noire avait disparu), mais c'est un chef-d'œuvre en plusieurs versions. Mozart seul en a fait un chef-d'œuvre complet et sans tache ; mais, si nous n'examinons que le côté littéraire, nous verrons que Molière n'a pas donné à son drame le mouvement et la passion qu'on trouve dans le libretto de notre opéra. D'un autre côté, ce libretto est écrit en style de libretto, c'est tout dire, et le style de Molière est admirable. Puis, l'opéra ne souffre pas les développements de caractère, et le drame français y excelle. Mais il manquera toujours à l'œuvre de Molière la scène de dona Anna et le meurtre du Commandeur, ce terrible épisode qui ouvre si violemment et si franchement l'opéra; le bal où Zerlina est arrachée des mains du séducteur est aussi très-dramatique; donc le drame manque un peu chez Molière. Il faudrait refondre entièrement ces deux sujets l'un dans l'autre; mais, pour cela, il faudrait retrancher et ajouter à Molière. Qui l'oserait et qui le pourrait? Nous seuls sommes assez fous et assez hardis pour le tenter. Ce qui nous excuse, c'est que nous voulons de l'action à tout prix et retrouver ici, à huis clos, les parties importantes de l'opéra que vous chanterez un jour en public. Et puis, de douze acteurs, nous n'en avons que six! Il faut donc faire des tours de force.

Essayons demain autre chose. Que M. Salentini fasse Ottavio, et que ma fille crée cette fâcheuse Elvire, toujours furieuse et toujours mystifiée, que nous avions fondue dans l'unique personnage d'Anna. Tu vas voir ce que Cécilia pourra faire de cette jalouse. Courage, ma fille! Plus c'est difficile et déplaisant, plus ce sera glorieux!

— Eh bien, puisque nous changeons de rôle, dit Célio, je demande à être Ottavio. Je me sens dans une veine de tendresse, et don Juan me sort par les yeux.

— Mais qui fera don Juan? dit Boccaferri.

— Vous! mon père, répondit Cécilia. Vous saurez vous rajeunir, et comme vous êtes encore notre maître à tous, cet essai profitera à Célio.

— Mauvaise idée! où trouverais-je la grâce et la beauté? Regarde Célio; il peut mal jouer ce rôle : cette tournure, ce jarret, cette fausse moustache blonde qui va si bien à ses yeux noirs, ce grand œil un peu cerné, mais si jeune encore, tout cela entretient l'illusion; au lieu qu'avec moi, vieillard, vous serez tous froids et déroutés.

— Non! dit Célio, don Juan pouvait fort bien avoir quarante-cinq ans, et tu ne paraissais pas aujourd'hui un Leporello plus âgé que cela. Je crois que je me suis fait trop jeune pour être un si profond scélérat et un roué si célèbre. Essaie, mon père, nous t'en prions tous.

— Comme vous voudrez, mes enfants! et toi, Cécilia, tu seras Elvire.

— Je serai tout ce qu'on voudra pour que la pièce marche. Mais M. Salentini?

— Toujours statue à votre service.

— C'est un seul rôle, dit Boccaferri; les rôles courts doivent nécessairement cumuler. Vous essaierez d'être Masetto, et le Benjamin, qui a beaucoup de comique, se lancera dans Leporello. Pourquoi non? On le vieillira, et les grandes difficultés font les grands progrès.

— Il est donc convenu que je reviens ici demain soir? demandai-je en faisant de l'œil le tour de la table.

— Mais oui, si personne ne vous attend ailleurs? dit Cécilia en me tendant la main avec une bienveillance tranquille, qui n'était pas faite pour me rendre fier.

— Vous reviendrez demain matin habiter le château des Désertes! s'écria Boccaferri. Je le veux! vous êtes un acteur très-utile et très-distingué par nature. Je vous tiens, je ne vous lâche pas. Et puis, nous nous occuperons de peinture, vous verrez! La peinture en décors est la grande école de relief, de profondeur et de la lumière que les peintres d'histoire et de paysage dédaignent, faute de la connaître, et faute aussi de la voir bien employée. J'ai mes idées aussi là-dessus, et vous verrez que vous n'aurez pas perdu votre temps à écouter le vieux Boccaferri. Et puis nos costumes et nos groupes vous inspireront des sujets; il y a ici tout ce qu'il faut pour faire de la peinture, et des ateliers à choisir.

— Laissez-moi songer à cela cette nuit, dis-je en regardant Célio, et je vous répondrai demain matin.

— Je vous attends donc demain à déjeuner, ou plutôt je vous garde ici sur l'heure.

— Non, dis-je, je demeure chez un brave homme qui ne se coucherait pas cette nuit s'il ne me voyait pas rentrer. Il croirait que je suis tombé dans quelque précipice, ou que les diables du château m'ont dévoré.

Ceci convenu, nous nous séparâmes. Célio m'aida à reprendre mes habits et voulut me reconduire jusqu'à mi-chemin de ma demeure; mais il me parla à peine, et, quand il me quitta, il me serra la main tristement. Je le vis s'en retourner sur la neige, avec ses bottes de cuir jaune, son manteau de velours, sa grande rapière au côté et sa grande plume agitée par la bise. Il n'y avait rien d'étrange comme de voir ce personnage du temps passé traverser la campagne au clair de la lune, et de penser que ce héros de théâtre était plongé dans les rêveries et les émotions du monde réel.

XII.

L'HÉRITIÈRE.

Je trouvai en effet mes hôtes fort effrayés de ma disparition. Le bon Volabù m'avait cherché dans la campagne et se disposait à y retourner. Je sentis que ces pauvres gens étaient déjà de vrais amis pour moi. Je leur dis que le hasard m'avait fait rencontrer un des habitants du château en qui j'avais retrouvé une ancienne connaissance. La mère Peirecote, apprenant que j'avais fait la veillée au château, m'accabla de questions, et parut fort désappointée quand je lui répondis que je n'avais vu là rien d'extraordinaire.

Le lendemain, à neuf heures, je me rendis au château en prévenant mes hôtes que j'y passerais peut-être quelques jours et qu'ils n'eussent pas à s'inquiéter de moi. Célio venait à ma rencontre. — Tu as bien dormi! me dit-il en me regardant, comme on dit, dans le blanc des yeux.

— Je l'avoue, répondis-je, et c'est la première fois depuis longtemps. J'ai éprouvé un merveilleux bien-être, comme si j'étais arrivé au vrai but de mon existence, heureux ou misérable. Si je dois être heureux par vous tous qui êtes ici, ou souffrir de la part de plusieurs, n'importe. Je me sens des forces nouvelles pour la joie comme pour la douleur.

— Ainsi, tu l'aimes?

— Oui, Célio, et toi?

— Eh bien, moi je ne puis répondre aussi nettement. Je crois l'aimer et je n'en suis pas assez certain pour le dire à une femme que je respecte par-dessus tout, que je crains même un peu. Ainsi je me vois supplanté d'avance! La foi triomphe aisément de l'incertitude.

— Pour peu qu'elle soit femme, repris-je, ce sera peut-être le contraire. Une conquête assurée à moins d'attraits pour ce sexe qu'une conquête à faire. Donc, nous restons amis?

— Croyez-vous?

— Je vous le demande? Mais il me semble que nos rôles sont assez naturellement indiqués. Si je vous trouvais véritablement épris et tant soit peu payé de retour, je me retirerais. Je ne sais ce que c'est que de se comporter comme un larron avec le premier venu de ses semblables, à plus forte raison avec un homme qui se confie à votre loyauté; mais vous n'en êtes pas là, et la partie est égale pour nous deux.

— Que savez-vous si je n'ai pas de l'espérance?

— Si vous étiez aimé d'une telle femme, Célio, je vous estime assez pour croire que vous ne me souffririez pas ici, et vous savez qu'il ne me faudrait qu'une pareille confidence de votre part pour m'en éloigner à jamais; mais, comme je vois fort bien que vous n'avez qu'une velléité, et que je crois mademoiselle Boccaferri trop fière pour s'en contenter, je reste.

— Restez donc, mais je vous avertis que je jouerai aussi serré que vous.

— Je ne comprends pas cette expression. Si vous aimez, vous n'avez qu'à le dire ainsi que moi, elle choisira. Si vous n'aimez pas, je ne vois pas quel jeu vous pouvez jouer avec une femme que vous respectez.

— Tu as raison. Je suis un fou. J'ai même peur d'être un sot. Allons! restons amis. Je t'aime, bien que je me sente un peu mortifié de trouver en toi mon égal pour la franchise et la résolution. Je ne suis guère habitué à cela. Dans le monde où j'ai vécu jusqu'ici, presque tous les hommes sont perfides, insolents ou couards sur le terrain de la galanterie. Fais donc la cour à Cecilia; moi, je verrai venir. Nous ne nous engageons qu'à une chose : c'est à nous tenir l'un l'autre au courant du résultat de nos tentatives pour épargner à celui qui échouera un rôle ridicule. Puisque nous visons tous deux au mariage, à la chose la plus honnête et la plus officielle du monde, l'honneur de la dame n'exige pas que nous nous fassions mystère de son choix. Quant aux lâches petits moyens usités en pareil cas par les plus honnêtes gens, la délation, la calomnie, la raillerie, ou tout au moins la malveillance à l'égard d'un rival qu'on veut supplanter, je n'en fais pas mention dans notre traité. Ce serait nous faire une mutuelle injure.

Je souscrivis à tout ce que proposait Célio sans regarder en avant ni en arrière, et sans même prévoir que l'exécution d'un pareil contrat soulèverait peut-être de terribles difficultés.

— Maintenant, me dit-il en me faisant entrer dans la cour du château, qui était vaste et superbe, il faut que je commence par te conduire chez notre marquis... Puis il ajouta en riant : car ce n'est pas sérieusement que tu as demandé, hier au soir, chez qui nous étions ici?

— Si j'ai fait une sotte question, répondis-je, c'est de la meilleure foi du monde. J'étais trop bouleversé et trop énivré de me retrouver au milieu de vous pour m'inquiéter d'autre chose, et je ne me suis pas même tourmenté, en venant ici, de l'idée que je pourrais être indiscret ou mal venu à me présenter chez un personnage que je ne connais pas. A la vie que vous menez chez lui, je ne m'attendais même pas à le voir aujourd'hui. Sous quel titre et sous quel prétexte vas-tu donc me présenter?

— Oh! mais tu es fort amusant, répondit Célio en me faisant monter l'escalier en spirale et garni de tapis d'une grande tour. Voilà une mystification que nous pourrions prolonger longtemps; mais tu t'y jettes de trop bonne foi, et je ne veux pas en abuser.

En parlant ainsi, il ouvrit la double porte d'une salle ronde qui servait de cabinet de travail au marquis, et il cria très-fort : — Eh! mon cher marquis de Balma, voici Adorno Salentini qui persiste à vous prendre pour un mythe, et qui ne veut être désabusé que par vous-même.

Le marquis, sortant du paravent qui enveloppait son bureau, vint à ma rencontre en me tendant les deux mains, et j'éclatai de rire en reconnaissant ma simplicité.

« Les enfants pensaient, dit-il, que c'était un jeu de votre part; mais, moi, je voyais bien que vous ne pouviez croire à l'identité du vieux malheureux Boccaferri de Vienne et du facétieux Leporello de cette nuit avec le marquis de Balma. Cela s'explique en quatre mots : j'ai eu des écarts de jeunesse. Au lieu de les réparer et de me ramener ainsi à la raison, mon père m'a banni et déshérité. Mes prénoms sont Pierre-Anselme Boccaferro. Ce nom de Bouche de fer est dans ma famille le partage de tous les cadets, comme celui de Crisostomo, Bouche d'or, est celui de tous les aînés. Je pris pour tout titre mon nom de baptême en le modifiant un peu, et je vécus, comme vous savez, errant et malheureux dans toutes mes entreprises. Ce n'était ni le courage ni l'intelligence qui me manquaient pour me tirer d'affaire; mais j'étais un homme à illusions comme tous les hommes à idées. Je ne tenais pas assez compte des obstacles. Tout s'écroulait sur moi, au moment où, plein de génie et de fierté, j'apportais la clé de voûte à mon édifice. Alors, criblé de dettes, poursuivi, forcé de fuir, j'allais cacher ailleurs la honte et le désespoir de ma défaite; mais, comme je ne suis pas homme à me décourager, je cherchais dans le vin une force factice, et quand un certain temps consacré à l'ivrognerie, si vous voulez, m'avait réchauffé le cœur et l'esprit, j'entreprenais autre chose. On m'a donc qualifié très-généreusement en mille endroits de canaille et d'abruti, sans se douter le moins du monde que je fusse par goût l'homme le plus sobre qui existât. Pour tomber dans cette disgrâce de l'opinion, il suffit de trois choses : être pauvre, avoir du chagrin, et rencontrer un de ses créanciers le jour où l'on sort du cabaret.

« J'étais trop fier pour rien demander à mon frère aîné, après avoir essuyé son premier refus. Je fus assez généreux pour ne pas le faire rougir en reprenant mon nom et en parlant de lui et de son avarice. J'oubliai même avec un certain plaisir que j'étais un patricien pour m'affermir dans la vie d'artiste, pour laquelle j'étais né. Deux anges m'assistèrent sans cesse et me consolèrent de tout, la mère de Célio et ma fille. Honneur à ce sexe! il vaut mieux que nous par le cœur.

« J'étais à Vienne avec la Cécilia, il y a deux mois, lorsque je reçus une lettre qui me fit partir à l'heure même. J'avais conservé en secret des relations affectueuses avec un avocat de Briançon qui faisait les affaires de mon frère. Dans cette lettre, il me donnait avis de l'état désespéré où se trouvait mon aîné. Il savait qu'il n'existait pas de titre qui pût me déshériter. Il m'appelait chez lui, où il me donna l'hospitalité jusqu'à la mort du marquis, laquelle eut lieu deux jours après sans qu'une parole d'affection et de souvenir pour moi sortît de ses lèvres. Il n'avait qu'une idée fixe, la peur de la mort. Ce qui adviendrait après lui ne l'occupait point.

« Dès que je me vis en possession de mon titre et de mes biens, grâce aux conseils de mon digne ami, l'avocat de Briançon, je me tins coi, je fis le mort; je ne révélai à personne ma nouvelle situation, et je restai enfermé, quasi caché dans mon château, sans faire savoir sous quel nom j'avais été connu ailleurs. Je continuerai à agir ainsi jusqu'à ce que j'aie payé toutes les dettes que j'ai contractées durant cinquante années de ma vie; alors en même temps qu'on dira : « Cette vieille brute de Boccaferri est devenu marquis et quatre fois millionnaire, » on pourra dire aussi : « Après tout, ce n'était pas un malhonnête homme; car il n'a fait banqueroute à personne, pas même à ses amis. »

« J'avoue que je n'avais jamais perdu l'espoir de recouvrer ma liberté et mon honneur en m'acquittant de la sorte. Je ne comptais pas sur l'héritage de mon frère. Il me haïssait tant que j'aurais juré qu'il avait trouvé un moyen de me dépouiller après sa mort; mais moi, toujours artiste et toujours poète, je n'avais pas cessé de me flatter que le succès couronnerait enfin mes entreprises. Aussi je n'avais jamais fait une dette ni une banqueroute sans en consigner le chiffre et sans en conserver le détail et les circonstances. Dans les dernières années, comme j'étais de plus en plus malheureux, je buvais davantage et j'aurais bien pu perdre ou embrouiller toutes ces notes, si ma fille ne les eût rangées et tenues avec soin.

« Aussi maintenant sommes-nous à même de nous réhabiliter. Nous consacrons à ce travail, ma fille et moi, une heure tous les jours, avant le déjeuner. Tandis que mon avocat de Briançon vend une partie de nos immeubles et prépare la liquidation générale, nous tenons la correspondance au nom de Boccaferri, et, dans toutes les contrées où nous avons vécu, nous cherchons les créanciers. Il y en a peu qui ne répondent à notre appel. Ceux qui m'ont obligé avec la pensée de le faire gratuitement sont remboursés aussi malgré eux. Dans un mois, je crois que nous aurons terminé ce fastidieux travail et que notre tâche sera accomplie. C'est alors seulement qu'on saura la vérité sur mon compte. Il nous restera encore une fortune très-considérable, et dont j'espère que nous ferons bon usage. Si j'écoutais mon penchant, je donnerais à pleines mains, sans trop savoir à qui; mais j'ai trop fréquenté les paresseux et les débauchés; j'ai eu trop affaire aux escrocs de toute espèce pour ne pas savoir un peu distinguer. Je dois mon aide aux mauvaises têtes, mais non aux mauvais cœurs.

« D'ailleurs, ma fille a pris la gouverne de ma fortune, et, pour ne plus faire de folies, je lui ai tout abandonné. Elle fera aussi des folies généreuses, mais elle ne fera pas de sottes et de nuisibles. Tenez, ajouta-t-il en tirant deux ailes du paravent qui nous cachait la moitié de la table, voyez; voici la femme de cœur et de conscience entre toutes! Rien ne la rebute, et cette âme d'artiste sait s'astreindre au métier de teneur de livres pour sauver l'honneur de son père! »

Nous vîmes la Cécilia penchée sur le bureau, écrivant, rangeant, cachetant et pliant avec rapidité, sans se laisser distraire par ce qu'elle entendait. Elle était pâle de fatigue, car cette double vie d'artiste et d'administrateur devait briser ce corps frêle et généreux; mais elle était calme et noble, comme une vraie châtelaine, dans sa robe de soie verte. Je m'aperçus qu'elle avait coupé tout de bon ses longs cheveux noirs. Elle avait fait gaiement ce sacrifice pour pouvoir jouer les rôles d'homme, et cette chevelure, bouclée sur le cou et autour du visage, lui donnait quelque chose d'un jeune apprenti artiste de la renaissance; elle avait trop de mélancolie dans l'habitude de la physionomie pour rappeler le page espiègle ou le seigneur enfant du manoir. L'intelligence et la fierté régnaient sur ce front pur, tandis que le regard modeste et doux semblait vouloir abdiquer tous les droits du génie et tous les rêves de la gloire.

Elle sourit à Célio, me tendit la main, et referma le paravent pour achever sa besogne.

« Vous voilà donc dans notre secret, reprit le marquis. Je ne puis le placer en de meilleures mains; je n'ai pas voulu attendre un seul jour pour en faire part à Célio et aux autres enfants de la Floriani. J'ai dû tant à leur mère! mais ce n'est pas avec de l'argent seulement que je puis m'acquitter envers celle qui ne m'a pas secouru seulement avec de l'argent; elle m'a aidé et soutenu avec son cœur, et mon cœur appartient à ce qui survit d'elle, à ces nobles et beaux enfants qui sont désormais les miens. La Floriani n'avait laissé qu'une fortune aisée. Entre quatre enfants, ce n'était pas un grand développement d'existence pour chacun. Puisque la Providence m'en fournit les moyens, je veux qu'ils aient les coudées plus franches dans la vie, et qu'ils soient tout de suite appelés à moi pour qu'ils ne me quittent que le jour où ils seront assez forts pour se lancer sur la grande scène de la vie comme artistes; car c'est la plus haute des destinées, et, quelle que soit la partie que chacun d'eux choisira, ils auront étudié la synthèse de l'art dans tous ses détails auprès de moi.

« Passez-moi cette vanité; elle est innocente de la part d'un homme qui n'a réussi à rien et qui n'a pas échoué à demi dans ses tentatives personnelles. Je crois qu'à force de réflexions et d'expériences je suis arrivé à tenir dans mes mains la source du beau et du vrai. Je ne me fais point illusion; je ne suis bon que pour le conseil. Je ne suis pas cependant un *professeur de profession*. J'ai la certitude qu'on ne fait rien avec rien, et que l'enseignement n'est utile qu'aux êtres richement doués par la nature. J'ai le bonheur de n'avoir ici que des élèves de génie, qui pourraient fort bien se passer de moi; mais je sais que je leur abrégerai des lenteurs, que je les préserverai de certains écarts, et que j'adoucirai les supplices que l'intelligence leur prépare. Je manie déjà l'âme de Stella, je tâte plus délicatement Salvator et Béatrice, et, quant à Célio, il répondra si je ne lui ai pas fait découvrir en lui-même des ressources qu'il ignorait.

— Oui, c'est la vérité, dit Célio, tu m'as appris à me connaître. Tu m'as rendu l'orgueil en me guérissant de la vanité. Il me semble que, chaque jour, ta fille et toi vous faites de moi un autre homme. Je me croyais envieux, brutal, vindicatif, impitoyable: j'allais devenir méchant parce que j'aspirais à l'être; mais vous m'avez guéri de cette dangereuse folie, vous m'avez fait mettre la main sur mon propre cœur. Je ne l'eusse pas fait en vue de la morale, je l'ai fait en vue de l'art, et j'ai découvert que c'est de là (et en parlant ainsi Célio frappa sa poitrine) que doit sortir le talent.

J'étais vivement ému; j'écoutais Célio avec attendrissement; je regardais le marquis de Balma avec admiration. C'était un autre homme que celui que j'avais connu; ses traits même étaient changés. Était-ce là ce vieux ivrogne trébuchant dans les escaliers du théâtre, accostant les gens pour les assommer de ses théories vagues et prolixes, assaisonnées d'une insupportable odeur de rhum et de tabac? Je voyais en face de moi un homme bien conservé, droit, propre, d'une belle et noble figure, l'œil étincelant de génie, la barbe bien faite, la main blanche et soignée. Avec son linge magnifique et sa robe de chambre de velours doublée de martre, il me faisait l'effet d'un prince donnant audience à ses amis, ou, mieux que cela, de Voltaire à Ferney; mais non, c'était mieux encore que Voltaire, car il avait le sourire paternel et le cœur plein de tendresse et de naïveté. Tant il est vrai que le bonheur est nécessaire à l'homme, que la misère dégrade l'artiste, et qu'il faut un miracle pour qu'il n'y perde pas la conscience de sa propre dignité!

— Maintenant, mes amis, nous dit le marquis de Balma, allez voir si les autres enfants sont prêts pour déjeuner; j'ai encore une lettre à terminer avec ma fille, et nous irons vous rejoindre. Vous me promettez maintenant, monsieur Salentini, de passer au moins quelques jours chez moi.

J'acceptai avec joie; mais je ne fus pas plus tôt sorti de son cabinet que je fis un douloureux retour sur moi-même. — Je crois que je suis fou tout de bon depuis que j'ai mis les pieds ici, dis-je à Célio en l'arrêtant dans une galerie ornée de portraits de famille. Tout le temps que le marquis me racontait son histoire et m'expliquait sa position, je ne songeais qu'à me réjouir de voir la fortune récompenser son mérite et celui de sa fille. Je ne pensais pas que ce changement dans leur existence me portait un coup terrible et sans remède.

— Comment cela? dit Célio d'un air étonné.

— Tu me le demandes, répondis-je. Tu ne vois pas que j'aimais la Boccaferri, cette pauvre cantatrice à trois ou quatre mille francs d'appointements par saison, et qu'il m'était bien permis, à moi qui gagne beaucoup plus, de songer à en faire ma femme, tandis que maintenant je ne pourrais aspirer à la main de mademoiselle de Balma, héritière de plusieurs millions, sans être ridicule en réalité et en apparence méprisable?

— Je serais donc méprisable, moi, d'y aspirer aussi? dit Célio en haussant les épaules.

— Non, lui répondis-je après un instant de réflexion. Bien que tu ne sois pas plus riche que moi, je pense, ta mère a tant fait pour le pauvre Boccaferri, que le riche Balma peut et doit se considérer toujours comme ton obligé. Et puis le nom de ta mère est une gloire; Cécilia a voué un culte à ce grand nom. Tu as donc raison de te présenter sans honte et sans crainte. Moi, si je surmontais l'une, je n'en ressentirais pas moins l'autre; ainsi, mon ami, plains-moi beaucoup, console-moi un peu, et ne me regarde plus comme ton rival. Je resterai encore un jour ici pour prouver mon estime, mon respect et mon dévouement; mais je partirai demain et je tâcherai de guérir. Le sentiment de ma fierté et la conscience de mon devoir m'y aideront. Garde-moi le secret sur les confidences que je t'ai faites, et que mademoiselle de Balma ne sache jamais que j'ai élevé mes prétentions jusqu'à elle.

XIII.

STELLA.

Célio allait me répondre lorsque Béatrice, accourant du fond de la galerie, vint se jeter à son cou et folâtrer autour de nous en me demandant avec malice si j'avais été présenté à *M. le marquis*. Quelques pas plus loin, nous rencontrâmes Stella et Benjamin, qui m'accablèrent des mêmes questions; la cloche du déjeuner sonna à grand bruit, et la belle Hécate, qui était fort nerveuse, accompagna d'un long hurlement ce signal du déjeuner. Le marquis et sa fille vinrent les derniers, sereins et bienveillants comme des gens qui viennent de faire leur devoir. Je vis là combien Cécilia était adorée des jeunes filles et quel respect elle inspirait à toute la famille. Je ne pouvais m'empêcher de la contempler, et même, quand je ne la regardais pas ou l'écoutais pas, je voyais tous ses mouvements, j'entendais toutes ses paroles. Elle agissait et parlait peu cependant; mais elle était attentive à tout ce qui pouvait être utile ou agréable à ses amis. On eût dit qu'elle avait eu toute sa vie deux cent mille livres de rentes, tant elle était aisée et tranquille dans son opulence, et l'on voyait qu'elle ne jouissait de rien pour elle-même, tant elle restait dévouée au moindre besoin, au moindre désir des autres.

On ne parla point de comédie pendant le déjeuner. Pas un mot ne fut dit devant les domestiques qui pût leur faire soupçonner quelque chose à cet égard. Ce n'est pas que de temps en temps Béatrice, qui n'avait autre chose en tête, n'essayât de parler de la précédente et de la prochaine soirée ; mais Stella, qui était toujours à ses côtés et qui s'était habituée à être pour elle comme une jeune mère, la tenait en bride. Quand le repas fut terminé, le marquis prit le bras de sa fille et sortit.

— Ils vont, pendant deux heures, s'occuper d'un autre genre d'affaires, me dit Célio. Ils donnent cette partie de la journée aux besoins des gens qui les environnent ; ils écoutent les demandes des pauvres, les réclamations des fermiers, les invitations de la commune. Ils voient le curé ou l'adjoint ; ils ordonnent des travaux, ils donnent même des consultations à des malades ; enfin, ils font leurs devoirs de châtelains avec autant de conscience et de régularité que possible. Stella et Béatrice sont chargées de veiller, à l'intérieur, sur le détail de la maison ; moi, ordinairement, je lis ou fais de la musique, et, depuis que mon frère est ici, je lui donne des leçons ; mais, pour aujourd'hui, il ira s'exercer tout seul au billard. Je veux causer avec vous.

Il m'emmena dans le jardin, et là, me serrant la main avec effusion : — Ta tristesse me fait mal, dit-il, et je ne saurais la voir plus longtemps. Écoute, mon ami, j'ai eu un mauvais mouvement quand tu m'as dit, il y a une heure, que tu renonçais à Cécilia par délicatesse. J'ai failli te dire que c'était ton devoir et t'encourager à partir ; je ne l'ai pas fait ; mais, quand même je l'aurais fait, je me rétracterais à cette heure. Tu te montres trop scrupuleux, ou tu ne connais pas encore Cécilia et son père. Ils n'ont pas cessé d'être artistes, je crois même qu'ils le sont plus que jamais depuis qu'ils sont devenus seigneurs. L'alliance d'un talent tel que le tien ne peut donc jamais leur sembler au-dessous de leur condition. Quant à te soupçonner coupable d'ambition et de cupidité, cela est impossible, car ils savent qu'il y a deux mois tu étais amoureux de la pauvre cantatrice à trois mille francs par saison, et que tu aspirais sérieusement à l'épouser, même sans rougir du vieux ivrogne.

— Ils le savent ! Tu l'as dit, Célio ?

— Je le leur ai dit le jour même où j'en ai reçu de toi la confidence, et ils en avaient été fort touchés.

— Mais ils avaient refusé parce que, ce jour-là même, ils recevaient la nouvelle de leur héritage ?

— Non ; même en recevant cette nouvelle ils n'avaient pas refusé. Ils avaient dit : *Nous verrons !* Depuis, quoique je me sentisse ému moi-même, j'ai eu le courage de tenir la parole que je t'avais presque donnée : j'ai reparlé de toi.

— Et qu'a-t-*elle* dit ?

— Elle a dit : « Je suis si reconnaissante de ses bonnes intentions pour moi, que, si j'étais pauvre et obscure, que, si j'étais décidée à me marier, je chercherais l'occasion de le voir et de le connaître davantage. » Et puis elle est venue secrètement ces jours-ci, comme je te l'ai dit, pour les affaires de son père, et pour ramener en même temps notre Benjamin. Là, j'ai étudié avec un peu d'inquiétude l'effet que produisait sur elle le bruit de tes amours avec la duchesse. Elle a été triste un instant, cela est certain. Tu vois, ami, je ne te cache rien. Je lui ai offert d'aller te voir pour t'amener en secret à notre hôtel. J'avais du dépit, elle l'a vu, et elle a refusé, parce qu'elle est bonne pour moi comme un ange, comme une mère ; mais elle souffrait, et quand, la nuit suivante, nous avons passé à pied devant ta porte pour aller chercher notre voiture, que nous ne voulions pas faire venir devant l'hôtel, nous avons vu ton voiturin, nous avons reconnu Volabù. Nous l'avons évité, nous ne voulions pas être vus ; mais Cécilia a eu une inspiration de femme. Elle a dit à Benjamin (que cet homme n'avait jamais vu) de s'approcher de lui, et de lui demander si son voiturin était disponible pour Milan. — Je vais à Milan, en effet, répondit-il, mais je ne puis prendre personne. — Qui donc conduisez-vous ? dit l'enfant ; ne pourrais-je m'arranger avec votre voyageur pour aller avec lui ? — Non, c'est un peintre. Il voyage seul. — Comment s'appelle-t-il ? peut-être que je le connais ? — Ce voiturin a dit ton nom : c'est tout ce que nous voulions savoir. On nous avait dit que la duchesse était retournée à Milan. Cecilia pâlit, sous prétexte qu'elle avait froid ; puis, comme j'en faisais l'observation à demi-voix, elle se mit à sourire avec cet air de souveraine mansuétude qui lui est propre. Elle approcha de la fenêtre en me disant : — Tu vas voir que je vais lui adresser un adieu bien amical et par conséquent bien désintéressé. C'est alors qu'elle chanta ce maudit *Vedrai carino* qui t'a arraché aux griffes de Satan. Allons, il y a dans tout cela une fatalité ! Je crois qu'elle t'aime, bien que ce soit fort difficile à constater chez une personne toujours maîtresse d'elle-même, et si habituée à l'abnégation qu'on peut à peine deviner si elle souffre en se sacrifiant. A l'heure qu'il est, elle ne sait plus rien de toi, et je confesse que je n'ai pas eu le courage de lui dire que tu as renoncé à la duchesse et que tu lui dois ton salut. Je me suis engagé à ne pas te nuire ; mais ce serait pousser l'héroïsme au-delà de mes facultés que d'aller faire la cour pour toi. Seulement je te devais la vérité, la voilà tout entière. Reste donc ou parle ; attends et espère, ou agis et éclaire-toi. De toute façon, tu es dans ton droit, et personne ne peut te supposer amoureux des millions, puisque, ce matin encore, tu ne voulais pas comprendre que le marquis de Balma était le père Boccaferri.

— Bon et grand Célio, m'écriai-je, comment te remercier ! Je ne sais plus que faire. Il me semble que tu aimes Cécilia autant que moi, et que tu es plus digne d'elle. Non, je ne puis lui parler. Je veux qu'elle ait le temps de te connaître et de t'apprécier sous la face nouvelle que ton caractère a prise depuis quelque temps. Il faut qu'elle nous examine, qu'elle nous compare et qu'elle juge. Il m'a semblé parfois qu'elle t'aimait, et peut-être que c'est toi qu'elle aime ! Pourquoi nous hâter de savoir notre sort ? Qui sait si, à l'heure qu'il est, elle-même n'est pas indécise ? Attendons.

— Oui, c'est vrai, dit Célio, nous risquons d'être refusés tous les deux si nous brusquons sa sympathie. Moi, je suis fort gêné aussi, car je n'étais pas amoureux d'elle à Vienne, et l'idée de l'être ne m'est venue que quand j'ai vu ton amour. J'ai un peu peur à présent qu'elle ne me croie influencé par ses millions, car je suis plus exposé que toi à mériter ce soupçon. Je n'ai pas fait mes preuves à temps comme tu les as faites. D'un autre côté, l'adoration qu'elle avait pour ma mère, et qui domine encore toutes ses pensées, est de force et de nature à lui faire sacrifier son amour pour toi dans la crainte de me rendre malheureux. Elle est ainsi faite, cette femme excellente ; mais je ne jouirai pas de son sacrifice.

— Ce sacrifice, repris-je, serait prompt et facile aujourd'hui, Si elle m'aime, ce ne peut être encore au point de devenir égoïste. Dans mon intérêt, comme dans le tien, je demande l'aide et le conseil du temps.

— C'est bien dit, répliqua Célio ; ajournons. Eh ! tiens, prenons une résolution : c'est de ne nous déclarer ni l'un ni l'autre avant de nous être consultés encore ; jusque-là, nous n'en reparlerons plus ensemble, car cela me fait un peu de mal.

— Et à moi aussi. Je souscris à cet accord ; mais nous ne nous interdisons pas l'un à l'autre de chercher à lui plaire.

— Non, certes, dit-il. Il se mit à fredonner la romance de don Juan ; puis peu à peu il arriva à la chanter, à l'étudier tout en marchant à mon côté, et à frapper la terre de son pied avec impatience dans les endroits où il était mécontent de sa voix et de son accent. — Je ne suis pas don Juan, s'écria-t-il en s'interrompant, et c'est pourtant dans ma voix et dans ma destinée de l'être sur les planches. Que diable ! je ne suis pas un ténor, je ne peux pas être un amoureux tendre ; je ne peux pas chanter *Il mio tesoro intanto* et faire la cadence du Rumini... Il faut que je sois un scélérat puissant ou un honnête homme qui fait *fiasco !* Va pour la puissance !... Après tout, ajouta-t-il en passant la main sur son front, qui sait si j'aime? Voyons ! Il chanta *Quando del vino*, et il le chanta supérieurement. — Non ! non ! s'écria-t-il satisfait de lui-même, je ne suis pas fait pour aimer ! Cécilia n'est pas ma mère. Il peut lui arriver d'aimer demain quelqu'un plus que moi, toi, par exemple ! Fi donc ! moi, amoureux d'une femme qui ne m'aimerait point ! j'en mourrais de rage ! Je ne t'en voudrais pas, à toi, Salentini ; mais elle ? je la jetterais du haut de son château sur le pavé pour lui faire voir le cas que je fais de sa personne et de sa fortune !

Je fus effrayé de l'expression de sa figure. Le Célio que j'avais connu à Vienne reparaissait tout entier et me jetait dans une stupéfaction douloureuse. Il s'en aperçut, sourit et me dit : — Je crois que je redeviens méchant ! Allons rejoindre la famille, cela se dissipera. Parfois mes nerfs me jouent encore de mauvais tours. Tiens, j'ai froid ! Allons-nous-en. Il prit mon bras et rentra en courant.

A deux heures, toute la famille se réunit dans le grand salon. Le marquis donna, comme de coutume, à ses gens, l'ordre qu'on ne le dérangeât plus jusqu'au dîner, à moins d'un motif important, et que, dans ce cas, on sonnât la cloche du château pour l'avertir. Puis il demanda aux jeunes filles si elles avaient pris l'air et surveillé la maison ; à Benjamin, s'il avait travaillé, et, quand chacun lui eut rendu compte de l'emploi de sa matinée : — C'est bien, dit-il ; la première condition de la liberté et de la santé morale et intellectuelle, c'est l'ordre dans l'arrangement de la vie ; mais, hélas ! pour avoir de l'ordre, il faut être riche. Les malheureux sont forcés de ne jamais savoir ce qu'ils feront dans une heure ! A présent, mes chers enfants, vive la joie ! La journée d'affaires et de soucis est terminée ; la soirée de plaisir et d'art commence. Suivez-moi.

Il tira de sa poche une grande clé, et l'éleva en l'air, aux rires et aux acclamations des enfants. Puis, nous nous dirigeâmes avec lui vers l'aile du château où était situé le théâtre. On ouvrit la *porte d'ivoire*, comme l'appelait le marquis, et on entra dans le sanctuaire des songes, après s'y être enfermés et barricadés d'importance.

Le premier soin fut de ranger le théâtre, d'y remettre de l'ordre et de la propreté, de réunir, de secouer et d'étiqueter les costumes abandonnés à la hâte, la nuit précédente, sur des fauteuils. Les hommes balayaient, époussetaient, donnaient de l'air, raccommodaient les accrocs faits au décor, huilaient les ferrures, etc. Les femmes s'occupaient des habits ; tout cela se fit avec une exactitude et une rapidité prodigieuses, tant chacun de nous y mit d'ardeur et de gaieté. Quand ce fut fait, le marquis réunit sa couvée autour de la grande table qui occupait le milieu du parterre, et l'on tint conseil. On remit les manuscrits de *Don Juan* à l'étude ; on y fit rentrer des personnages et des scènes éliminés la veille ; on se consulta encore sur la distribution des rôles. Célio revint à celui de don Juan, il demanda que certaines scènes fussent chantées. Béatrice et son jeune frère demandèrent à improviser un pas de danse dans le bal du troisième acte. Tout fut accordé. On se permettait d'essayer de tout ; mais, à mesure qu'on décidait quelque chose, on le consignait sur le manuscrit, afin que l'ordre de la représentation ne fût pas troublé.

Ensuite Célio envoya Stella lui chercher diverses perruques à longs cheveux. Il voulait assombrir un peu son caractère et sa physionomie. Il essaya une chevelure noire. — Tu as tort de te faire brun, si tu veux être méchant, lui dit Boccaferri (qui reprenait son ancien nom derrière la *porte d'ivoire*). C'est un usage classique de faire les traîtres noirs et à tous crins, mais c'est un mensonge banal. Les hommes pâles de visage et noirs de barbe sont presque toujours doux et faibles. Le vrai tigre est fauve et soyeux.

— Va pour la peau du lion, dit Célio en prenant sa perruque de la veille, mais ces nœuds rouges m'ennuient ; cela sent le tyran de mélodrame. Mesdemoiselles, faites-moi une quantité de canons couleur de feu. C'était le type du roué au temps de Molière.

— En ce cas, rends-nous ton nœud cerise, ton *beau nœud d'épée !* dit Stella.

— Qu'en veux-tu faire?

— Je veux le conserver pour modèle, dit-elle en souriant avec malice, car c'est toi qui l'as fait, et toi seul au monde sais faire les nœuds. Tu y mets le temps, mais quelle perfection ! N'est-ce pas ? ajouta-t-elle en s'adressant à moi et en me montrant ce même nœud cerise que j'avais ramassé la veille, comment le trouvez-vous?

Le ton dont elle me fit cette question et la manière dont elle agita ce ruban devant mon visage me troublèrent un peu. Il me sembla qu'elle désirait me voir m'en emparer, et je fus assez vertueux pour ne pas le faire. La Boccaferri me regardait. Je vis rougir la belle Stella ; elle laissa tomber le nœud et marcha dessus, comme par mégarde, tout en feignant de rire d'autre chose.

Célio était brusque et impérieux avec ses sœurs, quoiqu'il les adorât au fond de l'âme, et qu'il eût pour elles mille tendres sollicitudes. Il avait vu aussi ce singulier petit épisode. — Allons donc, paresseuses ! cria-t-il à Stella et à Béatrice, allez me chercher trente aunes de rubans couleur de feu ! J'attends ! Et quand elles furent entrées dans le magasin, il ramassa le nœud cerise, et me le donna à la dérobée, en me disant tout bas : — Garde-le en mémoire de Béatrice ; mais si l'une ou l'autre est coquette avec toi, corrige-les et moque-toi d'elles. Je te demande cela comme un frère.

Les préparatifs durèrent jusqu'au dîner, qui fut assez sérieux. On reprenait de la gravité devant les domestiques, qui portaient le deuil de l'ancien marquis sur leurs habits, faute de le porter dans le cœur. Et d'ailleurs, chacun pensait à son rôle, et M. de Balma disait une chose que j'ai toujours sentie vraie : les idées s'éclaircissent et s'ordonnent durant la satisfaction du premier appétit.

Au reste, on mangeait vite et modérément à sa table. Il disait familièrement que l'artiste qui mange est *à moitié cuit*. On savourait le café et le cigare, pendant que les domestiques levaient le couvert et effectuaient leur sortie finale des appartements et de la maison. Alors on faisait une ronde, on fermait toutes les issues. Le marquis criait : Mesdames les actrices, à vos loges ! On leur donnait une demi-heure d'avance sur les hommes ; mais Cécilia n'en profitait pas. Elle resta avec nous dans le salon, et je remarquai qu'elle causait tout bas dans un coin avec Célio.

Il me sembla qu'au sortir de cet entretien, Célio était d'une gaieté arrogante, et Cécilia d'une mélancolie résignée ; mais cela ne prouvait pas grand'chose : chez lui, les émotions étaient toujours un peu forcées ; chez elle, elles étaient si peu manifestées, que la nuance était presque insaisissable.

A huit heures précises, la pièce commença. Je craindrais d'être fastidieux en la suivant dans ses détails, mais je dois signaler que, à ma grande surprise, Cécilia fut admirable et atroce de jalousie dans le rôle d'Elvire. Je ne l'aurais jamais cru ; cette passion semblait si ennemie de son caractère ! J'en fis la remarque dans un entr'acte.

— Mais c'est peut-être pour cela précisément, me dit-elle.... Et puis, d'ailleurs, que savez-vous de moi?

Elle dit ce dernier mot avec un ton de fierté qui me fit peur. Elle semblait mettre tout son orgueil à n'être pas devinée. Je m'attachai à la deviner malgré elle, et cela assez froidement. Boccaferri loua Célio avec enthousiasme ; il pleurait presque de joie de l'avoir vu si bien jouer. Le fait est qu'il avait été le plus froid, le plus railleur, le plus pervers des hommes. — C'est grâce à toi, dit-il à la Boccaferri ; tu es si irritée et si hautaine, que tu me rends méchant. Je me fais de glace devant tes reproches, parce que je me sens poussé à bout et prêt à éclater. Tiens ! *ma vieille,* tu devrais toujours être ainsi ; je reprendrais les forces que m'ôtent ta bonté et ta douceur accoutumées.

— Eh bien, répondit-elle, je ne te conseille pas de jouer souvent ces rôles-là avec moi : je t'y rendrais des points.

Ce personnage du temps passé..... (Page 107.)

Il se pencha vers elle, et, baissant la voix : — Serais-tu capable d'être la femelle d'un tigre? lui dit-il.
— Cela est bon pour le théâtre, répondit-elle (et il me sembla qu'elle parlait exprès de manière à ce que je ne perdisse pas sa réponse). Dans la vie réelle, Célio, je mépriserai un usage si petit, si facile et si niais de ma force. Pourquoi suis-je si méchante, ici dans ce rôle? C'est que rien n'est plus aisé que l'affectation. Ne sois donc pas trop vain de ton succès d'aujourd'hui. La force dans l'excitation, c'est le *pont aux ânes!* La force dans le calme.... Tu y viendras peut-être, mais tu n'y es pas encore. Essaie de faire Ottavio, et nous verrons !
— Vous êtes une comédienne fort acerbe et fort jalouse de son talent ! dit Célio en se mordant les lèvres si fort, que sa moustache rousse, collée à sa lèvre, tomba sur son rabat de dentelle.
— Tu perds ton poil de tigre, lui dit tranquillement la Boccaferri en rattrapant la moustache; tu as raison de faire une peau neuve !
— Vous croyez que vous opérerez ce miracle?
— Oui, si je veux m'en donner la peine, mais je ne le promets pas.

Je vis qu'ils s'aimaient sans vouloir se l'avouer à eux-mêmes, et je regardai Stella, qui était belle comme un ange en me présentant un masque pour la scène du bal. Elle avait cet air généreux et brave d'une personne qui renonce à vous plaire sans renoncer à vous aimer. Un élan de cœur, plein de vaillance; qui ne me permit pas d'hésiter, me fit tirer de mon sein le nœud cerise que j'y avais caché, et je le lui montrai mystérieusement. Tout son courage l'abandonna ; elle rougit, et ses yeux se remplirent de larmes. Je vis que Stella était une sensitive, et que je venais de me donner pour jamais ou de faire une lâcheté. Dès ce moment, je ne regardai plus en arrière, et je m'abandonnai tout entier au bonheur, bien nouveau pour moi, d'être chastement et naïvement aimé.

Je faisais le rôle d'Ottavio, et je l'avais fort mal joué jusque-là. Je pris le bras de ma charmante Anna pour entrer en scène, et je trouvai du cœur et de l'émotion pour lui dire mon amour et lui peindre mon dévouement.

A la fin de l'acte, je fus comblé d'éloges, et Cécilia me dit en me tendant la main : — Toi, Ottavio, tu n'as

Célio entra brusquement... (Page 115.)

besoin des leçons de personne, et tu en remontrerais à ceux qui enseignent. — Je ne sais pas jouer la comédie, lui répondis-je, je ne le saurai jamais. C'est parce qu'on ne la joue pas ici que j'ai dit ce que je sentais.

XIV.
CONCLUSION.

Je montai dans la loge des hommes pour me débarrasser de mon domino. A peine y étais-je entré, que Stella vint résolument m'y rejoindre. Elle avait arraché vivement son masque; sa belle chevelure blond-cendré, naturellement ondée, s'était à demi répandue sur son épaule. Elle était pâle, elle tremblait; mais c'était une âme éminemment courageuse, quoique elle agît par expansion spontanée et d'une manière tout opposée, par conséquent, à celle de la Boccaferri.

— Adorno Salentini, me dit-elle en posant sa main blanche sur mon épaule, m'aimez-vous?

Je fus entièrement vaincu par cette question hardie, faite avec un effort évidemment douloureux et le trouble de la pudeur alarmée.

Je la pris dans mes bras et je la serrai contre ma poitrine.

— Il ne faut pas me tromper, dit-elle en se dégageant avec force de mon étreinte. J'ai vingt-deux ans; je n'ai pas encore aimé, moi, et je ne dois pas être trompée. Mon premier amour sera le dernier, et, si je suis trahie, je n'essaierai pas de savoir si j'ai la force d'aimer une seconde fois : je mourrai. C'est là le seul courage dont je me sente capable. Je suis jeune, mais l'expérience des autres m'a éclairée. J'ai beaucoup rêvé déjà, et, si je ne connais pas le monde, je me connais du moins. L'homme qui se jouera d'une âme comme la mienne, ne pourra être qu'un misérable, et, s'il en vient là, il faudra que je le haïsse et que je le méprise. La mort me semble mille fois plus douce que la vie, après une semblable désillusion.

— Stella, lui répondis-je, si je vous dis ici que je vous aime, me croirez-vous? Ne me mettrez-vous pas à l'épreuve avant de vous fier aveuglément à la parole d'un homme que vous ne connaissez pas?

— Je vous connais, répondit-elle. Célio, qui n'estime personne, vous estime et vous respecte; et, d'ailleurs,

quand même je n'aurais pas ce motif de confiance, je croirais encore à votre parole.
— Pourquoi?
— Je ne sais pas, mais cela est ainsi.
— Donc vous m'aimez, vous?

Elle hésita un instant, puis elle dit :
— Ecoutez! je ne suis pas pour rien la fille de la Floriani. Je n'ai pas la force de ma mère, mais j'ai son courage; je vous aime.

Cette bravoure me transporta. Je tombai aux pieds de Stella, et je les baisai avec enthousiasme. — C'est la première fois, lui dis-je, que je me mets aux genoux d'une femme, et c'est aussi la première fois que j'aime. Je croyais pourtant aimer Cécilia, il y a une heure, je vous dois cette confession; mais ce que je cherche dans la femme, c'est le cœur, et j'ai vu que le sien ne m'appartenait pas. Le vôtre se donne à moi avec une vaillance qui me pénètre et me terrasse. Je ne vous connais pas plus que vous ne me connaissez, et voilà que je crois en vous comme vous croyez en moi. L'amour, c'est la foi; la foi rend téméraire, et ne lui résiste. Nous nous aimons, Stella, et nous n'avons pas besoin d'autre preuve que de nous l'être dit. Voulez-vous être ma femme?

— Oui, répondit-elle, car moi, je ne puis aimer qu'une fois, je vous l'ai dit.

— Sois donc ma femme, m'écriai-je en l'embrassant avec transport. Veux-tu que je te demande à ton frère tout de suite?

— Non, dit-elle en pressant mon front de ses lèvres avec une suavité vraiment sainte. Mon frère aime Cécilia, et il faut qu'il devienne digne d'elle. Tel qu'il est aujourd'hui, il ne l'aime pas encore assez pour la mériter. Laisse-lui croire encore que tu prétends être son rival. Sa passion a besoin d'une lutte pour se manifester à lui-même. Cécilia l'aime depuis longtemps. Elle ne me l'a pas dit, mais je le sais bien. C'est à elle que tu dois me demander d'abord, car c'est elle que je regarde comme ma mère.

— J'y vais tout de suite, répondis-je.

— Et pourquoi tout de suite? Est-ce que tu crains de te repentir si tu prends le temps de la réflexion?

— Je te prouverai le contraire, fille généreuse et charmante! je ne ferai que ce que tu voudras.

On nous appela pour commencer l'acte suivant. Célio, qui surveillait ordinairement d'un œil inquiet et jaloux le moindre mouvement de ses sœurs, n'avait pas remarqué notre absence. Il était en proie à une agitation extraordinaire. Son rôle paraissait l'absorber. Il le termina de la manière la plus brillante, ce qui ne l'empêcha pas d'être sombre et silencieux pendant le souper et l'intéressante causerie du marquis, qui se prolongea jusqu'à trois heures du matin.

Je m'endormis tranquille, et je n'eus pas le moindre retour sur moi-même, pas l'apparence d'inquiétude, d'hésitation ou de regret, en m'éveillant. Je dois dire que, dès le matin du jour précédent, les deux cent mille livres de rente de mademoiselle de Balma m'avaient porté comme un coup de massue. Epouser une fortune ne m'allait point et dérangeait les rêves et l'ambition de toute ma vie, qui était de faire moi-même mon existence et d'y associer une compagne de mon choix, prise dans une condition assez modeste pour qu'elle se trouvât riche de mon succès.

D'ailleurs, je suis ainsi fait, que l'idée de lutter contre un rival à chances égales me plaît et m'anime, tandis que la conscience de la moindre infériorité dans ma position, sur un pareil terrain, me refroidit et me guérit comme par miracle. Est-ce prudence ou fierté? je l'ignore; mais il est certain que j'étais, à cet égard, tout l'opposé de Célio, et, qu'au lieu de me sentir acharné, par dépit d'amour-propre, à lui disputer sa conquête, j'éprouvais un noble plaisir à les rapprocher l'un de l'autre en restant leur ami.

Cécilia vint me trouver dans la journée. — Je vais vous parler comme à un frère, me dit-elle. Quelques mots de Célio tendraient à me faire croire que vous êtes amoureux de moi, et moi, je ne crois pas que vous y songiez maintenant. Voilà pourquoi je viens vous ouvrir mon cœur.

« Je sais qu'il y a deux mois, lorsque vous m'avez connue dans un état voisin de la misère, vous avez songé à m'épouser. J'ai vu là la noblesse de votre âme, et cette pensée que vous avez eue vous assure à jamais mon estime! et, plus encore, une sorte de respect pour votre caractère. »

Elle prit ma main et la porta contre son cœur, où elle la tint pressée un instant avec une expression à la fois si chaste et si tendre, que je pliai presque un genou devant elle.

— Ecoutez, mon ami, reprit-elle sans me donner le temps de lui répondre, je crois que j'aime Célio! voilà pourquoi, en vous faisant cet aveu, je crois avoir le droit de vous adresser une prière humble et fervente au nom de l'affection la plus désintéressée qui fut jamais : fuyez la duchesse de ***; détachez-vous d'elle, ou vous êtes perdu!

— Je le sais, répondis-je, et je vous remercie, ma chère Cécilia, de me conserver ce tendre intérêt; mais ne craignez rien, ce lien funeste n'a pas été contracté; votre douce voix, une inspiration de votre cœur généreux et quatre phrases du divin Mozart m'en ont à jamais préservé.

— Vous les avez donc entendues? Dieu soit loué!

— Oui, Dieu soit loué! repris-je, car ce chant magique m'a attiré jusqu'ici à mon insu, et j'y ai trouvé le bonheur.

Cécilia me regarda avec surprise.

— Je m'expliquerai tout à l'heure, lui dis-je; mais, vous, vous avez encore quelque chose à me dire, n'est-ce pas?

— Oui, répondit-elle, je vous dirai tout, car je tiens à votre estime, et, si je ne l'avais pas, il manquerait quelque chose au repos de ma conscience. Vous souvenez-vous qu'à Vienne, la dernière fois que nous nous y sommes vus, vous m'avez demandé si j'aimais Célio?

— Je m'en souviens parfaitement, ainsi que de votre réponse, et vous n'avez pas besoin de vous expliquer davantage, Cécilia. Je sais fort bien que vous fûtes sincère en me disant que vous n'y songiez pas, et que votre dévouement pour lui prenait sa source dans les bienfaits de la Floriani. Je comprends ce qui s'est passé en vous depuis ce jour-là, parce que je sais ce qui s'est passé en lui.

— Merci, ô merci! s'écria-t-elle attendrie; vous n'avez pas douté de ma loyauté?

— Jamais.

— C'est le plus grand éloge que vous puissiez commander pour la vôtre; mais, dites-moi, vous croyez donc qu'il m'aime?

— J'en suis certain.

— Et moi aussi, ajouta-t-elle avec un divin sourire et une légère rougeur. Il m'aime, et il s'en défend encore; mais son orgueil pliera, et je serai sa femme, car c'est là toute l'ambition de mon âme, depuis que je suis *dama e comtessa garbata*. Lorsque vous m'interrogiez, Salentini, je me croyais pour toujours obscure et misérable. Comment n'aurais-je pas refoulé au plus profond de mon sein la douce pensée d'être la femme du brillant Célio, de ce jeune ambitieux à qui l'éclat et la richesse sont des éléments de bonheur et des conditions de succès indispensables? Jaurais rougi de m'avouer à moi-même j'étais émue en le voyant; il ne l'aurait jamais su; je crois que je ne le savais pas moi-même, tant j'étais résolue à n'y pas prendre garde, et tant j'ai l'habitude et le pouvoir de me maîtriser.

« Mais ma fortune présente me rend la jeunesse, la confiance et le droit. Voyez-vous, Célio n'est pas comme vous. Je vous ai bien devinés tous deux. Vous êtes calme, vous êtes patient, vous êtes doux et fort que lui, qui n'est qu'ardent, avide et violent. Il ne manque ni de fierté ni de désintéressement; mais il est incapable de se créer tout seul l'existence large et brillante qu'il rêve, et qui est nécessaire au développement de ses facultés. Il lui faut la richesse tout acquise, et je lui dois cette richesse. N'est-ce pas, je dois cela au fils de Lucrezia? et, quand même je vous aurais aimé, Salentini, quand même le caractère effrayant de Célio m'inspirerait des craintes sérieuses pour mon bonheur, j'ai une dette sacrée à payer.

— J'espère, lui dis-je, en souriant, que le sacrifice n'est pas trop rude. En ce qui me concerne, il est nul, et votre supposition n'est qu'une consolation gratuite dont je n'aurai pas la folie de faire mon profit. En ce qui concerne Célio, je crois que vous êtes plus forte que lui, et que vous caresserez le jeune tigre d'une main calme et légère.

— Ce ne sera peut-être pas toujours aussi facile que vous croyez, répondit-elle; mais je n'ai pas peur, voilà ce qui est certain. Il n'y a rien de tel pour être courageux que de se sentir disposé, comme je le suis, à faire bon marché de son propre bonheur et de sa propre vie; mais je ne veux pas me faire trop valoir. J'avoue que je suis secrètement enivrée, et que ma bravoure est singulièrement récompensée par l'amour qui parle en moi. Aucun homme ne peut me sembler beau auprès de celui qui est la vivante image de Lucrezia; aucun nom illustre et cher à porter auprès de celui de Floriani.

— Ce nom est si beau en effet, qu'il me fait peur, répondis-je. Si toutes celles qui le portent allaient refuser de le perdre!

— Que voulez-vous dire? je ne vous comprends pas.

Je lui fis alors l'aveu de ce qui s'était passé entre Stella et moi, et je lui demandai la main de sa fille adoptive. La joie de cette généreuse femme fut immense; elle se jeta à mon cou et m'embrassa sur les deux joues. Je la vis enfin ce jour-là telle qu'elle était, expansive et maternelle dans ses affections, autant qu'elle était prudente et mystérieuse avec les indifférents.

— Stella est un ange, me dit-elle, et le ciel vous a mille fois béni en vous inspirant cette confiance subite en sa parole. Je la connais bien, moi, et je sais que, de tous les enfants de Floriani, c'est celle qui a vraiment hérité de la plus précieuse vertu de sa mère, le dévouement. Il y a longtemps qu'elle est tourmentée du besoin d'aimer, et ce n'est pas l'occasion qui lui a manqué, croyez-le bien; mais cette âme romanesque et délicate n'a pas subi l'entraînement des sens qui ferme parfois les yeux aux jeunes filles. Elle avait un idéal, elle le cherchait et savait l'attendre. Cela se voit bien à la fraîcheur de ses joues et à la pureté de ses paupières; elle l'a trouvé enfin, celui qu'elle a rêvé! Charmante Stella, exquise nature de femme, ton bonheur m'est encore plus cher que le mien!

La Boccaferri prit encore ma main, la serra dans les siennes, et fondit en larmes en s'écriant: « O Lucrezia! réjouis-toi dans le sein de Dieu! »

Célio entra brusquement, et, voyant Cécilia si émue et assise tout près de moi, il se retira en refermant la porte avec violence. Il avait pâli, sa figure était décomposée d'une manière effrayante. Toutes les furies de l'enfer étaient entrées dans son sein.

— Qu'il dise après cela qu'il ne l'aime pas! dis-je à la Boccaferri. Je la fis consentir à laisser subir encore un peu cette souffrance au pauvre Célio, et nous allâmes trouver ma chère Stella pour lui faire part de notre entretien.

Stella travaillait dans l'intérieur d'une tourelle qui lui servait d'atelier. Je fus étrangement surpris de la trouver occupée de peinture, et de voir qu'elle avait un talent réel, tendre, profond, délicieusement vrai pour le paysage, les troupeaux, la nature pastorale et naïve. — Vous pensiez donc, me dit-elle en voyant mon ravissement, que je voulais me faire comédienne? Oh, non! je n'aime pas plus le public que ne l'a aimé notre Cécilia, et jamais je n'aurais le courage d'affronter son regard. Je joue ici la comédie comme Cécilia et son père la jouent; pour aider à l'œuvre collective qui sert à l'éducation de Célio, peut-être à celle de Béatrice et de Salvator, car les deux *Bambini* ont aussi jusqu'à présent la passion du théâtre; mais vous n'avez pas compris notre cher maître Boccaferri, si vous croyez qu'il n'a en vue que de nous faire débuter.

Non, ce n'est pas là sa pensée. Il pense que ces essais dramatiques, dans la forme libre que nous leur donnons, sont un exercice salutaire au développement synthétique (je me sers de son mot) de nos facultés d'artiste, et je crois bien qu'il a raison, car depuis que nous faisons cette amusante étude je me sens plus peintre et plus poète que je ne croyais l'être.

— Oui, il a mille fois raison, répondis-je, et le cœur aussi s'ouvre à la poésie, à l'effusion, à l'amour, dans cette joyeuse et sympathique épreuve: je le sens bien, ô ma Stella, pour deux jours que j'ai passés ici! Partout ailleurs, je n'aurais point osé vous aimer si vite, et, dans cette douce et bienfaisante excitation de toutes mes facultés, je vous ai comprise d'emblée, et j'ai éprouvé la portée de mon propre cœur.

Cécilia me prit par le bras et me fit entrer dans la chambre de Stella et de Béatrice, qui communiquait avec cette même tourelle par un petit couloir. Stella rougissait beaucoup, mais elle ne fit pas de résistance. Cécilia me conduisit en face d'un tableau placé dans l'alcôve virginale de ma jeune amante, et je reconnus une *Madonela col Bambino* que j'avais peinte et vendue à Turin deux ans auparavant à un marchand de tableaux. Cela était fort naïf, mais d'un sentiment assez vrai pour que je pusse le revoir sans mauvaise humeur. Cécilia l'avait acheté, à son dernier voyage, pour sa jeune amie, et alors on me confessa que, depuis deux mois, Stella, en entendant parler souvent de moi aux Boccaferri et à Célio, avait vivement désiré me connaître. Cécilia avait nourri d'avance, et sans le lui dire, la pensée que notre union serait un beau rêve à réaliser. Stella semblait l'avoir deviné.

— Il est certain, me dit-elle, que lorsque je vous ai vu ramasser le nœud cerise, j'ai éprouvé quelque chose d'extraordinaire que je ne pouvais m'expliquer à moi-même; et que, quand Célio est venu nous dire, le lendemain, que le *ramasseur de rubans*, comme il vous appelait, était encore dans le village, et se nommait Adorno Salentini, je me suis dit, follement peut-être, mais sans douter de la destinée, que la mienne était accomplie.

Je ne saurais exprimer dans quel naïf ravissement me plongea ce jeune et pur amour d'une fille encore enfant par la fraîcheur et la simplicité, déjà femme par le dévouement et l'intelligence. Lorsque la cloche nous avertit de nous rendre au théâtre, j'étais un peu fou. Célio vit mon bonheur dans mes yeux, et ne le comprenant pas, il fut méchant et brutal à faire plaisir. Je me laissai presque insulter par lui; mais le soir j'ignore ce qui s'était passé. Il me parut plus calme et me demanda pardon de sa violence, ce que je lui accordai fort généreusement.

Je dirai encore quelques mots de notre théâtre avant d'arriver au dénoûment, que le lecteur sait d'avance. Presque tous les soirs nous entreprenions un nouvel essai. Tantôt c'était un opéra: tous les acteurs étant bons musiciens, même moi, je l'avoue humblement et sans prétention, chacun tenait le piano alternativement. Une autre fois, c'était un ballet; les personnes sérieuses se donnaient à la pantomime, les jeunes gens dansaient d'inspiration, avec une grâce, un abandon et un entrain qu'on eût vainement cherchés dans les poses étudiées du théâtre. Boccaferri était admirable au piano dans ces circonstances. Il s'y livrait aux plus brillantes fantaisies, et, comme s'il eût dicté impérieusement chaque geste, chaque intention de ses personnages, il les enlevait, les excitait jusqu'au délire ou les calmait jusqu'à l'abattement, au gré de son inspiration. Il les soumettait ainsi au scénario, car la pantomime dont il était le plus souvent l'auteur, avait toujours une action bien nettement développée et suivie.

D'autres fois, nous tentions un opéra comique, et il nous arriva d'improviser des airs, même des chœurs, qui le croirait? où l'ensemble ne manqua pas, et où diverses réminiscences d'opéras connus se lièrent par des modulations individuelles promptement conquises et saisies de tous. Nous prenions parfois fantaisie de jouer de mémoire une pièce dont nous n'avions pas le texte et que nous nous rappelions assez confusément. Ces souvenirs indécis avaient leur charme, et, pour les enfants qui ne connaissaient pas ces pièces, elles avaient l'attrait de la création. Ils les concevaient, sur un simple exposé préliminaire, autrement que nous, et nous étions tout ravis de leur voir trouver d'inspiration des caractères nouveaux et des scènes meilleures que celles du texte.

Nous avions encore la ressource de faire de bonnes pièces avec de fort mauvaises. Boccaferri excellait à ce genre de découvertes. Il fouillait dans sa bibliothèque théâtrale, et trouvait un sujet heureux à exploiter dans une vieillerie mal conçue et mal exécutée.

— Il n'est si mauvaise œuvre tombée à plat, disait-il, où l'on ne trouve une idée, un caractère ou une scène dont on peut tirer un bon parti. Au théâtre, j'ai entendu siffler cent ouvrages qui eussent été applaudis, si un homme intelligent eût traité le même sujet. Fouillons donc toujours, ne doutons de rien, et soyez sûrs que nous pourrions aller ainsi pendant dix ans et trouver tous les soirs matière à inventer et à développer.

Cette vie fut charmante et nous passionna tous à tel point, que cela eût semblé puéril et quasi insensé à tout autre qu'à nous. Nous ne nous blasions point sur notre plaisir, parce que la matinée entière était donnée à un travail plus sérieux. Je faisais de la peinture avec Stella; le marquis et sa fille remplissaient assidûment les devoirs qu'ils s'étaient imposés; Célio faisait l'éducation littéraire et musicale de son jeune frère et de *notre* petite sœur Béatrice, à laquelle aussi on me permettait de donner quelques leçons. L'heure de la comédie arrivait donc comme une récréation toujours méritée et toujours nouvelle. La *porte d'ivoire* s'ouvrait toujours comme le sanctuaire de nos plus chères illusions.

Je me sentais grandir au contact de ces fraîches imaginations d'artistes dont le vieux Boccaferri était la clé, le lien et l'âme. Je dois dire que Lucrezia Floriani avait bien connu et bien jugé cet homme, le plus improductif et le plus impuissant des membres de la société officielle, le plus complet, le plus inspiré, le plus *artiste* enfin des artistes. Je lui dois beaucoup, et je lui en conserverai au delà du tombeau une éternelle reconnaissance. Jamais je n'ai entendu parler avec autant de sens, de clarté, de profondeur et de délicatesse sur la peinture. En barbouillant de grossiers décors (car il peignait fort mal), il épanchait dans mon sein un flot d'idées lumineuses qui fécondaient mon intelligence, et dont je sentirai toute ma vie la puissance génératrice.

Je m'étonnai que Célio devant épouser Cécilia et devenir riche et seigneur, les Boccaferri songeassent sérieusement à lui faire reprendre ses débuts : mais je le compris, comme eux, en étudiant son caractère, en reconnaissant sa vocation et la supériorité de talent que chaque jour faisait éclore en lui. — Les grands artistes dramatiques ne sont-ils pas presque toujours riches à une certaine époque de leur vie, me disait le marquis, et la possession des terres, des châteaux et même des titres les dégoûte-t-elle de leur art? Non. En général, c'est la vieillesse seule qui les chasse du théâtre, car ils sentent bien que leur plus grande puissance et leur plus vive jouissance est là. Eh bien, Célio commencera par où les autres finissent; il fera de l'art en grand, à son loisir; il sera d'autant plus précieux au public, qu'il se rendra plus rare, et d'autant mieux payé, qu'il en aura moins besoin. Ainsi va le monde.

Célio vivait dans la fièvre, et ces alternatives de fureur, d'espérance, de jalousie et d'enivrement développèrent en lui une passion terrible pour Cécilia, une puissance supérieure dans son talent. Nous lui laissâmes passer deux mois dans cette épreuve brûlante qu'il avait la force de supporter, et qui était, pour ainsi dire, l'élément naturel de son génie.

Un matin, que le printemps commençait à sourire, les sapins à se parer de pointes d'un vert tendre à l'extrémité de leurs sombres rameaux, les lilas bourgeonnant sous une brise attiédie, et les mésanges semant les fourrés de leurs petits cris sauvages, nous prenions le café sur la terrasse aux premiers rayons d'un doux et clair soleil. L'avocat de Briançon arriva et se jeta dans les bras de son vieux ami le marquis, en s'écriant : *Tout est liquidé!*

Cette parole prosaïque fut aussi douce à nos oreilles que le premier tonnerre du printemps. C'était le signal de notre bonheur à tous. Le marquis mit la main de sa fille dans celle de Célio, et celle de Stella dans la mienne. A l'heure où j'écris ces dernières lignes, Béatrice cueille des camélias blancs et des cyclamens dans la serre pour les couronnes des deux mariées. Je suis heureux et fier de pouvoir donner tout haut le nom de sœur à cette chère enfant, et maître Volabù vient d'entrer comme cocher au service du château.

FIN DU CHATEAU DES DÉSERTES.

LAVINIA

AN OLD TALE

BILLET.

« Puisque vous allez vous marier, Lionel, ne serait-il pas convenable de nous rendre mutuellement nos lettres et nos portraits? Cela est facile, puisque le hasard nous rapproche, et qu'après dix ans écoulés sous des cieux différents nous voilà aujourd'hui à quelques lieues l'un de l'autre. Vous venez, m'a-t-on dit, quelquefois à Saint-Sauveur; moi, j'y passe huit jours seulement. J'espère donc que vous y serez dans le courant de la semaine avec le paquet que je réclame. J'occupe la maison Estabanette, au bas de la chute d'eau. Vous pourrez y envoyer la personne destinée à ce message; elle vous reportera un paquet semblable, que je tiens tout prêt pour vous être remis en échange. »

RÉPONSE.

« Madame,

« Le paquet que vous m'ordonnez de vous envoyer est ici cacheté, et portant votre suscription. Je dois être reconnaissant sans doute de voir que vous n'avez pas douté qu'il ne fût entre mes mains au jour et au lieu où il vous plairait de le réclamer.

« Mais il faut donc, Madame, que j'aille moi-même à Saint-Sauveur le porter, pour le confier ensuite aux mains d'une tierce personne qui vous le remettrait? Puisque vous ne jugez point à propos de m'accorder le bonheur de vous voir, n'est-il pas plus simple que je n'aille pas au lieu que vous habitez m'exposer à l'émotion d'être si près de vous? Ne vaut-il pas mieux que je confie le paquet à un messager dont je suis sûr, pour qu'il le porte de Bagnères à Saint-Sauveur? J'attends vos ordres à cet égard; quels qu'ils soient, Madame, je m'y soumettrai aveuglément. »

BILLET.

« Je savais, Lionel, que mes lettres étaient par hasard entre vos mains dans ce moment, parce que Henry, mon cousin, m'a dit vous avoir vu à Bagnères et tenir de vous cette circonstance. Je suis bien aise que Henry, qui est un peu menteur, comme tous les bavards, ne m'ait pas trompée. Je vous ai prié d'apporter vous-même le paquet à Saint-Sauveur, parce que de tels messages ne doivent pas être légèrement exposés dans des montagnes infestées de contrebandiers qui pillent tout ce qui leur tombe sous la main. Comme je vous sais homme à défendre vaillamment un dépôt, je ne puis pas être plus tranquille qu'en vous rendant vous-même garant de celui qui m'intéresse. Je ne vous ai point offert d'entrevue, parce que j'ai craint de vous rendre encore plus désagréable la démarche déjà pénible que je vous imposais. Mais puisque vous semblez attacher à cette entrevue une idée de regret, je vous dois et je vous accorde de tout mon cœur ce faible dédommagement. En ce cas, comme je ne veux pas vous faire sacrifier un temps précieux à m'attendre, je vais vous fixer le jour, afin que vous ne me trouviez point absente. Soyez donc à Saint-Sauveur le 15, à neuf heures du soir. Vous irez m'attendre chez moi, et vous me ferez avertir par ma négresse. Je rentrerai aussitôt. Le paquet sera prêt... Adieu. »

Sir Lionel fut désagréablement frappé de l'arrivée du second billet. Elle le surprit au milieu d'un projet de voyage à Luchon, pendant lequel la belle miss Ellis, sa prétendue, comptait bien sur son escorte. Le voyage devait être charmant. Aux eaux, les parties de plaisir réussissent presque toujours, parce qu'elles se succèdent si rapidement qu'on n'a pas le temps de les préparer; parce que la vie marche brusque, vive et inattendue; parce que l'arrivée continuelle de nouveaux compagnons donne un caractère d'improvisation aux plus menus détails d'une fête.

Sir Lionel s'amusait donc aux eaux des Pyrénées, autant qu'il est séant à un bon Anglais de s'amuser. Il était en outre passablement amoureux de la riche stature et de la confortable dot de miss Ellis; et sa désertion, au moment d'une *cavalcade* si importante (mademoiselle Ellis avait fait venir de Tarbes un fort beau navarrin gris pommelé, qu'elle se promettait de faire briller en tête de la caravane), pouvait devenir funeste à ses projets de mariage. Cependant la position de sir Lionel était embarrassante; il était homme d'honneur et des plus délicats. Il fut trouver son ami sir Henry pour lui faire part de ce cas de conscience.

Mais, pour forcer le jovial Henry à lui accorder une attention sérieuse, il commença par le quereller.

« Etourdi et bavard que vous êtes! s'écria-t-il en entrant; c'était bien la peine d'aller dire à votre cousine que ses lettres étaient entre mes mains! Vous n'avez jamais été capable de retenir sur vos lèvres une parole dangereuse. Vous êtes un ruisseau qui répand à mesure qu'il reçoit; un de ces vases ouverts qui ornent les statues des naïades et des fleuves; le flot qui les traverse ne prend pas même le temps de s'y arrêter...

— Fort bien, Lionel! s'écria le jeune homme; j'aime à vous voir dans un accès de colère: cela vous rend poétique. Dans ces moments-là vous êtes vous-même un ruisseau, un fleuve de métaphores, un torrent d'éloquence, un réservoir d'allégories...

— Ah! il s'agit bien de rire! s'écria Lionel en colère; nous n'allons plus à Luchon.

— Nous n'y allons plus! Qui a dit cela?

— Nous n'y allons plus, vous et moi; c'est moi qui vous le dis.

— Parlez pour vous tant qu'il vous plaira; pour moi, je suis bien votre serviteur.

— Moi, je n'y vais pas, et par conséquent ni vous non plus. Henry, vous avez fait une faute, il faut que vous la répariez. Vous m'avez suscité une horrible contrariété; votre conscience vous ordonne de m'aider à la supporter. Vous dînez avec moi à Saint-Sauveur.

— Que le diable m'emporte et si je le fais! s'écria Henry; je suis amoureux fou depuis hier soir de la petite Bordelaise dont je me suis tant moqué hier matin. Je veux aller à Luchon, car elle y va: elle montera mon yorkshire, et elle fera crever de jalousie votre grande aquiline Margaret Ellis.

— Ecoutez, Henry, dit Lionel d'un air grave; vous êtes mon ami?

— Sans doute; c'est connu. Il est inutile de nous attendrir sur l'amitié dans ce moment-ci. Je prévois que ce début solennel tend à m'imposer...

— Ecoutez-moi, vous dis-je, Henry; vous êtes mon ami, vous vous applaudissez des événements heureux de ma vie, et vous ne vous pardonneriez pas légèrement, je suppose, de m'avoir causé un préjudice, un malheur véritable?

— Non, sur mon honneur! Mais de quoi est-il question?

— Eh bien! Henry, vous faites manquer peut-être mon mariage.

— Allons donc! quelle folie! parce que j'ai dit à ma cousine que vous aviez ses lettres, et qu'elle vous les réclame? Quelle influence lady Lavinia peut-elle exercer sur votre vie après dix ans d'oubli réciproque? Avez-vous la fatuité de croire qu'elle ne soit pas consolée de votre infidélité? Allons donc, Lionel! c'est par trop de remords! le mal n'est pas si grand! il n'a pas été sans remède, croyez-moi bien... »

En parlant ainsi, Henry portait nonchalamment la main à sa cravate et jetait un coup d'œil au miroir, deux actes qui, dans le langage consacré de la pantomime, sont faciles à interpréter.

Cette leçon de modestie, dans la bouche d'un homme plus fat que lui, irrita sir Lionel.

« Je ne me permettrai aucune réflexion sur le compte de lady Lavinia, répondit-il en tâchant de concentrer son amertume. Jamais un sentiment de vanité blessée ne me fera essayer de noircir la réputation d'une femme, n'eussé-je jamais eu d'amour pour elle.

— C'est absolument le cas où je suis, reprit étourdiment sir Henry; je ne l'ai jamais aimée, et je n'ai jamais été jaloux de ceux qu'elle a pu mieux traiter que moi; je n'ai d'ailleurs rien à dire de la vertu de ma glorieuse cousine Lavinia; je n'ai jamais essayé sérieusement de l'ébranler...

— Vous lui avez fait cette grâce, Henry? Elle doit vous en être bien reconnaissante!

— Ah çà, Lionel! de quoi parlons-nous, et qu'êtes-vous venu me dire? Vous semblez hier fort peu religieux envers le souvenir de vos premières amours; vous étiez absolument prosterné devant la radieuse Ellis. Aujourd'hui, où en êtes-vous, s'il vous plaît? Vous semblez n'entendre pas raison sur le chapitre du passé, et puis vous parlez d'aller à Saint-Sauveur au lieu d'aller à Luchon! Voyons, qui aimez-vous ici? qui épousez-vous?

— J'épouse miss Margaret, s'il plaît à Dieu et à vous.

— A moi?

— Oui, vous pouvez me sauver. D'abord, lisez le nouveau billet que m'écrit votre cousine. Est-ce fait? Fort bien. A présent, vous voyez, il faut que je me décide entre Luchon et Saint-Sauveur, entre une femme à conquérir et une femme à consoler.

— Halte-là, impertinent! s'écria Henry; je vous ai dit cent fois que ma cousine était fraîche comme les fleurs, belle comme les anges, vive comme un oiseau, gaie, vermeille, élégante, coquette: si cette femme-là est désolée, je veux bien consentir à gémir toute ma vie sous le poids d'une semblable douleur.

— N'espérez pas me piquer, Henry; je suis heureux de ce que vous me dites. Mais en ce cas, pourrez-vous m'expliquer l'étrange fantaisie qui porte lady Lavinia à m'imposer un rendez-vous?

— O stupide compagnon! s'écria Henry; ne voyez-vous pas que c'est votre faute? Lavinia ne désirait pas le moins du monde cette entrevue: j'en suis bien sûr, moi; car lorsque je lui parlai de vous, lorsque je lui demandai si le cœur ne lui battait pas quelquefois, sur le chemin de Saint-Sauveur à Bagnères, à l'approche d'un groupe de cavaliers au nombre desquels vous pouviez être, elle me répondit d'un air nonchalant: « Vraiment! peut-être que mon cœur battrait si je venais à le rencontrer. » Et le dernier mot de sa phrase fut délicieusement modulé par un bâillement. Oui, ne mordez pas votre lèvre, Lionel, un de ces jolis bâillements de femme tout petits, tout frais, si harmonieux qu'ils semblent polis et caressants, si longs et si traînants qu'ils expriment la plus profonde apathie et la plus cordiale indifférence. Mais vous, au lieu de profiter de cette bonne disposition, vous ne pouvez pas résister à l'envie de faire des phrases. Fidèle à l'éternel pathos des amants disgraciés, quoique enchanté de l'être, vous affectez le ton élégiaque, le genre lamentable; vous semblez pleurer l'impossibilité de la voir, au lieu de lui dire naïvement que vous en étiez le plus reconnaissant du monde...

— De telles impertinences ne peuvent se commettre.

Comment aurais-je prévu qu'elle allait prendre au sérieux quelques paroles oiseuses arrachées par la convenance de la situation?
— Oh! je connais Lavinia; c'est une malice de sa façon !
— Eternelle malice de femme! Mais, non; Lavinia était la plus douce et la moins railleuse de toutes; je suis sûr qu'elle n'a pas plus envie que moi de cette entrevue. Tenez, mon cher Henry, sauvez-nous tous deux de ce supplice; prenez le paquet, allez à Saint-Sauveur; chargez-vous de tout arranger; faites-lui comprendre que je ne dois pas...
— Quitter miss Ellis à la veille de votre mariage, n'est-ce pas? Voilà une bonne raison à donner à une rivale ! Impossible ! mon cher; vous avez fait la folie, il faut la boire. Quand on a la sottise de garder dix ans le portrait et les lettres d'une femme, quand on a l'étourderie de s'en vanter à un bavard comme moi, quand on a la rage de faire de l'esprit et du sentiment à froid dans une lettre de rupture, il faut en subir toutes les conséquences. Vous n'avez rien à refuser à lady Lavinia tant que ses lettres seront entre vos mains; et, quel que soit le mode de communication qu'elle vous impose, vous lui êtes soumis tant que vous n'aurez point accompli cette solennelle démarche. Allons, Lionel, faites seller votre poney, et partons; car je vous accompagne. J'ai quelques torts dans tout ceci, et vous voyez que je ne ris plus quand il s'agit de les réparer. Partons! »

Lionel avait espéré que Henry trouverait un autre moyen de le tirer d'embarras. Il restait consterné, immobile, enchaîné à sa place par un sentiment secret de résistance involontaire aux arrêts de la nécessité. Cependant il finit par se lever, triste, résigné, et les bras croisés sur sa poitrine. Sir Lionel était, en fait d'amour, un héros accompli. Si son cœur avait été parjure à plus d'une passion, jamais sa conduite extérieure ne s'était écartée du code des *procédés*; jamais aucune femme n'avait eu à lui reprocher une démarche contraire à cette condescendance délicate et généreuse qui est le meilleur signe d'abandon que puisse donner un homme bien élevé à une femme irritée. C'est avec la conscience d'une exacte fidélité à ces règles que le beau sir Lionel se pardonnait les douleurs attachées à ses triomphes.

« Voici un moyen ! s'écria enfin Henry en se levant à son tour. C'est la coterie de nos belles compatriotes qui décide tout ici. Miss Ellis et sa sœur Anna sont les pouvoirs les plus éminents du conseil d'amazones. Il faut obtenir de Margaret que ce voyage, fixé à demain, soit retardé d'un jour. Un jour ici, c'est beaucoup, je le sais; mais enfin il faut l'obtenir, prétexter un empêchement sérieux, et partir dès cette nuit pour Saint-Sauveur. Nous y arriverons dans l'après-midi; nous nous reposerons jusqu'au soir; à neuf heures, pendant le rendez-vous, je ferai seller nos chevaux, et à dix heures (j'imagine qu'il ne faut pas plus d'une heure pour échanger deux paquets de lettres) nous remontons à cheval, nous courons toute la nuit, nous arrivons ici avec le soleil levant, nous trouvons la belle Margaret piaffant sur sa noble monture, ma jolie petite madame Bernos caracolant sur mon yorkshire; nous changeons de bottes et, les bras croisés de poussière, exténués de fatigue, dévorés d'amour, pâles, intéressants, nous suivons nos dulcinées par monts et par vaux. Si l'on veut récompense pas tant de zèle, il faut pendre toutes les femmes pour l'exemple. Allons, es-tu prêt? »

Pénétré de reconnaissance, Lionel se jeta dans les bras de Henry. Au bout d'une heure celui-ci revint. « Partons, lui dit-il, tout est arrangé; on retarde le départ pour Luchon jusqu'au 16; mais ce n'a pas été sans peine. Miss Ellis avait des soupçons. Elle sait que ma cousine est à Saint-Sauveur, et elle a une aversion effroyable pour ma cousine, car elle connaît les folies que tu as faites jadis pour elle. Mais moi, j'ai habilement détourné les soupçons; j'ai dit que tu étais horriblement malade, et que je venais de te forcer à te mettre au lit...
— Allons, juste ciel! une nouvelle folie pour me perdre !

— Non, non, du tout! Dick va mettre un bonnet de nuit à ton traversin; il va le coucher en long dans ton lit, et commander trois pintes de tisane à la servante de la maison. Surtout il va prendre la clef de cette chambre dans sa poche, et s'installer devant la porte avec une figure allongée et des yeux hagards; et puis il lui est enjoint de ne laisser entrer personne et d'assommer quiconque essaierait de forcer la consigne, fût-ce miss Margaret elle-même. Hein ! le voici déjà qui bassine ton lit. Fort bien ! il a une excellente figure ; il veut se donner l'air triste, il a l'air imbécile. Sortons par la porte qui donne dans le ravin. Jack mènera nos chevaux au bout du vallon, comme s'il allait les promener, et nous le rejoindrons au pont de Lonnio. Allons, en route, et que le dieu d'amour nous protége ! »

Ils parcoururent rapidement la distance qui sépare les deux chaînes de montagne, et ne ralentirent leur course que dans la gorge étroite et sombre qui s'étend de Pierrefitte à Luz. C'est sans contredit une des parties les plus austères et les plus caractérisées des Pyrénées. Tout y prend un aspect formidable. Les monts se resserrent; le Gave s'encaisse et gronde sourdement en passant sous les arcades de rochers et de vigne sauvage ; les flancs noirs du rocher se couvrent de plantes grimpantes dont le vert vigoureux passe à des teintes bleues sur les plans éloignés, et à des tons grisâtres vers les sommets. L'eau du torrent ne reçoit des reflets tantôt d'un vert limpide, tantôt d'un bleu mat et ardoisé, comme on en voit sur les eaux de la mer.

De grands ponts de marbre d'une seule arche s'élancent d'un flanc à l'autre de la montagne, au-dessus des précipices. Rien n'est si imposant que la structure et la situation de ces ponts jetés dans l'espace, et nageant dans l'air blanc et humide qui semble tomber à regret dans le ravin. La route passe d'un flanc à l'autre de la gorge sept fois dans l'espace de quatre lieues. Lorsque nos deux voyageurs franchirent le septième pont, ils aperçurent au fond de la gorge, qui insensiblement s'élargissait devant eux, la délicieuse vallée de Luz, inondée des feux du soleil levant. La hauteur des montagnes qui bordent la route ne permettait pas encore au rayon matinal d'arriver jusqu'à eux. Le merle d'eau faisait entendre son petit cri plaintif dans les herbes du torrent. L'eau écumante et froide soulevait avec effort les voiles de brouillard étendus sur elle. A peine, vers les hauteurs, quelques lignes de lumières doraient les anfractuosités des rochers et la chevelure pendante des clématites. Mais au fond de ce sévère paysage, derrière de grandes masses noires, âpres et revêches comme les sites aimés de Salvator, la belle vallée, baignée d'une rosée étincelante, nageait dans la lumière et formait une nappe d'or dans un cadre de marbre noir.

« Que cela est beau ! s'écria Henry, et que je vous plains d'être amoureux, Lionel ! Vous êtes insensible à toutes ces choses sublimes ; vous pensez que le plus beau rayon du soleil ne vaut pas un sourire de miss Margaret Ellis.
— Avouez, Henry, que Margaret est la plus belle personne des trois royaumes.
— Oui, la théorie à la main, c'est une beauté sans défaut. Eh bien ! c'est celui que je lui reproche, moi. Je la voudrais moins parfaite, moins majestueuse, moins classique. J'aimerais cent fois mieux ma cousine, si Dieu me donnait à choisir entre elles deux.
— Allons donc, Henry, vous n'y songez pas, dit Lionel en souriant; l'orgueil de la famille vous aveugle. De l'aveu de tout ce qui a deux yeux dans la tête, lady Lavinia est d'une beauté plus que problématique; et moi, qui l'ai connue dans toute la fraîcheur de ses belles années, je puis vous assurer qu'il n'y a jamais eu de parallèle possible...
— D'accord ; mais que de grâce et de gentillesse chez Lavinia! des yeux si vifs, une chevelure si belle, des pieds si petits ! »

Lionel s'amusa pendant quelque temps à combattre l'admiration de Henry pour sa cousine. Mais, tout en mettant du plaisir à vanter la beauté qu'il aimait, un secret sen-

Cette maison était un peu isolée des autres... (Page 122.)

timent d'amour-propre lui faisait trouver du plaisir encore à entendre réhabiliter celle qu'il avait aimée. Ce fut, au reste, un moment de vanité, rien de plus ; car jamais la pauvre Lavinia n'avait régné bien réellement sur ce cœur, que les succès avaient gâté de bonne heure. C'est peut-être un grand malheur pour un homme que de se trouver jeté trop tôt dans une position brillante. L'aveugle prédilection des femmes, la sotte jalousie des vulgaires rivaux, c'en est assez pour fausser un jugement novice et corrompre un esprit sans expérience.

Lionel, pour avoir trop connu le bonheur d'être aimé, avait épuisé en détail la force de son âme ; pour avoir essayé trop tôt des passions, il s'était rendu incapable de ressentir jamais une passion profonde. Sous des traits mâles et beaux, sous l'expression d'une physionomie jeune et forte, il cachait un cœur froid et usé comme celui d'un vieillard.

« Voyons, Lionel, dites-moi pourquoi vous n'avez pas épousé Lavinia Buenafé, aujourd'hui lady Blake par votre faute? car enfin, sans être rigoriste, quoique je sois assez disposé à respecter, parmi les priviléges de notre sexe, le sublime droit du bon plaisir, je ne saurais, quand j'y songe, approuver beaucoup votre conduite. Après lui avoir fait la cour deux ans, après l'avoir compromise autant qu'il est possible de compromettre une jeune miss (ce qui n'est pas chose absolument facile dans la bienheureuse Albion), après lui avoir fait rejeter les plus beaux partis, vous la laissez là pour courir après une cantatrice italienne, qui certes ne méritait pas d'inspirer un pareil forfait. Voyons, Lavinia n'était-elle pas spirituelle et jolie? n'était-elle pas la fille d'un banquier portugais, juif à la vérité, mais riche? n'était-ce pas un bon parti? ne vous aimait-elle pas jusqu'à la folie?

— Eh! mon ami, voici ce dont je me plains : elle m'aimait beaucoup trop pour qu'il me fût possible d'en faire ma femme. De l'avis de tout homme de bon sens, une femme légitime doit être une compagne douce et paisible, Anglaise jusqu'au fond de l'âme, peu susceptible d'amour, incapable de jalousie, aimant le sommeil, et faisant un assez copieux abus de thé noir pour entretenir ses facultés dans une assiette conjugale. Avec cette Portugaise au cœur ardent, à l'humeur active, habituée de bonne heure aux déplacements, aux mœurs libres, aux idées libérales, à toutes les pensées dangereuses qu'une femme

Mais un homme était avec elle... (Page 127.)

ramasse en courant le monde, j'aurais été le plus malheureux des maris, sinon le plus ridicule. Pendant quinze mois, je m'abusai sur le malheur inévitable que cet amour me préparait. J'étais si jeune alors! j'avais vingt-deux ans; souvenez-vous de cela, Henry, et ne me condamnez pas. Enfin, j'ouvris les yeux au moment où j'allais commettre l'insigne folie d'épouser une femme amoureuse folle de moi.. Je m'arrêtai au bord du précipice, et je pris la fuite pour ne pas succomber à ma faiblesse.

— Hypocrite! dit Henry. Lavinia m'a raconté bien autrement cette histoire : il paraît que, longtemps avant la cruelle détermination qui vous fit partir pour l'Italie avec la Rosmonda, vous étiez déjà dégoûté de la pauvre juive, et vous lui faisiez cruellement sentir l'ennui qui vous gagnait auprès d'elle. Oh! quand Lavinia raconte cela, je vous assure qu'elle n'y met point de fatuité; elle avoue son malheur et vos cruautés avec une modestie ingénue que je n'ai jamais vu pratiquer aux autres femmes. Elle a une façon à elle de dire : « Enfin, je l'ennuyais. » Tenez, Lionel, si vous lui aviez entendu prononcer ces mots, avec l'expression de naïve tristesse qu'elle sait y mettre, vous auriez des remords, je le parierais.

— Eh! n'en ai-je pas eu! s'écria Lionel. Voilà ce qui nous dégoûte encore d'une femme : c'est tout ce que nous souffrons pour elle après l'avoir quittée ; ce sont ces mille vexations dont son souvenir nous poursuit; c'est la voix du monde bourgeois qui crie vengeance et anathème, c'est la conscience qui se trouble et s'effraie; ce sont de légers reproches bien doux et bien cruels que la pauvre délaissée nous adresse par les cent voix de la renommée. Tenez, Henry, je ne connais rien de plus ennuyeux et de plus triste que le métier d'homme à bonnes fortunes.

— A qui le dites-vous! » répondit Henry d'un ton vaillant, en faisant ce geste de fatuité ironique qui lui allait si bien. Mais son compagnon ne daigna pas sourire, et il continua à marcher lentement, en laissant flotter les rênes sur le cou de son cheval, et en promenant son regard fatigué sur les délicieux tableaux que la vallée déroulait à ses pieds.

Luz est une petite ville située à environ un mille de Saint-Sauveur. Nos dandys s'y arrêtèrent; rien ne put déterminer Lionel à pousser jusqu'au lieu qu'habitait lady Lavinia : il s'installa dans une auberge et se jeta sur son lit en attendant l'heure fixée pour le rendez-vous.

Quoique le climat soit infiniment moins chaud dans cette vallée que dans celle de Bigorre, la journée fut lourde et brûlante. Sir Lionel, étendu sur un mauvais lit d'auberge, ressentit quelques mouvements fébriles, et s'endormit péniblement au bourdonnement des insectes qui tournoyaient sur sa tête dans l'air embrasé. Son compagnon, plus actif et plus insouciant, traversa la vallée, rendit des visites à tout le voisinage, guetta le passage des cavalcades sur la route de Gavarni, salua les belles ladys qu'il aperçut à leurs fenêtres ou sur les chemins, jeta de brillantes œillades aux jeunes Françaises, pour lesquelles il avait une préférence décidée, et vint enfin rejoindre Lionel à l'entrée de la nuit.

« Allons, debout, debout ! s'écria-t-il en pénétrant sous ses rideaux de serge ; voici l'heure du rendez-vous.

— Déjà ? dit Lionel, qui, grâce à la fraîcheur du soir, commençait à dormir d'un sommeil paisible ; quelle heure est-il donc, Henry ? »

Henry répondit d'un ton emphatique :

*At the close of the day when the Hamlet is still
And nought but the torrent is heard upon the hill...*

— Ah ! pour Dieu, faites-moi grâce de vos citations, Henry ! Je vois bien que la nuit descend, que le silence gagne, que la voix du torrent nous arrive plus sonore et plus pure ; mais lady Lavinia ne m'attend qu'à neuf heures ; je puis peut-être dormir encore un peu.

— Non, pas une minute de plus, Lionel. Il faut nous rendre à pied à Saint-Sauveur ; car j'y ai fait conduire nos chevaux dès ce matin, et les pauvres animaux sont assez fatigués, sans compter ce qui leur reste à faire. Allons, habillez-vous. C'est bien. A dix heures je serai à cheval, à la porte de lady Lavinia, tenant en main votre palefroi et prêt à vous offrir la bride, ni plus ni moins que notre grand William à la porte des théâtres, lorsqu'il était réduit à l'office de jockey, le grand homme ! Allons, Lionel, voici votre porte-manteau, une cravate blanche, de la cire à moustache. Patience donc ! Oh ! quelle négligence ! quelle apathie ! Y songez-vous, mon cher ? se présenter avec une mauvaise toilette devant une femme que l'on n'aime plus, c'est une faute énorme ! Sachez donc bien qu'il faut, au contraire, lui apparaître avec tous vos avantages, afin de lui faire sentir le prix de ce qu'elle perd. Allons, allons ! relevez-moi votre chevelure encore mieux que s'il s'agissait d'ouvrir le bal avec miss Margaret. Bien ! Laissez-moi donner un coup de brosse à votre habit. Eh quoi ! auriez-vous oublié un flacon d'essence de tubéreuse pour inonder votre foulard des Indes ? Ce serait impardonnable ; non ; Dieu soit loué ! le voici. Allons, Lionel, vous embaumez, vous resplendissez ; partez. Songez qu'il y va de votre honneur de faire verser quelques larmes en apparaissant ce soir pour la dernière fois sur l'horizon de lady Lavinia. »

Lorsqu'ils traversèrent la bourgade Saint-Sauveur, qui se compose de cinquante maisons au plus, ils s'étonnèrent de ne voir aucune personne élégante dans la rue ni aux fenêtres. Mais ils s'expliquèrent cette singularité en passant devant les fenêtres d'un rez-de-chaussée d'où partaient les sons faux d'un violon, d'un flageolet et d'un tympanon, instrument indigène qui tient du tambourin français et de la guitare espagnole. Le bruit et la poussière apprirent à nos voyageurs que le bal était commencé, et que tout ce qu'il y a de plus élégant parmi l'aristocratie de France, d'Espagne et d'Angleterre, réuni dans une salle modeste, aux murailles blanches décorées de guirlandes de buis et de serpolet, dansait au bruit du plus détestable charivari qui ait jamais déchiré des oreilles et marqué la mesure à faux.

Plusieurs groupes de *baigneurs*, de ceux qu'une condition moins brillante ou une santé plus réellement détruite privaient du plaisir de prendre une part active à la soirée, se pressaient devant ces fenêtres pour jeter, par-dessus l'épaule les uns des autres, un coup d'œil de curiosité envieuse ou ironique sur le bal, et pour échanger quelque remarque laudative ou maligne, en attendant que l'horloge du village eût sonné l'heure où tout convalescent doit aller se coucher, sous peine de perdre le *benefit* des eaux minérales.

Au moment où nos deux voyageurs passèrent devant ce groupe, il y eut dans cette petite foule un mouvement oscillatoire vers l'embrasure des fenêtres ; et Henry, en essayant de se mêler aux curieux, recueillit ces paroles :

« C'est la belle juive Lavinia Blake qui va danser. On dit que c'est la femme de toute l'Europe qui danse le mieux. »

« Ah ! venez, Lionel ! s'écria le jeune baronnet ; venez voir comme ma cousine est bien mise et charmante ! »

Mais Lionel le tira par le bras ; et, rempli d'humeur et d'impatience, il l'arracha de la fenêtre, sans daigner jeter un regard de ce côté.

« Allons, allons ! lui dit-il, nous ne sommes pas venus ici pour voir danser. »

Cependant il ne put s'éloigner assez vite pour qu'un autre propos, jeté au hasard autour de lui, ne vint pas frapper son oreille.

« Ah ! disait-on, c'est le beau comte de Morangy qui la fait danser.

— Faites-moi le plaisir de me dire quel autre ce pourrait être ? répondit une autre voix.

— On dit qu'il en perd la tête, reprit un troisième interlocuteur. Il a déjà crevé pour elle trois chevaux, et je ne sais combien de jockeys. »

L'amour-propre est un si étrange conseiller, qu'il nous arrive cent fois par jour d'être, grâce à lui, en pleine contradiction avec nous-mêmes. Par le fait, sir Lionel était charmé de savoir lady Lavinia placée, par de nouvelles affections, dans une situation qui assurait leur indépendance mutuelle. Et pourtant la publicité des triomphes qui pouvaient faire oublier le passé à cette femme délaissée fut pour Lionel une espèce d'affront qu'il dévora avec peine.

Henry, qui connaissait les lieux, le conduisit au bout du village, à la maison qu'habitait sa cousine. Là il le laissa.

Cette maison était un peu isolée des autres ; elle s'adossait, d'un côté, à la montagne, et de l'autre, elle dominait le ravin. A trois pas, un torrent tombait à grand bruit dans la cannelure du rocher ; et la maison, inondée, pour ainsi dire, de ce bruit frais et sauvage, semblait ébranlée par la chute d'eau et prête à s'élancer avec elle dans l'abîme. C'était une des situations les plus pittoresques que l'on pût choisir, et Lionel reconnut dans cette circonstance l'esprit romanesque et un peu bizarre de lady Lavinia.

Une vieille négresse vint ouvrir la porte d'un petit salon au rez-de-chaussée. A peine la lumière vint à frapper son visage luisant et calleux, que Lionel laissa échapper une exclamation de surprise. C'était Pepa, la vieille nourrice de Lavinia, celle que, pendant deux ans, Lionel avait vue auprès de sa bien-aimée. Comme il n'était en garde contre aucune espèce d'émotion, la vue inattendue de cette vieille, en réveillant en lui la mémoire du passé, bouleversa un instant toutes ses idées. Il faillit lui sauter au cou ; l'appeler *nourrice*, comme au temps de sa jeunesse et de sa gaieté, l'embrasser comme une digne servante, comme une vieille amie ; mais Pepa recula de trois pas, en contemplant d'un air stupéfait l'air empressé de Lionel. Elle ne le reconnaissait pas.

« Hélas ! je suis donc bien changé ? » pensa-t-il.

« Je suis, dit-il avec une voix troublée, la personne que lady Lavinia a fait demander. Ne vous a-t-elle pas prévenue ?...

— Oui, oui, Milord, répondit la négresse ; milady est au bal : elle m'a dit de lui porter son éventail aussitôt qu'un gentleman frapperait à cette porte. Restez ici, je cours l'avertir... »

La vieille se mit à chercher l'éventail. Il était sur le coin d'une tablette de marbre, sous la main de sir Lionel. Il le prit pour le remettre à la négresse, et ses doigts en conservèrent le parfum après qu'elle fut sortie.

Ce parfum opéra sur lui comme un charme ; ses organes nerveux en reçurent une commotion qui pénétra jusqu'à son cœur et le fit tressaillir. C'était le parfum que Lavinia préférait : c'était une espèce d'herbe aromatique qui croît dans l'Inde, et dont elle avait coutume jadis d'imprégner ses vêtements et ses meubles. Ce parfum de patchouly, c'était tout un monde de souvenirs, toute une vie d'amour; c'était une émanation de la première femme que Lionel avait aimée. Sa vue se troubla, ses artères battirent violemment; il lui sembla qu'un nuage flottait devant lui, et, dans ce nuage, une fille de seize ans, brune, mince, vive et douce à la fois : la juive Lavinia, son premier amour. Il la voyait passer rapide comme un daim, effleurant les bruyères, foulant les plaines giboyeuses de son parc, lançant sa haquenée noire à travers les marais, rieuse, ardente et fantasque comme Diana Vernon, ou comme les fées joyeuses de la verte Irlande.

Bientôt il eut honte de sa faiblesse, en songeant à l'ennui qui avait flétri cet amour et tous les autres. Il jeta un regard tristement philosophique sur les dix années de raison positive qui le séparaient de ces jours d'églogue et de poésie; puis il invoqua l'avenir, la gloire parlementaire et l'éclat de la vie politique sous la forme de miss Margaret Ellis, qu'il invoqua elle-même sous la forme de sa dot; et enfin il se mit à parcourir la pièce où il se trouvait, en jetant autour de lui le sceptique regard d'un amant désabusé et d'un homme de trente ans aux prises avec la vie sociale.

On est simplement logé aux eaux des Pyrénées; mais, grâce aux avalanches et aux torrents qui, chaque hiver, dévastent les habitations, à chaque printemps on voit renouveler ou rajeunir les ornements et le mobilier. La maisonnette que Lavinia avait louée était bâtie en marbre brut et toute lambrissée en bois résineux à l'intérieur. Ce bois, peint en blanc, avait l'éclat et la fraîcheur du stuc. Une natte de joncs, tissue en Espagne et nuancée de plusieurs couleurs, servait de tapis. Des rideaux de basin bien blancs recevaient l'ombre mouvante des sapins qui secouaient leurs chevelures noires au vent de la nuit, sous l'humide regard de la lune. De petits seaux de bois d'olivier verni étaient remplis des plus belles fleurs de la montagne. Lavinia avait cueilli elle-même, dans les plus désertes vallées et sur les plus hautes cimes, ces belladones au sein vermeil, ces aconits au cimier d'azur, au calice vénéneux; ces sylènes blanc et rose, dont les pétales sont si délicatement découpés; ces pâles saponaires; ces clochettes transparentes et plissées comme de la mousseline; ces valérianes de pourpre; toutes ces sauvages filles de la solitude, si embaumées et si fraîches, que le chamois craint de les flétrir en les effleurant dans sa course, et que l'eau des sources inconnues au chasseur les couche à peine sous son flux nonchalant et silencieux.

Cette chambrette blanche et parfumée avait, en vérité, et, comme à son insu, un air de rendez-vous; mais elle semblait aussi le sanctuaire d'un amour virginal et pur. Les bougies jetaient une clarté timide; les fleurs semblaient fermer modestement leur sein à la lumière; aucun vêtement de femme, aucun vestige de coquetterie ne s'était oublié à traîner sur les meubles : seulement un bouquet de pensées flétries et un gant blanc décousu gisaient côte à côte sur la cheminée. Lionel, poussé par un mouvement irrésistible, prit le gant et le froissa dans ses mains. C'était comme l'étreinte convulsive et froide d'un dernier adieu. Il prit le bouquet sans parfum; le contempla un instant, fit une allusion amère aux fleurs qui le composaient, et le rejeta brusquement loin de lui. Lavinia avait-elle posé là ce bouquet avec le dessein qu'il fût commenté par son ancien amant?

Lionel s'approcha de la fenêtre et écarta les rideaux pour faire diversion, par le spectacle de la nature, à l'humeur qui le gagnait de plus en plus. Ce spectacle était magique. La maison, plantée dans le roc, servait de bastion à une gigantesque muraille de rochers taillés à pic, dont le Gave battait le pied. A droite tombait la cataracte avec un bruit furieux; à gauche un massif d'épicéas se penchait sur l'abîme; au loin se déployait la vallée incertaine et blanchie par la lune. Un grand laurier sauvage qui croissait dans une crevasse du rocher apportait ses longues feuilles luisantes au bord de la fenêtre, et la brise, en les froissant l'une contre l'autre, semblait prononcer de mystérieuses paroles.

Lavinia entra, tandis que Lionel était plongé dans cette contemplation; le bruit du torrent et de la brise empêcha qu'il ne l'entendît. Elle resta plusieurs minutes debout derrière lui, occupée sans doute à se recueillir, et se demandant peut-être si c'était là l'homme qu'elle avait tant aimé; car, à cette heure d'émotion obligée et de situation prévue, Lavinia croyait pourtant faire un rêve. Elle se rappelait le temps où il lui aurait semblé impossible de revoir sir Lionel sans tomber morte de colère et de douleur. Et maintenant elle était là, douce, calme, indifférente peut-être...

Lionel se retourna machinalement et la vit. Il ne s'y attendait pas, un cri lui échappa; puis, honteux d'une telle inconvenance, confondu de ce qu'il éprouvait, il fit un violent effort pour adresser à lady Lavinia un salut correct et irréprochable.

Mais, malgré lui, un trouble imprévu, une agitation invincible, paralysait son esprit ingénieux et frivole; cet esprit si docile, si complaisant, qui se tenait toujours prêt, suivant les lois de l'amabilité, à se jeter tout entier dans la circulation, et à passer, comme l'or, de main en main pour l'usage du premier venu. Cette fois, l'esprit rebelle se taisait et restait éperdu à contempler lady Lavinia.

C'est qu'il ne s'attendait pas à la revoir si belle... Il l'avait laissée bien souffrante et bien altérée. Dans ce temps-là, les larmes avaient flétri ses joues, le chagrin avait amaigri sa taille; elle avait l'œil éteint, la main sèche, une parure négligée. Elle s'enlaidissait imprudemment alors, la pauvre Lavinia! sans songer que le douleur n'embellit que le cœur de la femme, et que la plupart des hommes nieraient volontiers l'existence de l'âme chez la femme, comme il fut fait en un certain concile de prélats italiens.

Maintenant Lavinia était dans tout l'éclat de cette seconde beauté qui revient aux femmes quand elles n'ont pas reçu au cœur d'atteintes irréparables dans leur première jeunesse. C'était toujours une mince et pâle Portugaise, d'un reflet un peu bronzé, d'un profil un peu sévère; mais son regard et ses manières avaient pris toute l'aménité, toute la grâce caressante des Françaises. Sa peau brune était veloutée par l'effet d'une santé calme et raffermie; son frêle corsage avait retrouvé la souplesse et la vivacité florissante de la jeunesse; ses cheveux, qu'elle avait coupés jadis pour en faire un sacrifice à l'amour, se déployaient maintenant dans tout leur luxe en épaisses torsades sur son front lisse et uni; sa toilette se composait d'une robe de mousseline de l'Inde et d'une touffe de bruyère blanche cueillie dans le ravin et mêlée à ses cheveux. Il n'est pas de plus gracieuse plante que la bruyère blanche, on eût dit, à la voir balancer ses délicates girandoles sur les cheveux noirs de Lavinia, des grappes de perles vivantes. Un goût exquis avait présidé à cette coiffure et à cette simple toilette, où l'ingénieuse coquetterie de la femme se révélait à force de se cacher.

Jamais Lionel n'avait vu Lavinia si séduisante. Il faillit un instant se prosterner et lui demander pardon; mais le sourire calme qu'il vit sur son visage lui rendit le degré d'amertume nécessaire pour supporter l'entrevue avec toutes les apparences de la dignité.

A défaut de phrase convenable, il tira de son sein un paquet soigneusement cacheté, et, le déposant sur la table :

« Madame, lui dit-il d'une voix assurée, vous voyez que j'ai obéi en esclave; puis-je croire, qu'à compter de ce jour, ma liberté me sera rendue?

— Il me semble, lui répondit Lavinia avec une expression de gaieté mélancolique, que, jusqu'ici, votre liberté n'a pas été trop enchaînée, sir Lionel ! En vérité, seriez-vous resté tout ce temps dans mes fers? J'avoue que je ne m'en étais pas flattée.

— Oh ! Madame, au nom du ciel, ne raillons pas ! N'est-ce pas un triste moment que celui-ci?

— C'est une vieille tradition, répondit-elle, un dénoûment convenu, une situation inévitable dans toutes les histoires d'amour. Et, si, lorsqu'on s'écrit, on était pénétré de la nécessité future de s'arracher mutuellement ses lettres avec méfiance... Mais on n'y songe point. A vingt ans, on écrit avec la profonde sécurité d'avoir échangé des serments éternels : on sourit de pitié en songeant à ces vulgaires résultats de toutes les passions qui s'éteignent; on a l'orgueil de croire que, seul entre tous, on servira d'exception à cette grande loi de la fragilité humaine! Noble erreur, heureuse fatuité d'où naissent la grandeur et les illusions de la jeunesse! n'est-ce pas, Lionel? »

Lionel restait muet et stupéfait. Ce langage tristement philosophique, quoique bien naturel dans la bouche de Lavinia, lui semblait un monstrueux contre-sens, car il ne l'avait jamais vue ainsi : il l'avait vue, faible enfant, se livrer aveuglément à toutes les erreurs de la vie, s'abandonner confiante à tous les orages de la passion; et, lorsqu'il l'avait laissée brisée de douleur, il l'avait entendue encore protester d'une fidélité éternelle à l'auteur de son désespoir.

Mais la voir ainsi prononcer l'arrêt de mort sur toutes les illusions du passé, c'était une chose pénible et effrayante. Cette femme qui se survivait à elle-même, et qui ne craignait pas de faire l'oraison funèbre de sa vie, c'était un spectacle profondément triste, et que Lionel ne put contempler sans douleur. Il ne trouva rien à répondre. Il savait bien mieux que personne tout ce qui pouvait être dit en pareil cas; mais il n'avait pas le courage d'aider Lavinia à se suicider.

Comme, dans son trouble, il froissait le paquet de lettres dans ses mains :

« Vous me connaissez assez, lui dit-elle; je devrais dire que vous vous souvenez encore assez de moi, pour être bien sûr que je ne réclame ces gages d'une ancienne affection par aucun de ces motifs de prudence dont les femmes s'avisent quand elles n'aiment plus. Si vous aviez un tel soupçon, il suffirait, pour me justifier, de rappeler que, depuis dix ans, ces gages sont restés entre vos mains, sans que j'aie songé à vous les redemander. Je ne m'y serais jamais déterminée si le repos d'une autre femme n'était compromis par l'existence de ces papiers... »

Lionel regarda fixement Lavinia, attentif au moindre signe d'amertume ou de chagrin que la pensée de Margaret Ellis ferait naître en elle; mais il lui fut impossible de trouver la plus légère altération dans son regard ou dans sa voix. Lavinia semblait être invulnérable désormais.

« Cette femme s'est-elle changée en diamant ou en glace? » se demanda-t-il.

« Vous êtes généreuse, lui dit-il avec un mélange de reconnaissance et d'ironie, si c'est là votre unique motif.

— Quel autre pourrais-je avoir, sir Lionel? Vous plairait-il de me le dire?

— Je pourrais présumer, Madame, si j'avais envie de nier votre générosité (ce qu'à Dieu ne plaise!), que des motifs personnels vous font désirer de rentrer dans la possession de ces lettres et de ce portrait.

— Ce serait m'y prendre un peu tard, dit Lavinia en riant; à coup sûr, si je vous disais que j'ai attendu jusqu'à ce jour pour avoir des *motifs personnels* (c'est votre expression), vous auriez de grands remords, n'est-ce pas?

— Madame, vous m'embarrassez beaucoup, » dit Lionel; et il prononça ces mots avec art, car là il se retrouvait sur son terrain. Il avait prévu des reproches, et il était préparé à l'attaque; mais il n'eut pas cet avantage; l'ennemi changea de position sur-le-champ.

« Allons, mon cher Lionel, dit-elle en souriant avec un regard plein de bonté qu'il ne lui connaissait pas encore, lui qui n'avait connu d'elle que la femme passionnée, ne craignez pas que j'abuse de l'occasion. Avec l'âge, la raison m'est venue, et j'ai fort bien compris, depuis longtemps, que vous n'étiez point coupable envers moi. C'est moi qui le fus envers moi-même, envers la société, envers vous peut-être; car, entre deux amants aussi jeunes que nous l'étions, la femme devrait être le guide de l'homme. Au lieu de l'égarer dans les voies d'une destinée fausse et impossible, elle devrait le conserver au monde, en l'attirant à elle. Moi, je n'ai rien su faire à propos; j'ai élevé mille obstacles dans votre vie; j'ai été la cause involontaire, mais imprudente, des longs cris de réprobation qui vous ont poursuivi; j'ai eu l'affreuse douleur de voir vos jours menacés par des vengeurs que je reniais, mais qui s'élevaient, malgré moi, contre vous; j'ai été le tourment de votre jeunesse et la malédiction de votre virilité. Pardonnez-le-moi, j'ai bien expié le mal que je vous ai fait. »

Lionel marchait de surprise en surprise. Il était venu là comme un accusé qui va s'asseoir à contre-cœur sur la sellette, et on le traitait comme un juge dont la miséricorde est implorée humblement. Lionel était né avec un noble cœur; c'était le souffle des vanités du monde qui l'avait flétri dans sa fleur. La générosité de lady Lavinia excita en lui un attendrissement d'autant plus vif qu'il n'y était pas préparé. Dominé par la beauté du caractère qui se révélait à lui, il courba la tête et plia le genou.

« Je ne vous avais jamais comprise, Madame, lui dit-il d'une voix altérée; je ne savais point ce que vous valez : j'étais indigne de vous, et j'en rougis.

— Ne dites pas cela, Lionel, répondit-elle en lui tendant la main pour le relever. Quand vous m'avez connue, je n'étais pas ce que je suis aujourd'hui. Si le passé pouvait se transposer, si aujourd'hui je recevais l'hommage d'un homme placé comme vous l'êtes dans le monde...

— Hypocrite! pensa Lionel : elle est adorée du comte de Morangy, le plus fashionable des grands seigneurs!

— Si j'avais, continua-t-elle avec modestie, à décider de la vie extérieure et publique d'un homme aimé, je saurais peut-être ajouter à son bonheur, au lieu de chercher à le détruire...

— Est-ce une avance? se demanda Lionel éperdu.

Et, dans son trouble, il porta une main avec ardeur à la main de Lavinia à ses lèvres. En même temps, il jeta un regard sur cette main, qui était remarquablement blanche et mignonne. Dans la première jeunesse des femmes, leurs mains sont souvent rouges et gonflées; plus tard, elles pâlissent, s'allongent, et prennent des proportions plus élégantes.

Plus il la regardait, plus il l'écoutait, et plus il s'étonnait de lui découvrir des perfections nouvellement acquises. Entre autres choses, elle parlait maintenant l'anglais avec une pureté extrême, elle n'avait conservé l'accent étranger et des mauvaises locutions dont jadis Lionel l'avait impitoyablement raillée, ce que qu'il fallait pour donner à sa phrase et à sa prononciation une originalité élégante et gracieuse. Ce qu'il y avait de fier et d'un peu sauvage dans son caractère s'était concentré peut-être au fond de son âme; mais son extérieur n'en trahissait plus rien. Moins tranchée, moins saillante, moins poétique peut-être qu'elle ne l'avait été, elle était désormais bien plus séduisante aux yeux de Lionel; elle était mieux selon ses idées, selon le monde.

Que vous dirai-je? Au bout d'une heure d'entretien, Lionel avait oublié les dix années qui le séparaient de Lavinia, ou plutôt il avait oublié toute sa vie; il se croyait auprès d'une femme nouvelle, qu'il aimait pour la première fois; car le passé lui rappelait Lavinia chagrine, jalouse, exigeante; il montrait surtout Lionel coupable à ses propres yeux; et, comme Lavinia comprenait ce que les souvenirs auraient eu pour lui de pénible, elle eut la délicatesse de n'y toucher qu'avec précaution.

Ils se racontèrent mutuellement la vie qui s'était écoulée depuis leur séparation. Lavinia questionnait Lionel sur ses amours nouvelles avec l'impartialité d'une sœur; elle vantait la beauté de miss Ellis, et s'informait avec intérêt et bienveillance de son caractère et des avantages qu'un tel hymen devait apporter à son ancien ami. De son côté, elle raconta d'une manière brisée, mais piquante et fine, ses voyages, ses amitiés, son mariage avec un vieux lord, son veuvage et l'emploi qu'elle faisait désormais de sa fortune et de sa liberté. Dans tout ce qu'elle disait, il y avait bien un peu d'ironie; tout en rendant hommage au pouvoir de la raison, un peu d'amertume secrète se montrait contre cette impérieuse puissance, se trahissait sous la forme du badinage. Mais la miséricorde et l'indulgence dominaient dans cette âme dévastée de bonne heure, et lui imprimaient quelque chose de grand qui l'élevait au-dessus de toutes les autres.

Plus d'une heure s'était écoulée. Lionel ne comptait pas les instants; il s'abondonnait à ses nouvelles impressions avec cette ardeur subite et passagère qui est la dernière faculté des cœurs usés. Il essayait, par toutes les insinuations possibles, d'animer l'entretien, en amenant Lavinia à lui parler de la situation réelle de son cœur; mais ses efforts étaient vains : la femme était plus mobile et plus adroite que lui. Dès qu'il croyait avoir touché une corde de son âme, il ne lui restait plus dans la main qu'un cheveu. Dès qu'il espérait saisir l'être moral et l'étreindre pour l'analyser, le fantôme glissait comme un souffle et s'enfuyait insaisissable comme l'air.

Tout à coup on frappa avec force; car le bruit du torrent, qui couvrait tout, avait empêché d'entendre les premiers coups; et maintenant on les réitérait avec impatience. Lady Lavinia tressaillit.

« C'est Henry qui vient m'avertir, lui dit sir Lionel; mais, si vous daignez m'accorder encore quelques instants, je vais lui dire d'attendre. Obtiendrai-je cette grâce, Madame? »

Lionel se préparait à l'implorer obstinément, lorsque Pepa entra d'un air empressé.

« Monsieur le comte de Morangy veut entrer à toute force, dit-elle en portugais à sa maîtresse. Il est là... il n'écoute rien...

— Ah! mon Dieu! s'écria ingénument Lavinia en anglais; il est si jaloux! Que vais-je faire de vous, Lionel? »

Lionel resta comme frappé de la foudre.

« Faites-le entrer, dit vivement Lavinia à la négresse. Et vous, dit-elle à sir Lionel, passez sur ce balcon. Il fait un temps magnifique; vous pouvez bien attendre là cinq minutes pour me rendre service. »

Et elle le poussa vivement sur le balcon. Puis elle fit retomber le rideau de basin, et, s'adressant au comte qui entrait :

« Que signifie le bruit que vous faites? lui dit-elle avec aisance. C'est une véritable invasion.

— Ah! pardonnez-moi, Madame! s'écria le comte de Morangy; j'implore ma grâce à deux genoux. Vous voyant sortir brusquement du bal avec Pepa, j'ai cru que vous étiez malade. Ces jours derniers vous avez été indisposée; j'ai été si effrayé! Mon Dieu! pardonnez-moi, Lavinia, je suis un étourdi, un fou... mais, je vous aime tant, que je ne sais plus ce que je fais... »

Pendant que le comte parlait, Lionel, à peine revenu de sa surprise, s'abandonnait à un violent accès de colère.

« Impertinente femme! pensait-il, qui ose bien me prier d'assister à un tête-à-tête avec son amant! Ah! si c'est une vengeance préméditée, si c'est une insulte volontaire, qu'on prenne garde à moi! Mais quelle folie! si je montrais du dépit, ce serait la faire triompher... Voyons! assistons à la scène d'amour avec le sang-froid d'un vrai philosophe... »

Il se pencha vers l'embrasure de la fenêtre, et se hasarda à élargir avec le bout de sa cravache la fente que laissaient les deux rideaux en se joignant. Il put ainsi voir et entendre.

Le comte de Morangy était un des plus beaux hommes de France, blond, grand, d'une figure plus imposante qu'expressive, parfaitement frisé, dandy des pieds jusqu'à la tête. De son côté sa voix était douce et veloutée. Il grasseyait un peu en parlant; il avait l'œil grand, mais sans éclat; la bouche fine et moqueuse, la main blanche comme une femme, et le pied chaussé dans une perfection indicible. Aux yeux de sir Lionel, c'était le rival le plus redoutable qu'il fût possible d'avoir à combattre; c'était un adversaire digne de lui, depuis le favori jusqu'à l'orteil.

Le comte parlait français, et Lavinia répondait dans cette langue, qu'elle possédait aussi bien que l'anglais. Encore un talent nouveau de Lavinia! Elle écoutait les fadeurs du beau *talon rouge* avec une complaisance singulière. Le comte hasarda deux ou trois phrases passionnées, qui parurent à Lionel s'écarter un peu des règles du bon goût et de la convenance dramatique. Lavinia ne se fâcha point; il n'y eut même presque pas de raillerie dans ses sourires. Elle pressait le comte de retourner au bal le premier, lui disant qu'il n'était pas convenable qu'elle y rentrât avec lui. Mais il s'obstinait à vouloir la conduire jusqu'à la porte, en jurant qu'il n'entrerait qu'un quart d'heure après. Tout en parlant, il s'emparait des mains de lady Blake, qui les lui abandonnait avec une insouciance paresseuse et agaçante.

La patience échappait à sir Lionel.

« Je suis bien sot, se dit-il enfin, d'assister patiemment à cette mystification, quand je puis sortir... »

Il marcha jusqu'au bout du balcon. Mais le balcon était fermé, et au-dessous s'étendait une corniche de rochers qui ne ressemblait pas trop à un sentier. Néanmoins Lionel se hasarda courageusement à enjamber la balustrade et à suivre quelques pas sur cette corniche; mais il fut bientôt forcé de s'arrêter : la corniche s'interrompait brusquement à l'endroit de la cataracte, et un chamois eût hésité à faire un pas de plus. La lune, montant sur le ciel, montra en cet instant à Lionel la profondeur de l'abîme, dont quelques pouces de roc le séparaient. Il fut obligé de fermer les yeux pour résister au vertige qui s'emparait de lui et de regagner avec peine le balcon. Quand il eut réussi à repasser la balustrade, et qu'il vit enfin ce frêle rempart entre lui et le précipice, il se crut le plus heureux des hommes, dût-il payer l'asile qu'il atteignait au prix du triomphe de son rival. Il fallut donc se résigner à entendre les tirades sentimentales du comte de Morangy.

« Madame, disait-il, c'est trop longtemps feindre avec moi. Il est impossible que vous ne sachiez pas combien je vous aime, et je vous trouve cruelle de me traiter comme s'il s'agissait d'une de ces fantaisies qui naissent et meurent dans un jour. L'amour que j'ai pour vous est un sentiment de toute la vie; et si vous n'acceptez le vœu que je fais de vous consacrer la mienne, vous verrez, Madame, qu'un homme du monde peut perdre tout respect des convenances et se soustraire à l'empire de la froide raison. Oh! ne me réduisez pas au désespoir, ou craignez-en les effets.

— Vous voulez donc que je m'explique décidément? répondit Lavinia. Eh bien! je vais le faire. Savez-vous mon histoire, Monsieur?

— Oui, Madame, je sais tout; je sais qu'un misérable, que je regarde comme le dernier des hommes, vous a indignement trompée et délaissée. La compassion que votre infortune m'inspire ajoute à mon enthousiasme. Il n'y a que les grandes âmes qui soient condamnées à être victimes des hommes et de l'opinion.

— Eh bien! Monsieur reprit Lavinia, sachez que j'ai su profiter des rudes leçons de ma destinée; sachez qu'aujourd'hui je suis en garde contre mon propre cœur et contre celui d'autrui. Je sais qu'il n'est pas toujours au pouvoir de l'homme de tenir ses serments, et qu'il abuse aussitôt qu'il obtient. D'après cela, Monsieur, n'espérez pas me fléchir. Si vous parlez sérieusement, voici ma réponse : « Je suis invulnérable. Cette femme tant décriée pour l'erreur de sa jeunesse est entourée désormais d'un rempart plus solide que la vertu, la méfiance. »

— Ah! c'est que vous ne m'entendez pas, Madame, s'écria le comte en se jetant à ses genoux. Que je sois maudit si j'ai jamais eu la pensée de m'autoriser de vos malheurs pour espérer des sacrifices que votre fierté condamne...

— Êtes-vous bien sûr, en effet, de ne l'avoir eue jamais? dit Lavinia avec son triste sourire.

— Eh bien, je serai franc, dit M. de Morangy avec un accent de vérité où la *manière* du grand seigneur disparut entièrement. Peut-être l'ai-je eue avant de vous connaître, cette pensée que je repousse maintenant avec remords. Devant vous la feinte est impossible, Lavinia; vous subjuguez la volonté, vous anéantiriez la ruse, vous commandez la vénération. Oh! depuis que je sais ce que vous êtes, je jure que mon adoration a été digne de vous. Écoutez-moi, Madame, et laissez-moi à vos pieds attendre l'arrêt de ma vie. C'est par d'indissolubles serments que je veux vous dévouer tout mon avenir. C'est un nom honorable, j'ose le croire, et une brillante fortune, dont je ne suis pas vain, vous le savez, que je viens mettre à vos pieds, en même temps qu'une âme qui vous adore, un cœur qui ne bat que pour vous.

— C'est donc réellement un mariage que vous me proposez? dit lady Lavinia sans témoigner au comte une surprise injurieuse. Eh bien, Monsieur, je vous remercie de cette marque d'estime et d'attachement. »

Et elle lui tendit la main avec cordialité.

« Dieu de bonté! elle accepte! s'écria le comte en couvrant cette main de baisers.

— Non pas, Monsieur, dit Lavinia; je vous demande le temps de la réflexion.

— Hélas! mais puis-je espérer?

— Je ne sais pas; mais comptez sur ma reconnaissance. Adieu. Retournez au bal; je l'exige. J'y serai dans un instant. »

Le comte baisa le bord de son écharpe avec passion et sortit. Aussitôt qu'il eut refermé la porte, Lionel écarta tout à fait le rideau, s'apprêtant à recevoir de lady Blake l'autorisation de rentrer. Mais lady Blake était assise sur le sofa, le dos tourné à la fenêtre. Lionel vit sa figure se refléter dans la glace placée vis-à-vis d'eux. Ses yeux étaient fixés sur le parquet, son attitude morne et pensive. Plongée dans une profonde méditation, elle avait complétement oublié Lionel, et l'exclamation de surprise qui lui échappa lorsque celui-ci sauta au milieu de la chambre fut l'aveu ingénu de cette cruelle distraction.

Il était pâle de dépit; mais il se contint.

« Vous conviendrez, lui dit-il, que j'ai respecté vos nouvelles affections, Madame. Il m'a fallu un profond désintéressement pour m'entendre insulter à dessein peut-être..... et pour rester impassible dans ma cachette.

— À dessein? répéta Lavinia en le fixant d'un air sévère. Qu'osez-vous penser de moi, Monsieur? Si ce sont là vos idées, sortez!

— Non, non, ce ne sont pas là mes idées, dit Lionel en marchant vers elle et en lui prenant le bras avec agitation. Ne faites pas attention à ce que je dis. Je suis fort troublé... C'est qu'aussi vous avez bien compté sur ma raison en me faisant assister à une semblable scène.

— Sur votre raison, Lionel! Je ne comprends pas ce mot. Vous voulez dire que j'ai compté sur votre indifférence?

— Raillez-moi tant que vous voudrez, soyez cruelle, foulez-moi aux pieds! vous en avez le droit... Mais je suis bien malheureux!... »

Il était fortement ému. Lavinia crut ou feignit de croire qu'il jouait la comédie.

« Finissons-en, lui dit-elle en se levant. Vous auriez dû faire votre profit de ce que vous m'avez entendue répondre au comte de Morangy; et pourtant l'amour de cet homme ne m'offense pas... Adieu, Lionel. Quittons-nous pour toujours, mais quittons-nous sans amertume. Voici votre portrait et vos lettres... Allons, laissez ma main, il faut que je retourne au bal.

— Il faut que vous retourniez danser avec M. de Morangy, n'est-ce pas? dit Lionel en jetant son portrait avec colère et en le broyant de son talon.

— Écoutez donc, dit Lavinia un peu pâle, mais calme, le comte de Morangy m'offre un rang et une haute réhabilitation dans le monde. L'alliance d'un vieux lord ne m'a jamais bien lavée de la tache cruelle qui couvre une femme délaissée. On sait qu'un vieillard reçoit toujours plus qu'il ne donne. Mais, un homme jeune, riche, noble, envié, aimé des femmes... c'est différent! Cela mérite qu'on y pense, Lionel; et je suis bien aise d'avoir jusqu'ici ménagé le comte. Je devinais depuis longtemps la loyauté de ses intentions.

— O femmes! la vanité ne meurt point en vous! » s'écria Lionel avec dépit lorsqu'elle fut partie.

Il alla rejoindre Henry à l'hôtellerie. Celui-ci l'attendait avec impatience.

« Damnation sur vous, Lionel! s'écria-t-il. Il y a une grande heure que je vous attends sur mes étriers. Comment! deux heures pour une semblable entrevue! Allons, en route! vous me raconterez cela chemin faisant.

— Bonsoir, Henry. Allez-vous-en dire à miss Margaret que le traversin qui est couché à ma place dans mon lit est au plus mal. Moi, je reste.

— Cieux et terre! qu'entends-je! s'écria Henry; vous ne voulez point aller à Luchon?

— J'irai une autre fois; je reste ici maintenant.

— Mais c'est impossible! Vous rêvez. Vous n'êtes point réconcilié avec lady Blake?

— Non pas, que je sache; tant s'en faut! Mais je suis fatigué, j'ai le spleen, j'ai une courbature. Je reste. »

Henry tombait des nues. Il épuisa toute son éloquence pour entraîner Lionel; mais ne pouvant y réussir, il descendit de cheval, et jetant la bride au palefrenier :

« Eh bien, s'il en est ainsi, je reste aussi, s'écria-t-il. La chose me paraît si plaisante que j'en veux être témoin jusqu'au bout. Au diable les amours de Bagnères et les projets de grande route! Mon digne ami sir Lionel Bridgemont me donne la comédie; je serai le spectateur assidu et palpitant de son drame. »

Lionel eût donné tout au monde pour se débarrasser de ce surveillant étourdi et goguenard; mais cela fut impossible.

« Puisque vous êtes déterminé à me suivre, lui dit-il, je vous préviens que je vais au bal.

— Au bal? soit. La danse est un excellent remède pour le spleen et les courbatures. »

Lavinia dansait avec M. de Morangy. Lionel ne l'avait jamais vue danser. Lorsqu'elle était venue en Angleterre, elle ne connaissait que le boléro, et on ne s'était jamais permis de la danser sous le ciel austère de la Grande-Bretagne. Depuis, elle avait appris nos contredanses, et elle y portait la grâce voluptueuse des Espagnoles jointe à je ne sais quel reflet de pruderie anglaise qui en modérait l'essor. On montait sur les banquettes pour la voir danser. Le comte de Morangy était triomphant. Lionel était perdu dans la foule.

Il y a tant de vanité dans le cœur de l'homme! Lionel souffrait amèrement de voir celle qui fut longtemps dominée et emprisonnée dans son amour, celle qui jadis n'était qu'à lui, et que le monde n'eût osé venir réclamer dans ses bras, libre et fière maintenant, environnée d'hommages et trouvant dans chaque regard une vengeance ou une réparation du passé. Lorsqu'elle retourna à sa place, au moment où le comte avait une distraction, Lionel se glissa adroitement auprès d'elle et ramassa son éventail qu'elle venait de laisser tomber. Lavinia ne s'attendait point à le trouver là. Un faible cri lui échappa, et son teint pâlit sensiblement.

« Ah! mon Dieu! lui dit-elle, je vous croyais sur la route de Bagnères.

— Ne craignez rien, Madame, lui dit-il à voix basse; je ne vous compromettrai point auprès du comte de Morangy. »

Cependant il n'y put tenir longtemps, et bientôt il revint l'inviter à danser.

Elle accepta.

« Ne faudra-t-il pas aussi que j'en demande la permission à M. le comte de Morangy? » lui dit-il.

Le bal dura jusqu'au jour. Lady Lavinia était sûre de faire durer un bal tant qu'elle y resterait. À la faveur du désordre qui se glisse peu à peu dans une fête à mesure que la nuit s'avance, Lionel put lui parler souvent. Cette nuit acheva de lui faire tourner la tête. Enivré par les charmes de lady Blake, excité par la rivalité du comte, irrité par les hommages de la foule qui à chaque instant se jetait entre elle et lui, il s'acharna de tout son pouvoir à réveiller cette passion éteinte, et l'amour-propre lui fit sentir si vivement son aiguillon qu'il sortit du bal dans un état de délire inconcevable.

Il essaya en vain de dormir. Henry, qui avait fait la cour à toutes les femmes et dansé toutes les contredanses, ronfla de toute sa tête. Dès qu'il fut éveillé :

« Eh bien, Lionel, dit-il en se frottant les yeux, vive Dieu ! mon ami, c'est une histoire piquante que votre réconciliation avec ma cousine ; car n'espérez pas me tromper, je sais à présent le secret. Quand nous sommes entrés au bal, Lavinia était triste et dansait d'un air distrait ; dès qu'elle vous a vu, son œil s'est animé, son front s'est éclairci. Elle était rayonnante à la valse quand vous l'enleviez comme une plume à travers la foule. Heureux Lionel ! à Luchon une belle fiancée et une belle dot, à Saint-Sauveur une belle maîtresse et un grand triomphe !

— Laissez-moi tranquille avec vos balivernes ! » dit Lionel avec humeur.

Henry était habillé le premier. Il sortit pour voir ce qui se passait, et revint bientôt en faisant son vacarme accoutumé sur l'escalier.

« Hélas ! Henry, lui dit son ami, ne perdrez-vous point cette voix haletante et ce geste effaré ? On dirait toujours que vous venez de lancer le lièvre et que vous prenez les gens à qui vous parlez pour des limiers découplés.

— A cheval ! à cheval ! cria Henry. Lady Lavinia Blake est à cheval : elle part pour Gèdres avec dix autres jeunes folles et je ne sais combien de godelureaux, le comte de Morangy en tête... ce qui ne veut pas dire qu'elle n'ait que le comte de Morangy en tête : entendons-nous !

— Silence, clown ! s'écria Lionel. A cheval en effet, et partons ! »

La cavalcade avait pris de l'avance sur eux. La route de Gèdres est un sentier escarpé, une sorte d'escalier taillé dans le roc, côtoyant le précipice, offrant mille difficultés aux chevaux, mille dangers très-réels aux voyageurs. Lionel lança son cheval au grand galop. Henry crut qu'il était fou ; mais, pensant qu'il y allait de son honneur de ne pas rester en arrière, il s'élança sur ses traces. Leur arrivée fut un incident fantastique pour la caravane. Lavinia frémissait à la vue de ces deux écervelés courant ainsi sur le revers d'un abîme effroyable. Quand elle reconnut Lionel et son cousin, elle devint pâle et faillit tomber de cheval. Le comte de Morangy s'en aperçut et ne la quitta plus du regard. Il était jaloux.

C'était un aiguillon de plus pour Lionel. Tout le long de la journée il disputa le moindre regard de Lavinia avec obstination. La difficulté de lui parler, l'agitation de la course, les émotions que faisait naître le sublime spectacle des lieux qu'ils parcouraient, la résistance adroite et toujours aimable de lady Blake, son habileté à guider son cheval, son courage, sa grâce, l'expression toujours poétique et toujours naturelle de ses sensations, tout acheva d'exalter sir Lionel. Ce fut une journée bien fatigante pour cette pauvre femme obsédée de deux amants entre lesquels elle voulait tenir la balance égale : aussi accueillait-elle avec reconnaissance son joyeux cousin et ses grosses folies lorsqu'il venait caracoler entre elle et ses adorateurs.

A l'entrée de la nuit le ciel se couvrit de nuages. Un orage sourd s'annonçait. La cavalcade doubla le pas ; mais elle était encore à plus d'une lieue de Saint-Sauveur lorsque la tempête éclata. L'obscurité devint complète : les chevaux s'effrayèrent, celui du comte de Morangy l'emporta au loin. La petite troupe se débanda, et il fallut tous les efforts des guides qui l'escortaient à pied pour empêcher que des accidents sérieux ne vinssent terminer tristement un jour si gaiement commencé.

Lionel, perdu dans d'affreuses ténèbres, forcé de marcher le long du rocher en tirant son cheval par la bride, de peur de se jeter avec lui dans le précipice, était dominé par une inquiétude bien plus vive. Il avait perdu Lavinia malgré tous ses efforts, et il la cherchait avec anxiété depuis un quart d'heure, lorsqu'un éclair lui montra une femme assise sur un rocher un peu au-dessus du chemin. Il s'arrêta, prêta l'oreille et reconnut la voix de lady Blake ; mais un homme était avec elle : ce ne pouvait être que M. de Morangy. Lionel le maudit dans son âme ; et, résolu au moins à troubler le bonheur de ce rival, il se dirigea comme il put vers le couple.

Quelle fut sa joie en reconnaissant Henry auprès de sa cousine ! Celui-ci, en bon et insouciant compagnon, lui céda la place, et s'éloigna même pour garder les chevaux.

Rien n'est si solennel et si beau que le bruit de l'orage dans les montagnes. La grande voix du tonnerre, en roulant sur des abîmes, se répète et retentit dans leur profondeur ; le vent, qui fouette les longues forêts de sapins et se colle sur le roc perpendiculaire comme un vêtement sur des flancs humains, s'engouffre aussi dans les gorges et y jette de grandes plaintes aiguës et traînantes comme des sanglots. Lavinia, recueillie dans la contemplation de cet imposant spectacle, écoutait les mille bruits de la montagne ébranlée, en attendant qu'un nouvel éclair jetât sa lumière bleue sur le paysage. Elle tressaillit lorsqu'il vint lui montrer sir Lionel assis près d'elle à la place qu'occupait son cousin un instant auparavant. Lionel pensa qu'elle était effrayée par l'orage, et il prit sa main pour la rassurer. Un autre éclair lui montra Lavinia un coude appuyé sur un genou et le menton enfoncé dans sa main, regardant d'un air d'enthousiasme la grande scène des éléments bouleversés. « Oh ! mon Dieu ! que cela est beau ! lui dit-elle, que cette clarté bleue est vive et douce à la fois ! Avez-vous vu ces déchiquetures du rocher rayonner comme des saphirs, et ce lointain livide où les cimes des glaciers se levaient comme de grands spectres dans leurs linceuls ? Avez-vous remarqué aussi que, dans le brusque passage des ténèbres à la lumière et de la lumière aux ténèbres, tout semblait se mouvoir, s'agiter comme si ces monts s'ébranlaient pour s'écrouler ?

— Je ne vois rien ici que vous, Lavinia, lui dit-il avec force ; je n'entends de voix que la vôtre, je ne respire d'air que votre souffle, je n'ai d'émotion qu'à vous sentir près de moi. Savez-vous bien que je vous aime éperdument ? Oui, vous le savez ; vous l'avez bien voulu aujourd'hui, et peut-être vous l'avez voulu. Eh bien ! triomphez s'il en est ainsi. Je suis à vos pieds, je vous demande le pardon et l'oubli du passé, le front dans la poussière ; je vous demande l'avenir, oh ! je vous le demande avec passion, et il faudra bien me l'accorder, Lavinia ; car je vous veux fortement, et j'ai des droits sur vous...

— Des droits ? répondit-elle en lui retirant sa main.

— N'est-ce donc pas un droit, un affreux droit, que le mal que je t'ai fait, Lavinia ? Et si tu me l'as laissé prendre pour briser ta vie, peux-tu me l'ôter aujourd'hui que je veux la relever et réparer mes crimes ? »

On sait tout ce qu'un homme peut dire en pareil cas. Lionel fut plus éloquent que je ne saurais l'être à sa place. Il se monta singulièrement la tête ; et, désespérant de vaincre autrement la résistance de lady Blake, voyant bien d'ailleurs qu'en restant au-dessous des soumissions de son rival il lui faisait un avantage trop réel, il s'éleva au même dévouement : il offrit son nom et sa fortune à lady Lavinia.

« Y songez-vous ! lui dit-elle avec émotion. Vous renonceriez à miss Ellis lorsqu'elle vous est promise, lorsque votre mariage est arrêté !

— Je le ferai, répondit-il. Je ferai une action que le monde trouvera insolente et coupable. Il faudra peut-être la laver dans mon sang ; mais je suis prêt à tout pour vous obtenir : car le plus grand crime de ma vie, c'est de vous avoir méconnue, et mon premier devoir, c'est de revenir à vous. Oh ! parlez, Lavinia, rendez-moi le bonheur que j'ai perdu en vous perdant. Aujourd'hui je saurai l'apprécier et le conserver, car moi aussi j'ai changé : je ne suis plus cet homme ambitieux et inquiet qu'un avenir inconnu torturait de ses menteuses promesses. Je sais la vie aujourd'hui, je sais ce que vaut le monde et son faux éclat. Je sais que pas un de mes triomphes n'a valu un seul de vos regards, et la chimère du bonheur que j'ai poursuivie m'a toujours fui jusqu'au jour où elle me ramène à vous. Oh ! Lavinia, reviens à moi aussi ! Qui t'aimera comme moi ? qui verra comme moi ce qu'il y a de grandeur, de patience et de miséricorde dans ton âme ? »

Lavinia gardait le silence, mais son cœur battait avec une violence dont s'apercevait Lionel. Sa main tremblait dans la sienne, et elle ne cherchait pas à la retirer, non plus qu'une tresse de ses cheveux que le vent avait détachée et que Lionel couvrait de baisers. Ils ne sentaient pas la pluie qui tombait en gouttes larges et rares. Le vent avait diminué, le ciel s'éclaircissait un peu, et le comte de Morangy venait à eux aussi vite que pouvait le lui permettre son cheval déferré et boiteux, qui avait failli le tuer en tombant contre un rocher.

Lavinia l'aperçut enfin et s'arracha brusquement aux transports de Lionel. Celui-ci, furieux de ce contre-temps, mais plein d'espérance et d'amour, l'aida à se remettre à cheval, et l'accompagna jusqu'à la porte de sa maison. Là elle lui dit en baissant la voix : « Lionel, vous m'avez fait des offres dont je sens tout le prix. Je n'y peux répondre sans y avoir mûrement réfléchi...

— O Dieu ! c'est la même réponse qu'à M. de Morangy !

— Non, non, ce n'est pas la même chose, répondit-elle d'une voix altérée. Mais votre présence ici peut faire naître bien des bruits ridicules. Si vous m'aimez vraiment, Lionel, vous allez me jurer de m'obéir.

— Je le jure par Dieu et par vous.

— Eh bien ! partez sur-le-champ, et retournez à Bagnères ; je vous jure à mon tour que dans quarante heures vous aurez ma réponse.

— Mais que deviendrai-je, grand Dieu ! pendant ce siècle d'attente ?

— Vous espérerez, lui dit Lavinia en refermant précipitamment la porte sur elle, comme si elle eût craint d'en dire trop. »

Lionel espéra en effet. Il avait pour motifs une parole de Lavinia et tous les arguments de son amour-propre.

« Vous avez tort d'abandonner la partie, lui disait Henry en chemin ; Lavinia commençait à s'attendrir. Sur ma parole, je ne vous reconnais pas là, Lionel. Quand ce n'eût été que pour ne pas laisser Morangy maître du champ de bataille... Allons ! vous êtes plus amoureux de miss Ellis que je ne le pensais. »

Lionel était trop préoccupé pour l'écouter. Il passa le temps que Lavinia lui avait fixé enfermé dans sa chambre, où il se fit passer pour malade, et ne daigna pas désabuser sir Henry, qui se perdait en commentaires sur sa conduite. Enfin, la lettre arriva ; la voici :

« *Ni l'un ni l'autre.* Quand vous recevrez cette lettre, quand M. de Morangy, que j'ai envoyé à Tarbes, recevra ma réponse, je serai loin de vous deux ; je serai partie, partie à tout jamais, perdue sans retour pour vous et pour lui.

« Vous m'offrez un nom, un rang, une fortune ; vous croyez qu'un grand éclat dans le monde est une grande séduction pour une femme. Oh ! non, pas pour celle qui le connaît et le méprise comme je le fais. Mais pourtant ne croyez pas, Lionel, que je dédaigne l'offre que vous m'avez faite de sacrifier un mariage brillant et de vous enchaîner à moi pour toujours.

« Vous avez compris ce qu'il y a de cruel pour l'amour-propre d'une femme à être abandonnée, ce qu'il y a de glorieux à ramener à ses pieds un infidèle, et vous avez voulu me dédommager par ce triomphe de tout ce que j'ai souffert ; aussi je vous rends toute mon estime, et je vous pardonnerais le passé si cela n'était pas fait depuis longtemps.

« Mais sachez, Lionel, qu'il n'est pas en votre pouvoir de réparer ce mal. Non, cela n'est au pouvoir d'aucun homme. Le coup que j'ai reçu est mortel : il a tué pour jamais en moi la puissance d'aimer ; il a éteint le flambeau des illusions, et la vie m'apparaît sous son jour terne et misérable.

« Eh bien, je ne me plains pas de ma destinée ; cela devait arriver tôt ou tard. Nous vivons tous pour vieillir et pour voir les déceptions envahir chacune de nos joies. J'ai été désabusée un peu tard, il est vrai, et le besoin d'aimer a longtemps survécu à la faculté de croire. J'ai longtemps, j'ai souvent lutté contre ma jeunesse comme contre un ennemi acharné ; j'ai toujours réussi à la vaincre.

« Et croyez-vous que cette dernière lutte contre vous, cette résistance aux promesses que vous me faites, ne soit pas bien cruelle et bien difficile ? Je peux le dire à présent que la fuite me met à l'abri du danger de succomber : je vous aime encore, je le sens ; l'empreinte du premier objet qu'on a aimé ne s'efface jamais entièrement ; elle semble évanouie ; on s'endort dans l'oubli des maux qu'on a soufferts ; mais que l'image du passé se lève, que l'ancienne idole reparaisse, et nous sommes encore prêts à plier le genou devant elle. Oh ! fuyez ! fuyez, fantôme et mensonge ! vous n'êtes qu'une ombre, et si je me hasardais à vous suivre, vous me conduiriez encore parmi les écueils pour m'y laisser mourante et brisée. Fuyez ! je ne crois plus en vous. Je sais que vous ne disposez pas de l'avenir, et que si votre bouche est sincère aujourd'hui, la fragilité de votre cœur vous forcera de mentir demain.

« Et pourquoi vous accuserais-je d'être ainsi ? ne sommes-nous pas tous faibles et mobiles ? Moi-même n'étais-je pas calme et froide quand je vous ai abordé hier ? N'étais-je pas convaincue que je ne pouvais pas vous aimer ? N'avais-je pas encouragé les prétentions du comte de Morangy ? Et pourtant le soir, quand vous étiez assis près de moi sur le rocher, quand vous me parliez d'une voix si passionnée au milieu du vent et de l'orage, n'ai-je pas senti mon âme se fondre et s'amollir ? Oh ! quand j'y songe, c'était votre voix des temps passés, c'était votre passion des anciens jours, c'était vous, c'était mon premier amour, c'était ma jeunesse que je retrouvais tout à la fois !

« Et puis à présent que je suis de sang-froid, je me sens triste jusqu'à la mort ; car je m'éveille et me souviens d'avoir fait un beau rêve au milieu d'une triste vie.

« Adieu, Lionel. En supposant que votre désir de m'épouser se fût soutenu jusqu'au moment de se réaliser (et à l'heure qu'il est, peut-être, vous sentez déjà que je puis avoir raison de vous refuser), vous eussiez été malheureux sous l'étreinte d'un lien pareil ; vous auriez vu le monde, toujours ingrat et avare de louanges devant nos bonnes actions, considérer la vôtre comme l'accomplissement d'un devoir, et vous refuser le triomphe que vous en attendiez peut-être. Puis vous auriez perdu le contentement de vous-même en n'obtenant pas l'admiration sur laquelle vous comptiez. Qui sait ! j'aurais peut-être moi-même oublié trop vite ce qu'il y avait de beau dans votre retour, et accepté votre amour nouveau comme une réparation due à votre honneur. Oh ! ne gâtons pas cette heure d'élan et de confiance que nous avons goûtée ce soir ; gardons-en le souvenir, mais ne cherchons pas à la retrouver.

« N'ayez aucune crainte d'amour-propre en ce qui concerne le comte de Morangy ; je ne l'ai jamais aimé. Il est un des mille impuissants qui n'ont pu (moi aidant, hélas !) faire palpiter mon cœur éteint. Je ne voudrais pas même de lui pour époux. Un homme de son rang vend toujours trop cher la protection qu'il accorde en la faisant sentir. Et puis je hais le mariage, je hais tous les hommes, je hais les engagements éternels, les promesses, les projets, l'avenir arrangé à l'avance par des contrats et des marchés dont le destin se rit toujours. Je n'aime plus que les voyages, la rêverie, la solitude, le bruit du monde, pour le traverser et en rire, puis la poésie pour supporter le passé, et Dieu pour espérer l'avenir. »

Sir Lionel Bridgemont éprouva d'abord une grande mortification d'amour-propre ; car il faut le dire pour consoler le lecteur qui s'intéresserait trop à lui, depuis quarante heures il avait fait bien des réflexions. D'abord il songea à monter à cheval, à suivre lady Blake, à vaincre sa résistance, à triompher de sa froide raison. Et puis il songea que cela pourrait bien persister dans son refus, et que pendant ce temps miss Ellis pourrait bien s'offenser de sa conduite et repousser son alliance... Il resta.

« Allons, lui dit Henry le lendemain en le voyant baiser la main de miss Margaret, qui lui accordait cette marque de pardon après une querelle assez vive sur son absence, l'année prochaine nous siégerons au parlement. »

FIN DE LAVINIA.

www.ingramcontent.com/pod-product-compliance
Lightning Source LLC
Chambersburg PA
CBHW060208100426
42744CB00007B/1212